JN140846

身体・歴史・人類学

III

批判的人類学のために

渡辺公三

言叢社

◉目次　渡辺公三論文集『身体・歴史・人類学Ⅲ　批判的人類学のために』

渡辺公三論文集『身体・歴史・人類学Ⅰ　アフリカのからだ』主な内容

渡辺公三論文集『身体・歴史・人類学Ⅱ　西欧の眼』主な内容

著者照影

凡例

1．本書は『身体・歴史・人類学Ⅰ・Ⅱ』に続く著者の第Ⅲ論文集である。著者の生前に構想され刊行を約束したものであったが、その急逝により、校了から刊行までの作業は全て編集部がおこなった。

2．本書に収録した文章は、巻末にしるす「初出文献」を元として校正をおこなっているが、論文によっては、各出版社の方針により、漢字・かな表記などを大きく改めたものもあったので、論文によって異なるこれらの表記法の差異を基本的にはあまり崩すことなく、適宜に手を入れる編集をおこなった。

3．論文中、第Ⅰ部の5「バントゥ・アフリカ」についてだけは、「前期旧石器時代」「後期旧石器時代」「石器時代」などの概念が現代の考古時代の分類概念と合致しないことを著者の生前に指摘し、論文に手を入れる了承をもらっていた。この時代区分の概念の不確かさの元は、欧米のアフリカ考古学の枠組みに発したもので、収録に際して最低限の修正を加えた。

4．著者の業績をまとめた『渡辺公三先生　人・学問・教育』（立命館大学大学院先端総合学術研究科編）が立命館の追悼集会（本年三月三日）に合わせて刊行された。著者の論文集は、本巻の刊行によってひとまず全三巻となったが、未収録の大切な論文がいくつもあり、機会をえて著者の仕事のさらなる紹介をおこないたいとおもう。

序にかえて　不肖の隠し子からの手記

族的範疇の可能性

「……原口さんを「お父さん」とか「おやじ」と呼ばせていただいている」という若手研究者の呼びかけに答えて、先生の転職を記念する文集に文章を寄せさせていただくことにしたものの、私自身はとうてい「お父さん」と呼べるほど親しくおつきあいさせていただいたわけではない。けれども主観的には、充分に親しくその文章に接していたという気持ちはある。私淑したというほどウェットで陰微ではなく、批判を試みたというほど大仰でもなく、挑戦したというほど肩肘をはったものでもなく、そこに正確に指摘された問題をごくすなおに受け取って、人類学の基本的な課題として考えざるをえなかった、といえばよいだろうか。

『部族―その意味とコートジボワールの現実』という本をいつ読んだのか、日付を書き止めたりする習慣のない私にはもうはっきりと確かめられないのだが、一時、それもかなりの期間持続的に「部族」という概念について思いをめぐらし、その度にこの本のそこここを見直したという記憶が残っている。できればこの本の問題提起に明確に答えること、それはひとつの確かな人類学の出発点になるはずだという思いはあった。そのことをし終えていないという限りで、ある意味では今も決着をつけられずに問題をひきずっている。当時の問いがさまざまに形をかえて、今の私の人類学への関心を支えているともいえるのかもしれない。そういう意味で、私は不肖であれ（少し大袈裟だけど）学問的な子として原口さんを「お父さん」と呼ぶ資格もあると思っている。ただ、認知されないかもしれないという点では、御本人には身に覚えのない隠し子にすぎないかもしれないが。こういう自覚をもった原口さんの隠し子たちは、たとえ一部族を成すほどではないにしても、案外たくさんいるのではないか、と私は密かに疑っている。

以下に記すのは、この隠し子が、この本に触発された自分の問題意識がどのようなものだったのか、『部族』を読み返していた当時に立ち帰って、たどりなおした記憶の断片である。あまり厳密に脈絡をつけずに書き並べてゆくことを、先生にもそして読まれる方にも、お許しいただきたい。

＊

一九七五年に刊行されたこの本を私が読んだのは何年ころだったのだろう。私的な記憶の状況証拠からすると、おそらくカメルーンから帰って大学に就職した八二年から数年の間だろうと思われる。カメルーンの国立古文書館でノートをとった植民地時代の南部カメルーンの行政文書の手書きの地図に、race, tribu という用語がちりばめられていたことが、この本を読みながらありありと記憶に甦ってきたように思う。この記憶はまた、遊学中のパリで指導教官としてついていたカメルーン出身の教授が、植民地体制の歴史を繰り返し糾弾し、これらの用語を批判していた熱っぽい講義の光景の思い出にもつながる。その場で自分が奇妙に冷静だった記憶もある。たしかに植民地体制の告発はどれほど力をこめてもこめすぎることにはならないだろう。植民地体制が、現実にどのくらいの年月にわたって現地社会に影響を及ぼしたのかについては、歴史研究者の間にもさまざまな議論があるに違いない。しかしそうした議論をこえて、植民地支配がたとえ数十年の短期間だったとしても、数百あるいは数千年の歴史の蓄積を根底から掘り崩す、有効な支配システムであったという可能性を考えに入れておく必要がある、と私は考えている。植民地体制とは、当事者双方を緩慢に変質させてゆく慢性の病いというよりは、一瞬に被害者の命を奪う、弾丸の貫通に似ているのではないか。ただたとえそうであってもこれらの用語を単に排斥するだけでは、何かがむしろ問われずに残されてしまうのではないか……。

「……機能主義、構造主義と概括される今世紀の人類学研究の主流にとっては、部族概念が負の記号を付されてその外側から送りかえされてきたことは、身にふりかかってきた火の粉のように映じたにちがいない」という『部族』の一節には、ある切実な現実感があるように思えた。ただ私自身、この火の粉を想像的に追体験するほど人類学にコミットしているという自覚が当時はなかったともいえる。「……人類学が部族と訣別するということは、人類学の存在理由そのものが問われるような危険に自らをさらけだすことを意味するのである」。この断定は限り無く正しいと思われた。しかし、だから、と当時の私は考えた。「だから「部族」と訣別するにいたるほどにこの言葉に固執するのがよいだろう。ただそれはこの言葉を擁護するためではなく、できればそれを解体しつくすため、そして人類学の存在理由そのものを根底から問うためだ」。

「結論」に提示された「族的範疇」「族的存在」という言葉はじつに魅力的なものだった。それは、私自身言いたいけれどもうまく言葉にならなかったものを表現してくれているように思えた。自分でも図々しいとは思うが、いつの間にか、この言葉はひょっとするとこの本を読む以前に自分も考えついていたのではないか、とつい考えてしまうほどぴたりとくるものがあった。民族、種族、部族、半族、胞族、親族、血族、姻族、氏族、系族、宗族、家族といった一連の人類学用語から、共通の要素をとりだしてみるという、きわめて素朴な発想で「族」という言葉を抽出することは漠然とではあれ自分でもしていたのかもしれない。その上で自分のささやかな作業は二つの方向をたどったと思われる。ひとつはこの「族的なもの」という概念の探究の試みが原口先生の他にないかを調査すること。そしてもうひとつは「族」という文字そのものの意味を知ること。

第一の方向で出会ったものは、中村吉治という日本の社会史研究の先駆者の業績である。その一九七〇年刊の『日本社会史（新版）』（山川出版社）の冒頭には、著者の一九六八年の退官前最後の年の講義を「族の歴史」と題しておこなったことが述べられている。さらに序説、第一編、古代社会、第一章、原始の社会の一「氏族と家族」の節では、歴史の基層としての「共同体」への関心から、『古代社会』のL・H・モルガン、あるいは『古代都市』のF・ド・クーランジュを援用しながら「原始社会の構造・性格」を「族の社会」という視点からとらえるという主張がうちだされている。独自の歴史像を築いたこの研究者の探究の一部さえも、ましてや全体像を簡潔にとらえる能力も余裕も今の私にはない。ただここでは、その歴史の構想の基本に「族」という言葉が置かれていること、それがモルガン、ド・クーランジュへ遡行した地点から構築されているること、すなわち「族」という言葉が、歴史と人類学の接点の位置に置かれているということを確認するだけにとどめざるをえない。共に生きるとはどういうことか、という共同性への基本的な問いを携えて過去に遡るとき社会史となり、世界史的現在における共同性をとらえようとする時『部族』が書かれた、そして共に「族」という範疇を起点としてその問いが立てられたということであろう。

第二の方向で出会ったことは、「族」という中国の文字が、明確に人間の集合体を指示するという、考えてみると当然ともいえる事実だった。今、あらためて白川静の『字統』（平凡社）を開くと、「族」の項にはだいたい次のようなことが説かれている。

すなわち、この字は旗を表す「㫃」と「矢」からなり、旗は氏族軍の象徴、矢は誓いを表す。「…『唐書、突厥《とっけつ》伝』に国を十部に分かって十設といい、設ごとに一箭《せん》を賜うたとあり、……矢は「矢《ちか》う」とよみ、誓《せい》の古い字形には、矢を折った形と言に従うものがあり、立誓の法を示すものとみられる。旗は氏族の標識とするところであるから、出行するに当っては必ずその族旗を奉じたもので…、古代の軍旅は族を単位として編成され」ていたという。そして「氏族以外の用義は、みな仮借である」と締めくくられている。

「族」とは第一義的には、誓約の作法にのっとって形成された、氏族を単位とした軍団をさすと理解される。このことはgensあるいはtribusといった古典古代の諸範疇が、軍事的編成の意味をもっていたという、しばしば行われる指摘を考え合わせると興味深い。有史以来、秩序をもった人間の群れの第一のモデルは軍隊だったということだろうか。この軍事編成は国家のもとに統合された軍隊を意味するとしても、その基底には「国家に抗する社会」の氏族戦士団の記憶がほのかに残されていないと断言できるのだろうか。いずれにせよ、それは誓約の作法という「文化」に従うという意味では人為的な、しかし氏族の結合に基礎を置くという意味では一種無媒介で「自然」な人間の集合体といえるだろう。もちろん氏族の結合がどのような意味で「自然」といえるのか、という点にすべてはかかっている。さらに一般的にいえば、人間が自らを集合体としてとらえるときに用いられる集合のカテゴリーあるいは人間を対象とする自然発生的な集合論とよぶべきものが、どのような意味で、どのような範囲で直接的な「自然」の所与と呼べるのかということにすべてはかかっている。

こうして私は「族」という言葉から二つの問いに導かれることになった。人間が自らの社会を概念化するための集合論的思考はどのようにして成立し、どのような性質をもっているか。この思考体系のなかで「族的範疇」が一種「自然」なカテゴリーと受け取られるのはなぜか。

*

この二つの設問は、見られる通りきわめて一般的で抽象的なものになっている。したがってこのささやかな手記においては、時間的制約もあって、必ずしも適切なやり方ではないことを承知の上で、『部族―その意味とコートジボワールの現実』の全体からほぼ三分の二をしめる「コートジボワールの現実」という事例の分析の部分を棚上げし、「その意味」に関わる考察、とりわけ結論を中心に検討するにとどめざるをえない。その検討自体、内在的な批判というよりは、この本によって誘い出された私自身のとりとめのない空想を書き止めたものというべきものにすぎない。不肖の隠し子からの手記と題する由縁である。

「結論、族的存在としての人間」の章では、まずtribeと、フランス語のgroupe ethniqueが同じ意味の広がりをもった言葉の（無意識の）言い換えになっていること、したがって逆に、tribe（部族）をペジョラティヴな用語としてしりぞけgroupe ethniqueと言い換えてみてもほとんど批判的な力にはならないことが指摘される。そしてつぎに、この著作のモチーフを直接に表明した核心に当たると思われる「族的集団としての部族と民族」と「族的存在としての人間」という二つのやや難解な節がしめくくりに置かれている。この部分を読み解くことを試みる前に、まずethnieという言葉をめぐる手短かな観察を付け加えておきたい。

ethnieという言葉の語源の考察はさておいて、これが人類学的な用語として用いられ始めた経過については、最近いくつかの学説史的な検討がおこなわれている。"Bones, Bodies, Behavior–Essays on Biological Anthropology"（*History of Anthropology* 5, 1988, Univ. of Wisconsin Press）に収録された'On the Origins of French Ethnology: William Edwards and the Doctrine of Race'という論文で著者Blanckaert, Cl. は、一九世紀のフランスの形質人類学の中心人物、ポール・ブロカの精神的先駆者に当たるウィリアム・エドゥアールという人物を取り上げ、この人物が一八三九年に、当時のフランスのどのような思想の文脈から、何を目指してSociété d'Anthropologie de Paris（パリ人類学会）を結成したのかを明らかにしている。その詳細はここでは紹介する余裕はないが、少なくともエドゥアールにとっては、'ethnie'という言葉は「人種的集団」を指すものとして使われていること、'Société Ethnologique'は「それぞれの人々の歴史的伝統、言語、身体的、精神的特徴から人間の諸人種を研究することを目的とする」ことが明言されていることは注目に値いする。エドゥアールが何よりもまず人間を、生理的身体的な生物集団すなわち「人種」ととらえていたことは、彼がもともとリンネの流れを汲んだ植物分類を学んだ博物学者だったということからも理解される。さらに彼が「人種混交」の地、カリブ海のジャマイカで砂糖園を経営するイギリス人の子で、後にフランスに帰化した人物だった事実も興味をひく。今風にいえばエドゥアールはアイデンティティの葛藤のさなかに生きた人間だったということになろう。

ethnie, tribu, race といった範疇は、たしかに「アイデンティティ」という言葉で示される精神構造の領域に深く関わっている。しかもそれは人類学の成長そのものと並行して形成された、近代の刻印が強くしるされた精神の構造でもある。さらにいえば人間のアイデンティティを生物学的に基礎づけようとして行き詰まった後、それを社会的文化的に基礎づけようとして根本的な転換が計られたということこそ、一九世紀末の自然人類学から文化人類学へのパラダイム変換のもつ意味だったと私は考えている。いっぽう、人間のアイデンティティの生物学的基礎づけが、社会の平面をも蚕食した時、実践的な「優生学」という臨床の知が生まれ、やがて今世紀における「最終解決」という人種政策へとつながったことを忘れてはならないだろう。

エドゥアール自身は、ethnologique な研究において、ヨーロッパの各国を構成する人々の生物学的すなわち人種的な identité の記述を試みている。そこで注目すべき事実は、エドゥアールの用法において identité という観念は、生物分類における「同定・鑑別」の作業と、今日いう「心理的な帰属意識」とが互いに浸透しあった意味で使われていることである。このことは人間の集団を、自己再生産する生物集団すなわち「生物種」に近似の範疇でとらえるという、人間の思考の根深い傾向にも関わると思われる（レヴィ＝ストロースの『野生の思考』はその根深さに照明をあてている）。と同時に、人間においてはこうした集団の概念化が、単に人間にとって外在する動物種や植物種の対象の分類・同定とは異なって、自己自身ある集団に帰属する主体によって行われざるをえないという、分類主体の意識を巻き込んだ自己言及的な錯綜した構造をもつことを忘れてはならないだろう。アイデンティティの葛藤のなかからエドゥアールが“Société Ethnologique”を創立するに至った背景からそのようなことが読み取れると思う。

　ethnieという語から分類的思考へと話が広がった機会に、もう一つの観察をつけ加えさせていただきたい。『部族』の序章に次の一節がある。「……日本語世界においては、氏族、部族、種族、民族と列記されれば、これらはいずれも族という共通の語幹をもち、まず語感的にこれらのことばが同類のことばとして位置づけられる。英語のclan, tribe, nationの場合には、少なくとも語感的にはそういうことはありえないのではないだろうか」。たしかにclan, tribe, nationと並べられた時にはこれらの語が共通の意味場に属さないことは明らかである。ただこれとは別の一連の語がある。すなわち英語でいえば、kingdom, phylum, class, cohort, order, family, tribe, genus, speciesという分類の諸階梯を表す語群である。これらの語は、それぞれの語源的な出自はたとえ違っているとしても（例えばkingdom［界］はいうまでもなく王国、またphylum［門］につながるphylo-は種族の意［phylogenesis＝系統もしくは宗族発生］、cohort［区］は、古代ローマの歩兵隊、と英和辞典にある）、分類体系の用語として採用されたという事実によって、共通の意味場に組みこまれている。ちなみにtribeは、この文脈では「族」と訳される（G・G・シンプソン『動物分類学の基礎』白上謙一訳、岩波書店)。こうした体系的分類の整備は、一八世紀の博物学の旗手の一人、リンネから始まることはあらためて指摘するまでもないだろう。歴史的には kingdom に代わったといえなくもない nation はやや別格としても、ethnie, clan, race さらに lineage, deme あるいは kin, sib といった語を、これらの「理論化」された分類用語の意味場のやや曖昧な周辺部に位置づけることができると思う。

これらの言葉は kingdom に明らかなように、西欧史の文脈においてはもともと「社会」的な範疇を「自然」対象の分類に転用したものとしばしば理解されている(例えば中公文庫、樺山紘一『西洋学事始め』「分類学」の見解)が、じっさいには「自然」と「文化」が相互に浸透する人間という集団において用いられた言葉が、より純化された人間社会と自然種の集合の両極に分化して用いられるようになったというべきではないかと、私は考える。あるいは、人間集団と自然の集合とを問わず、人間が思考する時に発動される「原範疇」ともよぶべき分類思考の原体系あるいは「野生の思考」を想定し、それが人間社会の分類と生物種の分類とに現象するというべきなのかもしれない。

いずれにせよここで人間における「自然」とよんだものは、生殖による人間集団の再生産に関わっており、この再生産という事態が人間集団と自己再生産する生物種との類比を可能にする手掛かりとなっているのだろう。しかしそうだとすれば、有性生殖という生物学的側面は保ちながらも、直接に生物学的な生殖として現象することなく、「親族関係」という範疇を媒体として行われる人間の再生産を「自然」の側に位置づけることは正当なのだろうかという問いが立てられることになる。こうして私たちは、親族関係はどこまで「自然なのか」という人類学の古典的な問いに再会することになる。たとえばレヴィ=ストロースの『親族の基本構造』は、親族関係を、人間が「自然」から遊離し「文化」へ移行する媒体ととらえていたということが思い出される。

*

以上の迂回路は『部族』の文章から遠ざかるためにとられたわけではない。「結論」の第三節「族的集団としての部族と民族」には次のように書かれている。

私はここでヨーロッパ近代の世界認識の基本図式の歴史的限界を明らかにするための方法的な操作として、族という概念を提示したいと考える。日本語の部族、民族に共有されている族という語幹に着目し、それを両者に共通する素因として措定するのである。高島善哉は、スターリンの民族概念を人種という要因をおとしていると批判しているが、ここにいう族という素因は、高島のいう人種に近い概念である。また部族の古典的定義において存在し、今日その定義から消去されつつあるいわゆる血縁的紐帯もこれに近い。またこの族概念は、tribe概念をめぐる議論の中で提示されたethnique groupeという概念にも類似している。しかしethnique groupeという概念は、tribe概念を放逐しそれにとってかわるべきものとして提示されている点においてここにいう族概念とは異なる。

この一節を誤解を恐れず私なりに読みかえれば、部族あるいは民族という範疇をともに包摂する公分母あるいは「原範疇」もしくはメタ言語として、族という概念を置く。ただしこの「原範疇」は自然種を対象とせず、まず何よりも自己再生産を行う人間の集団を指示する範疇としてある。「再生産」こそ族の基底をなすと理解される。一見無造作に「人種」が受容されていることには驚きと危惧を感じずにはいられないが、それは余りに過敏すぎる反応だろうか。ただここでは、人種との類比、血縁の強調の意味は「再生産」に力点を置くことにあると理解される。

そしてさらに「……近代世界は、族的には民族と部族によって編成され、秩序づけられた世界として成立したのである。」と述べられている。「近代世界はその政治的自立性を互いに承認しあう民族群と、それらの「保護」下あるいはそれからの隔離状態におかれた部族群とによって族的には編成されたのである。そしてヨーロッパ近代の民主主義理念が、その射程にとりこむことができたのは、民族間の市民的平等であった」。ここには、ヨーロッパ近代が、内部的、相互的には（つまり international には）いちおう平等主義を原理とする「市民社会（société civile）」として自己認識しながら、その外部に対しては（つまり civilisé されていない地理空間においては）競合しながら奪いあう植民地支配国家として成立した事実を、族という範疇の枠組の中で論理化しようというモチーフ、そしてそれをヨーロッパから俯瞰するのではなくアフリカという位置からの仰角の視線で行おうというモチーフが表明されている、と私は理解する。そしてこうした民族と部族が振り分けられた内外の跛行的構図は、植民地の「独立」後にはアフリカの内部にも平行移動され移植されビルトインされることになった。

では「素因」としての族概念の内部で、部族と民族はどう区別されるのか。「……今日的状況の中で、民族と部族との差異を理解しようとするならば、その族と現在の諸国家権力との距離という基準が、その区別の最も説得的な説明原理になりうるはずである。すなわち、自らの族的集団の族としての再生産を国家的に保証されている族的集団が民族であり、その保証をえていない族的集団が部族であるといえるのである」。ここでもやはり「再生産」が部族と民族を分かつ基準として置かれている。しかし「再生産を国家的に保証されている」ということがどのような事態をさすのか、にわかには判然としない。おそらくヨーロッパ近代国家のように国家と民族の同一視が成立した時、民族は「再生産を国家的に保証された」ことになるのであろうが、ただここで指示されたことを周知の **nation** ＝ **state** の成立という観念に回収し平板化することは、民族と部族の共時的な成立の必然性をとらえようとする『部族』の基本的なモチーフを逸することになろう。**nation** ＝ **state** が世界史的現在の上限の水準を画する体制として成立した時、その影の半面としてなぜ「族的」なものの内部に「部族的」なものが同時に分離生成しなければならなかったのか。そのことをどのような認識の操作によって思考の対象にすべきか、それが『部族』の主題だと思われるからである。

最後の節「族的存在としての人間」はそうした主題をもう一度別の視点から説こうとしていると理解される。この節は難解だが何とか自分なりに理解を試みてみたい。

族とは何か、という明快な問いが出され、次のような答えが与えられている。「まず族は、類という場における一つの関係を示すものであり、族性というべきものが固有に存在するものではない…」。これはさらにこう敷衍される。「スターリンは民族を『…共通の言語、地域、経済生活、および共通の文化…』というように、その内部における共通性を規準として定義しているが、その共通性を計量する客観的な規準などもとよりあるはずがなく、言語、地域、経済生活、文化などの構成要素が明示されていなくとも、他者との関係において相対的に共通であるということを意味している。つまりX族は必ずY族の存在を前提としており、XとYの関係が成立する場として類が前提されているわけである」。

「類」という概念が不意にもちだされることが難解さの理由のひとつだと思われるが、おそらく本当の難しさは、この行文で述べられていることの抽象度の度合いが一読しただけではつかみにくいことにあるように思われる。私なりに理解すれば、「族」とは、より上位の範疇（これが「類」と呼ばれるが、私は仮に「全体集合」と呼んでみたい）の下位分節としてはじめて成立する部分集合の範疇であり、この下位範疇相互が具体的などのような規準によって区別されるかは二次的な意味しかなく、重要なのは区別があるということ、「差異が存在する」という事実、差異それ自体なのだ、ということになる。ここで説かれているのは、言語、地域その他の具体的基準を「還元」し、族という範疇の純粋に形式的な特性を取り出せばどうなるのかということであろう。

やや飛躍した連想かもしれないが、こうした族の規定は家族および親族関係の一般的な考察を試みるなかで清水昭俊が提示した「社会の二重分節」という表現（『家・身体・社会』弘文堂）を思い出させる。清水はこう述べている。「人々の社会生活の場は複数の構成単位へと分節されており……社会生活の場は諸個人によって直接に構成されるのではなく、諸個人は分節（環節 segment）へと組織され、この分節間の関係として、あるいはこの分節を経由した諸個人間の関係として社会関係が営まれる。これを言語の二重分節（double articulation）にならって、社会の二重分節と称することにしよう。仮にこの命題が成立するならば、家族として認識されて来た諸事例は、この社会を構成する分節の一つに該当することが理解されよう」。

いっぽうの「族」そしていっぽうの「家族」の考察において、一種の「形式的還元」の操作によって、全体集合と下位集合（清水においては「社会」とその「分節」）への二重化そして下位集合相互の差異それ自体という相同的な構造がとりだされているといえないだろうか。社会関係をめぐる思考の、こうした結果の類似性はたいへん興味深く、単なる偶然の符合とは思えないものがある。とはいえこうしてとりだされた形式の認識論的な位置ともいうべきものについては、両者ともに判然としないものが残されているとも思える。全体集合の下位集合への分節化は実体的なものなのか、それともある関係概念なのか。関係であるとすればその差異それ自体としての関係の生成する場はどこなのか。私自身は、この分節化は族的存在としての具体的人間の意識の構造において生成するものだと考える。「還元による形式化」の操作によってとりだされる分節化の構造とは、分類しつつ自らも分類されるメビウス的な構造をそなえた人間の意識の形式に他ならないはずである。

いずれにせよ、族という概念を民族と部族をともに包摂するものとして考えるためには、どのようなものであれ具体的な差異の規準を採用することには慎重でなければならない。したがって母語の共有ということすら、それが「人間にとって歩行と同じくらい自然」である限りでは族の規準として受容しうるように見えるとしても、それも「部族と民族という枠組の中で部族を民族にひきつけたかたちで再定義しようとしたことによる限界を示すもので、族という区別の基底的規準とはなりえていないように思える」とされる。こうした言葉づかいには、具体的規準への慎重な留保が認められるいっぽう、母語の「自然性」に一定の肯定的な評価が与えられていることが注目される。「自然性」ということが、どのような具体的判断規準を第一義とするかということの判断規準となっていると理解される。しかし母語が「自然」なものとして表象される母国語に変容する過程こそ、「民族の再生産」が「国家的に保証される」ことになる nation = state 形成の歴史過程ではなかったのか。もしそうであるならば私は、この「自然性」という判断規準そのものも慎重な留保と懐疑の対象にするべきだと思う。

「自然性」という規準への留保を求める真意はじつはつぎの点にある。すなわち、母語の共有が「族」の規準としてはしりぞけられた後、『部族』の考察が閉じられるに当たって、いわば最小限の規準として「直接的生命の生産」に関わる血縁の紐帯が規準としてもちだされる。それはこのように表現されている。「族という区別の基準となるいわゆる血縁は、まさにこの生命そのものの再生産過程において人間に刻印されるものを基礎としている。言語（母語）も文化も、それを外在化させた表象であるにすぎない。原初的にはそして象徴的にはそれは自分の母の記憶、血の意識であるといってよいものかもしれない。（原文改行）部族も民族も、それが族という素因を含んでいるかぎり、言語、文化、あるいは風土などの外在化した表象によって粉飾されようとも、それは母の記憶の定型的表現としてのみ、個人を奥深いところでとらえる族的規制として機能しえているのである。言語は母語でなければならず文化は生きられた文化でなければならないのである」。こうして民族と部族を包摂する広い意味での族概念は、血の紐帯の自然性、直接性によって区別の規準を与えられることになる。これは何を意味するのか。

この結論における断言には、どこか足元をすくわれるような驚きを感じずにはいられない。それは何も「血縁」「血の紐帯」「血の意識」「母の記憶」といった感性的な言葉が不意に多く使われることになるからということだけではない。また「血縁」（これは一般的に理解すれば母ばかりでなく父とのつながりも含んでいよう）と「血の紐帯、母の記憶」という言葉の意味のずれが気になるということでもない。あるいは、血縁の意識は何も「母系出自」に限定されないし、アフリカにおける親族関係には父系をたどるものも多いといった「事実」によって反論したいというのでもない。おそらく結論の文にいわれていることは、こうした事例による反論によって根拠を失うものとは異なったレベルで語られている。そのレベルが何であるのかがただちに了解できない、ということが驚きの理由なのだ、と私は思う。親族関係一般の水準でいえば、親族関係は決して直接的で自然なものではないということは人類学の基本的な了解事項ではなかっただろうか。そうだとすれば差異それ自体によって規定されるはずの「族的概念」が「血の紐帯の直接性」によって規定されるとはどういうことなのか。

先に引いた結論的な文章を理解するためのひとつの道筋は、この文章に触発されて、私自身が不用意に混同してきたふたつの観念を明確に区別してみることにあるのかもしれない。すなわち人類学の知見からすれば「親族関係は直接的で自然なものではない」という時、「直接的」という言葉が示すものと、「自然」という言葉がさすものとを分けてみるのである。それはこういうことである。人が人として「族的存在」としてあるためには、一定の親族関係を通じてその親族関係によって構造化された社会空間のさなかに生まれてくるのでなければならない。いかなる社会でもおそらく原理的に、生まれ落ちてくる新生児に付与されるべき親族関係の網の目の中での位置はあらかじめ規定されている。関係のなかでの位置が、現実の子の存在に先行する。そしてその親族関係は、人類学が指摘してきたように、決して「自然」の所与のカテゴリーではない。しかし親族関係における位置があらかじめ規定されているということと、その位置の担い手が現実に生まれ落ちてくるという事実との間には、測ることのできない隔たりがある。現実に生まれ落ちるということを存在するという事実の「直接性」と呼ぶとすれば、親族関係の「自然性」の否定から、誕生という事実の「直接性」の否定を導くことはできない。母語や生きられた文化の「自然性」に先在し、それを可能にする条件として生誕の「直接性」の概念を置くこと、おそらくそこに著者の意図があるのではないだろうか。人は生まれて初めて、全てが始まる。自分が存在する、そして世界があるということへの驚き。「直接性」という言葉はそのことを指しているのではないだろうか。そして、超越的なものへの畏怖も、神話も、現実への意欲も、要するに全てがそこから始まる。

しかし、この生誕の直接性の概念を受容した上で、私自身はこう結論せざるをえない。生誕の直接性はたしかに「族的存在としての人」が可能となる条件であろう。けれどもこの直接性からは、可能となった「族的存在」がいかなる存在であるのかということは一切ひきだすことはできない。生誕の直接性から、族的存在を規定する「差異それ自体」に移行するには何かが必要ではないのか。したがって私は、『部族』の結論に対して、ひとつの疑問を対置してこの手記を終わらせざるをえない。すなわち、直接性を名指すことは、族的存在のありかたを提示することではない。そうである限り、「直接性の神話」にとどまることなく、人について語るためには直接性を放棄することから始めるしかないのではないか、直接性を離脱する媒体がいかなるものなのか、ということに注意を集中してゆく以外に、この世界の現在のなかで「共に生きる」ことを考える方向はないのではないか、と。

参照文献（参照順）

原口武彦『部族―その意味とコートジボワールの現実』、アジア経済研究所、一九七五年／『部族と国家―その意味とコートジボワールの現実』、研究参考資料456、アジア経済研究所、一九九六年。

中村吉治『日本社会史（新版）』、山川出版社、一九七〇年。

白川静『字統』、平凡社、一九八四年。

Blanckaert, Cl., 'On the Origins of French Ethnology: William Edwards and the Doctrine of Race', in "Bones, Bodies, Behavior—Essays on Biological Anthropology"（*History of Anthropology* 5, Univ. of Wisconsin Press), 1988.

樺山紘一『西洋学事始め』、中公文庫、一九八七年。

清水昭俊『家・身体・社会』、弘文堂、一九八七年。

Ⅰ　身体・歴史

1 指紋の社会思想史
ライプニッツからキパンデへ

犯人を確定する手段としての指紋の重要性は、今やあらためて強調するまでもない常識だが、そうした人間の同一性の判定手段としての指紋の発端の一つが日本にあることは案外知られていない。築地明石町の一隅には「指紋発祥の地」を記念したプレートもあるという。スコットランド出身の宣教師で、お雇い外人医師であったフォールズがそこにあった築地病院に勤めていたのだ。

フォールズは、来日した生物学者モースから、大森貝塚から出た土器に、いくつかの指の線つまり指紋の痕跡が見えることを教えられ、いたく興味をそそられた。そして仔細に観察するうち、それが個人ごとに全て異なっており、また長い期間にわたって変化しないらしいことに気づいたのだった。フォールズはその観察を霊長類にも適用できるか問い合わせた手紙をダーウィンに送る一方、「指の皺」が個人の識別に使えるという提案を、科学情報の交換の場であった『ネイチャー』誌に投稿した。その一五〇行ほどの論文が掲載されたのは、今から百十数年前の一八八〇年一〇月二八日号であった。

スイスからボストンへ移住してきた反ダーウィン主義の大生物学者アガシを師としながら、やがて進化論をめぐって対立し、師の死後日本にきたモースと、やはり進化論については意見を異にした宣教師フォールズが結びついて指紋の発見にいたるという経過は、それだけで、一九世紀終わり近い時代の人と知の連鎖のドラマを感じさせる。しかしフォールズの投稿をきっかけとして展開した、指紋の制度としての完成への過程を追うと、そこには、学者たちの個人的なつながりや反発を越えた、世紀末から今世紀初頭にかけての、「近代」社会の深層の動き、そして国家という制度が指紋という「細部に宿る」過程が、凝縮しているように思えてくるのだ。単なる指の皺が、個人個人をその同一性の核心において把握しようとする近代国家の複合的な管理技術を支える「指紋」となってゆく過程は、ある意味では近代の社会の歴史と同じ拡がりをもっている。

フォールズの投稿から一月も経たない『ネイチャー』一一月二五日号に、インドのベンガル地方行政官であったハーシェルの数十行の論文が載った。フォールズの論文に刺激された筆者は、自分自身はベンガルにおける現地雇用者の給料二重取りを防ぐために、ベンガル伝統の手形をヒントに指紋押捺を創案し、さまざまな登録制度、土地証文さらに罪人の記録にも指紋を用い、すでに二〇年来の記録を蓄積している、と述べている。ベンガル人は、顔が見分けにくく、署名もできないということへの対策だったという訳である。

科学情報の山に埋もれて忘れられたかに見えたフォールズとハーシェルの指摘を蘇らせたのは、当時のイギリス科学界の大御所ともいえる、ダーウィンの従兄弟ゴルトンであった。ゴルトンは一八八八年、王立学士院から、犯罪者の個人識別法として世評を高めていたフランス警視庁のベルティヨン方式が有効かどうかの評価を依頼され、いくつかの個体識別法を再検討するうち、どうやら『ネイチャー』の二つの論文と、また年老いたダーウィンが、手に余るというので自分に回送してきたまま放っておいたフォールズの手紙のことを思い出したらしい。エリート好きだったゴルトンは、あえて一介の元宣教師ではなく、高名な天文学者の孫でもあったハーシェルとの接触を求め、その蓄積していた資料を手掛かりに、指紋が個体ごとに異なり、また不変であることを確認したのだった。ゴルトンは検討の結果を一八九二年、『指紋』(***Finger Print***)にまとめて出版した。「指紋」という用語が定着するのもこのゴルトンの本からである。

こうした経過の概略と、指紋が「探偵小説」にどう取り入れられたかについて、実は江戸川乱歩の興味深い考証がある(『続・幻影城』講談社江戸川乱歩推理文庫)。そこには世界でもきわめて早く日本で、快楽亭ブラックの口演した「幻灯」という落語に指紋が素材とされているという意外な指摘もある。しかし、指紋の描く螺旋の向こうには、乱歩も表面的に触れただけの、思想史と社会史の錯綜した世界が透視される。それを見よう。

まず思想史として。ゴルトンは『指紋』の指紋研究史を概観した章で、先駆者としてチェコの一九世紀の生理学者プルキニェの名をあげ、その研究を簡単に紹介している。このプルキニェは、自らの網膜血管を観察して記載するということを行った人物でもある。歴史学者カルロ・ギンズブルグによれば、プルキニェのこうした探究は、若い時に読んだライプニッツの哲学に基づく、「個体」の差異の識別という一貫した着想に導かれていたという。知覚されない微小な差異が精神としての個体を形成する、というライプニッツの主張は、プルキニェからゴルトンを経て、今世紀初頭、ヘンリー方式の指紋制度として、人間の具体的な同一性の判別手段として現実化したとも言えるのだ。

そして社会史として。ハーシェルは偶然にも、マルクスが「イギリスのインド支配」という、ある意味では植民地支配を擁護する論文を公表した一八五三年にベンガルに赴任し、むしろ自由主義的な立場で、インド人自営農民を保護育成する方針をとった。そしてイギリスへの輸出用の藍の強制作付けに反対して高まった「藍一揆」をめぐる土地争いでは、公正な土地証文の制度を確立しようと努力し、指紋はそれにも利用されたのだった。

さて、ゴルトンは指紋分類の基礎を考案したとはいえ、犯罪を繰り返す累犯者の検索と同定の方法としては、身体骨格の各部分の長さを正確に計測し、その組み合わせで累犯者を同定するというベルティヨン方式に一定の価値を認めていた。その繁雑なやり方が実用的でないとして、始めから指紋のみで犯罪者登録を行う方法を考えたのは、ベンガル警視総監ヘンリーであった。自分で工夫したヘンリー方式という簡便な指紋検索法を実用化したヘンリーは、一八九七年にはすでに世界に先駆けてベンガル地方で、指紋による累犯者検挙の実績をあげている。ヘンリーはその後この実績を携えて、ロンドンのスコットランドヤード総監に栄転し、本国での指紋制度確立の先頭に立つ。

しかしそれ以上に興味深いのは、指紋が、ベンガルからいち早く、今世紀初頭の国際情勢の焦点のひとつであった南アフリカへと伝えられたことである。一九〇七年、インド人と中国人移民流入の著しい増加への対策として、南アフリカのトランスヴァール政府は、「移民法」によって、移民にも犯罪者と同じように十本の指全ての指紋の登録を義務づけた。あのガンジーが、この指紋登録を規定する移民法への反対運動から、後に非暴力不服従へと思想を深めていったことは『ガンジー自伝』にも詳しく描かれている。

人間の移動を統御するための手段としての指紋は、南部アフリカでは有効に利用されてゆく。アパルトヘイト体制の重要な柱としてのパス法である。それはローデシアで適用され、さらに北方のケニアで、白人入植地での、アフリカ人農業労働者を土地に縛るための身分証明制度に受け継がれる。それは「キパンデ」と呼ばれる金属板に本人の姓名、居住地、指紋等を刻印し、首から下げることを義務づけ、農民の逃亡を防ぐというものであった。これは費用がかさむなど問題点も多かったが、一九二〇年前後に実施され、根強い反感を醸成し、いわゆる「マウマウ運動」の解放闘争を誘うことにもなるのである。

ライプニッツからキパンデまで、国家が個人を管理するための手段としての指紋の渦巻きは、日本、インド、南アフリカ、ケニヤそしてロンドンやパリに繰り広げられた、グローバルな「近代」世界の歴史の縮図なのである。そこには手形という東洋の素朴な知恵が、指紋という酷薄な近代技術に洗練された過程を見ることもできるかも知れない。ちなみに一八九五、六年の『ネイチャー』には、南方熊楠が、指紋という東洋の知の古さを主張した論文を投稿している。だが熊楠は手形と、個体識別の近代的で複合的な制度としての指紋とがもつ意味の違いを区別しえなかったように見える。なお、西欧事情の調査を経て、日本の警視庁に指紋課が置かれたのは、日韓条約締結の二年前の一九〇八年であった。

こうした指紋制度確立のほぼ一世紀後の現在、指紋情報はコンピュータとデジタル（⁉「デジタル」とは元々「指の」という意味だ）情報通信技術によって格段の適用可能性の拡張を見ている。指紋による個体識別はパソコンの使用者や車の所有者の確認にまで汎用化されつつある。また地球の反対側で採取された指紋の情報を瞬時に伝え検証するシステムが完成している（AFIS=Automated Fingerprint Identification System）。しかし、この新たな可能性は別の予期せぬ帰結をもたらしてもいる。大量のデジタルデータの蓄積と短時間の検証可能性は無数のサンプルを瞬時に比較対照することを可能にした。指紋の差異を判定するために選び出される特徴点が大量のサンプル集合で一致する確率は確かに低い。しかし「同一個体」がさまざまな形、さまざまな欠損をもちながら残した指紋がコンピュータによって「同一」のものと判断される確率も実はかなり低いことが判明したのである。ゴルトンが「個体識別」の決定的手段としての基礎にした、一生不変、同一形の不在といういわば指紋の実体に関わる「セントラル・ドグマ」は、コンピュータがとらえるデータつまり表象としての指紋において成立するかどうかは疑われはじめているのである。コンピュータはわれわれを、実体としての同一性から表象の非同一性へと解放する、と果たしていうことができるだろうか。

※本文の末尾一四行は、『事典　哲学の木』（永井均、中島義道、小林康夫ほか編、講談社、二〇〇二年）中の「指紋」からとってここに加えた。『事典』の「指紋」の項目のほぼ全文はここに収めた文章（『本』一九九四年第一号、講談社）とほとんど等しく、末尾だけが加筆されていたことによる。（編集者記）

2 犯罪者の顔写真と指紋
西欧における司法的同一性の形成

一九世紀における蒸気機関の発達とその鉄道と船への応用は、交通のあり方を根底から変えた。その可能性を見抜いたナポレオン三世は、クーデタで独裁的権力を握った直後の一八五一年、鉄道敷設を推進する法律を制定してフランスの近代化に乗り出す。その二年後の一八五三年にはアジアの一角、大英帝国の富の源泉であるインドに最初の鉄道が敷かれる。同じ年、浦賀に現れたペルリ提督麾下《きか》の黒船、つまり蒸気機関を備えた鉄甲軍艦が幕府を驚愕させる。日本に最初の鉄道が開通したのは、そのほぼ二〇年後、明治五（一八七二）年であった。

蒸気力は、もっと速く、もっと遠くへ、という人間の欲望を解放した。鉄道と航路のネットワークが世界旅行を可能にし始めた。それは同時に大量の「移動する男たちの群れ」を作りだした。もちろん女性も旅したとはいえ、植民地へ、異国へ、新しい開拓地へ、あるいは炭坑や製鉄の町へと移動する者の多くは男であった。

鉄道網の発達と都市改造によって「一九世紀の首都」の座を得たパリも多くの異邦人をひき寄せた。しかしその中には多くの犯罪者も含まれていた。また人口の集中した都市の貧しい生活

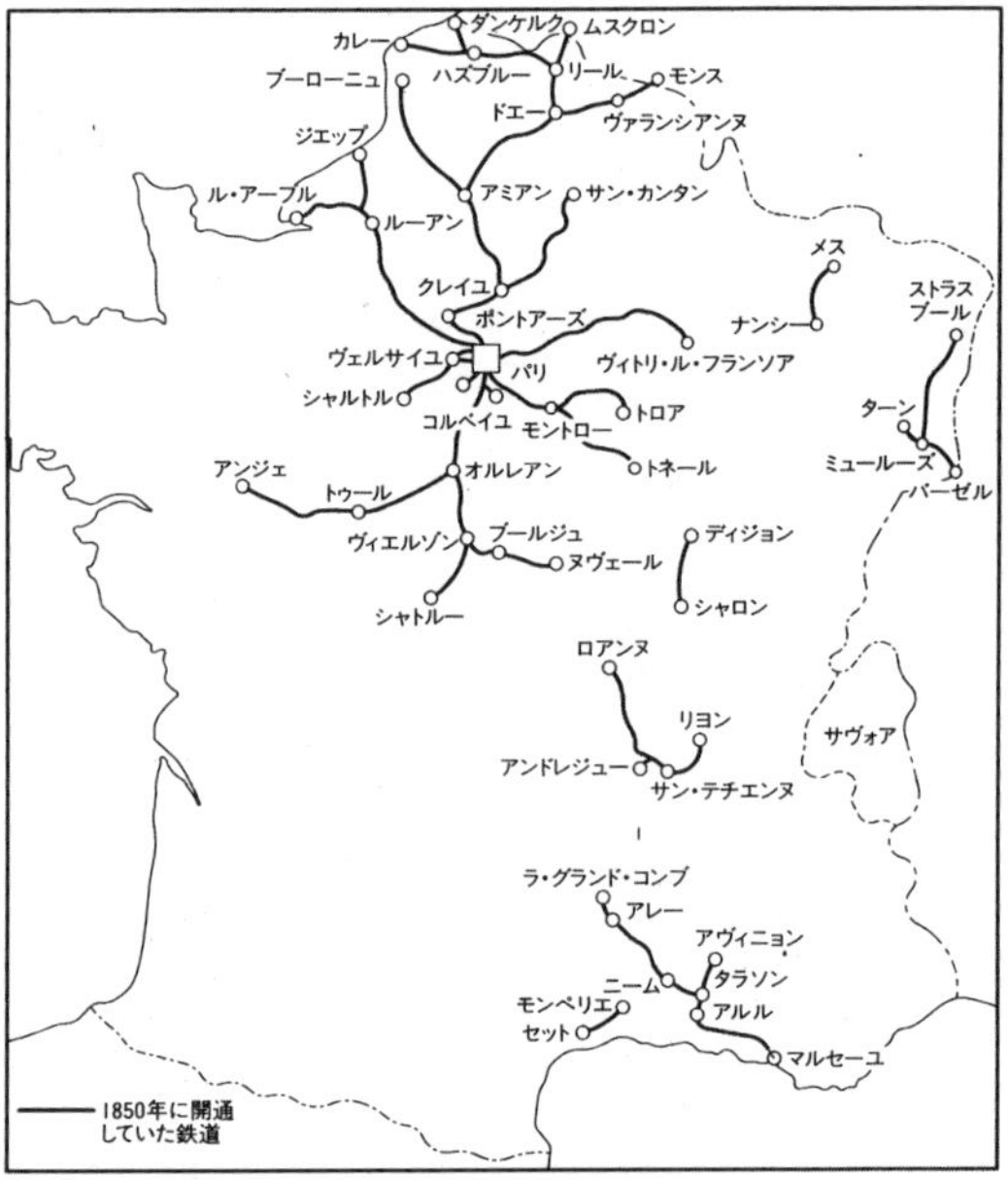

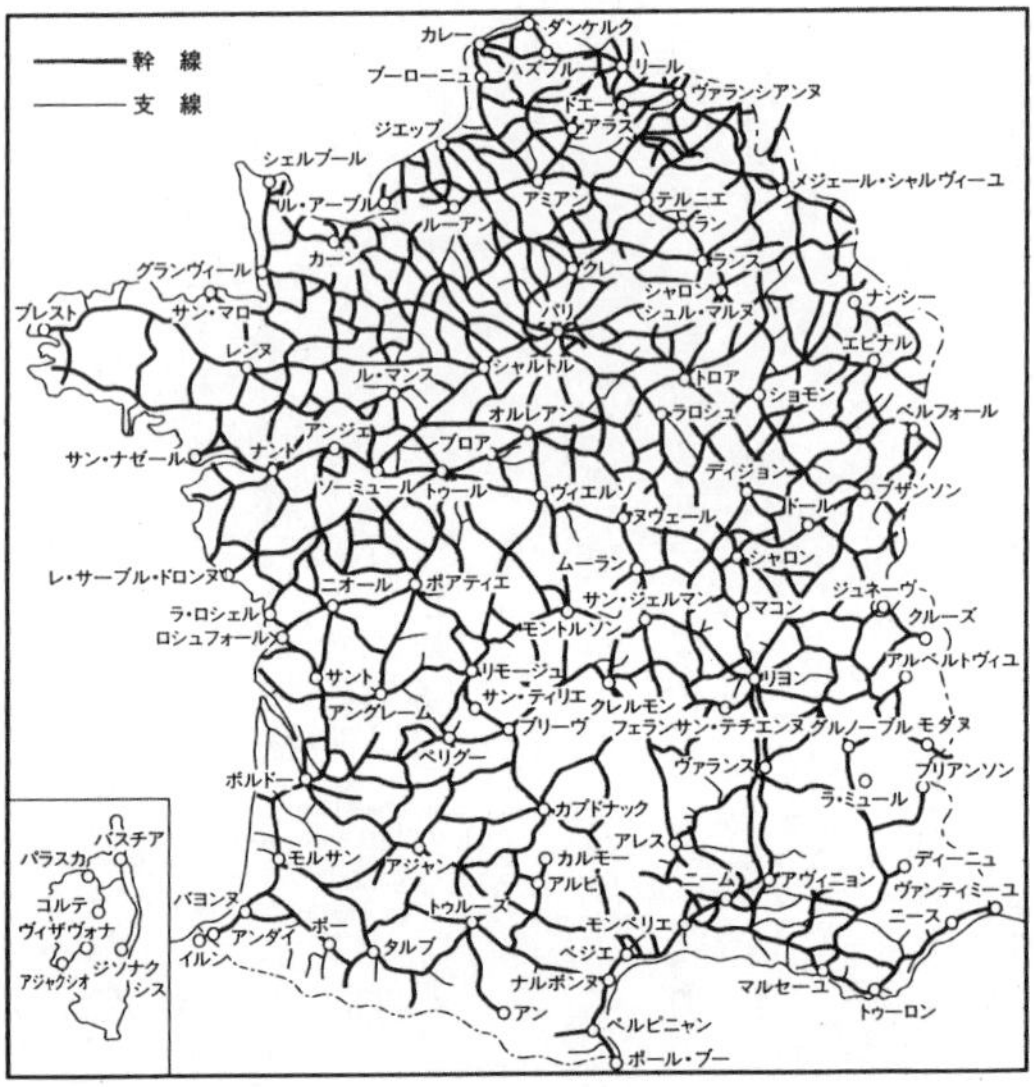

19 世紀後半のフランスにおける鉄道の発達　1850 年（上）と 1890 年（下）の鉄道網（ジョルジュ・デュビィ、ロベール・マンドルー著『フランス文化史』3 から）

は、人々を犯罪へと誘った。一九世紀後半には華やかなパリの裏面では、住所不定の浮浪者と小さな盗みを繰り返す窃盗犯が社会問題になり始めていた。どこ出身の誰かも分からぬ無名の群衆は、統治者にとっては、潜在的な犯罪者の群れでもあった。

●ベルティヨン方式――身元確認の手法

……すりや旅する詐欺師《さぎし》は逮捕されることを見越して、身元を隠すことに細心の注意を払う。衣類の商標ははぎとられ、ブーツの製造所の印は切り取られる。……国際的な窃盗犯は尋問に対してできる限りごまかそうとする。フランス語で話しかければ分からない振りをしてイエスとかノーと答え、英語や独語で話せば彼はスペイン人になり、果てはロシアのコーカサスで育ったことになる。……この手が効かなくなれば、彼は全面否定に訴える。「私は何も知らない。なぜ逮捕されたのか分からない。二四時間前にパリに着いたばかりで動転してホテルの名も忘れた。両親はオーストラリアに残してきた……」。監獄、あるいはしかるべき場所で、彼の顔が記憶されていないかどうか照会するために写真を撮ろうとすれば、彼は全面的に拒否するか、さもなければカメラの前でしかめっ面をする。

一八八〇年代以降、パリ警視庁で犯罪者の身元確認を担当していたアルフォンス・ベルティヨンという係官は、名を偽り、身元を隠す犯罪者と警察当局の「戦い」を右のように描いている。この言葉にも一九世紀後半の、コーカサスからオーストラリアまでの世界の交通の広がりが表れている。

学者志望から警視庁へと転じたこのベルティヨンこそ、犯罪者の身元の確定の技術を開発し、今日の鑑識の原形であり、当時は科学警察とも人体計測局とも呼ばれた警察の部局を創設し、少なくとも二〇年ほどの間、フランス警察を世界の模範の地位にまで引き上げた人物であった。

創始者の名をとってベルティヨナージュとも呼ばれた、その身元確定の手法は、彼がもともと勉強していた人類学の知識を応用したものだった。父アドルフ・ベルティヨンにとってはともにパリ人類学会を創立した同僚であり、自分にとっては師でもあったポール・ブロカが、さまざまな人種集団の特徴を分析するために編み出した身体各部分の長さの精密な測定法を、ベルティヨンは発想の転換によって、個人一人ひとりの分類・同定に使おうというのであった。

身体の各部分の大きさ、長さがぴったりと一致する人間は二人といないはずである。だとすれば、たとえば頭の縦の最大径、横の最大径、身長、座高、足の縦長等……を正確に計って、それぞれの長さを大中小の三つのグループに分類して整理しておけば、新たに計測された人間が、すでに逮捕され計測されたことがあるかどうか、過去のデータを検索して確認できることになる。計る部分が七か所であれば、大中小の三の七乗＝二一八七のボックスに人々を分類できる。ひとつのボックスに犯罪者のデータが百人ずつまとめてあるとすれば、それだけで二一万八七〇〇人の犯罪資料が効率的な検索システムに保存できる……。

こうした方法は、当時のパリ警視庁にとって、切実な必要に答えるものだった。というのも、人の姿形は年齢とともに変わり、また日々印象が変わる上に、繰り返し犯罪をおこなう者は、前科を隠すために変装し、名を偽り、さらに引用した文にあるとおり、犯罪のプロたちは入念に身元の手掛かりを消しているからである。それに対してベルティヨナージュは、もの言わぬ犯罪者の身体そのものに、前科の記録があるかどうかを語らせるのだ。ベルティヨンは、人にとってもっとも親密な同一性の拠り所である顔にも名にも頼らずに、その人が誰なのか確定する方法を作り

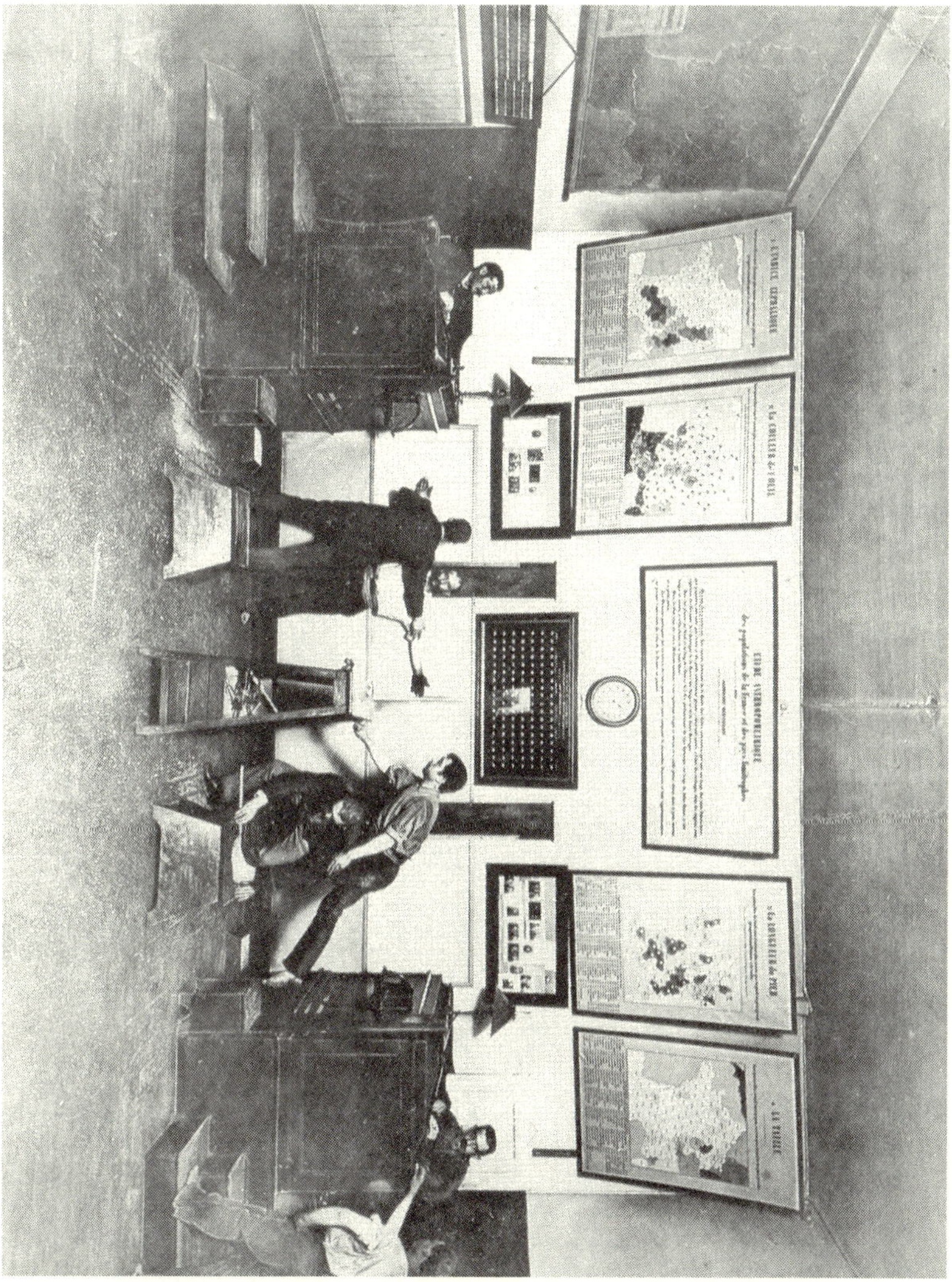

パリの最高裁判所地下に置かれ警視庁分室の人体計測局の計測室の様子

左足の縦長、両腕を広げた幅などを計っている。真ん中にあるのは、腕をのせて長さを計る台。壁には頭蓋指数（頭蓋骨の縦の最大長と横の最大長の比）、虹彩の色、左足の縦の長さ、背丈のフランスにおける分布地図が掛けてある。

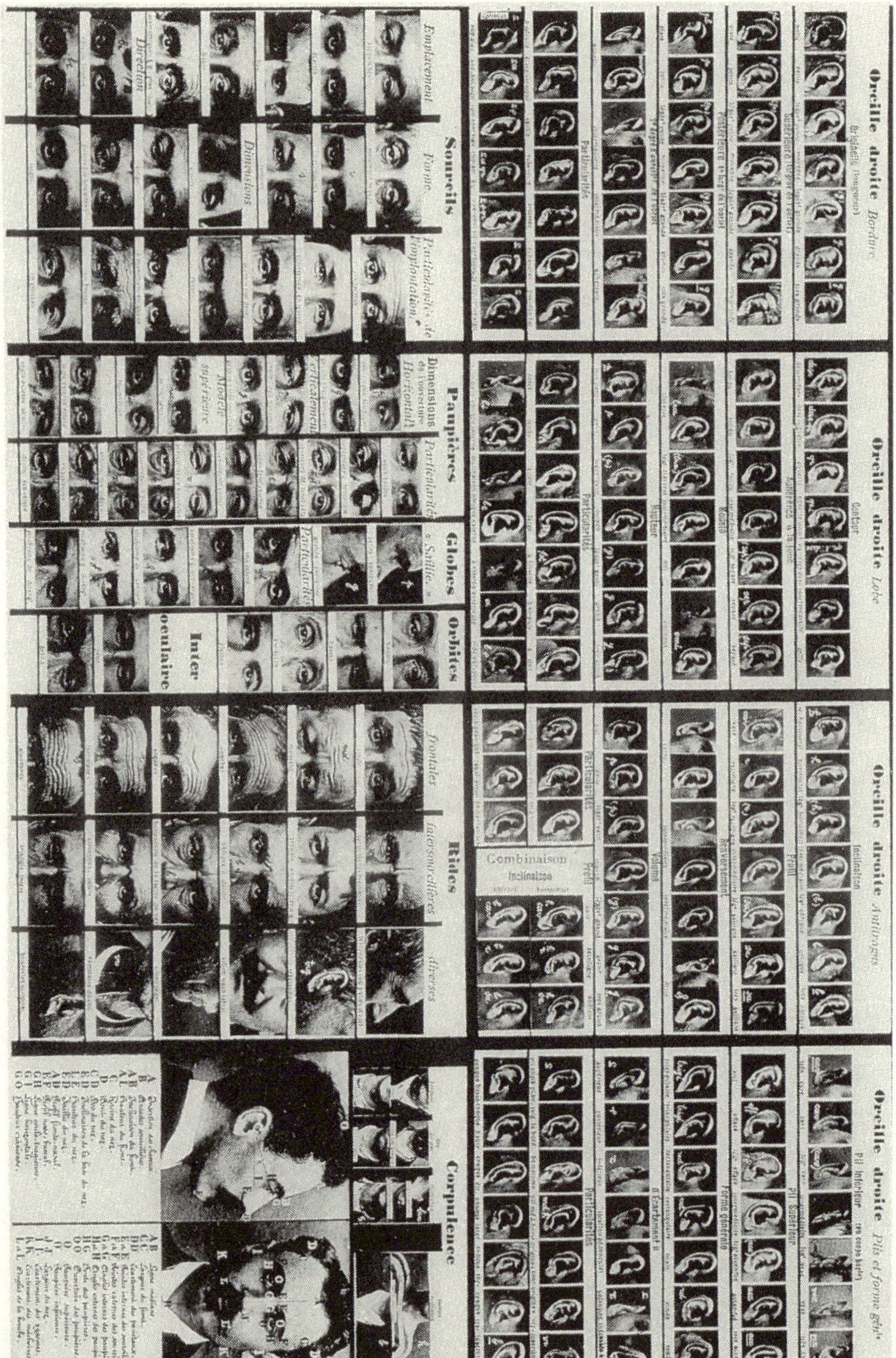

Oreille droite Bordure
Oreille droite Lobe
Oreille droite Antitragus
Oreille droite Plis et forme génˡᵉ
Combinaison
Inclinaison
Sourcils
Emplacement
Forme
Dimensions
Direction
Paupières
Globes
Orbites
Inter oculaire
Rides
frontales
intersourcilières
diverses
Corpulence

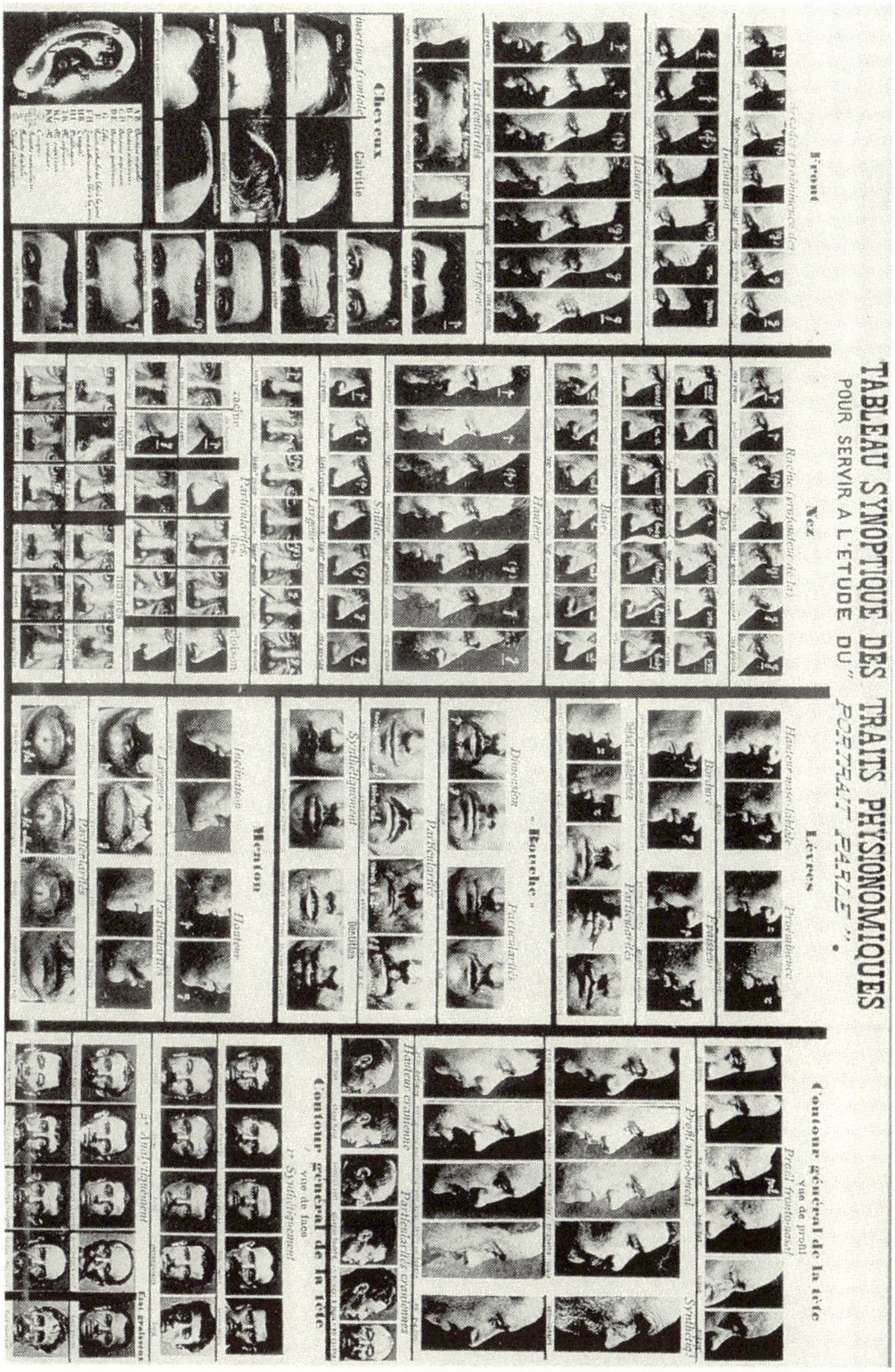

構成要素に分解された顔（34-35頁）
額、鼻、口など横顔の輪郭、唇、顎、眉、瞼、皺など。すでにふれたように耳はとりわけ注目された。こうして分解した各部分を再び組み立て直し識別する視線のあり方は、たとえばベルティヨンと同時代のイタリアのロンブローゾの、凶悪犯にはいかにも凶悪犯らしい容貌がある、という犯罪人類学の人相論の発想とは基本的に異なっている。

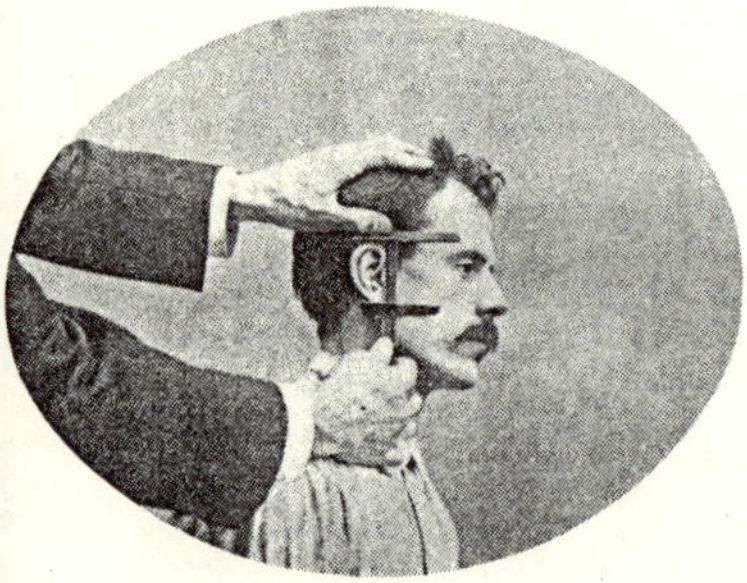

▲右耳の縦長の計測　耳は形が複雑で多様性があり、年齢によって変化せず、本人に意識されにくいという点で犯罪者の識別にはとりわけ注目された。これらの条件は後に指紋において理想的な形で満たされることになる。しかし耳は軟らかくて正確に計測できないのが難点であった。

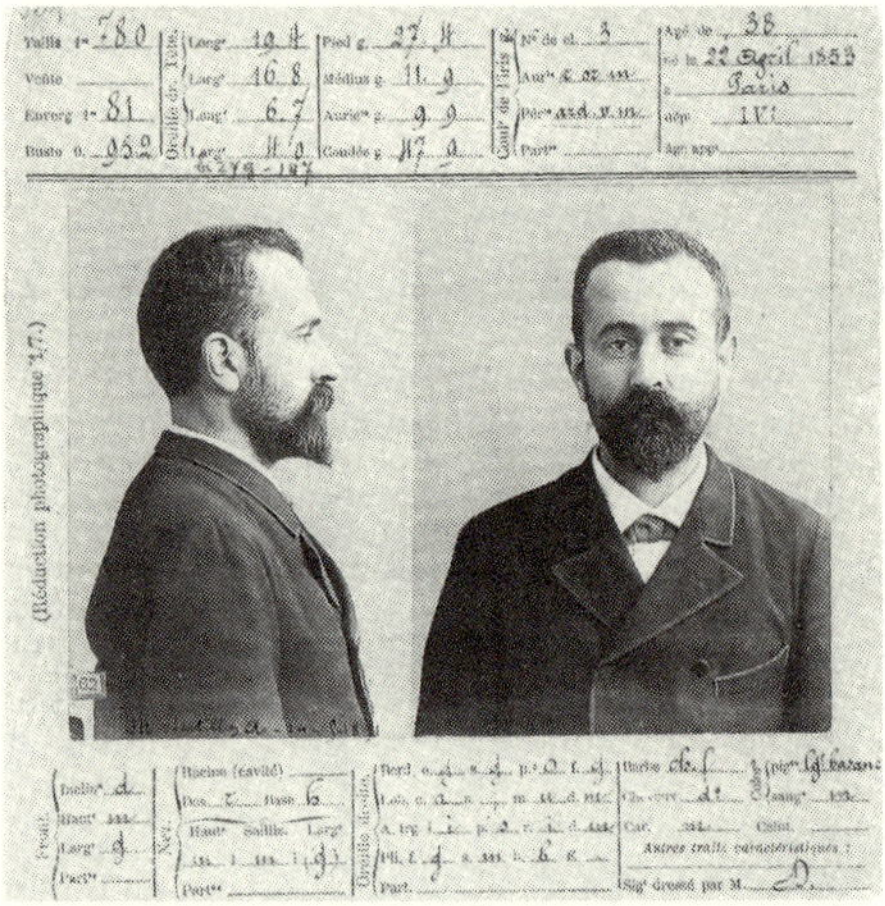

ベルティヨン自身の肖像写真　上下に計測値や顔かたちの特徴などが記載され、原画は正確に7分の1に印画されている。1853年生まれのベルティヨンが38歳と記されているので、1891年の撮影であろう。

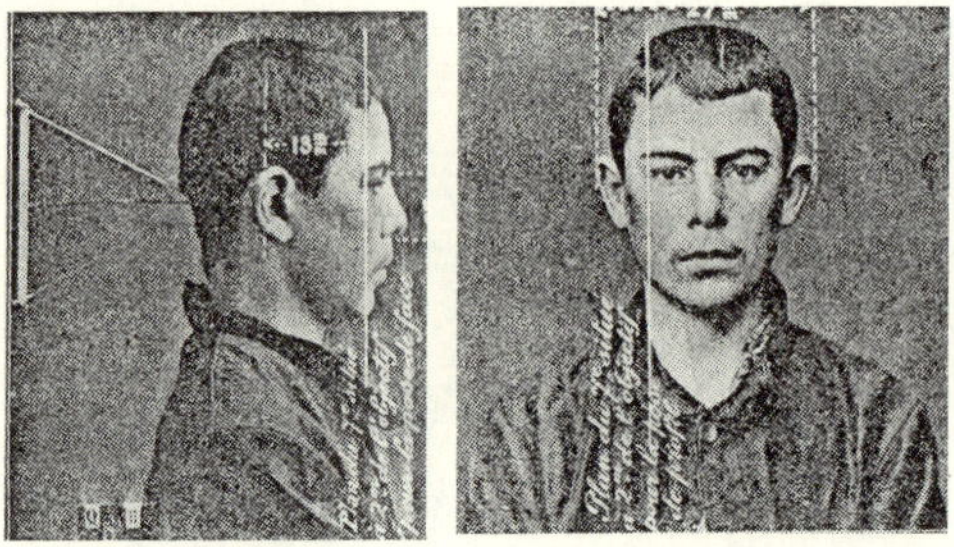

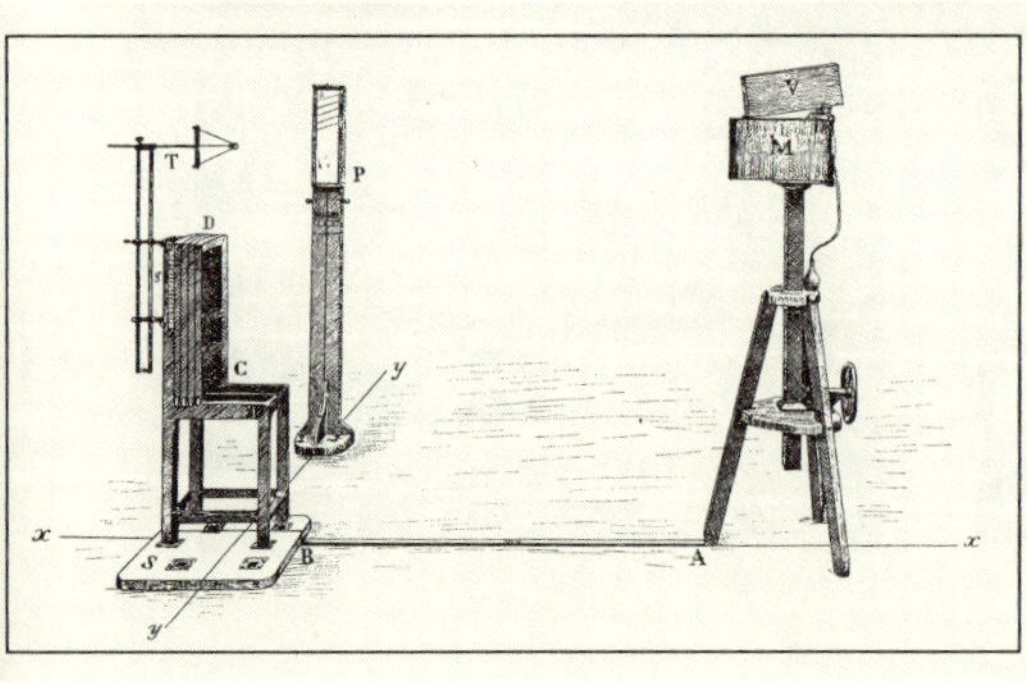

ベルティヨン方式の計測写真をフィールド調査用の分解可能なカメラセットにしたもの
現地人の人夫を3人雇えば簡単に運べるという原図へのベルティヨンの説明にも時代が感じられる。「正確さ」への偏執はとりわけ椅子の部分に表れている。頭を固定する矢印型の金具、尻の位置を固定するための稜線のある座、被写体の位置の調整のために取り外せる3枚の背板、前向きと横向きで椅子の位置を固定する穴を開けた台座など。被写体の眼の外側の端が横向きではX軸、前向きではY軸に一致しなければならない。XYの交点からカメラの感光面までは正確に2メートルに固定される。

人類学者の現地調査のなかで　ベルティヨンの同僚の人類学者は、計測写真の方法を南アメリカの調査で利用した。屋外での撮影の様子。

だしたということができる。

つねに活動し変容することが生きた人間の同一性に他ならないとすれば、ベルティヨンは、その対極にある、限りなく死体に近い固定した骨格に人の同一性の根拠を置いたのだ。この言い方が単なる比喩でないことは、師であるブロカが、頭蓋骨や骨格標本から計測値を得たことを考えれば、理解される。

●裸の顔―モンタージュ写真の原形

ベルティヨンの手法が導入される以前は、パリ警視庁に蓄積された犯罪者の個人記録のカードは、本人の申告する名によって分類され、したがって大多数のカードが犯罪者自身の正直さを当てにせざるをえない頼りないものだった。またとりわけ一八七一年のパリ・コンミューン以後本格的に導入され犯罪者カードに付加された顔写真は、有効な分類・検索システムがない限り費用がかさむだけで、警視庁の改革と合理化を求める左翼の攻撃の的にもなっていた。

身体計測によって、変装する顔にも嘘の名にも頼らずに分類された過去の記録との照合を可能とすることで、ベルティヨンは、逆に顔写真に照合の最終的な確認手段としての価値を与えることに成功した。移ろいやすいとはいえ、やはり顔は、人を認知するもっとも直接的な手段なのだ。ただベルティヨンは、ミリ単位の身体計測と同じ偏執的な厳密さを、この肖像写真に求めたのだった。実際の大きさの七分の一となるよう正確に写された乾板の上の顔は、その長さから原寸を割り出すことができるようになっている。それは表情も動きも剥ぎ取られた「裸の」顔なのだ。こうして身体計測と対をなす「計測写真」が成立する。この着想は犯罪の現場写真に応用されただけでなく、同僚の人類学者によって現地調査での写真撮影にも採用された。

こうした顔写真は、さらに顔の特徴を表す見本として眼、鼻、耳、額の輪郭、口などの各部分に分解される。分解され分類された各部分の類型には記号が付けられる。それは、人の人相を見た警察官が、瞬時にその特徴を分析して記憶し、正確に再構成できるようにするための工夫であった。フランス全国から選ばれた警官が、パリなどのセンターに集められ一定期間の訓練を受け、この手法を身につけて地方に帰った。こうして、フランス全土に、人の人相を見分け、探索中の犯罪容疑者を見付け出す、統一され規格化された監視の眼が張り巡らされることになる。共通の表に従って記号化された人相特徴は、電信網によって送られ、受信者自身が再構成できるようにするためでもあった。そこには、今日のモンタージュ写真あるいは電送写真の着想の原形が見られるといえよう。

犯罪者の身元を確定するこの手法は、同じ問題を抱えたヨーロッパやアメリカの警察に急速に取り入れられていった。一八九六年アメリカ合衆国の警察にベルティヨン方式が取り入れられた時が、ベルティヨンにとって名声の絶頂だったのだろう。その後この方式の評価は急速に下落してゆく。それは単に彼がフランスの国論を二分したドレフュス事件で唯一の物証「明細書」の筆跡を、事実に反してドレフュスのものと言い張って人々の顰蹙を買ったためだけではなく、犯罪者の判別の新たな手段、指紋が登場したためである。

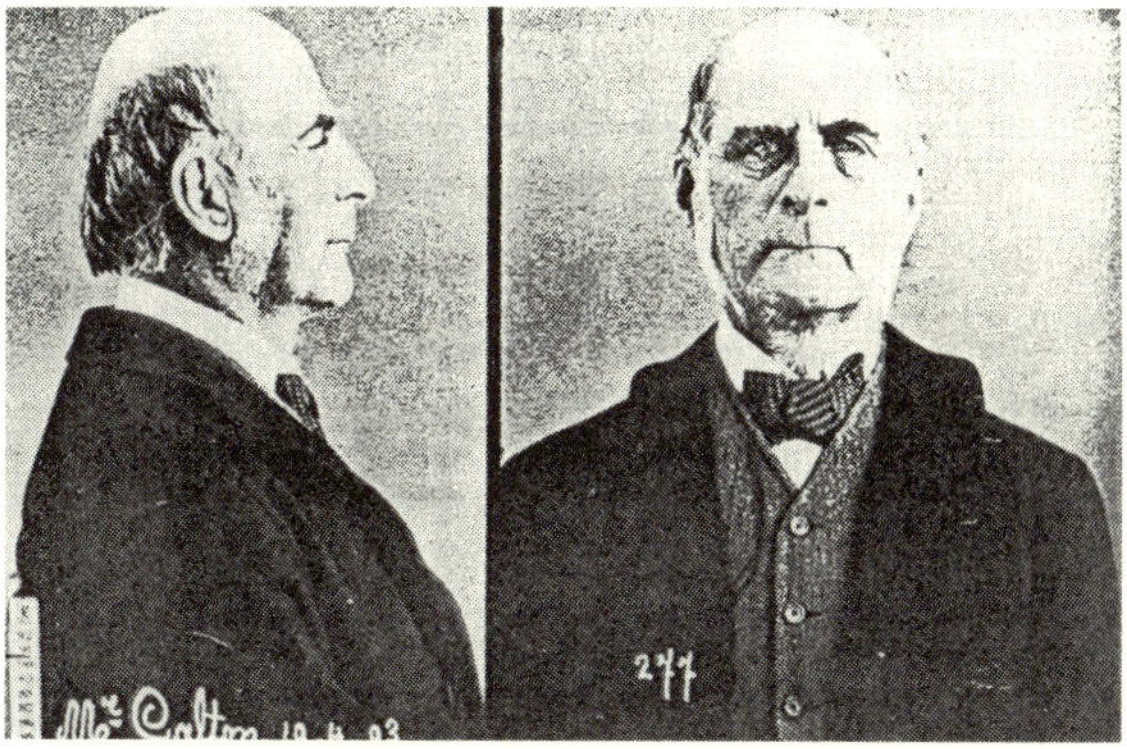

▲ベルティヨンを訪問した際、ベルティヨン方式で写真に撮られたゴルトン 「1893年4月19日」という日付がはいっている。ゴルトン71歳。やがてベルティヨンの凋落を決定づけることになる『指紋』を出版した翌年である。

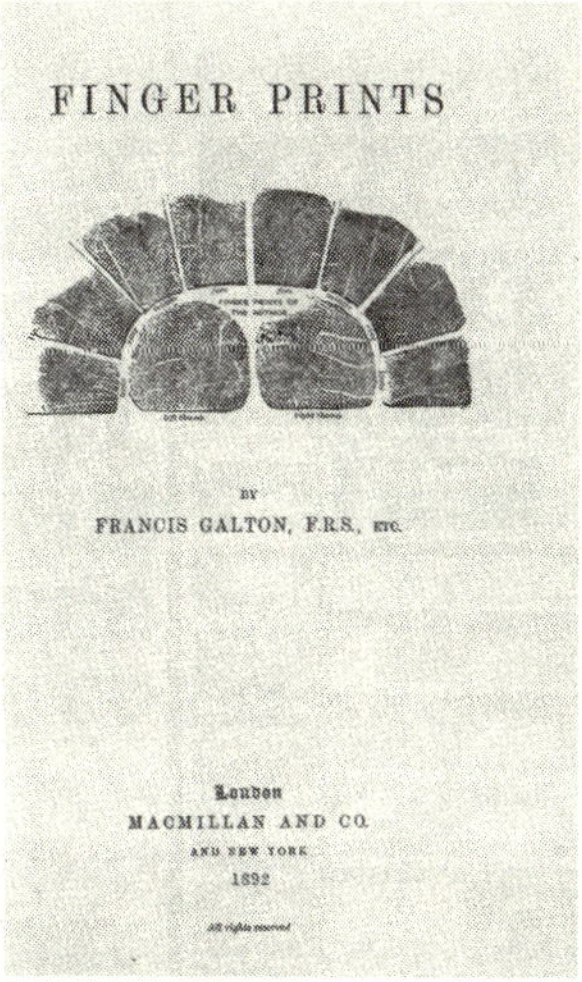

1892年に出版されたゴルトンの“FINGER PRINTS”（『指紋』）の表紙タイトルの下に掲げられたゴルトン自身の10本の指の指紋

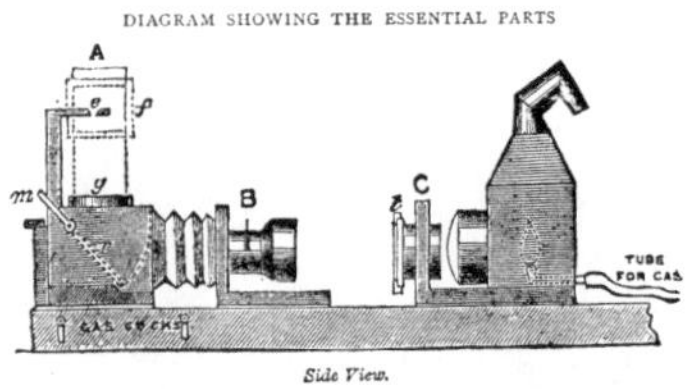

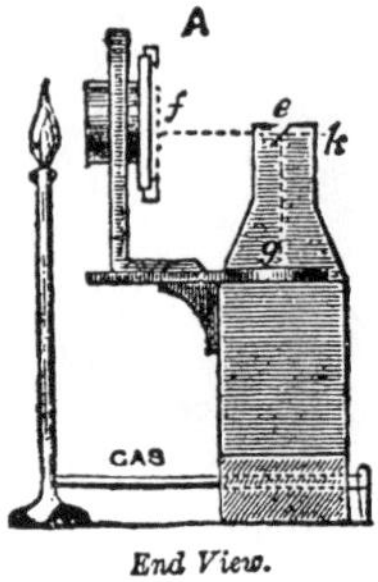

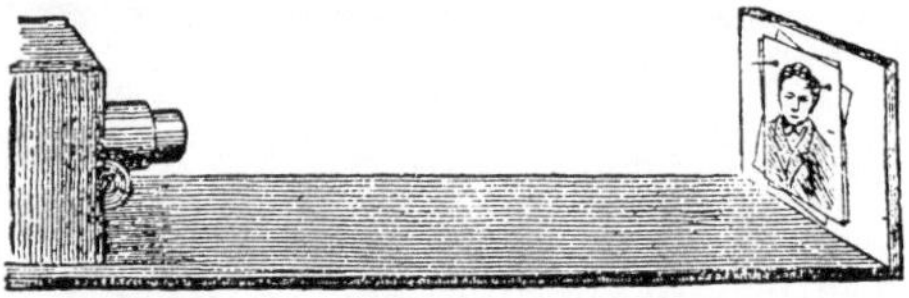

▲重ね焼き写真を撮るためにゴルトンが作った器具　眼の位置が一致するようピンでとめる位置を決める道具と、それを重ね焼きするためのカメラ。「適正な感光時間が20秒であり、写真が10枚あるのなら、各肖像ごとに2秒感光する」という。

▲ゴルトンがより工夫を重ねて、ガス灯の光源を組みこんだ、フィルム用の重ね焼き用カメラ　ゴルトンは、19世紀の科学者らしい工夫好きな一種の発明狂でもあった。

●人類学者ゴルトンとその手法

ベルティヨンの手法が定評を得始めた一八八八年、英国の警察もこれを取り入れるべきか判断するため、王立協会がその科学的な評価を、当時の英国の科学界の第一人者フランシス・ゴルトンに依頼した。ダーウィンの従兄弟であり、遺伝学、統計学のパイオニアであり、優生学の創唱者でもあった万能のディレッタント、ゴルトンは、人類学会長も勤めたこともある人類学者として、ベルティヨンとは独立に、身体計測値の統計的処理に関心をもっていた。そのために公立小学校における身体検査を発案してもいる。

また、ベルティヨンがパリ警視庁で身元確定の手法を実験し始めた頃、ゴ

ILLUSTRATIONS OF COMPOSITE PORTRAITURE

ユダヤ人らしさを眼に見える形で明らかにするとされる重ね焼き写真　右の10枚のユダヤ人青年の写真から左の4枚の写真が作られる。同様の手法をゴルトンは、結核患者、犯罪者などにも適用している。一方、「イングランド出身の」「健康な」イギリス兵36人から作った重ね焼き写真には、「著しい生命力、決断力、知性、率直さ」が表れた（⁉—引用者）と述べている。

ルトンもまた、ベルティヨンとは対照的な発想で写真を処理する技法の工夫をしている。多くの写真を重ね焼きすることで、そのグループに共通の人相特徴を浮かび上がらせようというのである。ユダヤ人たちの写真からはユダヤ人らしさが、結核患者達の写真からは結核患者らしさが、犯罪者たちの写真からは犯罪者らしさが浮き上がってくるはずだという。ベルティヨンが、顔写真から変化する表情を完全に消し去り、個体識別の特徴の束だけに還元された「裸の」顔を写し撮ろうとしたとすれば、ゴルトンは個体の特徴を消し去って集団的な「それらしさ」だけを抽出しようとした、ともいえるだろう。この二つの手法は、個体と集団という対照的な焦点の合わせ方でありながら、生きた表情を消した奇妙に無表情な顔を写し撮るというな共通点がないだろうか。

ベルティヨンの仕事を知ったゴルトンは、パリ警視庁の部局を何度か訪れ、その手法を見学し、計測には「一人七〜八分かかり、その後写真を撮る。午前中だけで六〇〜七〇人が全過程を通過する」という観察を書きとめたりもしている。そうした経験も諮問される理由となった。

諮問を受けたゴルトンは、ベルティヨンの手法が、身体各部分の長さを独立した変数とみなすという統計学的に誤った暗黙の前提の上に成り立っていると指摘する。各数値は、ゴルトン自身創始した統計的概念で言えば「相関」しており、したがって各数値の組み合せは互いに独立した個体を表現するというよりは、ある相関した類型を表すにすぎない。また身長などの連続的に分布する数値を、大中小の三グループに分けることには、誤差の生じる可能性があまりにも大きすぎる。

こうした問題の多いベルティヨンの手法に対してゴルトンは、個体を個体として識別する方法のいくつかの対案を示した。その一つが、ある経緯からゴルトンの知ることになった「指紋」というものであった。

●「指紋」の登場

ゴルトンによって指紋が登場する背景には、一九世紀の「知のドラマ」が隠されていると言ってもいいすぎではないだろう。その粗筋だけでも追ってみることにしよう。

一八七七年、ボストンから海路、横浜に到着した進化論者である博物学者モースが、開通して日も浅い鉄道の窓から大森貝塚を発見した。後日、東京大学の研究者は、この貝塚から鮮明な指跡を残した土器を発掘し、それが当時、築地病院で医師をしていたスコットランド出身の宣教師フォールズの眼にとまる。熱心な反進化主義者であったフォールズはモースの講演に注目していたのである。フォールズはこの指の溝が個人ごとに異なっており、個体の識別や犯人の同定に用いることができるのではないかと思いつき、周囲の人々から指の跡を採集し、やがて病院で起こった窃盗事件の犯人を突き止め、犯罪を認めさせたという。この成功で自信を得たフォールズは、高等霊長類における指の溝について、当時の権威者ダーウィンに手紙で問い合わせるが、すでに高齢であったダーウィンはこの手紙を従兄弟のゴルトンに回送して、その判断を待つと回答したきり一八八二年に死去してしまう。一方、フォールズは、科学情報の交換の場であった『ネイチャー』にこの発見を投稿し、その一五〇行程の論文が一八八〇年一〇月二八日号に掲載される。

それから一月もしない、一一月二五日号に、もとインド行政官ハーシェルが、自分はすでに二〇年ほど前、ベンガル地方での治安判事職にあった間に、この指の紋様に気づき、見分けのつかないインド人雇い人の給料二重どりを防ぎ、土地争いの証文の公正を期すために実用化していたと主張し、自分は同一人物の指の紋様を二〇年以上にわたって採集し、それが不変であること

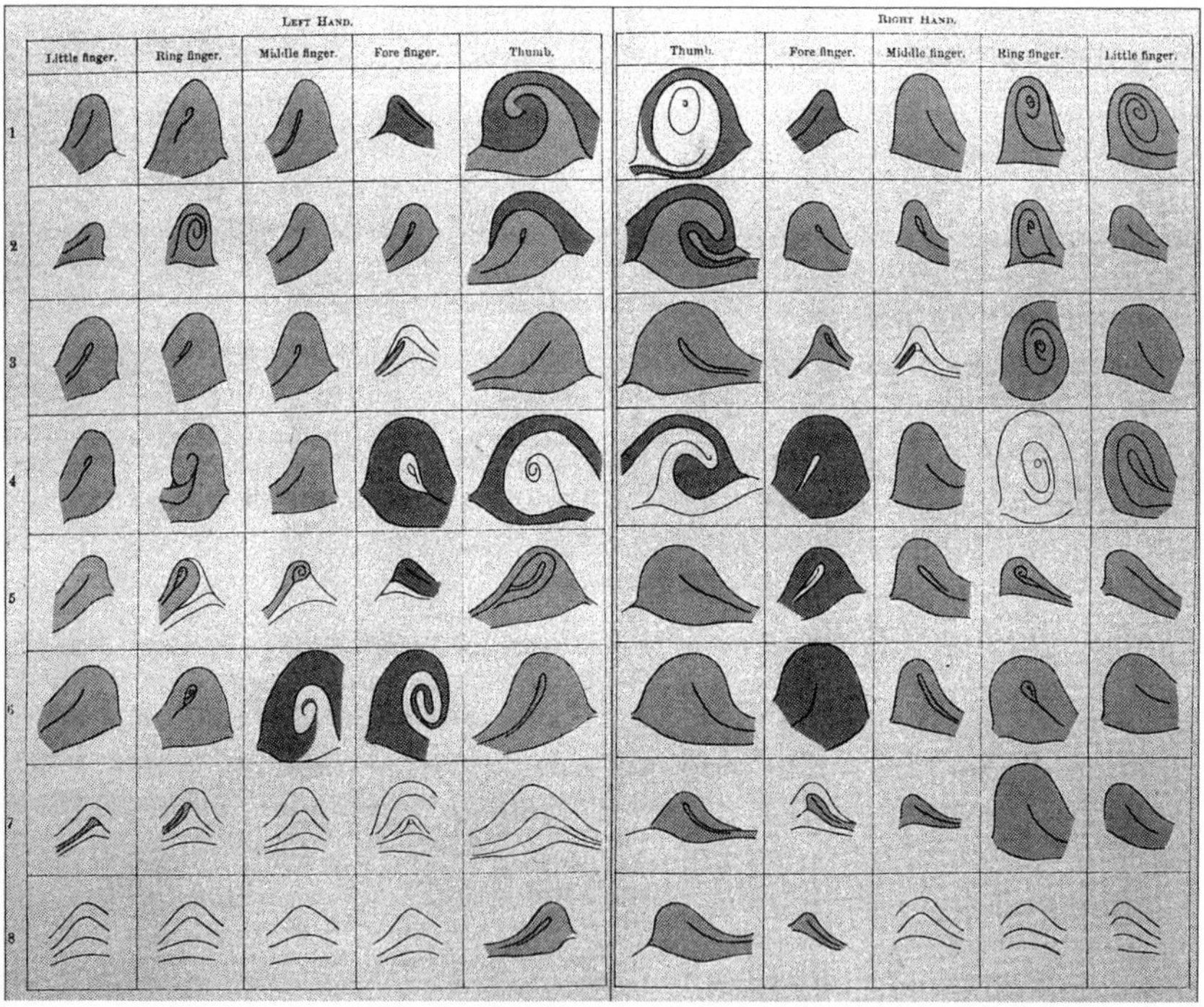

『指紋』に掲載された８人の両手の指紋のパターンの組み合わせ　ゴルトンはこうしたパターンを基本的には弓状、蹄状、渦状の３つに分けた。この分類は概ね今日も踏襲されている。これらのパターンがきわめて多様なしかたで組み合わせられていることにゴルトンは注目した。生命の造形した螺旋紋様が、個人の存在をいわば固定する手段として警察制度の核心に組み込まれることになったのである。

も証明した、と述べている。

王立協会の諮問を受けたゴルトンは、フォールズの手紙と『ネイチャー』でのやりとりを記憶の底から思い出したのだろう。そして一介のスコットランド人宣教師ではなく、有名な学者の家系の出であったハーシェルと協力して資料の提供を受け、指の紋様を犯罪者のみならず

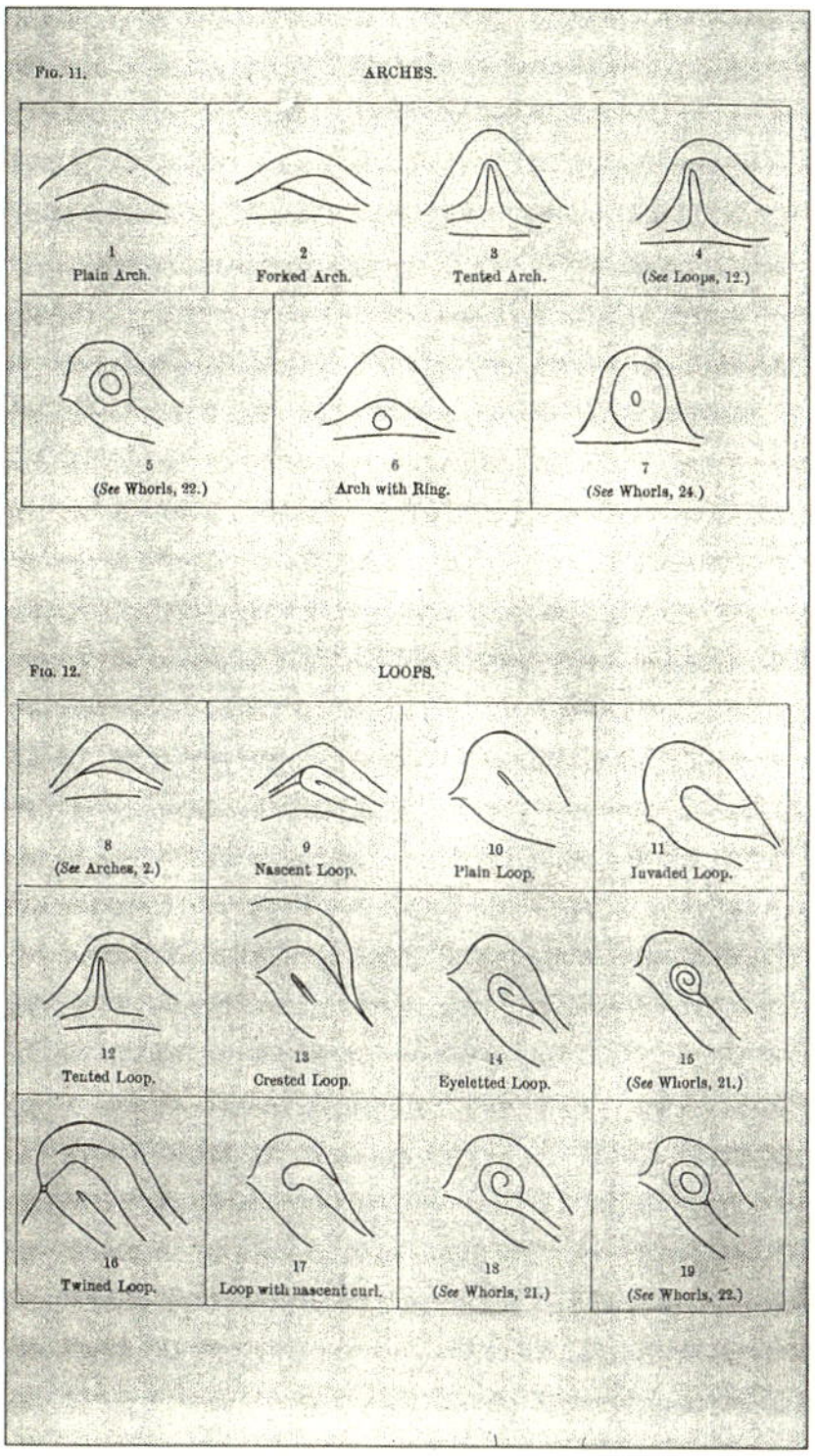

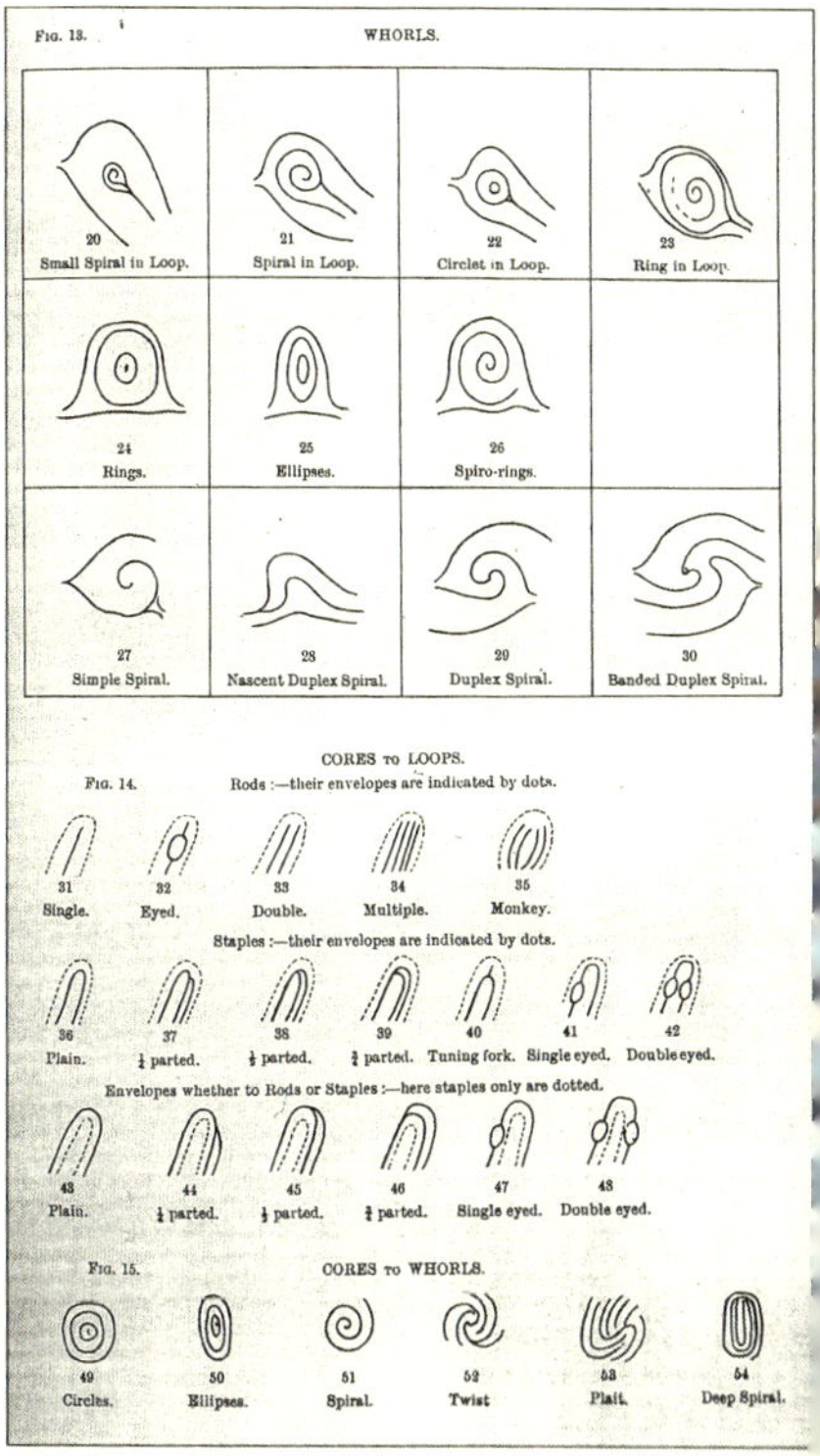

ゴルトンの区別した指紋の３つのパターン　こうした図版には指紋に吸い寄せられた研究者の眼が感じた、実に多様な渦の造形への驚きが幾分かは名残として残っているように思われないだろうか。しかしその視線には、この紋様を個人識別の決定的な手段として確立するために､いかなる細部も見逃すまいとする注意力の働きもこめられている。右下の蹄状紋、渦状紋の中心部の形状の観察にはその片鱗がうかがえる。

一般の人々の同一性判定の手段、すなわち「指紋」として完成したのである。その成果は一八九二年、『指紋』という研究書として出版された。それを参考に、大英帝国の策源地インドのベンガル地方の警察が、指紋だけによる犯罪記録の保存照合システムを完成し発足させたのは一八九七年であった。それが数年後には、南アフリカの警察に取り入れられ、こうした制度化の中心にいたベンガル警視総監ヘンリーが、スコットランドヤード総監に栄転して、英本国での指紋制度推進の先頭に立ったのは一九〇三年であった。

＊

指紋の登場によってベルティヨンの名声は凋落した。それでも一九一四年のベルティヨンの死まで、フランスの警察は犯罪者同定の手段を指紋に一本化することができなかった。一時は大科学者パストゥールに並び称されたベルティヨンの存在を配慮したためである。

一九〇七年、指紋法採用のための調査に欧米に赴いた平沼騏一郎《ひらぬまきいちろう》は、当時のフランス警察の雰囲気を戦後、戦犯として拘留されていた巣鴨プリズンでこう回想している。

「フランスではベルチオン式と……指紋……両方を採用しとる。私は指紋があれば、ベルチオン式は要らんじゃないかといったら、それはそうですが、あれが生きとる中《うち》は止めるわけにはゆかんと、いっていました……」。

日本の警察が、平沼政府委員を中心として指紋制度を取り入れたのは韓国併合の二年前の一九〇八（明治四一）年であった。その二年後、死去したベルティヨンへの追悼文で、人々は、功績を讃える以上に、フランス警察を時代遅れにしたと、遠回しに批判してもいるのである。

コラム◎所属・規律・身体
belonging, discipline and body

●ケペニックの大尉

一九〇六年一〇月一六日午後四時半頃、ベルリン近郊の小都市ケペニックの市庁が、自称アロエザイム大尉に率いられた十数人の小隊によって接収され市長が逮捕され、金庫の現金は大尉によって押収された。野次馬の見守る中、護送される市長の出発を確認した大尉は三〇分後に解散して原隊に戻るよう小隊に命じ、一人先に退去した。しかし市長の身柄を受け取った兵舎も、命令を下したこともない上官も、この事件には狐につままれたように途方に暮れるばかりだった。小隊を尋問した皇帝付き武官モルトケにも事件の顛末は皆目見当がつかなかった。アロエザイム大尉という名は軍籍簿にも登録されていなかった。

この不可思議な「事件」は「あるいは制服の研究」という副題の奇書『ぺてん師列伝』に活写されている。事件の一〇日後住所不定の貧相な元靴職人が逮捕され一件は落着する。犯人の尋問で明らかになった真相は、軍と国政組織をまんまと手玉に取った犯人に好奇心とないまぜの共感を寄せる大衆の予想の裏をかいて、金目当てでさえなかった。自称アロエザイム、実名フォイクトは実は金ではなくパスポートが欲しかったのだ。ところが小都市ケペニックには生憎旅券の発券部署はなかった。金をせしめて退去したフォイクトは実は落胆のどん底で、見通しの甘さに臍《ほぞ》を噛む思いだったという。

古着屋で手に入れた軍服に身を固めて、通りがかりの小隊を指揮下に入れ市庁を奪取し、目的を果たせばさっさと姿をくらますという計画はまんまと成功した。旅券の入手という最大の目的を除けば。

大衆受けしたこの珍事件の審理の過程と、後に本人自身が本人を演じて事件を再現する旅芸人としてしばしの成功を収めた顚末は、著者、種村季弘の躍動する文章にあたっていただくしかないが、軽罪のため長年の監獄暮らしで住民登録もなく都市の滞在許可も得られず旅券なしに国外に出ることもできない出口なしの境遇だったフォイクトにとっては、旅券こそが自由の夢へのパスポートだったこと、そして制服によってやすやすとだまされた兵士や市民たちの頂点には、軍人としては無能ながら無類の制服マニアだった皇帝ヴィルヘルム二世が君臨していたことを著者が強調していることは記しておきたい。

●臨床の知・個体化・個人

やがて第一次世界大戦の破局に至る二〇世紀初頭、旅券と軍服と住民登録と軍籍簿、そして帝都ベルリン近郊の町を大道具、小道具として演じられたこのなりすまし劇（ミミクリー）は、近代国家のパロディとなっている。上官の制服には絶対服従という軍隊規律と、身元を喪失してスピンアウトした個人には社会復帰の手立てさえ容易に入手できないという事実には、所属・規律・身体をめぐる、現在も有効な近代社会のある理念型が凝縮している。そのことをまず「個体化」の過程についてのM・フーコーの視点を復習したうえで、本質的な近代の小道具、旅券の誕生をめぐる歴史人類学から確かめていこう。

人類学の歴史が、見慣れぬ人々を訪れ、あなた方は誰なのか、何を考えて生き、どんな風に暮らしているのかを問い詰める、つまり広い意味での相手の同一性を問うことから始まったとすれば、その延長線上に同一性の問いそのものがどのような歴史的文脈から形成されてきたかという反省が生まれるのも必然的だろう。こうして人類学そのものを生み出した「近代社会」では、同一性の独特な制度化の過程が見出されることに対して、歴史人類学の視線が向けられることになった。そこには「臨床的な知」がいかに「人間」をつくりあげたかという、とりわけ『監獄の誕生』におけるフーコーの問題提起の影響も見分けられる。「『臨床診断』中心の諸科学……（中略）……の、ほぼ一八世紀末における出現……（中略）……例えば、知の分野の中への個人の（もはや種の、ではなく）登場……（中略）……、学問的言説の一般的運用の中への、個別的記述や尋問調書や病歴口述書や《一件書類》などの登場……」そして「規律・訓練の体系の中では子どものほうが成人より……（中略）……病者が健康人以上に、狂人および犯罪非行者が普通人および非＝犯罪非行者よりも、いっそう個人化される」事態となる。「健康な、普通の法にかなった成人を個体化したい場合には、以後いつも、その成人にこう質問するのである。きみにはまだどんな子どもらしさが残っているか、きみはどんな秘密の狂気にとりつかれているか、きみはどんな根本的な犯罪をおかしたいか」。市民は、規範から逸れたネガティヴな相のもとで個体化され「一件書類」への記載の対象となる。つまり個体化される個人は臨床的な知による管理と改善そして統御の対象となった。

それが一八世紀末の、「人間と市民の権利の宣言」が謳われたフランス革命とほぼ同時代であったことに注目せねばならない。市民間の相互契約によって構成された共和国は、王殺しの犯罪国家として周囲の旧体制諸国にとって打倒すべき対象となった。祖国を防衛しあわよくば革命を輸出するためには、生まれたばかりの共和国は総動員体制を敷いて戦争に勝ちぬかねばならなかった。軍隊と警察組織を陣頭指揮し「勝利の組縁者」と讃えられることになる（と同時にナポレオンを登用し後の帝政の端緒をつくった）軍人出身の政治家L・カルノーの「市民の権利宣言私案」（一七九三年二月）には「個人」を規定した興味深い一条が提起されている。すなわち「第三条、すべての個人は望むならば、社会契約を破棄して、社会そして他の個人から独立し孤立する権利を有する。しかしその場合には社会はこの個人に対して一切の保護を施さず、市民はいかなる厚意も施さない」。契約を履行して社会に所属するか、裸の人として荒野に放擲されるか、市民社会は二者択一を課すべきだというのである。そこには、一切の身分証明を喪失したフォイクトの境遇が予告されていたといえないだろうか。

3 人類学の知と植民地支配の技術

一九世紀西欧から「満洲国」へ

はじめに

人類学の発展と植民地支配との関係については、「東アジアの視点から」という限定を自ら課した中生勝美《なかおかつみ》教授による的確な要約が存在する。[1] いっぽう、全京秀《チョンギョンス》教授は、日本の人類学の展開を西欧における研究にならって植民地支配との関係からだけ検討し戦争遂行との関係を見ない、多くの研究の限界を鋭く指摘している。[2]

小論ではこうした議論に間接的ながら応答しつつ、人類学の知が植民地支配と戦争遂行の過程の中でどのようにして形成され、いかなる役割を果たしてきたかについて、ひとつの視点を提起したい。その前提として、人類学的な知が植民地支配と戦争遂行の過程とは独立に形成され、形成された後に外的な条件によってこうした過程に応用されたのではなく、むしろ近代国民国家形成にとって植民地支配と戦争こそその原動力だったのであり、そうした原動力の顕在化のひとつのありかたとして人類学的な知の展開があったのではないかという問いを立てたい。

1. 国民国家の軍隊と人類学

西欧において近代国民国家が形成される歴史的文脈のなかで人類学の展開をたどるためには、一般に考えられているような仕方で、人類学の誕生をフィールドワークの方法論の形成の時点に求めることは適切ではない。たとえばフランスの例でいえば、むしろ少なくとも一九世紀半ばの「人種論的人類学」の形成と発展にさかのぼるべきだろう。具体的な日付としては一八五九年のポール・ブロカ等によるパリ人類学会の結成までさかのぼる必要があると考えられる。その結成第一回学会で、創立者として終身事務局長の名誉職を与えられたブロカは、その基調報告を「人類学が内包する広大で多様な領域のなかでも、わたしたちのNationの起源の問題以上に関心をひくものはない」という言葉で始めている。[3] そして歴史学、文献学などの寄与をあげた上で「ゴールの二大人種の身体的特質と、相互の影響を明らかにし、植民地化もしくは征服によって外部の血が注入されたことでもたらされた変化を明らかにすることこそ人類学の務めである」と続けている。この人類学の使命の提示は学会規約の第一条に「パリ人類学会は、諸人種の科学的研究を目的とする」[4] とする規定とも表裏一体となって、Nationの主体としての人種集団を科学的に根拠付けるという、ブロカが人類学に科した使命を明快に示している。

こうした使命を与えられた人類学会が、第二帝政期のフランス社会の軍隊と陰に陽に密接な関係をもっていたことは、いくつかの事実から確かめられる。そのもっとも直接的な関係は、もともと医学教育を受け医学部の現役の解剖学者でもあったブロカが終身事務局長に就任した事実にも象徴されているが、学会の会員には医者が多かったこと、そのかなりが軍医だったことに示されている。学会創立五〇周年の記念講演で当時学会書記だったマヌーヴリエは興味深い数字をあげている。すなわち創立間もない一八六一年にはフランス人会員の約八〇パーセントが医者であった。その後この率は下がるとはいえ、五〇年間の延べ会員数一一〇二名中四九六名が民間医、一一三名が軍医、うち陸軍五六名海軍五七名であったという。軍医を介した軍隊との関係はパリ人類学会における人類学的討論のありかたにある独特なトーンを与えている。その特徴を列挙してみよう。

(1) Nation の人種的構成を分析するための中心的な資料は兵役検査の統計であった。
(2) 学会の討論主題としてしばしば兵役年限の問題がとりあげられている。
(3) 植民地駐在の軍人による現地情勢報告がおこなわれている。
(4) 植民地の調査マニュアルの提案がしばしば植民地駐在武官によっておこなわれている。

軍医は、毎年おこなわれる兵役対象となった男子の兵役への適格検査を担当することで、いわば若年層に凝縮された国民の生理的状況ともいうべきもの、すなわち「国勢」を直接観察し、その動向を観測し見解をのべることができた。こうした人口総体の動向を観測する者としての位置は、軍医たちが、もっとも再生産に適した若年層を数年間にわたって再生産の過程から隔離する徴兵制がフランスの人口停滞にどのような危惧すべき結果をもたらしているか議論するデータを提供することにもなった。国民国家を内部から支える集団の構築と維持に、人類学者は主観的には直接にコミットしていたといえるだろう。

他方で現役・退役を問わず植民地軍の軍人たちは学会に「現地」の経験をもたらすことで寄与していた。今、たとえば同時代のイギリス人類学界の動向を比較対照するだけの材料はないが、海外植民地の文民行政官僚ではなく、こうした職業軍人の学界への直接の参加はフランスにおける大きな特徴ではないだろうか。時にはその寄与は、アフリカの村の墓地から大量の頭蓋骨を持ち去り標本として学会に寄贈するというきわめて即物的なかたちをとることもあった。

ブロカが学会を運営していた時期には、軍隊そのものの組織に関連して、医者が重要な発言権をもつ領域がまさに形成されていたということにも注目すべきだろう。「軍医」という言葉を無造作に使ってきたが、実際には軍隊内部における軍医制度が整備されたのがまさに一九世紀後半の、人類学形成期の同時代であった。疲弊し傷ついた大量の人間集団がきわめて不衛生な環境に集中し、伝染病その他の脅威に曝される。戦場における軍隊とはそういう存在に他ならない。そのことは一八五三年に勃発したクリミア戦争で強く意識され、アメリカの南北戦争で、軍隊固有の制度的に解決すべき課題と認識された。南北戦争において衛生問題に取り組んだ北軍の事例は、ブロカ自身によって検討され[5]、それまでは散髪から瀉血などの民間療法まで担当した床屋ぐらいしかいなかったフランスの軍隊に、専門的な訓練を施された軍医を配置することが提起された。

一八八〇年のブロカの死後、後継者間の主導権争いが沈静化し、やがて、第一次世界大戦を間近にした時期になると、学会における軍医たちの関心と軍人たちの主要な関心は、フランス国内の人口停滞から来る兵員の慢性的不足を補いつつ、植民地住民をいかにして兵員として動員するか、という具体的な課題として重なり合ってゆくことになる。この課題は仮想敵であるドイツ・プロシアにおける動員システムと対比して、フランスの兵役期間、予備役の待機態勢のありかた、駐屯地の配置などきわめて具体的な問題と関連させられて人類学会で議論されている。一九一一年三月にマンジャン大佐（後に将軍）が学会でおこなった「黒人部隊の使用について」と題する報告は、こうした議論のひとつの到達点を象徴するものだった。[6] マンジャンはその報告を、停滞するフランスの人口と対比して驚異的に増大するドイツの人口の脅威を喚起することから始めている。

……フランスの人口は三千九百万人であり、ドイツの人口は六千四百万人である。フランスの人口は停滞し、ドイツの人口は毎年ほぼ百万ずつ増加し、フランスの新生児は毎年減少し、人口増は寿命の延長によるだけであるのに対し、ドイツの子供は増えドイツの民族(nation)はそれ以前からの超過分にも恵まれている。……

武装において平均化の進む近代軍においては人口比こそ戦力均衡の決定的要素であるとマンジャンは強調し、フランスの人口上の劣勢をフランス領アフリカの植民地住民の動員によって補完するという提案をおこなうのである。それは帝国の支配領域全体の軍事編成のデザインに関わる動員計画であった。フランス本土への動員は北アフリカのアラブ系住民を主力とした兵員を中心とし、主にその兵力が移動して生じる空白を埋めるためにいわゆる西スーダンの黒人兵を本土に最も近い北アフリカに移し防衛に当てるというものである。

黒人たちの兵力としての適格性はその植民地支配への抵抗、「文明化」の度合いなどによって測られる。かつてもっとも頑強に抵抗した集団ほど軍事力として頼りがいがあるということになる。たとえば、

マンディングは、侵略者であり、戦士である。文明はある程度まで達している。家族および社会状態はよく整備されている。…二百万人のマンディングは物神崇拝にとどまっている。（改行）女性の役割はきわめて控えめで、かなりの高額な支払いをして手にいれる召し使いといってよい。男が払う婚約の代償は社会的地位によっても異なり、時には数百フランに達することもある。……（改行）……かれらはわれわれにとってもっとも格好の兵士となろう。[7]

結婚制度への言及は婚資に相当する支払によって兵員の徴募がおこなわれることが少なくなかったという事実と関連している。

こうした潜在的軍事力のプールとしての植民地住民へ向けられた「人類学的」まなざしは第一次大戦末期の西部戦線へのフランス軍「原住民兵」の派遣から、大戦後の国境隣接地帯のドイツ領占領への駐留として現実のものとなる。イギリス人ジャーナリスト、E・D・モレルが主導者となった「ラインの恐怖」のキャンペーンでは「文明国フランス」が同じ西欧の文明国であるドイツの領土を占領するために「野蛮人の」黒人兵士を使い、占領地の白人女性が暴行の脅威に曝されているという煽動がおこなわれた。この血の混交への恐怖はやがてヒットラーの『我が闘争』

でも利用され、ドイツの民衆における純血の防衛という意識にある潜在的な影響力を残してゆくことになったとされている。[8]

2. 司法的同一性の誕生と人類学

一九世紀の人種論的人類学が、今日では忘れられた目立たないしかたで寄与したもうひとつの分野として警察制度をあげることができる。その過程をたどるために、ブロカの死に続く一八八〇年代に立ちもどってみよう。

一九世紀末も間近な大都市パリでは、窃盗などの軽犯罪を犯して逮捕され短期の拘留後に放免されると、時をおかずまた犯罪を犯す「累犯者」の増大が新たな都市問題として為政者の関心を占めはじめていた。「累犯者」の罪状の多くは小額の窃盗など軽罪であるとはいえ、それは私有財産の不可侵という都市有産者にとって譲ることのできない社会の根本原理に対する挑戦を含意していた。そして同時に偽名を使い変装して前科をかくす「累犯者」はその身元のとらえにくさという特徴によって、当時の警察制度への不逞な挑発者として西欧のあらゆる都市を徘徊し秩序を脅かす亡霊のような存在となっていたともいえる。「累犯者」は行刑分野の専門誌においてひとつのフィギュアとして繰り返し論じられている。[9]

累犯者の身元確定の有効な手段を創り出せば多大な功績を認められるということに目をつけ知力を傾けたのが、パリ警視庁に就職していたアルフォンス・ベルティヨンであった。アルフォンスの父、アドルフ・ベルティヨンはブロカとともにパリ人類学会を創立した人口学者であり、息子はブロカのもとで人類学、とりわけ身体各部分の計測によって人種特徴を割り出すさまざまな技法を修得していた。そしてアルフォンスは身体各部分の寸法が正確に一致する複数の個体が存在することはきわめて稀であり、したがって正確な計測値のセットを比較することができれば個体の識別が可能となるであろうということに思い至る。計測値を一定の順序で階層化すれば個人情報を分類システムに組み込むことができる。ブロカが人種集団の記述のために、骨格すなわち肉を削ぎ落とした死体について開発した技法を、個体の識別を目的として、肉をまとった生体に適用するという、視点の逆転がそこにはあった。この新たな発想をパリの警視総監に提案し、その技法の信憑性をにわかには信じられない総監を無理に説得して数か月の試行期間を認めさせたのが一八八二年一一月であった。一度逮捕されベルティヨンによって計測されたひとりの累犯者が再びベルティヨンによって計測され、記録の確認によって過去の罪状を正確に指摘され嘘言が崩壊し自白に追い込まれた、累犯者の身元確定第一号の発生は、一八八三年二月二〇日、試行期間終了の一週間前だったといわれている。[10] その後ベルティヨンは、八三年には計測値を記入した犯罪者記録を七〇〇〇枚作って四九名の累犯者を確定し、確定数は八四年には二四一名、八五年には四二五名、八六年には三五六名、八七年には一一八七名と急激な増加を示し、この「ベルティヨン方式」の有効性を確証した。[11]

「ベルティヨン方式」は累犯者の身元を確定する決定的方法の欠如に悩まされていた西欧各国の警察から高く評価され一八八五年、ローマで開催された国際行刑会議でのベルティヨンの報告は賛辞をもって迎えられた。[12] やがて八八年にはアメリカ合衆国の監獄にも試験的に導入され、ベルティヨンはパスツールにも並び称されるほどの名声を誇ることになった。それは当時の「文明国」の警察が競いあっていた人間管理の技術革新をめぐる重要な争点にひとつの解決をもたらしたのである。「ベルティヨン方式」の登場は、犯罪者の身元を国民国家の制度空間の内部に常に再確認しうる対象として位置付けることを可能にした。「司法的同一性」なる法的構築物が確立したのである。

しかしベルティヨンの名声の頂点にはすでにその急速な崩壊の兆しがはらまれていた。そのきっかけを作ったのはイギリス政府がイギリスの警察システムにもベルティヨン方式を導入すべきか否か判断するための諮問を、当時イギリスでもっとも著名な学者の筆頭と多くの人々が認めていた人類学者フランシス・ガルトンに依頼したことであった。

ガルトンは諮問への回答を「個人の識別と記述」という表題の論文の形で科学雑誌『ネイチャー』に投稿した。[13] その論旨は主に二つの部分からなりたっている。ひとつは「ベルティヨン方式」の論理的前提が統計学的には薄弱な根拠のうえに置かれた信頼性の薄いものであることの論証、もうひとつは「ベルティヨン方式」への代替手段の提案である。

もともとはアフリカ南部ナミビアの探検旅行を試みた地理学者として出発し、気象や後に関心の対象となった遺伝現象の研究を進める過程で現代の統計学の基礎づけにつながる「偏差」や「回帰」や「相関」の概念を案出した万能のディレッタントとも呼べそうなガルトンは、ベルティヨンが暗黙の前提とする、身体各部の寸法が互いに独立した変数であるという考えの誤りを指摘し、たとえば手の大きな人は足も大きいといった関連する変化、いわゆる「相関」が存在し、したがって人体各部分の寸法による分類は「個体」の識別ではなく個体群としてのある「類型」の記述にしかならないと主張する。またベルティヨンは各部位の寸法、たとえば頭の縦径を大中小に三分し、そのそれぞれの分類項をさらに頭の横径の大中小に三分し、さらにそのそれぞれを手の平の大中小に三分しという風に三分割の累積によって分類システムを構成し、システムのもっとも下位のレベルに犯罪記録カードを分類するのに対して、ガルトンは大中小の区分の境界値の幅があまりにも大きく、誤差を見込んだカード検索はあまりにも不正確なものとなると指摘する。

こうした指摘のうえにガルトンは個人の識別のいくつかの代替案を提示する。そこには前世紀の擬似科学として流行したラファター流人相学を連想させる横顔のシルエットの各部分の寸法を比較して個人識別するという方法と並んで、ガルトンがあるきっかけで知った指先の「皺」のパターンによる識別同定も有望な方法として紹介されている。これはいうまでもなく後に「指紋法」として完成されるもののアカデミックな世界への紹介にほかならない。ガルトンが指紋の存在に触れたのはガルトン論文に先立つこと八年、同じ『ネイチャー』の一八八〇年一〇月二八日号に掲載されたフォールズという名の、日本に滞在していたお雇い外人の宣教師兼医者の論文[14]、その論文に反応して寄せられた、引退した元インド行政官ハーシェルの一一月二五日号の論文[15]であった。ハーシェルはインドのベンガル州で行政官だった五〇~六〇年代、証文に手形を押すベンガル人の慣習からヒントを得て独自に指紋の個体識別機能を発見し、現地雇い人による給料二重取りや替え玉受験の防止などに指紋の印を実用化していたというのである[16]。この指紋発見の興味深い前史にはすでに詳しく触れたことがあり、また、詳細なモノグラフィーも存在するのでそれに譲り[17]、いくつかの重要な事実の確認をするにとどめたい。

ガルトンは一八八八年の論文の後もハーシェルに借用した資料などを用いて個体識別の手段としての指紋の有効性の検討を進め、その成果を一八九二年に『指紋』として刊行する。[18] しかしそこでは、指紋法は大量の個人情報を分類処理する一次的な方法としてのベルティヨン方式にとって代わることができるものとは見なされておらず、せいぜい分類の第二段階として個体に到達する最終的なレベルで活用されるものとして位置付けられていた。指紋の遺伝様式に気を取られたガルトンは、あまりに些末な指紋類型の分類方式を考案したため、指紋をデータ絞り込みの手法として活用する方法を見出せなかったのである。

それでもこの著作はベンガル行政官でハーシェルの後輩だったコットンとベンガル警視総監だったヘンリーによる実用化に向けた研究の基礎とされ、インド人助手に助けられたヘンリーが絞り込みと個体データ確定の二つの段階共通に指紋分類を利用する手法を確立し、ベンガル警察組織において実施した。こうして世界ではじめて警察による系統的な指紋の利用がインドのベンガル州で一八九七年に開始されることになった。[19] やがてヘンリーは南アフリカで、インド人、中国人移民の管理統制に指紋を利用する方法の設立に関わった後、スコットランドヤードの警視総監に栄転して本国での警察指紋制度設立の陣頭指揮を執ることになった。

3. 後発帝国日本への指紋法導入

犯罪者の「司法的同一性」確定の技法としての指紋法は、当時の司法官僚、平沼騏一郎によって日本に導入された。一九〇八(明治四一)年一〇月一六日の「指紋法」の施行をその具体的な日付けとみなすことができる。『司法沿革史』のその日付けには「指紋法」という欄外の見出しの下に「明治四二年六月三十日迄ニ刑期ノ終了スヘキ受刑者ニ就キ指紋ヲ押捺セシメ其ノ印象ヲ本省ニ送付セシム訓令監獄局甲第七一二号」と記されている。[20] この前年、平沼は「改正刑法」が四月に成立した後、慌ただしく西欧調査の旅に赴いている。刑法改正の審議の過程でも刑事事件について「裁判確定後ニ累犯ヲ発見スル」というきわめて変則的な事態が発生することが問題とされ、その可能性をできるかぎり小さくするための身元確認技術の現状を調査し、有効な方法を選定して日本の司法に導入することがその目的であった。

調査のおこなわれた一九〇七年四月から〇八年二月までの時期には、イギリスではガルトン・ヘンリー方式と命名された指紋法はすでに身元確定の決定的な手段としての価値はゆるぎないものとなっていたが、いっぽう指紋の導入に積極的ではなかったベルティヨンが健在だったフランスは出遅れ、ドイツはガルトン・ヘンリー方式とは異なった分類原則にもとづくハンブルグ式（ロッシェル式とも呼ぶ）を開発し採用していた。一八九二年のガルトンの『指紋』刊行以後十数年で、この新しい知見は人類学の土壌から完全に独立し、司法制度の文脈に移植されそこに確実に根づいていた。人類学の文脈で胚胎した知と計測技法が、司法と統治の個体識別の技術に変貌した過程のもつ意味を再確認しておこう。それはいくつかの点に要約できよう。

(1)ブロカの骨格計測技法は、集団としての人種の同一性を記述し確定することを目的としたが、これを転用したベルティヨンの身体計測はその意味をいわば一八〇度転倒し、個体の識別を目的とした。集団的同一性を確定するのと同一の技法が、個体の同一性を制度の内部に流通する表象として制定することを可能にしたのである。

(2) ブロカからベルティヨンに移行する間に、分類という「人類学的思考」の機能変換が生じた。ブロカにとって個体は人種という集合の特性を表示する見本にすぎず集合的カテゴリーこそが「主体」とみなされる。それは Nation の歴史を担う主体としての人種集団にほかならない。こうした思考法はたとえば普仏戦争での敗北直後に『両世界評論』に掲載され敵の性質をあげつらった「プロシア人種」という論文にもみてとることができる。[21] いっぽうベルティヨン方式にとって分類体系はより効率的に「個体」のデータに到達するための透明かつそれ自体は無意味な方法の地位にとどめられる。

(3) ガルトンは集合的で大量のデータを扱うために考案された統計学の理論を、ベルティヨン方式の限界を確定する否定的な方法として用いた。しかし同時にガルトンは身体形質の遺伝様式を解明する方法としての統計学のヴィジョンを指紋に関しても適用しようとし、煩瑣な指紋の分類法を考案した。いっぽう個体の遺伝的出自には無関心でひたすら個体の識別における効率性を追求するヘンリーは、完全に閉じた二分法の分類空間を構成しその中で指紋を分類することで、絞り込みと識別の二段階双方に指紋法を使う実用的なガルトン・ヘンリー方式を案出した。

(4) ドイツ、ついで日本で採用されたハンブルグ式はできるかぎり頻度が平準化するよう指紋の類型を一〇通りに分けて〇~九の番号を付し、左右の一〇指の指紋類型のセットを一〇桁の数字で表現するという方式である。それは遺伝の問題と完全に切り離した点でガルトンの発想から脱した点でヘンリーの工夫と通じるだけでなく、個体が一〇桁の数字で表現しうるという点で、今日に至る個体番号による個人登録・識別の考案に道を開くものであったということができよう。

こうして日本の司法当局が導入した個体識別法は、発生母胎としての人類学や遺伝学から脱却して、技法としての完結性を獲得した「指紋法」であったことが分かる。明治末年の刑法改正に端を発した「累犯者」識別の決定的な方法として受け止められた指紋法は司法、行刑の世界で専門家の技術的な訓練、データの蓄積が図られてゆくことになった。これに対して、現場での警察の捜査で重視されるきわめて断片的な指紋にもとづく「捜査指紋」の発展はむしろ遅れ、日本におけるその本格的な使用は第二次世界大戦後のことであったともいわれている。

4 「満洲国」における指紋

日本がおこなった植民地支配と戦争の矛盾は「満洲」に凝縮して発現したともいえるだろう。また最近のある著者は、昭和の歴史が張作霖爆殺事件に表れた植民地「満洲」の軍事支配の本格化からはじまり、敗戦と「満洲国」の崩壊によってひとつの段階を画したという見方を提示している[22]（もっとも天皇の戦争責任が不問に付され「昭和」はさらに四〇年ほど続くことになるが）。その「満洲国」は指紋が人間の管理と支配の技術として徹底して利用された実験場でもあった。

それが太古からの唯一の様式であるか否かは問わないとしても、またそれだけでは十分条件とはならないにせよ、人間の管理と支配を実現するためには、支配下のあらゆる個人についてその身元を把握できることは有効な必要条件であろう。「お前は誰か」を全ての被統治者について知っていることそれ自体がすでに支配であり管理でもある。「満洲国」においては一九三二年三月一日の「建国」直後から警察組織は住民の把握のため、指紋登録の制度化に乗り出している。また、それとほぼ並行して「中国」から大量に移入する労働者の「統制」のもっとも有効な管理技術として指紋を利用することが提起されている。これら二つの方針は絡み合いながら進行していった。『満洲国警察外史』[23]には、一九三四年（昭和九年、大同三年）二月七日の「指紋事務弁理規定」の公布から一九四五年の「満洲国」解体まで、指紋法の変遷の要点が簡潔に示されている。その記述を『満洲労働統制方策』等の資料で補足しながらたどってみよう。

『満洲国警察外史』には「満洲国」における指紋法導入の背景に、治安問題、労働者統制問題にくわえて民籍（戸籍）法制定の問題があったと指摘している。そのことは、興味深いことに、当時司法省の行刑部門で指紋による識別技術を担当していた技手自身によって証言されている。昭和八年（一九三三）刊の『統一日本指紋法』[24]の著者でもあるその人物は、一九三二年刊平凡社『大百科事典』の「指紋」の項[25]で「戸籍法に指紋採用」という見出しを立て、「全世界において戸籍法に指紋法を実施するのは満洲国をもって嚆矢とす。右は真に新国家にふさわしいことである。形式的戸籍法を実体的戸籍法とするのであるから実に正確な点においては世界一となるであろう」と述べている。形式的戸籍とは親族関係等の属性を言語で記載した戸籍であり、実体的戸籍とは戸籍謄本に指紋など身体の痕跡（今日では生体認証と呼ぶ）を記載したものをさす。「満洲国」では結局戸籍（および国籍）の整備にいたらなかったという事実と対比すると、むしろこの文章には司法省内部で「満洲国」における戸籍法検討が一定程度進んでいたことが暗示されている。「満洲国」「建国」に際しては日本の官僚機構からの人員の移動がかなり大規模におこなわれ、なかでも数の上では司法省関係の人員がもっとも多かったとされる。今、指紋関係の具体的な人事まで確認することはできないが、おそらく以下にのべる指紋法実施の主力部隊、あるいは少なくとも主なノウハウは司法省から供給されたのであろう。また内務省警察関係からの継受もあろう。ほぼ並行して進められた「労働統制」における指紋の利用の拡充については、現地での経験の蓄積があった満鉄からの寄与があったと考えられる。「建国」から解体までの十数年にわたる、これら二つの流れがやがて密接に撚り合わされ、さらにレベルを変えて「治安指紋」と呼ばれる指紋の利用にまで展開する過程は以下のようなものとなる。

(1)一九三三年「満洲国」民政部内に置かれた「指紋法」調査会の提出した報告書には「我が国の特殊的事情から此の際国民全部の指紋を採取し以て民籍代用とすることが理想的なりとの意見が相当強かった[26]」が専門技術者が不足することから当面それはあきらめ「警察指紋」にとどめたとされる。

(2)いっぽう、上記報告最終案が提出された直後に関東軍によって発足が決定された「経済調査会」の労働統制委員会において一九三四年四月、中国から移入する労働者の管理のための「労働者指紋管理法案」が提出されている。「労働者指紋」には撫順炭坑で大量の中国人坑夫を使用し、さらには坑夫徴募の競争相手だったイギリスのエージェントからも学んでいたと思われる満鉄の蓄積したノウハウが活かされていたのであろう。撫順炭坑ではすでに一九二四年ころから労働者管理に指紋を用いていたという。[27] またイギリス人による南ア向け中国人苦力の扱いが委員会での議論で参考として言及されている。[28]

「労働者指紋管理法案」では労働者指紋を実施することで直接の効果として、①労働者の数的把握、②偽名、変名の防止、③反乱者の抑圧、④善良な労働者の保護、⑤不法徴募の防止、が、また間接的効果として⑥居住証明としての機能、⑦労働者移動の数的把握、⑧不良分子の採用防止、⑨犯意の抑制、があげられている。[29] ⑥の「居住証明を為し得るを以て国籍法実施に大いなる効果あり」という文言はやや理解しにくいが民籍とも関連して「国籍法」に代用しうるとされたのであろう。国籍問題の難しさは「経済調査会」の委員メモでもふれられている。[30]

(3)

一九三九年年頭の「指紋管理局」の発足にともなって、それまで「警察指紋」と「労働者指紋」が並行して運営されていたものが統合された。さらにその年の後半には不穏な地域における治安対策として指紋による身元確認が利用されることになった。いわゆる「治安指紋」である。こうした住民全体への指紋による管理の一般化は、(1)に引いた報告の言葉にも表れているとおり、もともと支配者の欲望ではあったが、「満洲国」住民の戦力としての動員をはかった「国兵法」制定を経て、帝国解体直前の十指指紋を記載した「国民手帳」の制定まで進められることになる。

5. 結びに代えて―同時代の人類学と指紋

指紋がもともと人類学の知から派生したものであることは確かだとしても、人間の管理支配の手段としての指紋は人類学からは離脱し専門技術者に委ねられるものとなった。「満洲国」における その大々的な利用にも、人類学者が直接関与した形跡はない。身体形質のひとつとして重視されることもなくなり、身元識別の機能が遺伝的特性と関連させて分析されることもなくなったため、たとえば同時代のフランス人類学会の紀要を見ても指紋は論文の主題としてはまったく取り上げられていない。[31] しかし、その同時代の日本の『人類学雑誌』を通覧すると、指紋を主題としたかなりの数の論文が掲載されていることに驚かされる。

その多くは「周防国人指紋の研究」とか「土佐国人指紋の研究」といった日本の古い国別に、蹄状紋、渦状紋、弓状紋等の型が左右の手指にどのような頻度で分布するかという、判で押したような同じ内容の論文となっている。同一の執筆者であることも多い。ただそれらに混じって「満蒙人の指紋の研究」や台湾の「平埔族の指紋について」「海南島黎族の指紋に就て」といった論文が散見される。また医学関係の学術雑誌に掲載された論文が参考文献としてあげられていることも少なくない。何か指紋ブームともいうべきものが、この時代の人類学の世界の一部を席捲していたかのようにも思える。それらの論文に加えて関連する「体質人類学」的研究の諸論文から断片的に観察されるこの時代の人類学の特徴をいくつか列挙する試みによって、この小論を閉じておきたい。

(1)これらの論文の多くは並行して実施されたと思われる「体質人類学」的な計測結果の報告を補完するように前後して掲載されることも多い。

(2)指紋に限らずこの時代の「体質人類学」の関心から書かれた報告は人類学の専門誌だけでな

く、医学、行刑学などの分野においても掲載されている。そのことはこうした「人類学的」研究が、ある共通の関心を背景に植民地の被支配者や炭鉱労働者などに向けた視線がどのようなものだったかという問題を考えさせる。これらは『満洲労働統制方策』の参考資料として掲載された一連の労働形質人類学的調査研究[32]とも呼ぶべき報告とも内容的に連携したものといえるだろう。

(3)当時の状況から考えれば当然のことともいえるかもしれないが、体質人類学的研究、そしてとりわけ指紋の調査においては論文のまえがきや文末に、関東軍等からえた協力に対する謝辞がおかれている。たとえば、論文冒頭[33]には、「……現地においては関東軍、満洲国軍、同官憲、満鉄、国鉄及び地方有志の方々から多大の援助を辱《はずかし》うした」といった言葉が置かれている。また、短時間に大量の計測をしかも本人の意志をあまり忖度することなくおこなうには指揮官の同意をえて兵士を対象とするのがもっとも効率的だったということは想像にかたくない。

(4)前記論文冒頭の謝辞はまた、「過去四ヶ年にわたる調査費用の大部分は京城帝国大学満蒙文化研究会並びに服部報公会に仰いだ。」と書き出されている。「満洲国」における調査の拠点のひとつが京城帝国大学にあったことがこの言葉からもうかがえるのである。

以上四つの観察はまだきわめて表面的なものにすぎないが、戦時下の植民地「満洲国」における人類学的研究の特徴を明らかにすべき今後の検討の最初の一歩にはなりうるのではないかと考えている。

◉註

1. 中生勝美「人類学と植民地研究—東アジアの視点から」『思想』二〇〇四年第一号、九二—一〇七頁。
2. 全京秀「日本の植民地／戦争人類学はいま—台北帝大と京城帝大の人脈と活動を中心に」『思想』二〇〇四年第一号、七三—九一頁。
3. Broca, P., « Recherche sur l'ethnologie de la France », *Memoires de la societe d'anthropologie de Paris, 1*, 1860.
4. Le statut de la Société, *Bulletins de la société d'anthropologie de Paris, 1.*
5. Broca, P., « Sur l'organisation de sante militaire », *Bulletin de l'Academie de Medecine 2*, 1873.
6. Mangin, Colonel, « L'utilisation des troupes noires », *Bulletins de société d'anthropologie de Paris*, 1911, p. 80.
7. id. p. 86.
8. 米本昌平「優生思想から人種政策へ—ドイツ社会ダーウィニズムの変質」『思想』一九八一年第一号。
9. *Revue penitentiaire*, 1883, 1885, etc..
10. Darmon, P., « Bertillon le fondateur de la police scientifique », *L'histoire* No.105, nov. 1987, p. 46
11. id.
12. Bertillon, A., « De l'identification par les signalements anthropometriques », *Archives d'anthropologie criminelle*, No.1, p. 193-221.
13. Galton, F., « Personal Identification and Description », *Nature*, Jun. 21/28, 1888, p. 173- 177, p. 201-202.
14. Faulds, H., « On the skin-furrow of the Hand », *Nature*, Oct. 28, 1880, p. 605.
15. Herschel, W., « Skin Furrows of the Hand », *Nature*, Nov. 25, 1880, p.76.
16. Herschel, W., Origin of finger-printing, *AMS* reprint, 1974, p. 11~.
17. 拙著『司法的同一性の誕生』言叢社、二〇〇三年、とりわけ第四章。Cole, S. *Suspect Identities*,

Harvard Univ. Press. 2001.
18. Galton, F., *Finger Prints*, Da Capo Press, 1965.
19. Henry, E., Classification and Uses of Finger Prints, *AMS* reprint,1974, p.68.
20. 司法省編纂『司法沿革史』原書房、一九七九年、二五〇頁。
21. Anon, « La race prusienne », *Revue de deux mondes*, 1871.
22. 半藤一利『昭和史』平凡社、二〇〇三年。
23. 幕内満雄『満州国警察外史』三一書房、一九九六年、五一―六二頁。.
24. 仁科正次『統一日本指紋法』警眼社、一九三三年。
25. 同「指紋」『大百科事典』平凡社、一九三一年、一一七―一二二頁。
26. 『満洲国警察史』（完全復刻版）元在外公務員援護会、一九七六年、六九二頁。
27. 『満洲鉱山労働事情』「労務時報第六六号特集」、一九三五年、六六頁。
28. 『満洲労働統制方策』「立案調査書類第三〇編第一巻」、九六頁。
29. 『満洲労働統制方策』「立案調査書類第三〇編第一巻」、一七頁。
30. 「満洲国国籍ニ関スル意見」田所委員、昭和七年八月、「満州国の国籍問題」経済調査会、昭和七年七月（東洋文庫所蔵）
31. *Bulltins et memoires de la Societe d'anthropologie*, 8 eme serie 6-10, 1935-1939, id. 9 eme serie, 1-6, 1935-45.
32. 「性格的に見たる日鮮満人労働者の人種的特異性の比較研究」『満洲労働統制方策』第一巻（続2）、一三七頁。「満人従事員採用時の簡易適材鑑別法標準設定に関する研究」同、二一一頁。「日鮮満人労働者の体力比較研究報告」同、二八六頁。「日鮮満人力役労働能力比較調査報告」同、三一六頁。
33. 『人類学雑誌』五一巻、一九三六年、一一三頁。

4 国民国家批判としての文明論

1．はじめに

「文化と文明」の概念の差異については西川長夫による再検討がすでにおこなわれている。西川による検討は、明治以後の日本の近代化の過程で、「欧化と日本回帰」がどのような思想的な難題を課しているかを解明するためのいわば概念的な地ならしの作業としておこなわれている。その点に留意しながら、ここでは「文化と文明」が一九世紀の西欧の独仏の対立軸を中心にどのように対比的に形成されたかまとめている文章を引いておきたい。

ドイツの文化概念は、ロマン主義を経過することによって啓蒙主義から反啓蒙主義へ、合理主義から神秘主義へ、世界市民主義からナショナリズムへの大転換を行ったのである。そしてドイツにおけるこの動きは、フランスの「文明」概念がその拡大主義的、帝国主義的な方向性をあらわにするのと対応していた。フランス革命の末期には「文明」はすでに先進国の国家イデオロギー的な特色を現しはじめている。国家による「文化」と「文明」の対抗概念としての方向づけは、革命末期からロマン主義の時代にかけてほぼ決定されたとみてよいであろう。[1]

一八世紀末の革命からナポレオン帝政の国民国家形成期にフランスを中心に洗練された「文明」概念は普遍主義的な装いをまとったナショナリズムであり、それに対抗してドイツで洗練された「文化」概念は個別主義的なナショナリズムとよべる。それぞれの担い手は「市民」と呼ばれる国民と、「フォルク」と呼ばれる国民であった。

この小報告では、文明と文化のこうした対比に、ふたつの補足的な視点から再検討をくわえてみたい。ひとつは、より現代に近い、そして一八世紀末とは質を異にした西欧の危機の時代に人類学的な視点から「文化と文明」についてどのような論点が提出されたか。これは第一次世界大戦直後にモースが書きのこした《Nation》論の検討と、第二次世界大戦後間もない時期にレヴィ＝ストロースがユネスコの依頼で書いた『人種と歴史』の検討である。

もうひとつは、フランス革命期に「文明」の担い手と想定された市民が、どのようにして世界市民というよりは国家の確固たる担い手として動員されえたのか、別の言い方をすれば、「市民」はどのような国家装置を通じて国民化されえたのか、という問いである。

2．モースの《Nation》

モースは第一次世界大戦中、志願して英国軍つきの通訳将校の任につき、戦争の動向とその人々への影響を直接観察する機会を得た。その経験をふまえて戦後、一九二〇年前後に《Nation》と題された草稿を残した。これは未整理の膨大なメモとともに未完だったが、著作集の三巻におさめられ刊行された。[2]

この考察のノートでは今日いうところの「政治人類学」の分野の素描がいくぶんか進化論的な展望のもとで提示され、さらに第一次世界大戦後、国際連盟の結成された歴史的文脈をふまえて、形成されて間もない主に東欧の Nation と、西欧のある成熟度に達した Nation が対比されている。Nation は「安定し恒常的な中央権力と確定された国境によって、物質的、精神的に統合された社会をさし、国家とその法に意識的に合意（adherent）した住民の道徳的、精神的、文化的の相対的な統一性がある社会をさす」と定義されている（p. 584）。この定義のもとで、モースはいくつかの観察を披歴している。そこには興味深いアンビヴァレンスがみられるように思われる。

進化論的展望と関連して Nation は氏族等の分節社会（デュルケムの翻訳用語としては「環節社会」）の分節が解体されて、別の用語体系を用いれば「中間団体」が解体されて初めて成立するとされる。また、Nation はその内部で経済的な統合が進んでいなければならない。分節は経済的にも自己完結性を失う必要がある。こうした解体の反面としてモースは「それ（Nation）を創造し全員に伝える、このような意識的で恒常的な一般意思は、きわめておおがかりな現象によってはじめて可能になった」とのべる。そして、統一体としての Nation が、他の Nation との競合関係のなかで、個別化を極端に強め三つの信仰をもつにいたるという。すなわち Nation はひとつの「人種」であり、ひとつの「言語」をもち、ひとつの「文明」（上述の西川の対比にしたがえば、これは日本において採用された用語としては「文化」に相当するが、フランス近現代の文脈では「文明」という用語が使われる）をもつ、と信じる。そしてそれぞれの他に対する優位を語る言説と優位を現実化することを目標とした実践（教育制度等）が作られるのである。

モースは民主主義の浸透した市民の自発的な合意をNation成立の条件としつつ、いわばその論理的帰結として人種・言語・文化の個別主義の先鋭化を指摘している。フランス人類学の父であると同時に穏健な社会主義者（ロシア革命への鋭い批判もおこなっている。モースは市民社会の未成熟な後進的な地域における社会主義の形成に強い懐疑を抱いていた）としてのモースの方針は、民主主義と自発性を保存しつつ、極端な個別主義への歯止めを案出するということになるだろう。それはNationの「意識的」なレベルでの個別主義にもかかわらず、Nationが相互間での多様な交渉と交通という条件のもとでのみ成立することを明らかにすることでおこなわれると考えられていたようである。モースは簡潔に「社会は借用で生き、借用の拒否によって自己を規定する」と表現している。

そうした「国際的現象」としてモースは、文明、技術、美的感性、宗教、法、言語学的事象、におけるNation間の多様な交通を例示している。こうした領域の列挙には「文明」間の借用が原則的にはいかなる分野、アイテムについても起こりえること、したがってどのような対象も借用の拒否による社会の自己規定のしるしになりうるとモースが想定していたことが推測できる。また、拒否は意識化されやすいいっぽう、「文明のなかに浸っている社会」が借用を意識化しておらず、人類学がその事実を明らかにするという、自らのかかわる人類学的「学知」の位置づけもあると思われる。借用しつつその事実を否定し、相互の模倣が意識レベルでの反発を助長するといったメカニズムをモースは察知し、Nation論において主題化しようとしていたと判断しておそらく間違いはないだろう。

3. レヴィ＝ストロースの『人種と歴史』

モースはNationの個別主義の三つの信仰のひとつとして「人種」への信仰をあげている。ナチスドイツもたらした人種信仰の「災厄」の克服をめざして、戦後、ユネスコがおこなったキャンペーンの一翼をになうものとして、レヴィ＝ストロースの『人種と歴史』という小冊子が書かれた。[3]

そのモチーフは、西欧文明の優越性を白人種の人種的優越性に求める通俗的な人種主義に対して、人種概念の科学的不整合性を論拠にして反論しても日常生活に根ざした通俗的な人種主義は解体できないという認識である。

それにたいしてレヴィ＝ストロースは主に二つの議論を展開している。ひとつは、自と他の関係から生まれる自民族中心主義の論理構造をあきらかにすること、そうした構造を中和すべきものとしての文化相対主義の提示であり、その論点は、文明対野蛮の対比の基底にあるパラドックスを指摘することに凝縮されている。すなわち「野蛮人とは野蛮人が存在すると信じている者なのだ」というパラドックスである。文明人の描く野蛮人とは自己の世界に閉じこもり他者の人間としての存在を否認する人々である、だとすればそういう存在が実在すると主張する文明人こそ、他者の他者性を否定する野蛮人に他ならないことになる。そして第二に文明の優越性と呼ばれるものが、多種多様な人間の集団の獲得した文化的所産の交通と混合から生まれること、交通と混合がまれな確率で連鎖的に生起した特異な現象が西欧における近代産業革命であり、それに比肩する連鎖と相乗作用は人類史においては産業革命以外には「新石器革命」と呼ばれる特異な時期くらいしか見当たらないとレヴィ＝ストロースは主張する。

こうした「交通」としての文明のヴィジョンはモースの文明論をひきつぐものであると同時に、交通の結果生じる技術の発展の連鎖反応がルーレットのゲームの比喩で語られる確率的な過程であり、そうした現象は人類史の偶然によって新石器時代と近代の産業革命期に生起したという視点は、レヴィ＝ストロース固有の展開であった。意識化されない交通の過程としての「文明」に対する、意識化されるNationとしての排他的合意形成というモースにおいて対をなす視点は、レヴィ＝ストロースにおいて引き継がれつつ、交通の過程の偶然性という特徴付けと、自民族中心意識の幻想性の指摘によって西欧的優越意識のカリカチュア化に近い強度をあたえられているといえないだろうか。

こうしたレヴィ＝ストロースの相対主義に苛烈に反応したのが批評家カイヨワだった。一九五五年、この二人は雑誌の誌上で激しい応酬をおこなった。文明の過程を主体的な構築とは無縁なルーレットにたとえるレヴィ＝ストロースに対して、「逆さまの幻想」[4]と題した批判でカイヨワは、文明の達成をひとつひとつの断片を埋めて完成されてゆくジグソーパズルに譬える。それはあくまでも意識的な構築と達成でなければならないのだ。そしてレヴィ＝ストロースの主張を皮肉を込めて次のように要約している。「レヴィ＝ストロースの主張は、第一に西欧文明の優越性など存在しない、第二に西欧文明の優越性は存在するがそれは偶然の産物にすぎない、そして第三に西欧文明の優越性には意味がない、こうした互いに両立しない主張を同時に平然とおこなっている。」

カイヨワの主張が戦後アメリカからの膨大な援助（マーシャルプラン）によって復興しつつあった西欧、その中心としての自意識を強くもったフランス・ナショナリズムの自尊心を回復しようという意志から発していたことは疑いえない。そうした文脈で提示されたレヴィ＝ストロースの相対主義をカイヨワは、「自虐的な」相対主義のニヒリズムとして受け止めたのであろう。その激しい批判に対してレヴィ＝ストロースは、「寝そべったディオゲネス」と題した文章で、カイヨワの居丈高な批判をアメリカに吹き荒れていたマッカーシズムに譬えることで応答している。[5]

一九五〇年代半ばのこの論争には、東西冷戦の激化するなかで、西欧における人類学的相対主義と意識的な自文化中心主義がどのように対立しえたかを読み取ることができる。[6]

4. 市民の国民化―歴史人類学の視点

次に、「文化と文明」およびその基底にあるNationについてもうひとつ別の視点から考えてみたい。文化と文明そしてNationの担い手はどのように形成され、Nationに組み込まれるかという問いである。

モースはNationを支える民主主義と自発的合意を重視した、と述べた。そうしたモースの観察がフランス革命の過程を念頭においていることはほぼ間違いないだろう。ここで「文化と文明」の担い手としての「市民」がどのような装置によって国家に「自発的に」統合されたかをフランス革命の過程をてがかりに歴史人類学の視点から検討しよう。

市民間の相互契約によって構成された共和国は、王殺しの犯罪国家として周囲の旧体制諸国にとって打倒すべき対象となった。祖国を防衛し、あわよくば革命を輸出するためには、生まれたばかりの共和国は総動員体制を敷いて戦争に勝ちぬかねばならなかった。軍隊と警察組織を陣頭指揮し「勝利の組織者」と讃えられることになる（と同時にナポレオンを登用し後の帝政の端緒を作った）軍人出身の政治家ラザール・カルノーの「市民の権利宣言私案」（一七九三年二月）には「個人」を規定した興味深い一条が提起されている。すなわち「第三条、すべての個人は望むならば、社会契約を破棄して、社会そして他の個人から独立し孤立する権利を有する。しかしその場合には社会はこの個人に対して一切の保護を施さず、市民はいかなる厚意も施さない」[7]。契約を履行して社会に所属するか、裸のヒトとして荒野に放擲されるか、市民社会は二者択一を課すべきだというのである。ちなみにカルノーは国民の自発性を最大限に生かして総武装を推進し、革命意欲の旺盛な志願兵部隊と旧王制下の前線部隊の融合政策（アマルガム）を推進した中心人物であり、先にふれたモースの同志であったジョレスによっても軍隊における自発性と民主制の推進者として、いわば軍隊の市民化の推進者として高く評価されている[8]。

国籍を有して憲法のもとで権利義務を履行するかぎりで成員には保護が与えられる。その保証は国外においては旅券という小道具だけが根拠となることは、現行の日本国の旅券に日本国外務大臣の名で記された「日本国民である本旅券の所持人を通路故障なく旅行させ、かつ、同人に必要な保護扶助を与えられるよう、関係の諸官に要請する」という文言に端的に表現されている[9]。しかしその「保護」が身体に直接課される規律と表裏一体をなすものであったことは、この近代の小道具の形成過程が、近代国民軍という組織の整備過程と不即不離の関係にあったことによって確証される。軍隊は近代社会があらためて取り組まねばならなくなった、兵士と呼ばれる大量の群衆を枠づけ、規律を課し、管理し、動員する臨床的な技術の実験の場にほかならなかったことはフーコーの『監獄の誕生―監視と処罰』に詳述されている。[10] 最近刊行された『同一性の歴史』[11]という大著に、プレモダンのルイ一四世の時代から革命を経たナポレオン帝政期まで一七一五年から一八一五年までのほぼ一世紀、フランス社会が旅券に凝縮される身元確認装置の開発にいかに注力したかが詳細に検討されている。一九世紀後半以後を主に扱う『司法的同一性の誕生』[12]と接続すれば西欧近代社会における同一性の歴史人類学のヴィジョンの大枠がえられることになる。

移動するヒトが何者であるかを確定する不可欠の手段、社会を管理する主体としての国家の側から見れば、それが「保護」の裏面としての旅券の意義である。ヒトの移動を管理することが至上命令となるのは、とりわけ疫病の流行と戦争という二つの非常事態であった。したがって旅券の祖形が、疫病予防の手段として商人と商品の起源地と移動経路を確認するための「衛生通行証」と、移動するヒトが無許可で部隊を離脱した兵士つまり脱走兵ではないことを確認する「内国通行証」にもとめられることは自然である。しかも一八世紀前半マルセイユのペスト流行時におこなわれたように、疫病に見舞われた都市は軍隊によって厳重に包囲されヒトの出入りが制御された。

フランス革命に先立つ絶対主義王制期、頻発する戦争のなかで、すでに群衆としての兵員管理の手法の骨格が形成されつつあった。出身地で徴募された兵士の名簿の写しが首都の戦争省に送付され、部隊ごとの名簿に編集される。前線部隊では定期的な照合がなされ、不確実な兵員の中告した出身地、姓名等のデータは出身地に回付され原簿と照合される。しかし最終的な本人確認自体は近代に入っても長らく、本人の顔見知りの近隣の住民、とりわけ出生から死までヒトの動向に詳しい聖職者の証言に頼るしかなかった。

革命戦争からナポレオン帝政にかけて兵員管理システムにはいくつかの重要な展開があり、近代の旅券の姿が次第に完成に近づいていった。上記の著作から要点を拾って列挙してみよう。

・兵士の内国通行証から市民、可能なら全国民を対象とした内国旅券への展開
・人相身体特徴注記の精密化による旅券に記載された者と所持者の同定の確保
・身分証書管理の教会から世俗の行政末端への移管と、より機械的管理
・入国する外国人の外国発行旅券と内国旅券のさしかえ、出国時の返還の制度化
・偽造防止のための用紙の統一、印刷の精緻化

印刷の精緻化は、革命期に発行されたアッシニア紙幣の印刷技術を旅券に応用し、透かしの技術も導入した。いわゆる国家統治技術の相互浸透といえる事態が進んでいったのである。また不審な外国人の侵入しやすい大都市（とりわけパリ）において住民管理を徹底するための都市空間の均質な同定システムとして、通りの名の確定と各住戸への付番の制度化もおこなわれた。

こうして形成途上の近代国民国家に所属する個人を、均質化した座標にしたがって位置を確定できる国家空間のなかに、必要に応じてプロットするシステムが次第に形を整えてゆくことになる。

明治期の日本では、為政者にとってこうした近代国家における市民の同定、市民の管理のシス

テムは「文明の技術」ととらえられていた。[13] こうした技術のあり方に文明の本質の少なくとも一部を見るという見方はある本質をとらえているのではないだろうか。

◉註

1. 西川長男『国境の越え方』、筑摩書房、一九九二年、一六五—一六六頁。
2. *Œuvres 3, Cohésion siociale de la sociologie De Mauss, M.*, Édition Minuit, 1969, pp. 571-.
3. 一九五二年にユネスコによって刊行。荒川幾男訳、みすず書房、二〇〇八年、新装版。
4. «L'illusion a rebours», *Nouvelle Revue Francaise*, 1955.
5. «Diogene couche», *Les temps modernes*, 1955, pp. 110-.
6. カイヨワの論文への批判は、エメ・セゼールの「植民地主義論」の一九五五年の再版でもおこなわれている。レヴィ＝ストロースとカイヨワの「論争」が、ユネスコの企画したナチスの人種主義への反対キャンペーンの一環として出版された冊子をきっかけとしていたのに対して、セゼールは論点を人種主義と植民地主義への対抗の言説に移してカイヨワを批判した。一九六〇年代の植民地の独立の動向への転換点としてみると興味深い事実である。
7. *Œuvres 2, De Carnot, L.*
8. *L'Armée nouvelle*, Jaures, J.
9. 各自のパスポートをご参照ください。
10. フーコー、M『監獄の誕生—監視と処罰』田村俶訳、新潮社、一九七七年。
11. *Une Histoire de l'identite-France, 1715-1815*, V. Denis, ed., Champ Vallon, 2008.
12. 拙著、言叢社、二〇〇三年。
13. たとえば、平沼騏一郎と協力して指紋法を日本に導入した大場茂馬の感想。前出、拙著、三四九頁。

5 バントゥ・アフリカ

※この文章は、山川出版社版『世界各国史第10巻　アフリカ史』（二〇〇九年）のために執筆されたもの。本論文集への収録にあたり、Oslisly, Richard and Bernard Peyrot, 1992 に依拠した図版と文中にある「石器・鉄器を基準とする考古時代」の設定については、世界考古学の現在をふまえて、いくらかの修正をおこなった。

バントゥ・アフリカという呼び方は、もっとも広くとれば、カメルーンの南半分を含む大西洋岸の北緯四度の地点からインド洋の海岸の北緯二度まで斜めに引いた線がその北の境界にあたり、南の境界線は、南アフリカ共和国の半分ほどを含んで、アフリカ大陸南端のオレンジ川より少し北に右下がりに引いた斜線でしめすことができる。アフリカ大陸の赤道以南の地域がほぼすっぽりと入る広大な地域である。

だが、ここでとりあげるのは、現在の国名でいえば赤道の少し北、北緯四度から一〇度ほどに広がるカメルーン、赤道直下にならぶガボン、ガボンとカメルーンにはさまれた小さな国赤道ギニア、コンゴ共和国、コンゴ民主共和国（旧ザイール）、などである。赤道をはさんだ中央アフリカの地域が対象となるが、地域ではっきりと区分されているわけではない。

1．バントゥ・アフリカの広がりと移動

「バントゥ」という言葉

この「バントゥ」という言葉はもともと言語学からきているが、言語の類似性からの類推で民族集団のまとまりをさす言葉として頻繁につかわれるようになった（図1）。その用法の両極端をしめせば次のようになるだろう。

かつてアパルトヘイト（人種隔離）政策のおこなわれていた南アフリカでは、アフリカ人を国土の十数パーセントにすぎないほとんど不毛の土地におしこめ、形式的な自治権をあたえて「バントゥスタン」と称していた。南アフリカ地域に暮らしていたさまざまな民族集団を十把一絡げに「バントゥ」と称し、もともとはインドの言葉で国や土地をさす蔑称としての「スタン」をつけ加えたとされる。オランダ系の移民が南アフリカに到来する以前からこの地域に居住し、ときには移動生活を送っていた多様な民族集団が、自分たちをどういう集団と考えているかをまったく無視して押しつけたレッテルとして「バントゥ」という言葉が

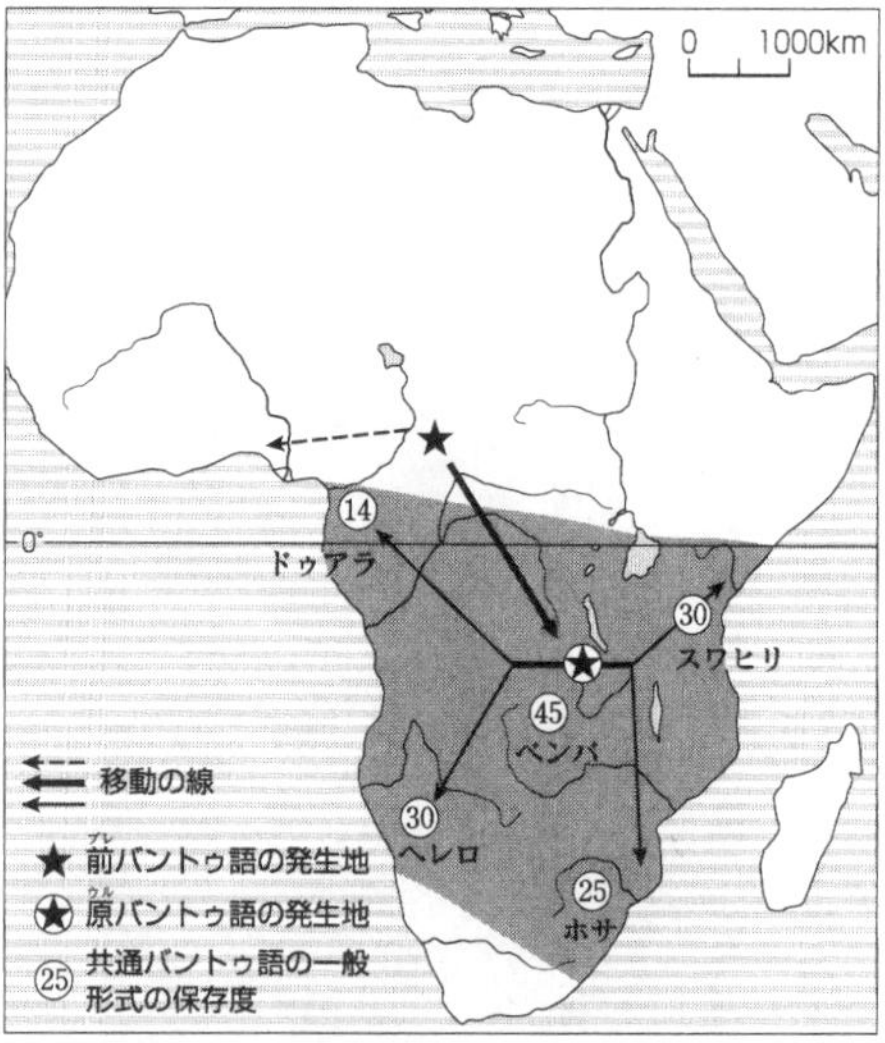

図1　バントゥ諸語の分布
（アレクサンドル、1972による）

用いられたのである。

一方、一九八〇年代に原油生産で潤ったガボンの首都リーブルヴィル（「自由の街」の意、一九世紀半ばにアメリカ大陸から多くの解放奴隷が送り込まれてできた街。名前の由来はシエラレオネの首都フリータウンに似ている）に「バントゥ文明研究センター」がガボン政府の肝煎りで開設され、英・仏・スペイン・ポルトガル四言語による『ムントゥ』という研究誌が発行されていた。赤道以南の「バントゥ」系の多くの民族集団に共通する「バントゥ文明」の研究が標榜されていた。独立から二〇年ほどを経て、政府のリーダーシップのもとに国民国家の枠を超えた共通のアイデンティティーの探求がアフリカ知識人自身のイニシアティヴによって試みられたといえよう。書誌情報データベースで調べられる限りでは一九九〇年以後、『ムントゥ』という機関誌が継続されている形跡はない。総合的な「バントゥ文明」の追及を持続するには、赤道以南の諸国の政治・社会・文化状況はあまりに複雑で、パン（汎）・バントゥ主義的な志向が具体的な力をもつにはいたらなかったと考えるべきなのだろうか。

当事者たちの意向におかまいなしに貼り付けられたレッテルと、国を超えた統合的アイデンティティ追求の意思表示としての名称。これらは「バントゥ」という名称が帯びる政治的意味合いの両極端ともいえる。

言葉の由来と言語学の知見

アフリカの歴史人類学的研究においては「バントゥ」という語は、先に述べたアフリカ大陸の南半分の地域のあるまとまりを表すために頻繁に用いられている。こうした研究をリードしてきたベルギー出身のファンシナ（ウィスコンシン大学名誉教授）の指摘するとおり（Vansina, 1984）、この言葉が「政治的」意味合いを与えられることには強く警戒しながらも、アフリカ歴史人類学の記述の大枠としてはなくてはならぬ用語として使われている。一方、言語学の専門家のなかにはには、この語をたとえばアレクサンドルのようにバントゥ言語学の枠をこえて歴史や人類学の大枠として用いること自体にたいへん慎重な者もいる（アレクサンドル、ピエール、一九七二年）。実際には、言語学者によるバントゥ諸語の著しい言語学的共通性の指摘を受けて、人類史的尺度から見るときわめて短い時間（といっても千年を単位とした）にこれらの言語がアフリカ大陸南部にどのように拡散したかをさまざまな仮説的な歴史再構築によって説明する、という作業がバントゥ・アフリカの歴史人類学研究の内容となってきた。おもにアレクサンドルの要約にしたがって、言語学の成果がバントゥ歴史人類学にどのような議論の基礎を提供してきたかをみよう。

バントゥ諸語をひとつのかなりまとまった語群とみることは、ドイツ出身で南アフリカのケープ州総督付司書であったヴィルヘルム・ブリークが『南アフリカ諸語の比較文法』（*Comparative Grammer of the South-African Languages*, 1862）の第一巻で、これらの言語で人間をあらわす言葉の複数形 **Ba-ntu**（単数形は **Mu-ntu**、先にふれたバントゥ文明研究センターの研究誌のタイトル）をとって語群の呼び名としたことがきっかけとなって定着した。とはいえすでに一六世紀から、とりわけポルトガル人などによってアフリカ南部の大西洋側とインド洋側の言語に共通性があることは気づかれていたという。一九世紀末にドイツの言語学者マインホフは、史的音声学の方法にのっとってこれらの語群の共通の祖語「原《ウル》バントゥ語」を構成し、その文法を推定した（図1）。

その後、第二次世界大戦中から戦後にかけてイギリスの言語学者ガスリーが現在話されているバントゥ諸語を構造言語学の視点から比較し、その共通性をはかる基準を設立した。バントゥ諸語では、語の多くは一〇から二〇のクラスに配置され、単数／複数で対をなす接頭辞によって示される文法的な「ジャンル」をつくること（Mu-ntu/Ba-ntu はその代表的な例）などがもっとも目立つ特徴である。ガスリーの見方からはクラスのあるバントゥ諸語とクラスのない他のアフリカの言語との差異が強調されることになる。また、ガスリーは自らの基準を援用して、バントゥ諸語の前身「前《プレ》バントゥ語」の故地を現在の中央アフリカ共和国のサバンナに想定し、そこからバントゥ語の集団が赤道直下の熱帯多雨林を縦断し移動した後、現在のコンゴ民主共和国の南部、ザンビアとの国境近くの一帯で諸語の多様化・分化がおこったと想定し、ここからまず東西の方言に分かれ、さらに南北に拡散したと考えた。一方、アメリカの言語学者グリーンバーグは語彙と形態の比較から、クラスをもつ言語ともたない言語の連続性を重視し、バントゥ諸語を西アフリカの言語をも含むニジェール・コンゴ（ニジェール・コルドファン）語族の下位分類に位置づけ、バントゥ諸語の起源地を現在のカメルーン南部に想定した。

細かなニュアンスを度外視すれば、ガスリーとグリーンバーグのふたつの見方が、バントゥ諸語の他のアフリカの諸言語との関係、バントゥ諸語の分化についての代表的なものといえよう。いずれもバントゥ諸語の祖を熱帯多雨林の北側の縁に想定し、言語の担い手が南部に移動し言語が拡散し多様化したと考えている。こうした言語学の見解を基礎に、人類学、考古学、歴史人類学の研究者が、とりわけアフリカ諸社会の現地調査の成果がでそろい始めた一九六〇年代以後にさまざまな仮説を提出して、バントゥ・アフリカの歴史の再構成を試みることになったのである。

バントゥ歴史人類学の論点

すでに見たようにバントゥ・アフリカのもっとも北の地域には広大な熱帯多雨林がひろがっている。移動するには大きな障害になると思われるこの深い森にどのように対処してバントゥの祖先は移動したのか、という問題が人々の関心をひいてきた。いったん森を突破すると、その南には、コンゴ盆地とも呼ばれる比較的起伏の少ない広大な湿潤サバンナが広がっている。その湿潤サバンナのほぼ中央にあたる現コンゴ民主共和国の南部のカタンガ（旧シャバ）州を中心にバントゥの拡散が生じたとガスリーは考えたわけである。湿潤サバンナの南には大西洋に面したナミビアの海岸から食い込むようにカラハリ砂漠を擁した乾燥地帯が内陸にひろがり、それを取り囲むように乾燥サバンナが帯状に広がっている。

一九六〇年のいわゆる「アフリカ独立の年」の前後、植民地体制のもとで始められた人類学的フィールド研究の成果がつぎつぎに公刊された。湿潤サバンナ一帯で一六―一七世紀に勃興したルバ―ルンダ王国群とそこから分化した諸王国、熱帯多雨林南縁のサバンナと河川にそった森の回廊とがパッチワーク状に連なる地域に成立したクバ王国、西欧にもっとも早く知られたが、ポルトガルによる政治支配の影響をもっとも強く受けて解体したコンゴ王国、そしてこの王国の成立とも深いつながりをもっていたと考えられる現コンゴ共和国、海岸部のロアンゴ王国や内陸のテケ王国（小規模な王国が並立した首長国群とみなすべきかもしれない）など、中央集権化が進んだ社会のフィールド研究が王国形成史への関心を軸に歴史人類学的研究をリードしていった。コンゴ王国のようにポルトガルに残った古文書によって接触初期の歴史の再構成を試みるというランドルのユニークな研究の例もあった（ランドルは同様の手法で、現ジンバブウェのモノモタパ王国史の研究もおこなった（Randles, 1975））。また、これらの王国の中央集権化とは対照的に、王国をつくらない、あるいは王国をつくることを回避しようとしたとも考えられる特色ある社会についての民族誌も少数ながら公刊された。

こうした研究を参照して、バントゥ・アフリカ研究のいくつかのポイントが整理されていった。それはおおまかに以下のようにまとめられる。

(1)バントゥの起源地と、起源地からの移動のルート（熱帯多雨林をどこで縦断したか、あるいはどこで迂回し、大地溝帯・大湖地方を南下したか）。

(2)バントゥの農耕のベースは何か（熱帯多雨林の地域でも耕作可能な根菜類から、サバンナに適した雑穀への切り替えはどのようにして起こったか）。

(3)牧畜はどのように導入されたか（小型の家畜であるヤギ・ヒツジの飼育はどのように始まり、また大型家畜のウシはどのようにしてどこから導入されたか）。

(4)農耕の生産力の向上に決定的な意味をもったと想定される鉄製品はどのようにしてつくり始められたか（製鉄、鍛造技術の起源地はどこか、バントゥ固有の発明か、地中海起源か、移動の初期から鉄加工の技術があったのか）。

(5) 遠距離交易はいつごろどのように始まったか、また、その社会への影響はどのようなものだったか。

こうした設問への答えは、個別社会を現地調査し民族誌をつくることに専念していた人類学者よりも、もともと各地から発掘された土器の広域的な比較と編年に関心をよせていた考古学者によって探求されていた。研究者によってこれらのポイントのどれかに、よりウエイトをかけて歴史的再構成が試みられていた。バントゥの移動の「歴史」という言い方がされるにしても、その時間の尺度は一〇〇〇年、あるいは短くても五〇〇年ないしは一〇〇年単位で計られる考古学的時間を基礎としたものである。また農耕技術の変化にしても鉄加工技術の展開についてもさまざまな解釈が提起され、つきあわされているのが現状であり、ここに示すのも、その部分的で不完全な総括にすぎないことをお断りしておきたい。

一九八〇年までの概観と八〇年代以後の展開

一九七〇—八〇年代までのバントゥの「移動」と拡散についての考え方は、考古学者のフィリップソンによってまとめられている（フィリップソン、一九七七年）。その概観はつぎのふたつの地図に明確にあらわされている（図2、3）。

これによればバントゥの起源地は熱帯多雨林の北西の縁にあって、主要な移動は赤道直下の熱帯多雨林を迂回して大湖地方にでて西に回りこんで現在のアンゴラ最北部で定着して分化した後、一部がより東の現コンゴ民主共和国カタンガ州に移動し、ここからより大規模な分化と拡

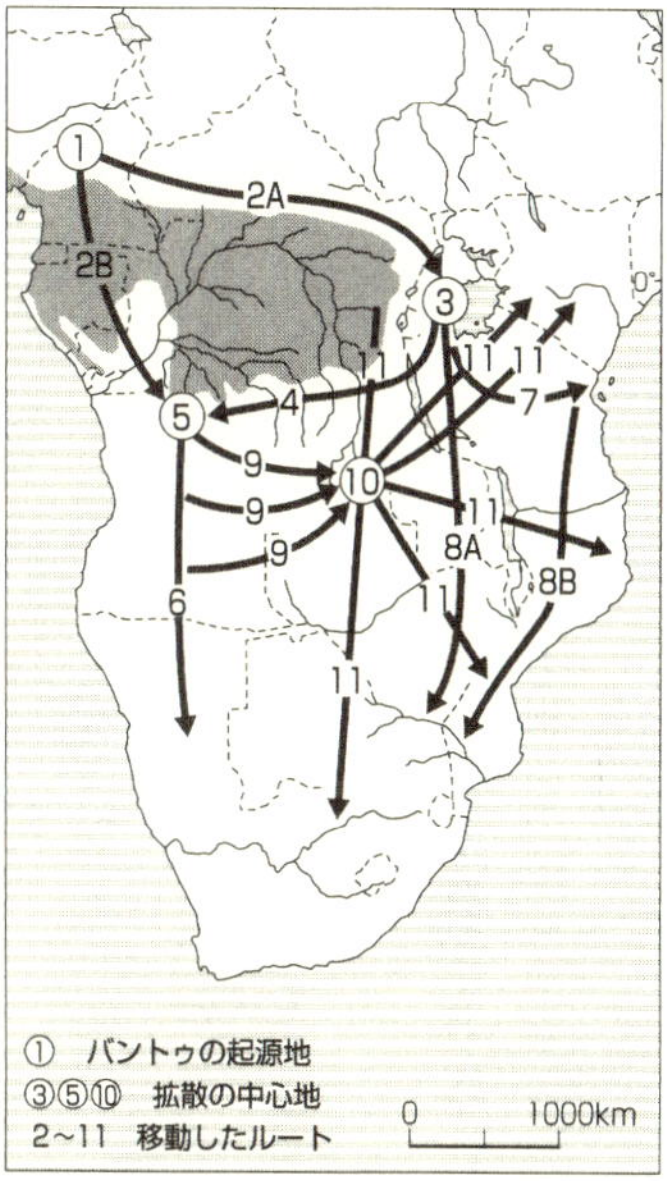

図2　バントゥの移動に関するフィリィップソンの考え　フィリィップソンは、4の熱帯雨林の南縁を迂回したルートを重視する
（フィリップソン、1977による）

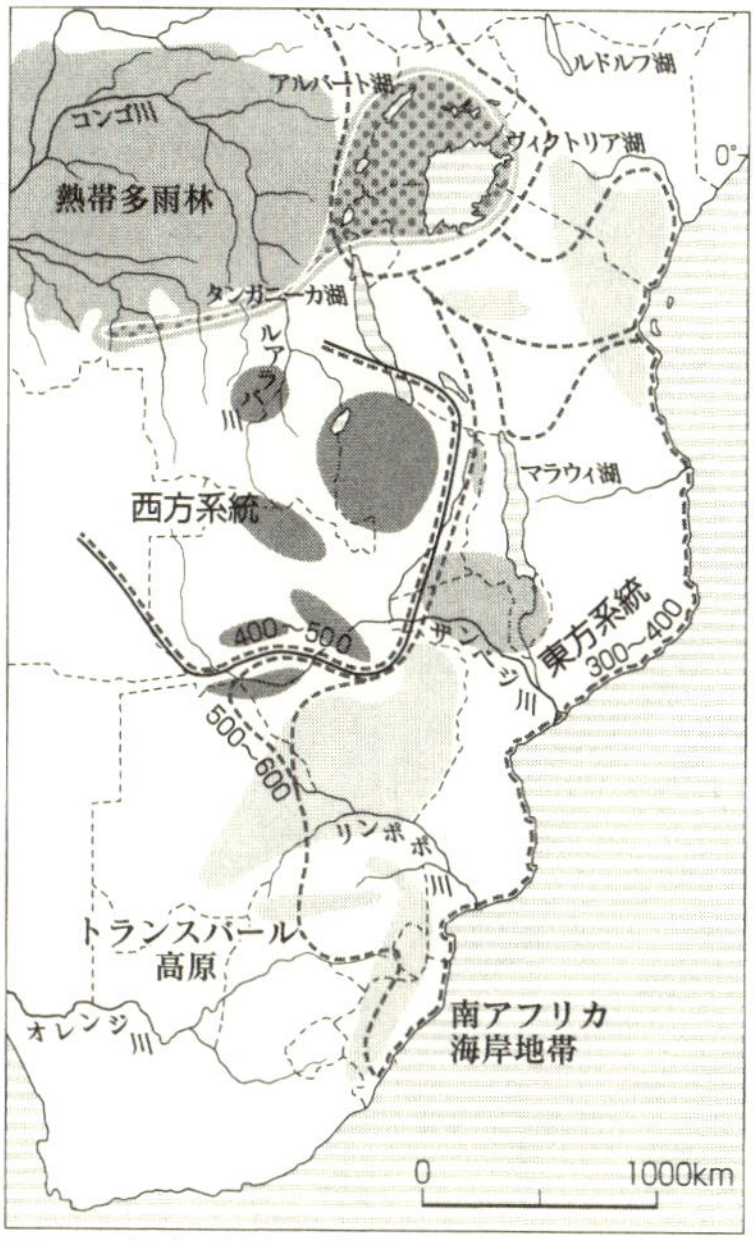

図3　東方系統の普及
（フィリップソン、1977による）

散が生じたということになる。こうしたバントゥ語の中央アフリカ地域への拡散は紀元前三〇〇年からほぼ紀元後六〇〇年のあいだに生じたとされる。その担い手は鉄器製造の技術をもっていた。しかし、フィリップソンによればこの「初期鉄器時代文化」は、とりわけ東部バントゥ語圏では紀元後一一世紀に急速に全般的な崩壊を示し、地域ごとの大きな多様性を示す「後期鉄器時代文化」に移行するという。

　フィリップソンによる概観は、土器や製鉄遺跡の研究の進んだ東部バントゥについては詳しいかわりに、熱帯多雨林の南西の側についての説明は明快ではない。その考え方の基本はガスリーにならっていえば前《プレ》バントゥ語の集団は熱帯多雨林の北縁を東に向かって移動し、大湖地方で中央スーダン諸語を話す集団と遭遇し、彼らからウシとヒツジをそのスーダン語系の名称とともに取り入れた。ウレウェ様式と呼ばれる土器がこの集団には共有されており、これとよく似た様式が、この集団の移動の途上にあたるチャド湖の南の地域でも発見されることが、ひとつの証拠としてあげられている。

一方、熱帯多雨林の西方のルートについては、密度の高い森林が農耕民の移動には大きな障害となったと想定されている。にもかかわらず、現カタンガ州からザンビアにかけての地域は土器の様式からも西方系統の影響が及んでいるとされる。ひとつの解決策としてフィリップソンは一九七〇年代末の段階では大湖地方から熱帯多雨林の南縁にそって西に回りこんで、現アンゴラ北部に定着し分化した集団の存在を想定しているわけである。西側のルートで直接熱帯多雨林を縦断してアンゴラ北部の湿潤サバンナに到達した集団のみでは、あまりに少数で西方系統が成立しえないという暗黙の前提があるためであろう。

こうした見方に対して、一九八〇年代以後、フランス語圏の考古学者を中心に、とりわけガボンにおける発掘調査が進展し、長いスパンでの気候変動についての研究の発展とあいまって、西方の移動ルートの解明が大きく進展し、バントゥの「移動」の理解は大幅な見直しがなされることになった。その概観を最近のオスリスリらの総括にしたがって確かめてみよう（Oslisly, 1995, 2001; Oslisly & Peylot, 1992）。

ガボン中央部のオゴウェ川中流域がそうした集中的な考古学調査発掘の舞台である。考古学的な証拠の確認できる中期旧石器時代は、この地域ではほぼ七万年前から始まる。そのころから現在に至るまでにこのアフリカ中央部では湿潤期と乾燥期が交代し、乾燥期にはサバンナが拡大し、カメルーン南部からオゴウェ川を横切って現コンゴ共和国の湿潤サバンナまで丘陵の稜線に沿って南方に移動する回廊が形成されたというのが、現在示されている見方である。とりわけ三回目の乾燥期にあたる約三五〇〇年前から二〇〇〇年前（ほぼ紀元〇《ゼロ》年に相当する）は、新石器時代から初期鉄器時代に相当し、鉄器をもち周辺サバンナを切り開いて農耕をおこなうバントゥの集団が容易に南下し、コンゴを通過して、二〇〇〇年ほど前からふたたび湿潤期に転じて地表を覆った現在の熱帯多雨林の南縁部に到達しえたということになる。

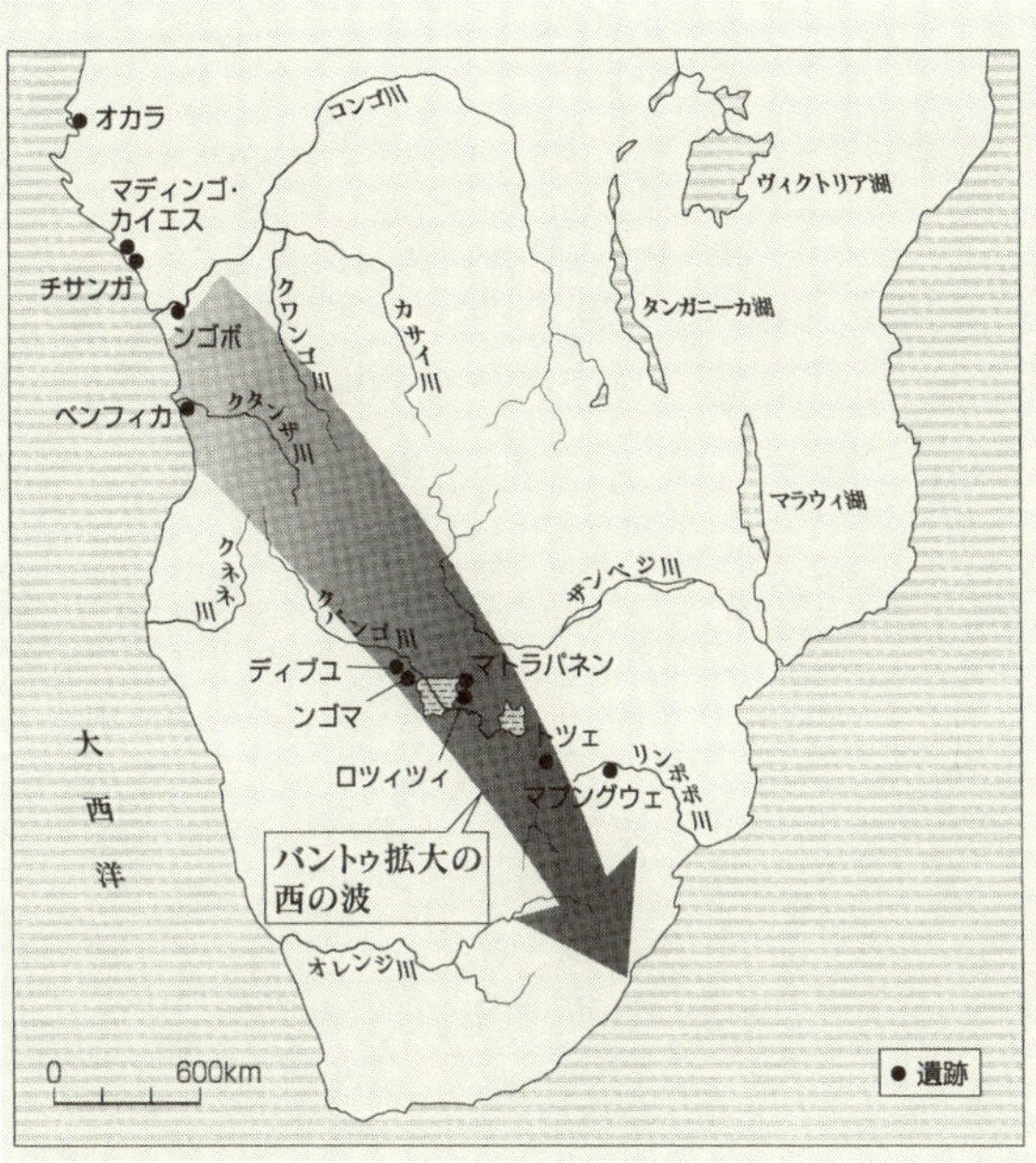

図４　西方ルートのバントゥの移動
（フィリップソン、1977による）

こうした考古学の知見は次節で立ち入って検討するが、これと並行して一九八〇年代には歴史人類学の分野でこうした西方ルートを念頭においてファンシナが「西方バントゥ集団の拡張」についていちはやく見解を発表し（Vansina, 1984）、また考古学と人類学を架橋するかたちでデンバウが、大規模な西方ルートのバントゥの「移動」とその南方バントゥおよび先住狩猟採集民との関係についてのあらたな仮説的な見解を打ち出している（Denbow, 1986, 1990）。この概念図（図4）に示されるとおり、西方ルートの移動は、カラハリ砂漠をとりまく乾燥サバンナ地域の狩猟採集民の社会とも、これまで想定されていたよりも早い時期から接触と交渉を成立させ、バントゥ系農耕民と狩猟採集民の双方に重要な変容をもたらしていたはずだ、というのがその推論である。

この推論があたっているとすれば、南方アフリカの狩猟採集民と農耕民の共生と相互影響はこれまで考えられていた以上に長期にわたるものであり、狩猟採集民が外部から比較的独立した自立的な社会であったとする見解に変更をせまるカラハリ「修正主義論争」にも新たな視点を導入するものとなる。こうした見解を踏まえて、南方アフリカの歴史人類学には新たな総合が試みられる段階にいたっているとも考えられる。

オゴウェ川中流域における考古学の知見

ガボンでは一九八〇年代に入って豊富な考古学的遺跡の発見があった。原油生産による好況のために道路建設がさかんになったことも、工事現場での遺跡の発見をうながしたのであろう。とりわけ中央部のオゴウェ川中流域には長期にわたる遺跡群が確認された。二〇〇〇年代初頭のまとめにしたがって、その成果とそこから引きだされる推論をみることにしたい。

ガボン中央部とりわけドゥ・シャイユ高地は、バントゥの故地とみなされたカメルーンから熱帯多雨林を横切ってアンゴラからコンゴのサバンナにいたるルートのほぼ中央に位置する。そこで約七万年前から五〇〇年ほど前までの遺跡が確認されたことの意味は大きい。湿潤と乾燥の交代につ

表1　オゴウェ川中流域における考古学の知見
（Oslisly, 2001 による。石器・鉄器時代名のみ修正）

年前	石器の様式と鉄器時代編年	気候による時代区分	おもなできごと
120,000	?	**前マルエキア期**	湿潤期
70,000	**サンゴアン複合** 中期旧石器時代	**マルエキア期**	乾燥期 サバンナの拡大
40,000	?	**ンジリア期**	森林の拡張 湿潤期
30,000	**ルペンバ複合** 後期旧石器時代	**レオポルド期**	乾燥期 サバンナの拡大
10,000	**チトリア複合** 12000〜4500年前 中石器時代	**キンバング期A**	湿潤期 森林の拡張
4,500			
3,500	新石器時代 4500〜2500年前	**キンバング期B**	乾燥期 サバンナの拡大 人間による影響
2,500	初期鉄器時代 2500〜1500年前		
2,000			森林の拡張 湿潤期
1,500			
1,000			
500	後期鉄器時代 800年前〜現代		

いての最近の成果と対照した年表は表1のように示されている（Oslisly, 2001）。

これによれば約一二万年前から二〇〇〇年ほど前まで、この地域では湿潤期の森林の拡張と乾燥期のサバンナの拡大とがくり返され、約二〇〇〇年前から現在の熱帯多雨林の繁茂する時期が継続している。とはいえ約三五〇〇年前のサバンナの拡大期にさしかかった新石器時代の地層には、人為的と思われる樹木の燃焼、すなわち焼畑の痕跡が確かめられるという。この時期の後、二五〇〇年前から一五〇〇年前までが初期鉄器時代とされる。

今日の深い熱帯多雨林では、樹木の繁茂した川沿いを歩くことも容易ではない。またオゴウェ川中流域では随所にある急流がカヌーによる航行をむずかしいものにしている。むしろ稜線、とりわけカメルーン南部からガボン北部の分水嶺とガボンのドゥ・シャイユ高地の稜線はひとつの移動ルートの可能性を提供する。そのことを生き生きと描く一節を引いておこう。

川と川とのあいだの稜線には、ふつうゾウの踏みわけ道があり今日でも人によって利用されている。こうした道をたどると樹木の切れ間から、遠く離れた稜線や渓谷をみはるかすことができ、景観と距離感をえることができる。こうしてとりわけガボンの南北に走る稜線においてゾウの道は、早期の人類が森林地帯を移動するうえでは鍵となる要素だったのである。

（Oslisly, 2001）

三万年前の後期旧石器時代から一万二〇〇〇年前から四五〇〇年前までの中石器時代の担い

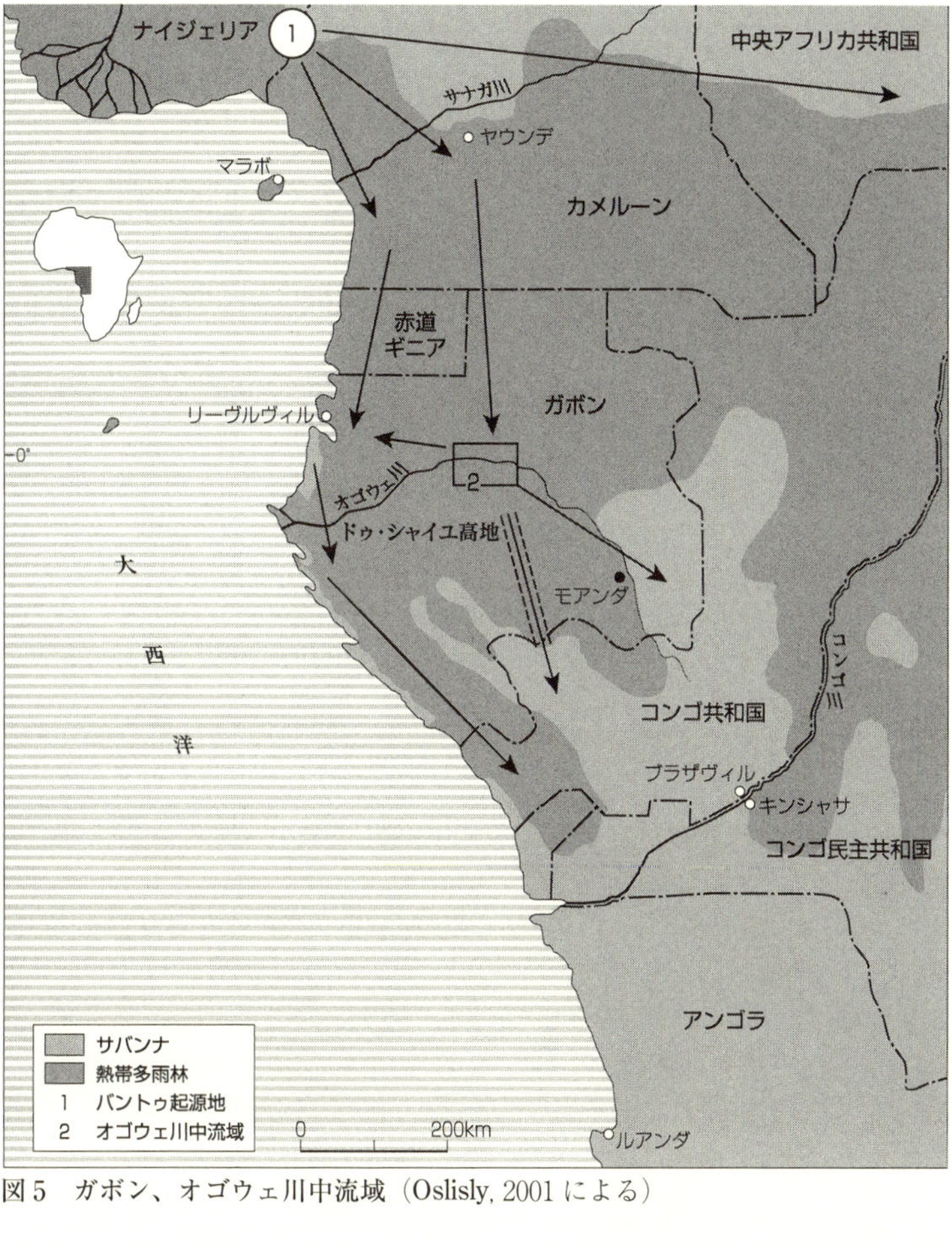

図５　ガボン、オゴウェ川中流域（Oslisly, 2001 による）

手が、バントゥではない狩猟採集民であることは確実視されている。土器をともなう新石器時代（四五〇〇〜二五〇〇年前）の人々が非バントゥの集団であり、鉄器をもったバントゥ集団の到来によって駆逐されたという、かつては容易に受け入れられたであろう見方は、今日ではより慎重に受けとめられるべきものであろう。両集団は一定期間共存していたと考えられているのである。いずれにしてもオゴウェ川中流域には長期にわたる数波の移住の痕跡が残されており、今日の熱帯多雨林地帯を縦断したバントゥ集団の南下は疑いえないものとなった。

鉄器時代の遺跡の分布密度や人口の推定の試みは明確に提示されてはいない。それでも、ここにしめされた模式図（図6）にも鉄器時代の集落がより大きな規模の人口を擁するものであったことが示唆されている。また、鉄の製造炉が下り斜面の縁に好んで立地されたことも指摘されている。

ガボンにおける鉄製造の考古学は、現在も基礎的な資料の収集が進められている段階であり、バントゥ集団の鉄加工技術の起源地（現在のカメルーンに想定されている、さらにその起源が地中海域にたどられるのか、アフリカにおける独立発生なのかを含めて未解決の課題が多い）との継承関係、ルワンダからタンザニアにかけて東部に展開した鉄製造技術との関係など近年の成果を総合する知見はまだ提示されていない。ガボン考古学の文脈においては、鉄器をもった集団の中部ガボンへの到来は一九〇〇年前から一八〇〇年前とされ（ただし鉄器と共伴する同一様式の土器は、放射性炭素による年代測定ではさらに二三〇〇年前まで遡るとされる）、粘度製の高さ一メートルほどの高炉がつくられ、炉の底部に粘土製の送風管（鞴《ふいご》に接続される）が複数取りつけられたと推測されている。

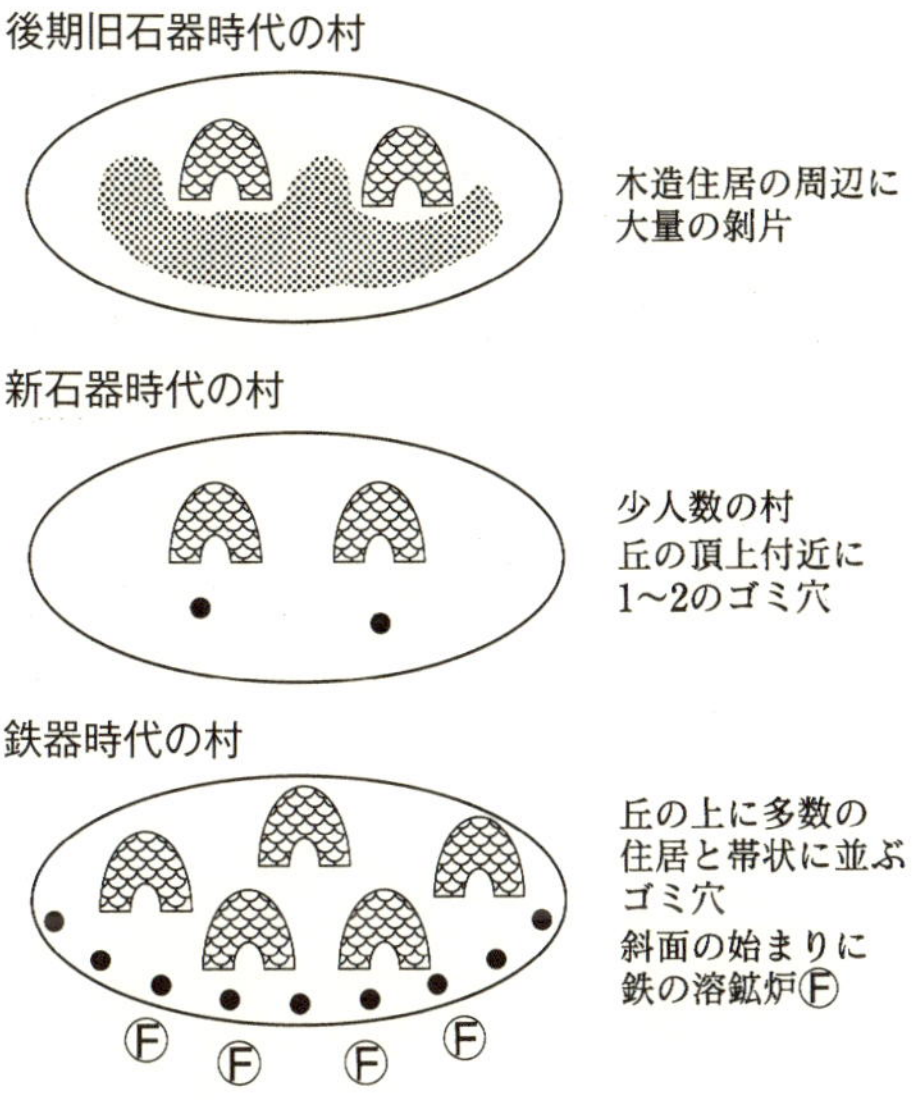

図6　文化層の違いによる村のかたち（完新世）
（Oslisly, 2001 による。時代名は修正）

こうした鉄製造技術の痕跡は、より東南部のオゴウェ川上流域のモアンダの鉄器時代遺跡に関連し、このガボン領内の遺跡からさらに現コンゴ共和国の熱帯多雨林南縁のテケ首長国群の鉄製造遺跡群へと関連をたどることができるのである。現在の知見ではモアンダ遺跡の放射性炭素測定年代がオゴウェ川中流域のそれからさらに数百年さかのぼるとされていることは気になるが、今後の総合作業の過程で解決されるであろう。

2. バントゥ集団の多様化

バントゥ「移動」研究の現状

一九八〇年代以降のガボンにおける考古学的研究は、バントゥ集団が南部のサバンナ地帯に進出するにあたってアフリカ大陸西部のルートが重要な役割を果たしえたという確かな証拠とみなすことができよう。

このルートをたどって、鉄器製造技術をもったバントゥ集団が大挙して南部に移動したというイメージを描くかどうかはまた別の問題である。歴史人類学者のファンシナは「大量の人口」がアフリカ大陸南部に移動した（移動の過程では集団間の衝突と、鉄器をもったバントゥ集団の優越性が想定されている）というかつて多くの考古学者に受け入れられていた考えを否定し、農耕・牧畜の組み合わせと鉄器加工技術の複合が波状に伝播したという考えを主張している。近年の研究成果は以下のようにまとめられている。

赤道以南アフリカにおいて生じたもっとも重要な発展は狩猟・採集から農耕への変化であり、これがその後、紀元前二〇〇〇—紀元後一〇〇〇年のあいだにより複雑な社会が開花する条件となった。農耕は二つの方向から導入された。紀元前四〇〇〇年—紀元前三〇〇〇年に西アフリカで発展した根菜複合（ヤム芋をベースとした農耕）は赤道地域にむけて南西方向に広がった。穀類と牧畜を基礎とする複合は紀元前七〇〇〇年—紀元前六〇〇〇年に北東アフリカで発展し、ケニア、ウガンダ、セレンゲッティ（タンザニア北部）へと広がった。根菜複合は……熱帯多雨林に広がりコンゴ下流域からさらに南にも広がった。紀元前後にはナミビアにいたったのであろう。穀類と牧畜複合は一〇〇〇年近くセレンゲッティにとどまっていたが、紀元前一世紀ごろ土器製作をともなってザンベジ川にまでいたった。その後、牧畜と土器製作はほぼ二世紀のあいだに急速にザンベジ川から喜望峰にまで広がった。紀元一〇〇年ごろまでに製鉄技術をともなう農耕複合がタンザニアから南に向けて三つの方向で広がり、紀元三五〇年ごろまでに南東アフリカ全域に見られるようになった。さらに遅れて穀物複合がザンビアから西に進み、紀元八〇〇年ころまでにアンゴラの大西洋岸に達した。(Vansina, 1995)

あえて長い引用をしたが、比較的最近のこうした総合の試みにおいても、まだ不明な点が多く、時間の尺度もたかだか五〇〇年あるいは一〇〇〇年単位でしかないことを読み取ることができよう。

ファンシナは、まず新石器時代にバントゥ集団が移動し、熱帯多雨林より南の中央アフリカから南部アフリカへ浸透し、バントゥ諸語の分化が生じたと考えている。そのルートはバントゥ集団の故地カメルーンから東に進み大湖地方から東アフリカに進出したものと、西アフリカをほぼ南に直進したものを想定している。この初期の移動においては農耕バントゥ集団は、森林地帯で小規模な集団で生きていたピグミー系の狩猟採集民と、サバンナ地帯ではサン系の狩猟採集民と遭遇したが、それぞれが利用する生態系の違いからむしろ棲み分けがおこなわれた。バントゥ集団は到達し定着した生態環境に農耕のシステムを適合させ、また先住集団との関係を構築しながら多様化していった。

バントゥ集団が言語的な基礎を共有することは、「比較言語学」の方法によって基本的な語彙

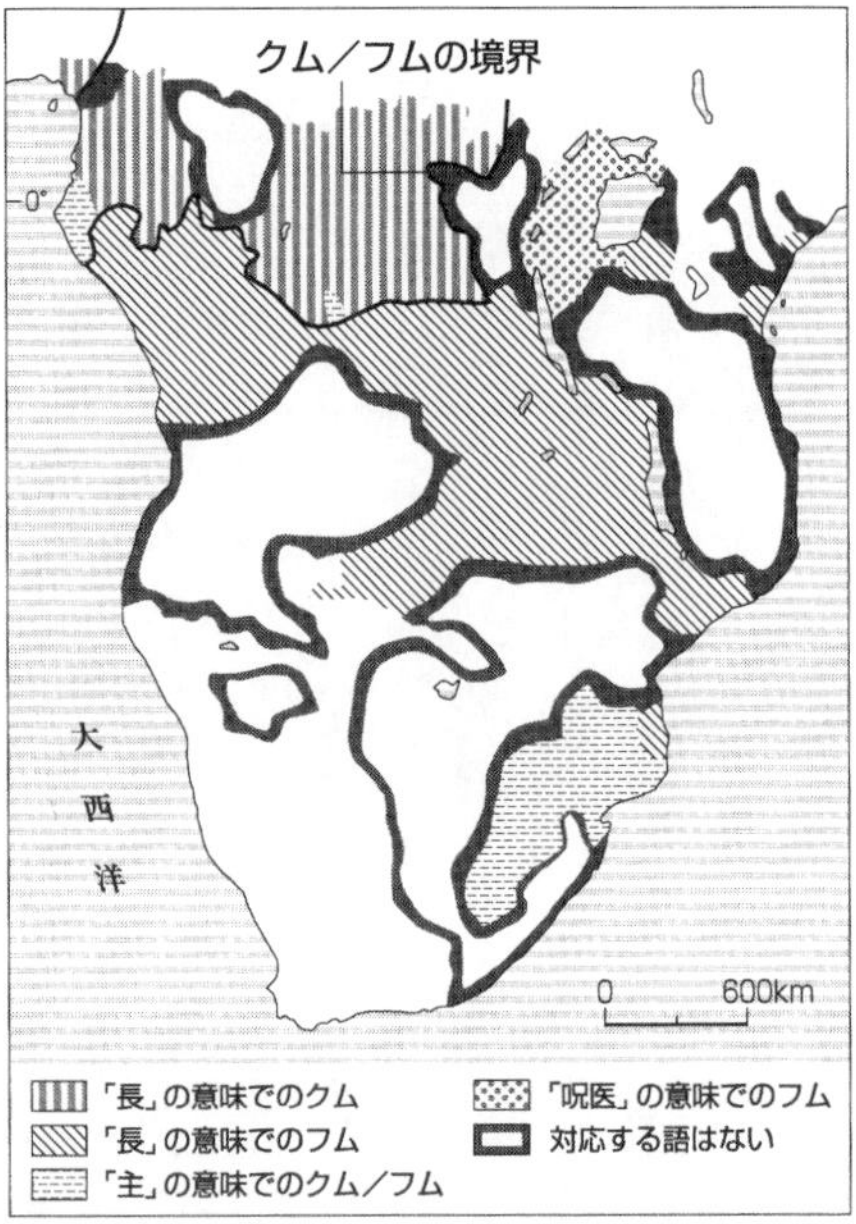

図7　「クム」「フム」という語の意味の違いとその分布（History in Africa.16,1989 による）

の共通性を検証することで確かめられる。基本的な語彙の一例として、権威あるいは首長をあらわすクム（Kúmù）あるいはフム（Fúmù）という語彙の広がりは図に示されるとおりである（図7）（Vansina, 1984）。一方、ファンシナは「比較言語学」の知見からは、鉄加工技術にかかわる語彙は東アフリカ起源のものが中央から南部アフリカにかけて広く観察されるとし、初期のバントゥ集団の定着後に東アフリカから伝播したと解釈する。こうした解釈は、最新のガボンの考古学とは両立しがたく、両者の見解の総合はまだおこなわれていないのが現状である。

王国中心史観とその再検討

二〇世紀前半に言語学の知見を基礎に、比較的短時間に（とはいえ一〇〇〇年を単位として計られる時間の幅だが）人の群れが怒涛のように移動したというイメージで描かれたバントゥ集団の移動は、考古学の知見を加味した修正を経て、現在あらためて総合されるべき段階にきているといえるだろう。

中央以南のアフリカ大陸に広がったバントゥ集団は先住の集団との相互影響、進出先の生態環境、技術の伝播、農耕の変遷（まだ不明の点が多いが、アジアからのバナナの導入は大きな意味をもったとしばしば指摘される）、交易の展開などによって社会と文化を多様化した。そして紀元一〇〇〇年代後半の東海岸からのイスラーム圏の影響、一五〇〇年前後からのポルトガルを先駆けとするヨーロッパの影響にさらされることになる。しかしバントゥ集団は外部からの影響のみには還元されない自然発生的な多様化の過程をすでにたどり始めていた。

二〇世紀半ばまでに現地調査の目立った対象として研究されたさまざまな王国は、そうした自然発生的な多様化の到達点として考えられていたといえよう。それらは赤道直下の熱帯多雨林をとりまく湿潤サバンナの地域に形成され、接触の初期からヨーロッパ人たちの注目をとりわけひきつけ、文書資料に記載された大西洋岸のコンゴ王国と周辺のいくつかの王国、イスラーム交易とかかわった南アフリカ内陸のモノモタパ王国とジンバブウェ、東アフリカの大湖地方の諸王国などである。ポルトガルとそれを引き継いだスペインや他の西欧諸国による大西洋交易、なかでも奴隷貿易の影響下で内陸の通商ルートが成立すると、それにともなってすでに形成されていた中央集権的な王国（あるいは王国の前身）群は大きな変容をとげて拡張、分裂、新たな中心の出現などの動きを示していった。現コンゴ民主共和国南部のサバンナに形成されたルバ－ルンダ王国群、やや北部のクバ王国などがそれである（一一八頁、図12）。

とはいえ二〇世紀なかばイギリス社会人類学の視点からフォーテスとエヴァンズ＝プリチャー

ドによって編まれたアフリカの政治システムの比較研究の論集では、意識的に歴史的次元をそぎ落として類型の比較を志したために、国家をもつ社会と国家をもたない社会（人類学では分節社会と呼ぶ）というやや粗暴な二類型に限定し、それぞれの類型における社会の下部構造としての親族関係のあり方とその機能に関心を集中するという方向が採用された（エヴァンズ＝プリチャード、一九七二年）。国家の存在は社会の規模（社会成員の人口数）と相関し、人口密度とは相関しないという視点が提示された。その後こうした歴史の不自然な排除を批判した、バントゥ集団の歴史的再構成では、中央集権化した王国群を頂点としてその手前にある首長制社会、首長制「以前」の部族社会といった進化論的な見方が暗黙のうちに前提とされる傾向が根強かった。一九八〇年代以降の考古学の新知見をふまえて九〇年代に始まった総合の試みでは、こうした進化論的な見方や植民地体制時代から引き継がれた、細分化された部族社会という見方の克服も重要な課題とみなされている。たびたび参照してきたファンシナはそうした再検討の主導者の一人とも目されている。その見解を中心にまずこうした視点の大筋を検討しよう。

ファンシナが、広範囲に拡散したバントゥ集団が基本的な概念や語彙を共有していたと想定していることは、すでに例示した首長をあらわす言葉のとらえ方にも読みとれる。こうした基本語彙の共通性と差異を手掛かりにバントゥ集団の基層を仮説的に再構築する方法を、少し気取って「言葉と物」と呼び、自からの研究の基礎のひとつと位置づけている。そのうえで、紀元前三〇〇〇年──紀元後一五〇〇年ころまでの数千年、東アフリカの一部を除いて「外部からの影響にほぼさらされることなく」進行したバントゥ集団の多様化の過程の概略はつぎのように描かれている。

ファンシナによると、当初、バントゥ集団の基礎的な社会集団は長老によって率いられた「家」であった。いくつかの家が「村」をつくり、四ないし五の村を含む人口五〇〇人程度の「地域」が単位の上限をなす。地域は、内部で密度の高い人と物の流通があり、他の地域にたいする自己防衛の単位ともなった。系譜的なつながりやそれを補強する食物禁忌、身体への刻印の共有などによって、村のあいだ、さらには地域を越えた「氏族」意識が維持され重要な絆として機能した。こうした社会関係は長老の権威によるまとまりへの志向と、成員間の平等への志向という背反するベクトルをつねに内包し、そのバランスによって動態が生まれた。たとえば居住集団内の葛藤が統御できないレベルにまで達すれば集団は分裂し、未開拓地に一部が分封するというように。権威への志向は宗教的観念に裏打ちされた長老支配を支え、その延長線上に「神聖王権」の観念が形成されるとファンシナは考える。一方、平等への志向は特異な存在に刻印を付与して排除あるいは制御するバントゥ集団に深く根を下ろした「妖術信仰」の基礎となったとされる。ファンシナ自身はこうした言い方はしていないものの、背反するベクトルは（人口増加による）増殖→緊張→分裂→移動→変化（多様化）というサイクルを駆動していったともいえよう（Vansina, 1999）。短くても一〇〇年単位、長くて一〇〇〇年を単位とする変化を考えるためのこうした大づかみな枠組みについてはいくつか注意すべき点がある。

第一に、考古学の知見をふまえた近年の議論では、人類学が成立した植民地時代の見方、そして進化論的な偏見が疑問に付されている。とはいえ、そうした再検討においても人口密度の増加を首長制あるいは王国といった複雑な社会の成立の条件とする見方は基本的に変更されていない。人口密度の希薄な社会は、進化論と植民地主義の偏見の色合いの強い「部族社会」という呼び方がたとえ捨てられたとしても、比較的単純な、いわば最小限の社会とみなされる。進化論の時間軸が複雑さの度合いにおきかえられただけ、という側面はぬぐえない。

第二に、長老支配から「神聖王権」への発展という発想には、捨てたはずの進化論の残滓がほのみえないだろうか。王権にまつわる観念には、たとえば鍛冶技術の主としての王といった技術や文化と切り離せない側面があり、こうした点は長老支配からの発展とは直接関係はない。

第三に、多くの王権で先住の集団の「征服」もしくは服属という観念が神話や儀礼によって表明されている。先住の集団が身長の低い狩猟民とされることもある。分裂→移動による新たな居住地への移動は真空の中で起こったわけではなく、他のさまざまな集団との交渉、接触をともないながら起こったことを強調すべきなのであろう。

第四に、首長あるいは王の権力の形成がかなり無造作に社会変化の到達点とみなされる傾向がある。権力の中心化をあえて否定し回避し、無化するような社会の力学がありうることを主張する、政治人類学における「国家に抗する社会」という提起を形成期のアフリカ社会においても視野にいれることで、バントゥ集団の多様化の過程はより豊かなニュアンスでとらえられるのではないだろうか。

第五に、バントゥ集団に深く根ざしたと想定された「妖術信仰」のイメージは植民地支配下で大きく変化していたという可能性を排除できない。しばしばキリスト教の布教と一体となった植民地化の過程では「妖術信仰」はあってはならないものとみなされ、バントゥ集団がもっていた妖術者を制御する社会装置（たとえば試罪法や村の浄化の儀礼、これらは長老の権威と結びついていたかもしれないが別個のものである）は強権的に禁止され、そのことがむしろ人々の観念のなかで妖術信仰を蔓延させたことも考えられる（渡辺公三、一九八三年）。人類学による報告を植民地化以前の時代にまでさかのぼらせて再構成の手がかりとすることには慎重でなければならないのではないだろうか。

こうしたいくつかの点は考古学な物的証拠によっては裏づけることがむずかしく、人類学的な知見の援用が必要な問題であるだけにあえて注意を喚起したのである。以下に、考古学を手がかりにバントゥ集団の変容の過程をある程度、再構成できる数少ない事例のひとつを検討するにあたっても、わずかな物証から推論できる範囲と、物証のみでは推論できない社会の様相との関係については、注意深くなければならない。

ウペンバ低地の考古学

現コンゴ民主共和国カタンガ州のコンゴ川（ザイール川）上流、ウペンバ湖その他の一連の湖とそれを取りまく周辺の低湿地（図8参照）は、紀元六〇〇年前後からのちのルバ王国の形成（一六―一七世紀）にいたるまで確認された五〇ほどの遺跡のうちわずか六遺跡とはいえ、それぞれの時代について発掘がおこなわれ、社会の変容がほぼ一〇〇〇年にわたって連続的に考古学的に裏付けられる、バントゥ圏でもきわめてまれな事例となっている。一九五七年以来近年までの成果をまとめたド・マレの報告にしたがって概要を紹介し検討しよう（De Maret, 1999）。

ウペンバ低地の遺跡は、土器の編年を基礎に六期に分けられ、墓とその副葬品の特徴とそこから推定される交易のありさまが以下のようにまとめられている。各時代の葬制とそこから考古学的に推定された社会の様相の特徴づけは、ほかに類例がないだけに興味深い。

カミランバ期（紀元七世紀）：このもっとも初期の遺跡から出土する土器はより南方のコッパーベルト地帯（ザンビアとコンゴ民主共和国の国境付近）に広がる土器文化と共通であり、その北限をなす。それにもかかわらずこの時期の墳墓からは銅製品は出ず、ひとつの墳墓のみ副葬品として武器などの鉄器が発掘された。

初期キサレ期（八—九世紀）：墳墓以外から鉄製鋤《すき》が出土し、農耕に鉄器を使用したことが明らかである。また鉄製ナイフや鏃《やじり》がまとまって出土し、実用的な武器としてよりも交換手段として使われたことを推測させる。鉄製の斧は権威の象徴を思わせる。埋葬された人骨の頭部のかたわらにおかれた鉄製の鉄床は、権威と鍛冶技術の密接な関係を推測させる（図9）。二〇世紀初頭のルバ王国の即位儀礼の記述にも鉄床が重要な儀礼の小道具であることが報告されている。南方のコッパーベルト地帯から銅が入手されたことも明らかである。

古典キサレ期（一〇—一二世紀）：この時期の遺跡の密度は人口の増加を思わせる。銛や釣針の数、上部に三つの支点をもった土製炉（ごく近年までこの地方で使われた七輪にあたる炊事具）などがこの時期の食糧源としての漁撈の重要性を示唆している。また銅製品や象牙を含む副葬品は前代に比べて豪華で精緻なものとなる。一一四基の墓のうち二〇個以上の土器を副葬品とするものはわずか一九基にとどまり、土器の数が富裕な層とそうでない層の差異を示す、と解釈される。ヒョウの牙、鉄床、鉄製の斧などが首長的な権威の成立を示唆している。またタカラガイ（宝貝）が出土することはインド洋沿岸との交易が始まったことを示している。多くの墳墓が川に沿って作られ、死者の安置の方向も川の流れとの関係で決められているように見える。

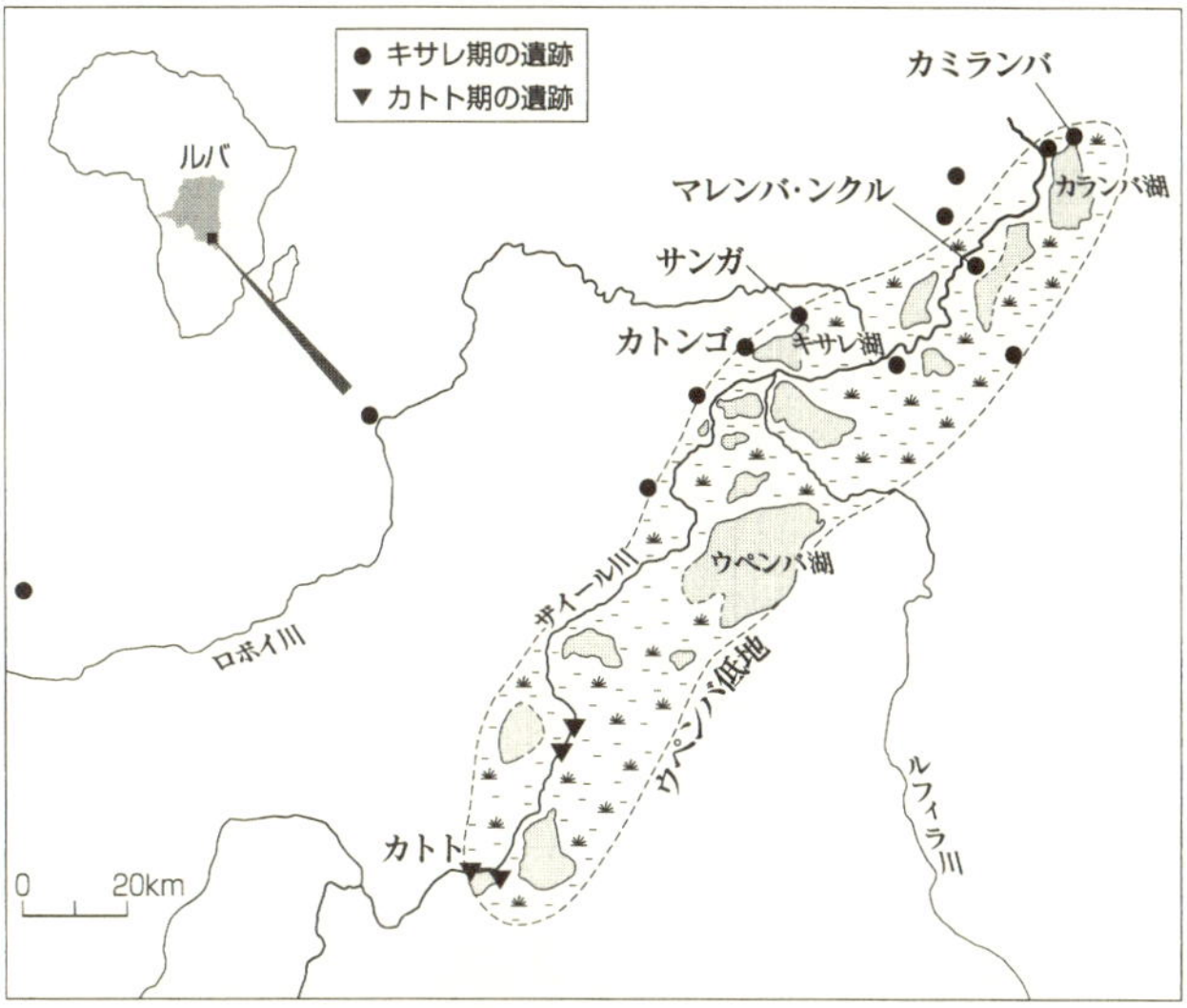

図 8　ウベンバ低地の考古学的遺跡　カトト期については未詳
(De Maret, 1999 による)

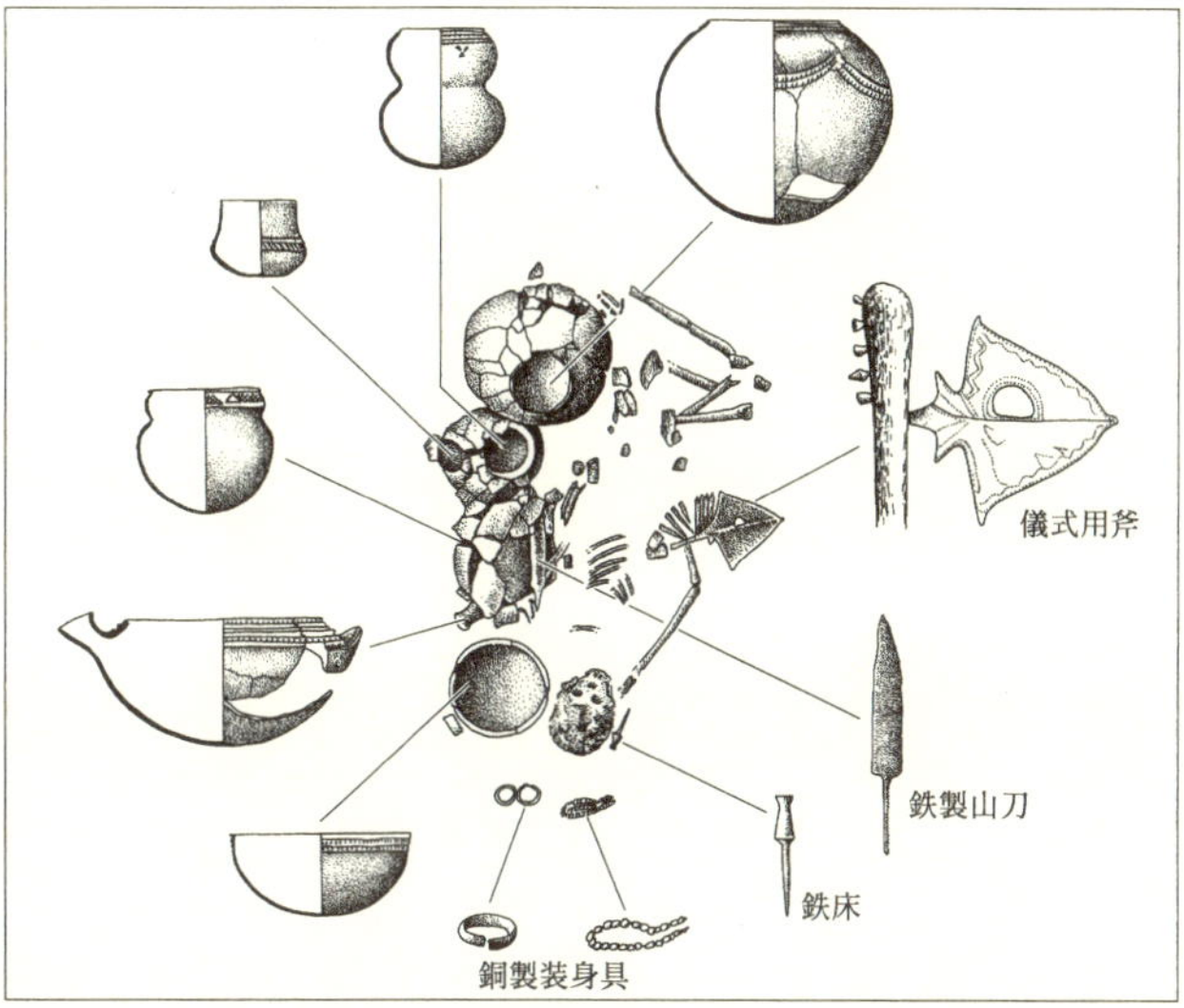

図 9　5. 初期キサレ期の男の副葬品（De Maret, 1999 による）

カバンバA期（一三—一五世紀）：この時期に土器製作の技法はキサレ期と連続性を示しつつも変化する。埋葬習慣も統一感が薄れ、死者の安置の方法も川との関係が失われる。より大がかりな埋葬と簡素な埋葬に二極分解するにもかかわらず、大がかりな墳墓からも前代に見られたような権威を象徴する鉄製の斧やヒョウの牙などが姿を消すという。タカラガイやガラス製ビーズの増加は長距離交易の発展を示す一方、十字型の銅製品の増加は南方のコッパーベルト地帯との近隣交易ネットワークが密度を増したことを示している。こうした特徴から前代の地域的なまとまりが失われ、ウペンバ低地の北西方向の地方に形成された、やがてルバ王国に成長する中心地からの影響下に組み込まれたことが推測されている。

カバンバB期（一六—一七世紀）：この時期はルバ王国の出現の時期に対応し、末期にはルバ王国は最盛期を迎える。

ルバ王国期（一八世紀以後）：インド洋沿岸部との交易ルートの支配によってルバ王国が発展し、やがて西欧列強によるアフリカ分割にいたる時期、そして独立から現在までの時期である。土器編年にしたがえば、紀元七世紀のカミランバ期から現代まで、カバンバA期の節目はあるにせよ、明瞭な一貫性が確かめられるのが、このウペンバ低地遺跡の特徴だとされる。

土器製作における連続性にもかかわらず、考古学は一二—一三世紀にある変化を読みとっている。それはとりわけ交易（地域的交易と長距離交易のバランスの変化）、およびより大きな政治支配体系への地域の統合（地域独自の支配的権威の象徴が希薄になること、埋葬習慣にみられる宗教的イデオロギーの地域的な統一性の希薄化）を示唆している。また、ウペンバ遺跡群の考古学的な解釈からは、歴史人類学の研究が主張したルバ王国の政治体系を強力な「帝国」とみなす見方を批判し否定する見解がだされているが、その点についてはのちにふたたびふれることにしたい。

3. 大西洋岸諸社会の動態——コンゴ王国とその周辺

コンゴ王国の「発見」と解体

バントゥ集団が西洋史に登場したのはおそらくコンゴ王国が最初であろう。エンリケ航海王子の指導のもとで始められたポルトガル王国によるアフリカ沿岸航路の開拓のプロジェクトの進展のなかで、ディオゴ・カンの率いるポルトガル船が一四八二年（一四八三年とされてきたが、近年の研究ではそれより一年さかのぼるとされる）、コンゴ川（ザイール川）河口に上陸し、多くの人口を有する整備された社会の存在を確認した。カンは陸路二、三日かかるという王都に使節を派遣するが、予定の日を過ぎても戻らないことに業を煮やし、親しくなった何人かのコンゴ人を誘拐して錨《いかり》をあげポルトガルに帰還した。ポルトガル王国を見聞した人質と、ポルトガル国王からコンゴ国王に宛てた親書をともなってカンがコンゴを再訪したのは一四八五年であった。親書には二つの王国が対等の立場で国交を結ぶこと、キリスト教の布教を認めることなどが求められていた。

脆弱な王権の基盤、キリスト教の導入、ポルトガルが接触後ほどなく開始した奴隷の捕獲と移送、内戦などによって、一五世紀以後、混乱が続くコンゴ王国は名目的な王朝は継続したものの一八世紀をまたず事実上解体した。西洋の衝撃によるアフリカ社会の自然発生的な秩序の解体のバントゥ圏における最初の例となったともいえる。まずその過程をランドルにしたがって年代記ふうにたどってみよう［Randles, 1968］。（図10 コンゴ王国地図）

一四九一年、ポルトガル国王の親書に応えたコンゴ国王ンジンガ・ンクウの要望にしたがって

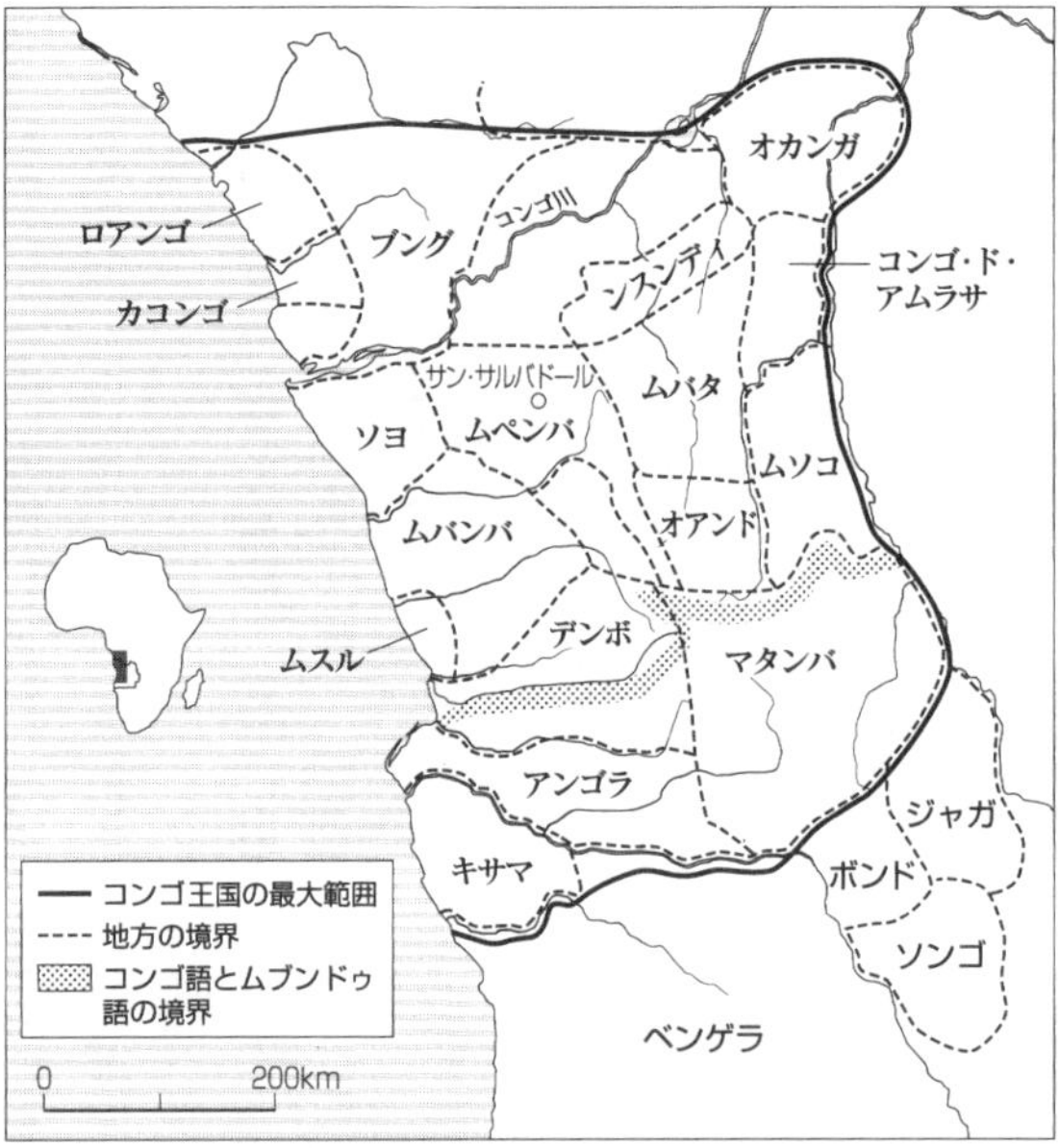

図10　16～17世紀のコンゴ王国の州と辺境
（Randles,1968による）

最初の宣教団が首都ムバンザ・コンゴ（のちのサン・サルバドール）に到着した（図11、Dpperの本の王都の絵）。王は同年五月三日、洗礼を受けジョアン一世を名乗ることになる。当初から洗礼の「特権」を社会層のどの範囲に限るかは大きな問題となった。

一五〇六年、ジョアン一世の死後、熾烈な後継者争いののち、アフォンソ一世が即位した。王位継承における内紛はコンゴ王国の常態だったとはいえ、キリスト教の権威を笠にきた新王と、新宗教を受け入れない（あ

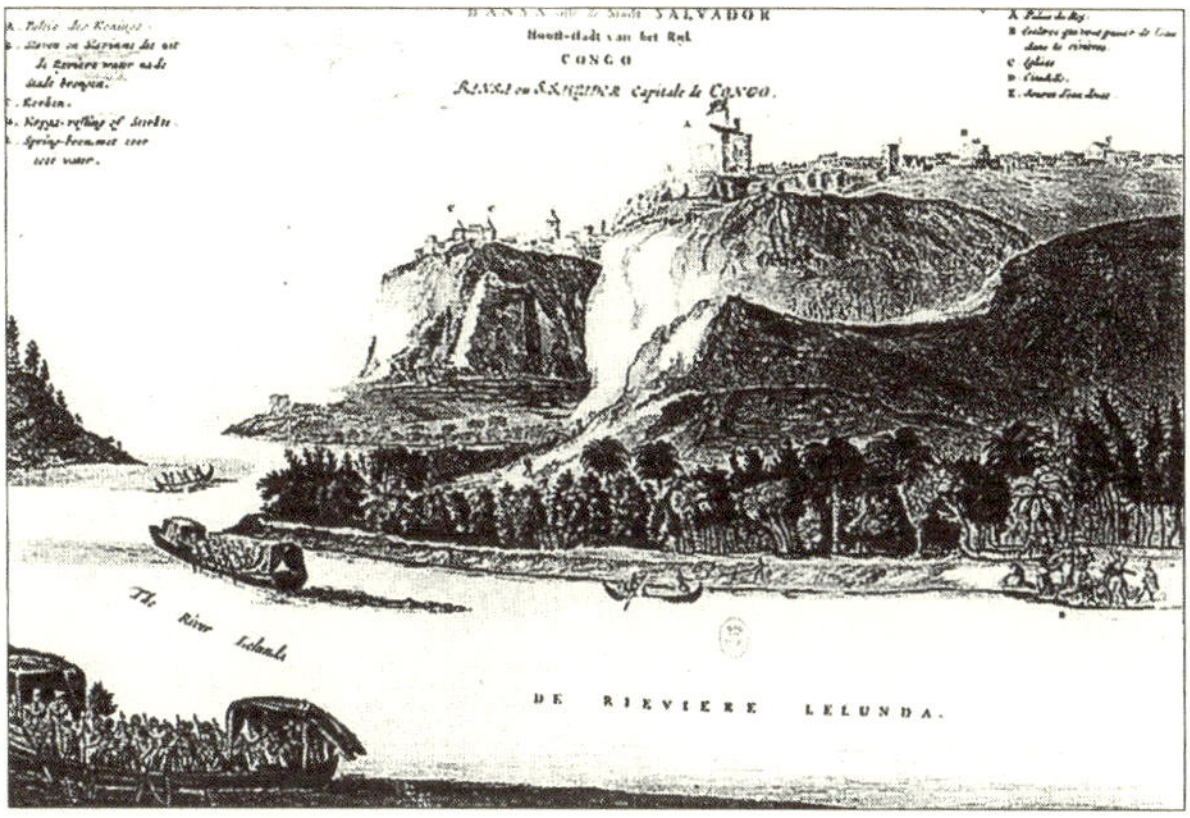

図11　コンゴの王都サン・サルバドール（17世紀に描かれた想像図）

るいは排除された）集団との軋轢《あつれき》は後遺症を残し、王権基盤の弱体化をまねくことになる。また両国が親密な関係を保ったとされるこの治世の時代にも、すでにアメリカ大陸から導入したサトウキビ生産に人手を必要としたサントーメ島へと誘拐されたコンゴ人奴隷の移送は盛んになり、コンゴ国王の再三の抗議にもかかわらず、ポルトガル国王はサントーメ植民地商人を強力に統制しようとはしなかった。

一五一三年、アフォンソ一世はポルトガル国王の強い勧めもあってローマ教皇への帰順を決めた。また、自分の息子エンリケをリスボンに送ってキリスト教理を学ばせアフリカ初の枢機卿に任じさせたが、エンリケは帰国後まもなく病気で没してしまった。王権によるキリスト教の統制は未完に終わったのである。長い治世の後、アフォンソ一世は一五四三年に歿し、コンゴは混乱の数世紀に入ってゆく。こののち、短命に終わる歴代の王位継承のたびに起こる政治的混乱、コンゴの南方、現アンゴラのルアンダを根拠地とした奴隷商人の軍事的介入、一六世紀後半の、戦闘的で移動するジャガ人による侵入と略奪（時にはジャガ人とポルトガル人が連合してコンゴ王国を侵害した)、地方の反乱が引き続き、孤立した王は奴隷兵だけに守られ、名目的な支配者の地位に転落していった。ローマ教皇に帰順したことで、当初は機能したポルトガル軍事商人からの保護もやがてまったく効力を失った。

弱体化した王国が、ポルトガルと新興勢力オランダのアフリカ大西洋岸を舞台とした角逐という状況のなかで一時的に力をもりかえしたのがガルシア二世の治世(一六四一—一六六一年)であった。ガルシア二世の宮廷ではポルトガルのイエズス会、スペインやイタリアのカプチン会、オランダ商人が影響力拡張のために鎬《しのぎ》を削り、王はバランスをとりつつ最大の利益を引きだすことにつとめた。それでもなおルアンダの武力をもった商人はガルシア二世に圧力をかけ、領土の移譲、国内の銅鉱山の採掘権の奪取をはかった。

ガルシア二世の死後、コンゴ王国はふたたび後継争いで混乱し、それに乗じたルアンダのポルトガル勢力は一六六五年、アンブイラの戦いで新王アントニオ一世に圧勝して王を殺害し、王政を残しつつも事実上コンゴ王国を支配下におさめた。

名目と化した王国には一七世紀末、聖アントワーヌに憑依されたと自称する若い女性チンパ・ヴィタ(洗礼名ベアトリス)による救世主運動が起こり、中心となったサン・サルバドールは一時活気づいたが、正統カトリックを軸に結束した勢力によって鎮圧された。

コンゴ王権とその周辺の王権

大西洋沿岸の王国形成前の考古学的研究は進んでいない。ルバ王国の形成過程を推測させるウペンバ低地のような手掛かりは存在しない。コンゴ王国の前身がいつごろどのように形成されたのかという推測は、ポルトガルの古文書に残された伝承を手がかりにした根拠の弱いものにすぎない。ポルトガルが「発見」する数世紀前に王国の前身が形成されていたとしても、王権の基盤がたいへん脆弱なものだったことは確かである。

ポルトガルの古文書を手がかりとした再構成によれば、コンゴ王国は首都を中心とした王権の中核と、独立性の強い一〇ほどの周辺首長領の弱い連合体だったとされる。ロアンゴ王国のようにもともとコンゴ王国の王族が支配したとされながら、ポルトガル人が到来した時にはすでに独立した王国とみなされていた地域もある。

洗礼名に改称したジョアン一世をさかのぼることわずか三代のンティヌ・ニミ・ルケニが、コンゴ川を北から南に渡り王国を創始したと伝承されている。のちに首都ムバンザ・コンゴとなる土地はマニ・カブンガと称する土着の首長が支配していた。マニ・カブンガはいわゆる「土地の主」であり豊かな収穫を保証する力をもち、播種《はしゅ》や刈り入れの指揮をおこなった。ルケニはマニ・カブンガの娘を娶り王となった。王国内には先住民とみなされるトゥワあるいはアカと呼ばれる身長の低い人々も居住していた、という伝承はクバ王国の伝承などとも共通している。王は母系の王族から選ばれ、既定の長子相続にしたがうわけではなく、有力な候補を地方の首長を中心にした有力者が後援し、たがいに争い、現実の戦闘によって決着をつけるのが通例だったらしい。王の代替わりが混乱をまねくのが常態だった理由も、またキリスト教の権威によって王権の強化をはかった背景もそこにあるのだろう。

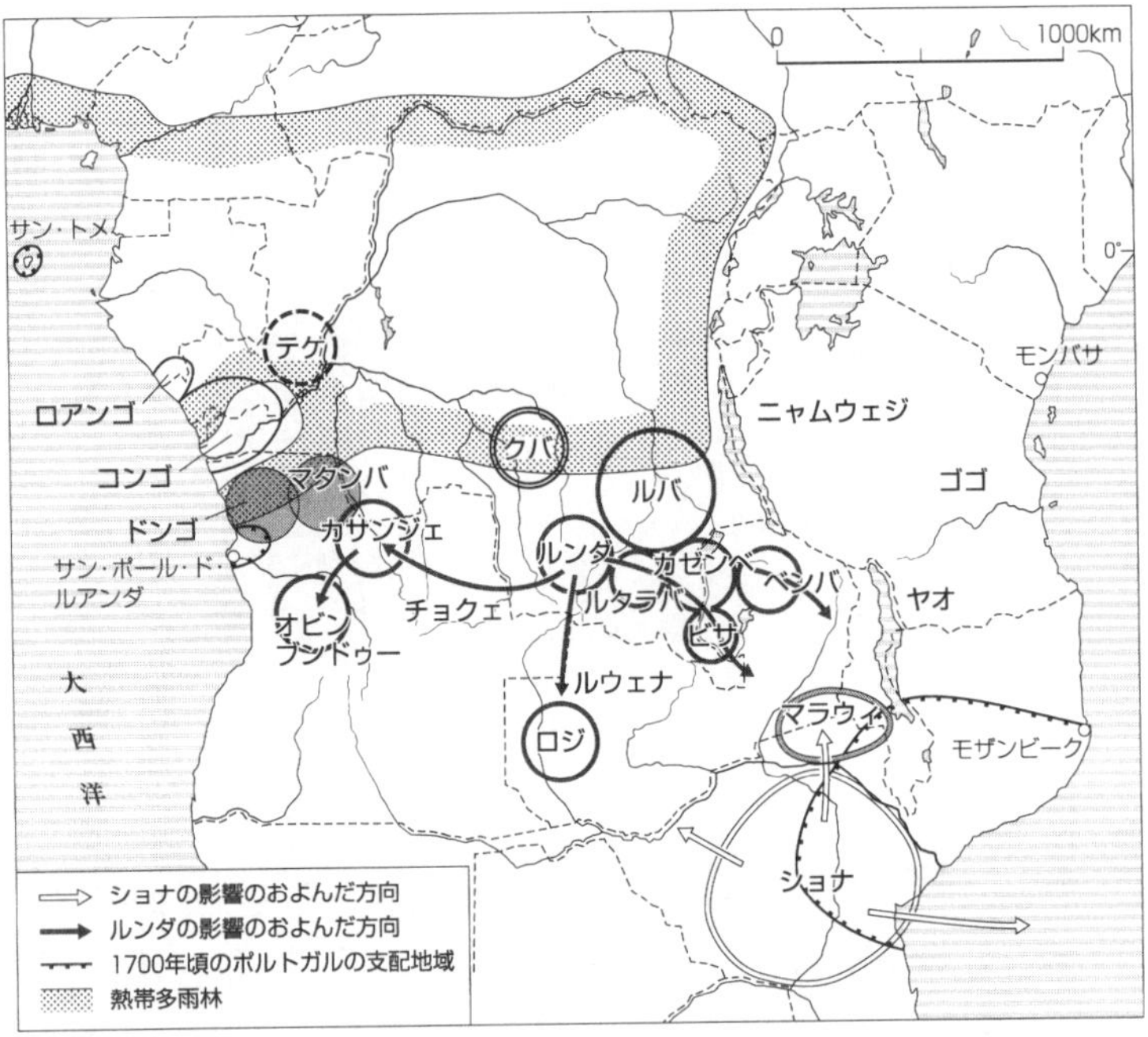

図12　15〜18世紀のバントゥ圏の王国群（Alexander, 1981による）

王は伝承では偉大な鍛冶師とされたことはバントゥ集団の共通の観念の表れであろう。王は万物の秩序の維持にかかわり、王の身体が衰弱すると、大地や女性の産出力の衰えを招くので殺さねばならない、という一九世紀イギリスの人類学者フレイザーの主張した「神聖王」の観念にコンゴの王が一致するという確証はない。むしろコンゴ王国の各地方で「土地の主」に相当する役割をもっていたキトミと呼ばれる宗教的権威者が、身体の衰えの兆候を示すと、寿命の尽きる前に殺害されたという伝承がある。マニ・コンゴ（王）の即位儀礼にマニ・カブンガの関与が必要不可欠とされたように、コンゴ王国の版図では政治的首長と宗教的権威が相互補完するかたちで王権が成立していたと考えられる。

同様の考え方はロアンゴ王国にも見られ、ハーゲンブッシュ・サクリパンティによれば、大地の霊ンキシが霊媒ともいえる呪術師ンキシを通じて王の力の霊的支えとなると同時に王の権威に従い、人々の生活を成り立たせる大地や女性の出産力を統御したとされる(Hagenbucher-Sacripanti, 1972)。しかしロアンゴ王国では王そのものは複数の首長のもちまわりのようなかたちで順次即位し、他の首長から、一人、屹立するというかたちにはならなかったらしい。一六―一七世紀を通じてコンゴ王国を北から脅かしていたテケ王国も、一面では首長連合ともいえる政治形態をもっていたと推測される。

4. 内陸サバンナの動態――クバ王国、ルバ-ルンダ王国群

西洋との接触の影響

大西洋沿岸にあったコンゴ王国は、ポルトガルを中心とした西洋の影響を直接にうけ形骸化し、実質的に解体した。その大きな要因はルアンダを拠点とする奴隷交易商人の活動だった。ポルトガルに存在する古文書からコンゴ王国史の構築を試みたランドルは、のちに、「バントゥ文明史」の素描で、西洋との接触の衝撃が沿岸部にとどまらなかったことを仮説的に指摘している(Randles, 1974)。その大きな要因は奴隷貿易とならんで、ポルトガルが南アメリカから導入した

作物マニオク（キャッサバ）の普及だという。

マニオクはいったん根を植えるとあまり手をかけなくても成長し、長期間にわたって収穫できる。そのためにとりわけ男たちの労働力は農耕から解放され、不定期な奴隷狩りの軍事力あるいは長距離の交易に動員できることになった。また、農事暦を管理し農耕の主導者、穀類を中心とした作物の品種管理者の役割を果たしていた首長（とりわけ「大地の主」と呼ばれる首長たち）の権威は崩壊していった。こうした社会の基盤からの崩壊は、マニオクが急速に内陸部にまで浸透することでバントゥ圏に広範に広がっていったというのである。一五世紀以後、ポルトガル人の武装した奴隷商人と直接接触をもたなかった内陸部のバントゥ集団の社会と文化の変容にとって、新作物の導入という要因が無視できない衝撃を与えたことは確かなように思われる。内陸サバンナの動態は、そうした間接的な衝撃がありえたことを念頭において検討する必要があるだろう。

王国とその影—クバとレレ

コンゴ王国の故地である大西洋沿岸から約一〇〇〇キロほど内陸に入った現コンゴ民主共和国カサイ・オリエンタル州にクバ王国がある。一九八〇年代後半、筆者がフィールドワークをおこなっていた時点で、王は独裁者モブツの政権のもとで「伝統首長」という資格で、一党独裁政党の中央委員として一定の政治的プレゼンスを与えられていた。しかしそれはたんに名目というだけでなく、クバ王国では王（ニミと呼ばれる。コンゴ王国の始祖の名にもニミという語が含まれている）の存在が、人々の生活の重要な部分を律していた。ここでは、筆者の見聞とそこから導かれる王国とその近隣の社会のあり方についての仮説的な見方を大づかみに示してみたい。

二〇世紀初頭にクバ王国を訪れたトルデイは神話的な始祖ウォートから当時の王まで一〇〇代を越える歴代の王の名の伝承を聞き、フィールドワークに基づく民族誌のはしりともいえる本に記録している。アフリカの歴史人類学研究をクバ王国研究から始めたファンシナは、『ウォートの子供たち』（Vansina, 1978）で、伝承に語られた日蝕や一八三五年のハレー彗星の同定などを手がかりに王国史を再構成し、現実の王統は、いわば中興の祖シャームアンブロングオング（以下、慣例にしたがってシャーム王）から二二代を数えるとした。それに先立つ伝説的な王は神話的なウォートを含めてもたかだか六代に過ぎない。

伝承によれば王国の祖は西方から移住し、伝説的な三代目の王の時代に、サンクル川を渡り現在の居住地に落ち着き、王にまつわるさまざまな制度を順次整えていったという。王の選定を語る伝承には、鉄加工にかかわる鉄床が決定的な小道具として登場することに、王権と鉄の技術の密接な関係があらわれている。王権の整備の中心には王宮の組織があった。王は王国の中核をなすブショングという民族集団の主だった一八の氏族によって選ばれ、各氏族は服属のしるしとして女性を一人ずつ差し出した。母系相続のおこなわれるクバ社会ではこれらの女性が産む王の子らには王位継承権はない。しかし「王の子」という称号をえて王の重臣層をなすと同時に、主だった氏族の成員として王権を支えるのである。多数の「王の子」の存在はまた王の旺盛な力を示し、神話的な始祖につながる王の「神聖性」の目に見えるしるしともみなされる。

中興の祖シャーム王は、じつは王の女性奴隷の産んだ王位継承権のない簒奪者だったとされる。

王位を狙ったシャーム王は暗殺の罠をまぬがれ、西方の異郷に逃げ、その土地の強力な呪術を学び、またコンゴ王国からもたらされたというラフィア椰子《やし》の繊維を使った機織りの技術や村の長方形のプランを学び、やがて帰国して奇計を用いて前王を殺して王位についた。ラフィア繊維を使って手間暇をかけた衣装は男も女も一生かけて作る死装束であり、妖術者裁判での賠償にも使われる氏族の財産であり、また着る者の王との距離や、王宮での地位をあらわす文化装置として今も一定の存在価値をもっている(図13)。このことを見ればシャーム王が新しい技や文化をもたらし、トリックにも長《た》けた「文化英雄」の色彩を帯びているといえるだろう。シャーム王の即位は一七世紀初頭ごろと考えられ、その西方への旅にはコンゴ王国における混乱や新たな時代への予感が反映されていたのかもしれない。

図13　ラフィア繊維でつくられた衣装を着た重臣

シャーム王の伝承には興味深いエピソードも語られている。西方で学んだ強力な呪術は、シャーム王自身の生殖力を犠牲にして王族の子孫をふやす力をもっていたというのである。こうして王統の永続は保証されたが、その代償として王の子が生まれないことになる。シャーム王のもとに差しだされた多数の女性は、王以外の男たちによって子を設け、「王の子」という称号をあたえられることになったという。「神聖王権」の観念において王の身体的能力が重視されるというフレイザー以来の人類学的知見とは別に、クバ王国では王の生殖力は問題をはらむ王権のあり方の焦点をなしていたともいえる。歴史伝承ではシャーム王の何代か後、多数の「王の子」と王族の間に軋轢が生じ、新たに即位した王が数十人の先王の子を虐殺したと語るものもある。シャーム王の次代の王の治世では一八の有力氏族だけでなくブショングのすべての氏族が女性を差し出すことになったという。ファンシナはこのことを王宮への女性労働力の集中という側面から理解している。

また、クバ王国の中核をなすブショング族以外に二〇ほどの民族集団があるが、これらの集団の首長は王に妻となる女性を差し出し、生まれた子が母系によって首長位を継ぐこともあるという事実にも王権の構成における王の生殖力の重要性があらわれている。

そうした視点からみるとカサイ川をはさんで東に居住するレレ族の首長との比較は興味深い。レレ語はクバ語に近く、集団としても遠い過去にわかれたのだといわれている。M・ダグラスが刊行した『カサイのレレ族』（Douglas, 1963）という民族誌には、トゥンドゥという首長氏族の長はクバの王と同じくニミと呼ばれ、クバと共通の始祖ウォートの子孫とされる。しかし、レレの首長はきわめて特徴的な社会規範によってクバの王のような強力な中心となる可能性を未然に除去されているようにみえる。

首長氏族の長はニミとなったのちには子を設けられないよう老婆を妻とするか、あるいは不能になるような薬物を与えられるという。対照的に首長氏族の女性は、通常の結婚のルールに縛られず自由に村人と交渉し、子を産む。つまり首長氏族の子（そのうちの男の一人がニミとなる）は潜在的にすべての村人の子だという。こうした「自由な女性」のあり方は、首長が村のあいだの軋轢《あつれき》を調停し、平和を維持する代償として村に与え、村の年齢階梯の複数の男たちの性的パートナーとなる「村の妻」と呼ばれる女性と似通っている。

レレ社会はダグラスによって村以上のレベルの権威が成立していない、いわば王権による集権化の対極にある「分散的な」社会として提示されている。王のもとに集中され王権装置を再生産する役割を担うクバの女性と、一妻多夫婚制度の珍しい例とみなされるレレの首長氏族の女性、そして「村の妻」との社会的位置を比較することはアフリカの王権のあり方、あるいは王権を構築した社会と、王権の成立を未然に回避しようとした社会の対比という視点から興味深い。薬物を与えて首長の生殖力を奪い、人為的に「無力な首長」を作り出すという興味深い慣習が、レレのさらに西に居住するペンデからも報告されている。クバ王国のシャーム王が強力な呪術を学んだというのがこのペンデ族と推定されていることも示唆的である（渡辺公三、一九八九年）。

ルバ‐ルンダ王国群

クバ王国とレレ族が現在の居住地に達するまで移住生活をおこなっていたとされるのにたいして、現コンゴ民主共和国南部のサバンナ地帯、カタンガ州に成立したルバ王国の前身が七世紀ごろから定住していたことはすでに考古学の成果を手がかりに確かめた。考古学のいう一二～一三世紀の「古典キサレ期」と「カバンバA期」のあいだにみられる断絶が、どのような性質のものかは明確ではない。いずれにせよ「カバンバA期」にはルバ王国の前身となる首長権が成長し、やがてインド洋沿岸との長距離交易を支配することでルバ王国が成立したと考えられる。さらにルバ王国の王族が移動した先で土着の首長の娘と結婚して王となるといったかたちで、ルバ王国の西側に隣接するルンダ王国、南側・南東側に隣接するカゼンベ王国、ベンバ王国などが成立した。ここではこれらの王国を仮にルバ−ルンダ王国群と呼んで成立過程の概略をしめしたい。

ルバ王国に伝承された神話が王国の起源を語っている。それによれば、ルバの始祖はキュバカ・ウバカ（家をつくる者）とキブンバ・ブンバ（壺をつくる者）という男女だった。二人は出会いハイエナの交接をまねて交わり、やがて子が生まれた。世代ごとに西へ移動し、コンゴ川支流の現住地（ボヨワ湖近辺とされる）に達した。子孫の中から暴力をほしいままにふるう男が生まれ、シロアリの巣を襲うオオクロアリを見て自ら首長になることを決めた。虹を意味するンコンゴロという名のこの男は、体が赤く、行く先々で土地は赤くなった。やがて猟師ムビディ・キルエという男が東の山を下り、行方不明になった猟犬を追ってンコンゴロのもとにくる。人前ではものを食べないなど洗練された作法を身に付けたムビディは、ンコンゴロの二人の妹を妻としてしばらく滞在するが、粗野なンコンゴロと諍《いさか》いになり東に去る。下の妹から生まれた男子は、カララ・イルンガと名づけられた。カララ・イルンガはンコンゴロと対立し、父の土地に逃れ兵を募って戻ると、ンコンゴロに戦いを挑んで勝利して殺害し、ルバ王国の祖となった。

ムビディ・キルエはンコンゴロのもとを訪れる前に、さらに東方に行き土地の女を懐胎させ、やがてムワタ・ヤンボという名の子供が生まれ、この子がルンダ王国の祖となるとも語られるが、カララ・イルンガの末の息子、チビンダ・イルンガがルバ王国を離れて土地の首長の娘と結婚し、ルンダ王国の祖となったという語りもある。

以上は口頭伝承を採集して書きとどめられた神話のおおまかなあらすじにすぎないが、アフリカ歴史人類学がかたちをとりはじめた一九六〇年代から一九八〇年代にかけてこうした王権神話には大きくわけて二通りの接近がなされてきた。

ひとつはリーフのように「神話」から歴史を読み取ることであり、神話は歴史の資料とみなされる(Reefe, 1984)。ムビディ・キルエの出身地はタンザニア側のヘンバ(ルバ集団の一員)と解釈され、過去のある時点でカタンガ州のルバ王国はより文明化された東方出身の「外来王」によって服属させられ、さらにルバ王国の影響下でルンダ王国が形成され、ルンダの王族の一部がさらにベンバ王国を設立した、などである。ルバ神話はルバ王国史研究の参照枠を提供するとみなされ、王と緊密な関係を保ちながら近隣社会に伝承をはこび、新たな王国形成の触媒となったとされる伝承者集団の社会的機能が指摘される。

こうしたネットワークは王国形成初期の塩および鉄の域内交易のネットワークと重なり、さらに一八世紀ごろからインド洋沿岸との象牙、金などの交易が発展し、ルバ王国を「帝国」とよばれる複数の民族集団を束ねる強大な中央集権体制に成長させたというのである。大西洋側との交易ネットワークに依拠して拡張したルンダ王国もまた強力な「帝国」となったとされる。

もうひとつの接近はベルギー出身のリュック・ド・ユーシュがレヴィ＝ストロースの南北アメリカ神話研究に範をとって試みた、広汎な王権比較神話研究である。「バントゥ神話・儀礼」研究と銘打っているとおり、数多くのバントゥ諸集団の王権神話群を資料《コーパス》としてそこからバントゥ集団に共有された、王権形成の基盤にある世界観を抽出しようとする。

ここでは『酩酊《めいてい》王と国家の起源』（De Heusch, 1972）から『雌牛の心臓から生まれた王』（1982）を経て『コンゴの王と聖なる怪物』（2000）までの息の長い連作の評価をくだすことはできないが、バントゥの諸王国の起源神話と王権儀礼を多様な変換関係として読み解き、歴史的変化とは異なった論理で結びつけてみようというプランそのものには十分な根拠があると考えられることは指摘できる。ただ「バントゥ神話・儀礼」研究という大きな枠組みをとるのであれば、そのなかで王権の起源神話はきわめて狭い限定になる。

こうした広範な比較神話研究に対して、歴史人類学の側から真剣な応答はみあたらない。一方、ルバ‐ルンダ王国群を「帝国」とみなす従来の人類学の視点にたいしては、植民地時代の誇大な歪曲を無批判に引き継いだ見方として批判がだされている。カタンガ州を中心としたサバンナ地域の王国の形成がルバ→ルンダ→ベンバというように玉突き状に進行したと見られていることはすでにふれた。ルバ‐ルンダ王国群はこうした連鎖の強力な震源として、また植民地統治の梃子《てこ》として利用するために実際以上に強固な「帝国」として表象され、人類学はそれを無批判に継承したというド・マレによる指摘である。現実には玉突き状に王国の周縁が中心から王族を迎え入れて王国に組み込まれるとき、すでに空洞化した中心以上に周縁が本来的な強力な権力を演出し、中心に幻想としての帝国を投影し、その幻想を西欧植民地帝国が無邪気にかあるいは意図的にか引き取り、人類学は学問的お墨付きを与えたということになる（De Maret, 1999）。

いずれにせよ、二〇世紀後半に発展したアフリカの歴史人類学的研究は、さまざまな視点から再検討されるべきときを迎えている。神話を中心的な資料としたリーフのルバ王国史には、カタンガ州にマニオクが浸透したのが一七世紀末から一八世紀初頭だったと指摘されているが(Reefe, 1981)、このこととルバールンダ王国の勃興との関連は検討されてはいない。農耕体系の変化と社会変容の関係を広い意味での歴史生態学の視点で見直すという課題もまた残されているのである。こうした視点からはベンバ王国の「大地の主」にあたる「闇の王」が死去した王の墓所を守るいっぽう、王国の「火」を守り、マニオク導入以前からの作物であるソルガムなど穀類の種子を守る(品種管理と形容されている)役割を今も果たしているという杉山の報告はたいへん興味深い(杉山祐子、一九九〇年)。

5. 移動する社会——カメルーン、ガボンのファン系集団

ファン系集団

この節では一九世紀末に西洋の植民者たちが遭遇する時まで、集権的な社会をつくらず分散した小さな単位で移動しつづけていた社会をとりあげる。

ガボンからカメルーンにかけての地域はバントゥ集団の移動の出発点だったとみなされている。二〇〇〇年以上前のバントゥ集団の原郷とみなされる土地に、一九世紀後半、人の波のように移動することに専念するバントゥ集団が見いだされたことは興味深い偶然ではある。ガボン中部に居住するファン、カメルーンのブールー、ベティ(別称エウォンド)など比較的人口の少ないバン

トゥ集団（パゥアンと総称されることもあるが、ここではファン系集団と呼ぶ）は、カメルーン西部のバミレケや、バムン王国群とは言語的にも明確に異なり、たがいにきわめて近い集団をなしている。

一九世紀後半、現在のガボンで、西洋人はガボンの先住民から、狩猟を得意とする獰猛な食人種集団が大挙して南下してきているという恐怖を聞きとっている。それがファン系集団であった。そうした話に興味をそそられたフランス系アメリカ人ドゥ・シャイユ（トラベルライターのはしりというべきか、ガボンの高地に名を残した）が現地に旅し、いわばルポルタージュを著した。それが「人々の慣習と作法、ゴリラ、ワニ、ヒョウ、ゾウ、カバその他の獣の狩猟の説明つき」という長たらしい副題を付した『赤道アフリカにおける探検と冒険』というタイトルの、ファン系集団について書かれた最初の民族誌（的読み物）である（Du Chaillu, 1861）。ファン系集団は、二〇世紀初頭には現代人類学以前のやや古めかしいが、その文化の細部まで記述したドイツ人テスマンの民族誌（Tessmann, 1913）にも描かれ、人類学の世界では比較的よく知られた集団となった。さらに後には、カメルーンの港町ドゥアラの病院に一時勤務したフランス人作家セリーヌの『夜の果ての旅』に、近隣に住む「食人種」として言及されることにもなった。現実は違うと知られていても、怖いものみたさの人々の記憶のなかでは人食い人種伝説は根強く生き続けたのである。

言語学、民族誌、歴史などを総合したアレクサンドルの研究（Alexsandre, 1965）では、これらファン系集団の先頭に立って真っ先にガボンまで達したファン、後続のブールー、ベティ、しんがりのエトンの諸集団が一八五〇年前後にどの時点で目撃されたかがほぼ確定されている。さらに移動の速度が一年に約一〇キロだったことも推測されている。しかし彼らがおそらく一五－一六世紀ごろに、コンゴ川のテケ首長国群のあたりからいったん北をめざして移動し始め、カメルーン北部のアダマワ高地に進出したのち、一転して進路を変え南西方向に移動し始めた経緯や正確な年代、動機などは不明のままである。移動のきっかけはコンゴ王国の動揺の余波と、奴隷狩りを避けることにあったという説は有力だとはいえ確定したわけではない。また南下の動機は、アダマワ高地で遭遇した武力にまさるイスラーム王国の支配から逃れ、風聞で聞いた白人との有利な交易を直接におこなおうとして大西洋に達することを急いだという説も頭から否定はできない。いずれにせよ、集団のしんがりがサバンナからカメルーン中部のサナガ川を越え、熱帯多雨林にさしかかった時点で西洋による植民地支配が始まり移動にブレーキがかかったといえる。

森のなかでは細い道にそって両側に簡単な造りの家が並び、村の中央に男たちがたむろし、おしゃべりにふける（情報交換に勤しむ）小屋が作られ（森明雄、一九八二年）、両端の出入り口には垣根をつくって歩哨の役割をする男の家族が住むというのが基本的なかたちだった。小村は近隣どうしが馬跳びのようにかわるがわる追い越しあいながら南西に向かって移動を続けた。移動することに専念するこれらの人々は、きわめて単純で身軽な装備で生活し、農耕と男たちの罠猟と石弓式のヒゴのような毒矢を用いた小型獣の狩猟が食糧獲得のおもな手段だった。しかし、二〇世紀初頭になると、植民地化とともに狩猟はすたれ始め、輸入された缶詰がひろまり、第一次世界大戦後、カメルーンがフランス領となったのちはなかば強制的に小規模カカオ栽培が導入され、小農となっていった。

村ごとの首長の権威とならんで、かつては「ソ」と呼ばれる男性結社が村を越えた男の結びつきと宗教生活の基礎となったようだが、詳しい調査がなされる前に、結社は姿を消していたといわれる。

鉄の技術と口頭伝承

外見的には身軽で単純な生活で特徴のみえにくいこれらの集団には、きわめて特徴的な口頭伝承があった。ラフィア椰子の軸の表皮を縦方向に薄くはぎ、それを四本の弦に切り分け、真ん中に立てた棒状の駒で支え、半分に切った大きなカルバス（ヒョウタン）を共鳴具にしたムヴェットと呼ばれる楽器を自ら奏して歌い、踊り、謎かけをおりまぜながら語る長大な叙事詩（それ自体もムヴェットと呼ばれる）である（図14）。演奏者ごとに師弟関係で引き継がれる独自のレパートリーをもっていたが、物語の大きな枠組みは共有されていた。

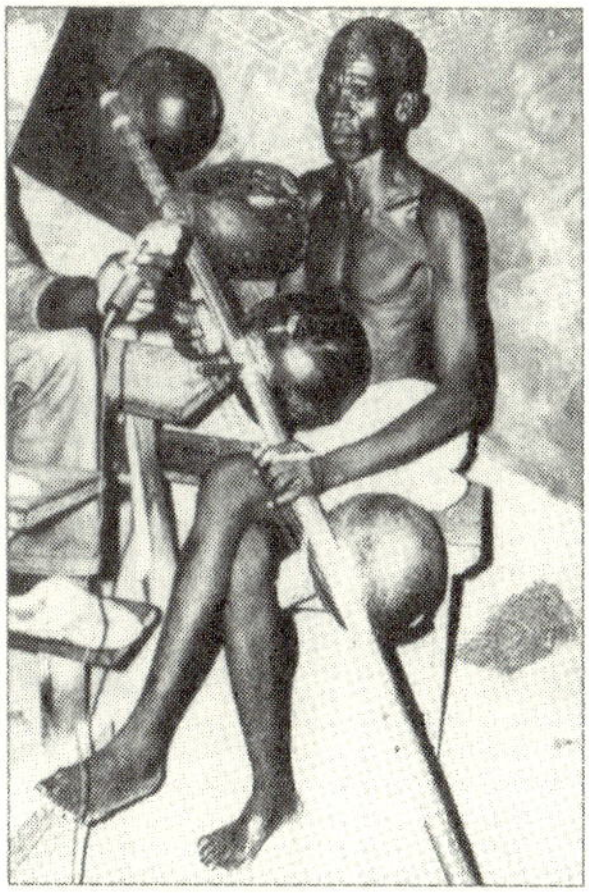

図14　ムヴェットを演奏するカメルーンの男性　ムヴェット伝承保持者アウォナ・アポリネール氏（1981年、ミンカエ村にて）

エノ・ベリンガの紹介によれば、移住の過程を叙事的に物語る（サナガ川では、川の流れと直角に身を横たえた大蛇を橋にして渡河したなど）ジャンルのほかに、もっとも勇壮で演じるのに時間がかかるのが、邪悪な不死の英雄と死すべき人間の男たちの戦いを物語る「アコマ・ンバもの」と称される一連の叙事詩だった（過去形で書くのは一九八〇年の調査当時、すでに語り手は数少なくなっていたからである）（Eno Belinga, 1978）。伝承者であるファンのンドン・ンドゥトゥメが書き下ろしで残したもの（Ndon Ndoutoume, 1970）の梗概を九つの部分からなる粗筋として示せば以下のとおりである（Eno Belinga, Watanabe, 1981）。叙事詩のインスピレーションが徹頭徹尾、鉄の技からくみとられていることは明らかであろう。

①物語は不死のエンゴン集団と死すべきエカン集団の戦いと和解として展開する。エンゴンの不死性は鉄の技によって保証され、エカンは部分的とはいえ鉄の技を獲得することで戦いに挑む。鉄製の武器を駆使し不死であるエンゴンの戦士（三つの氏族すなわち「鉄」「岩（鉄床として使うもの）」「鉄鎚《てっつい》」からなる）と戦うのはエカンの長、「炎」部族のオバメ・ンドンの孫ンドゥム・オバメであり、誕生の時、祖父によって内臓すべてを鉄製のものに変えた、ほとんど不死のもう一人の自分を戦士としてもつことになった英雄である。

②ンドゥムは、偉大な呪者である父から地上の鉄器をすべて吊りあげて天に持ち去る力をもった呪具を与えられ、死すべき人の世界に平和をもたらすために「鉄器狩り」に乗り出す。「炎」のンドゥムは「蔓性植物」「霧」「樹」の部族に容易に勝って平定するが、「嵐」部族にだけ敗北する。ンドゥムはすでに霊界に移っていた祖父の助力をえて再挑戦して「嵐」の長の足を折り勝利する。「嵐」の長は復讐を誓い、麗しい娘エイェンガ・ンカベをエンゴンの若い英雄エングアング・オンドに与えて助勢をえようとする。

③エイェンガの静かな、しかし不思議なできごとに満ちた道行。エイェンガを見染めたンドゥム

は、仲間たちとあとを追う。

④エンゴンの国に着いたンドゥムはエイェンガを奪い、双方は森の獣などあらゆる武器を用いて壮大な戦いを繰り広げる。エンゴンの若い未経験の戦士二人を捕え、ンドゥムは村に凱旋し、すでに連れてこられていたエイェンガと婚礼をとりおこなう。

⑤エンゴンの戦士たちは「炎」の国を求めて旅をし、やがて発見し戦いに備える。

⑥村を急襲したエンゴンの戦士たちは囚われていた仲間を解き放ち、エイェンガを魔法でエンゴンに送り返し、ンドゥムらと戦う。戦いでは「鉄」の戦士と「鉄鎚」の戦士が緊密に連携することが描かれる。エンゴンの戦士はエカンを打ち負かし引き上げる。

⑦負けたエカンの長オバメ・ンドンは霊界に戻り、死霊の援助を懇請する。

⑧再度の戦闘。エンゴンは戦いを有利に進めるが、死霊が介入し戦闘は地下世界に移りエンゴンはしだいに押され始める。そこでエンゴンの戦士は死霊を挑発する。「お前たちは不死のわれわれに勝ってまた地上にもどり苦痛に満ちたこの世で生きたいのか」、と。死霊は「死命を制する」弱点を突かれうろたえ、じつはンドゥムが鉄の分身をもっていてほとんど不死であるという秘密を教え、ただ彼の生命だけは絶たぬよう懇願し、敗北を認める。

⑨鉄の分身を喪失したンドゥムは打ち負かされ、エンゴンの王、アコマ・ンバから死を宣告されるが、ひそかな友情を感じていたエンゴンの英雄エングアング・オンド（今はエイェンガの夫）によって助命され、さらには妹メンゲ・モンドを妻として与えられ、波乱に満ちた不死の英雄と死すべき人界の英雄の壮大な戦いが閉じられる。

この叙事詩の詳細な分析はここではできないが、いくつか注目すべき点を指摘して、鉄の民、バントゥ集団の歴史と文化の深層をこの叙事詩が照らし出していることを示しておきたい。

まず、口頭で演じられるものであるだけに、戦いと道行が交代で展開するという緩急の構成がなされていることがあげられる。また鉄と炎の戦いと和解、嵐と炎のシーソーゲーム、嵐の娘の争奪戦などが鉄の製造過程を踏まえて展開していることはおそらく確実であろう。戦いが野外から最後は閉じられた地下世界に移行し、エネルギーはいわば内爆発へと蓄積されてゆくこと（鉄製造の高炉の内部空間を思わせる）は意識的な構成だと思われる。さらに、鉄と炎の戦いに賭けられているのが鉄と女性であることには理由がある。ファン系集団の社会では、一〇人以上の男が数日がかりでおこなう銑鉄製造は、大がかりで荘重な、さまざまな配慮にみちた行事でもあった。そしてできた銑鉄をさらに細い棒状の鉄片に加工し束ねたものは未婚の参加者たちに分配され、婚資（結婚する相手方へ贈る財）となったのである。

一九世紀なかば、バントゥ集団の故地を身軽な社会として移動しつつあったファン系集団は、それが自らの意志だったわけではないにせよ、王権を採用することはしないまま、王権を正当化する神話とは異なった、鉄の技術の神話世界を想像し生きていたとすれば、二〇〇〇年以上前の祖先たちの生きた世界に意外なくらい近い世界を再現していたのかもしれない。もちろん、ファン系集団の研究に専念していた言語学者アレクサンドルとともに以下のように問うこともできる。

……カメルーンとガボンの典型的な分節社会であるブールーおよびファンでひろく親しまれている叙事詩ムヴェットは想像された王国エンゴンとその王アコマ・ンバの年代記である。詩人が描く王国はアフリカ諸王国のあり方に合致している。ところがブールー、ファンの周囲に王国はひとつもない。見つけるためには数百キロ北のアダマワ高地のムブンやティカール王国までいかねばならないが、二一三世紀前、これらの集団が熱帯多雨林地帯に移住する前、これらの王国と接触したということはありうる。だからどうなのか。エンゴンはまったくの伝説なのか。それとも移住によって解体したファン、ブールーの政治組織の記憶なのか、逆に優勢な彼らのせいで移住を強いられた王国の組織の記憶なのか。現状ではこの問いに答えることはできない。しかし、窮状に押しやられた他の民族においてこれに似た現象がないか探してみるのは興味深い課題であろう。(Alexsandre, 1981)

武器(死)と農具(生)をもたらす鉄、女性、王(あるいはその不在)の関係とその変奏がバントゥ集団の歴史をあやなしているとすれば、この歴史は確実に人類史に通底している。

群生する首長制社会のなかから王権が台頭し、予期せぬ外からの強力な勢力の介入で解体したコンゴ王国、移動ののち定住化し、近隣のいわば王権の発生を未然に抑制する社会とは対照的な王権形成の過程をたどったクバ王国、自然発生的な社会の複雑化が考古学に裏付けられ、神話によっていわば内側から王権意識の形成をたどることができるルバ－ルンダ王国群、これらはバントゥ集団の一〇〇〇年紀末から植民地化直前までの多様化の過程の、ある幅を示している。これらの例は同時に、きわめて断片的ではあるが、バントゥ集団の歴史人類学研究の方法の多様性も垣間見せてくれる。それぞれが古文書、調査にもとづく歴史、考古学と神話学を基本的な手法として探求されている。また、それぞれが王権の基盤の弱さと対外関係、王権の再生産のメカニズム、王権を支える伝承の力といった、王権をめぐる多彩な側面のいずれかに光を当てている。

そして王権を生み出した社会のあいだには、より小規模な首長をいただく社会や、あたかも王権を生み出すことを拒み、身軽な装備で移動する社会がみいだされた。一五〇〇年前後までの考古学の知見と、それ以後の歴史人類学の知見の総合、そして何よりも西洋との接触と交易がバントゥの世界に与えた衝撃をどのようにとらえていくか、今後いっそう深められるべき課題である。

●参考文献

①杉山祐子「闇の王・光の王―ベンバ族における王墓守の役割」『ドルメン』4、ヴィジュアル・フォークロア／言叢社、一九九〇年。
②西江雅之「アフリカの諸言語」『講座言語6　世界の言語』（北村甫編）、大修館書店、一九八一年。
③森明雄『カメルーンの森の語り部』平凡社、一九九二年。
④渡辺公三「『神判』の解体―アフリカにおける妖術現象の歴史民族学への一視点」『儀礼と象敬―文化人類学的考察』（江淵一公・伊藤亜人編）、九州大学出版会、一九八三年（『身体・歴史・人類学II』言叢社、二〇〇九年、所収）。
⑤渡辺公三「多産の王と不能の王」『社会人類学年報』15（東京都立大学社会人類学会編）、弘文堂、一九八九年（『身体・歴史・人類学II』言叢社　二〇〇九年、所収）。

⑥アレクサンドル、ピエール「バントゥー語とその領域」（近代言語学大系2）、西江雅之訳、紀伊國屋書店、一九七二年。
⑦エヴァンズ＝プリチャード、E・E／フォーテス編『アフリカの伝統的政治体系』大森元吉他訳、みすず書房、一九七二年。
⑧ピガフェッタ「コンゴ王国記」河島英昭訳、桧園万亀雄注『大航海時代叢書II－1　ヨーロッパと大西洋』、岩波書店、一九八四年。
⑨フィリップソン、デヴィッド「バンツー語族文化の拡大」『日経サイエンス』一九七七年六月号、日経サイエンス社、一九七七年。
⑩Alexandre, Pierre, "Proto-histoire du groupe beti-bulu-fang: essai de synthése provisoire", *Cahiers d'études africaines*, t.5 4e, Cahier, 1965.
⑪Alexandre, Pierre, *Les Africainnes: Initiation à une longue histoire, et à de vieilles civilisation, de l'aube de l'humanité au début de la colonisation*, Paris, Édition Lidis, 1981.
⑫Denbow, James, "Congo to Kalahari: Data and Hypotheses about the Political Economy of the Western Stream of the Early Iron Age", *The African Archaeological Review*, 8, 1990.
⑬Douglas, Mary, *The Lele of the Kasai*, International African Institute, 1963.
⑭Du Chaillu, Paul B., *Exploration and Adventures in Equatorial Africa*, London, John Murray, 1861.
⑮Eno Belinga, Samuel, Martin., *L'Épopée Camerounaise: Mvet Moneblum ou l'homme bleu*, Yaounde, Edition Bilingue, 1978.
⑯Eno Belinga, Samuel Martin et Watanabe Kozo "La civilisation du fer et l'épopée orale du mvet des bulu du Cameroun（Afrique centrale）", *Folklore in Africa Today: Proceedings of the International Workshop*, 1981.
⑰Hagenbucher-Sacripanti, Frank, *Les fondaments spirituels du popuvoir au royaume de Loango, République*

populaire du Congo, Paris, O.R.S.T.O.M, 1973.

⑱ McIntosh, Susan Keech(ed), *Beyond Chiedoms, Pathways to Complexity in Africa*, Cambridge University Press, 1999.

⑲ Ndong Ndoutoume, Tsira, *Le Mvett*, Présence africaine, 1970.

⑳ Oslisly, Richard et Bernard Peyrot, "L'arrivée des premiers métal-lurgistes sur l'Ogooué, Gabon", *The African Archaeological Review*, 10, 1992.

㉑ Randles, W. G. L., *L'ancien royaume du Congo, des origines à la fin du XIXe siècle*, Paris, Des édition de EHESS, 1968.

㉒ Randles,W. G. L., "La civilisation bantou, son essor et son déclin", *Annales, Économies Société Civilisation* 29e année – no. 2, 1974.

㉓ Reefe, Thomas Q., *The Rainbow and the King: A History of the Luba Empire to 1891*, University of California Press, 1981.

㉔ Vansina, Jan, *The Children of Woot: A History of the Kuba Peoples*, The University of Wisconsin Press, 1978.

㉕ Vansina, Jan, "Western Bantu Expansion", *Journal of African History*, 25, 1984.

㉖ Vansina, Jan, "Deep-down Time: Political Tradition in Central Africa", *History in Africa*, 16, 1989.

㉗ Vansina, Jan, Paths in the Rainforests, *Toward a History of Politival Tradition in Equatorial Africa*, The University of Wisconsin Press, 1990.

㉘ Vansina, Jan, A Slow Revolution: Farming in Subequatorial. *Africa Azania XXIX-XXX*, 1994-1995.

㉙ Vansina, Jan, "Pathways of political development in equatorial Africa and neo-evolution theory", in (18), 1999.

㉚ Vansina, Jan, *How Societies are Born, Governance in West Central Africa before 1600*, The University of

Virginia Press, 2004.

㉛ Weber, William, Lee J. T. White, Amy vedder and Lisa Naughton-Treves (eds.), *African Rain Forest Ecology and Conservation: An Interdisciplinary Perspective*, Yale University Press, 2001.

アフリカの他の地域と同様、バントゥ集団の歴史についても日本語で読める文献は多くはない。ただここでは中央アフリカのバントゥ集団についての人類学的調査報告が、専門的なものを避けたとはいえ手薄であることは否めない。

「バントゥ」という言語学からきた用語については、②と⑥で概観をえることができる。⑧はコンゴ王国がポルトガル人航海者ディオゴ・カンによって知られたのち、ほぼ一世紀後に現地に滞在した商人から、イタリアの文人が聞き書きしまとめた記録。一六世紀末のコンゴ王国をうかがう貴重な史料とみなされている。⑭は時代が下って一九世紀後半のアメリカ人によるカメルーンからガボンにかけての冒険旅行記。歴史研究書として㉑・㉒はポルトガルの古文書を使ってアフリカの王国史を試みた異色のもの。⑩はもともと植民地の行政にたずさわった後、言語学者になった⑥の筆者によるカメルーンのバントゥ諸集団の移動の再構成の試論。⑪は同じ著者によるアフリカ史研究の総決算ともいえるもの。

⑦は機能主義人類学（アフリカ諸社会の歴史的背景を排除した社会分析）の視点からアフリカ諸社会を「原始国家群」と「無国家社会群」の二大類型に区分し、二〇世紀後半のアフリカ社会研究の起点となった論文集。バントゥ集団からもいくつかの社会が取り上げられている。アフリカ諸社会の歴史的背景を等閑視したことで後の歴史研究を刺激した。㉔～㉘は中央アフリカの人類学的歴史研究をリードしてきた著者の論文と著作。⑱は⑦の機能主義的類型論や進化主義的な歴史観を批判し、首長制社会の研究を軸にあらたな展望を開こうとした論文集。Pierre de Maret, “The power of symbols and the symbols of power through time: probing the Luba past”; Jan Vansina, “Pathways of political development in equatorial Africa and neo-evolutionary theory”; James Denbow, “Material culture and the dialectics of identity in the Kalahari: AD 700-1700” などの論文が収録されている。De Maret の論文には神話を歴史資料とした歴史

人類学的研究である㉓への批判が含まれている。⑨はやや古いが比較的一般向けに一九七〇年代までのアフリカ考古学の知見をまとめたもの。一九八〇年代以降のガボンを中心とした考古学の論文の多くは省略するが、⑳はその代表として示す。より新しいまとめが㉙に収録されたOslisly, "The history of human settlement in the Middle Ogooué Valley (Gabon), implications for the environment" の論文にある。⑫は考古学と人類学を架橋する、気鋭で⑱の執筆者でもあるDenbow の論文。

以下には人類学関係の文献を紹介する。③は霊長類研究のかたわら現地で出会ったアフリカの人々の日常生活での語りを活写した興味深い記録。①は現在のコンゴ民主共和国の南部のサバンナに成立したルバ–ルンダ王国群から派生したベンバ王国の現状についての興味深い記述。④は「妖術信仰」と密接に関係する「試罪法」の歴史的変化について検討した論文。⑤はコンゴ民主共和国内の隣接するいくつかの社会の比較研究への見通しを示した論文。⑬は中央アフリカ社会の人類学的研究の古典。⑰は現コンゴ共和国のロアンゴ王国に関する数少ない業績のひとつ。⑮・⑯はカメルーンの口頭伝承ムヴェットに関する研究。⑲はムヴェット伝承者による再話。

◉本書収録にあたっての編集者註

この比較的に長い文章を読みほぐすには、著者の思考の全体性への関心が必要となる。本書の序文としておさめた「部族–族的存在」への問い、ピエール・クラストル『国家に抗する社会–政治人類学研究』（一九八七年、水声社）の翻訳と「メトロー、レヴィ–ストロース、クラストル–訳者あとがきにかえて」、および論文集『身体・歴史・人類学Ⅰ・Ⅱ』に収録したザイール・クバ王国の王権・首長権にかんする諸論文などを合わせてみると、著者の「族的存在」から「神聖王権」へ、さらに指紋–軍隊にみる「国家nation」への問い、にいたる探究のパースペクティヴがうかがいしられるだろう。「個体としての他者」から「族としての他者」、「集団（の制度）としての他者」、「国家という他者」へといたる「他者」認識の構造化と了解こそが著者の人類学的思考の核心であったといえるかもしれない。

Ⅱ 歴史・人類学

1 パリ人類学会

帝政から共和制への変動の時代に問われた「人間」とは

パリ人類学会 Société d'Anthropologie de Paris は一八五九年五月に結成され、第一回の総会が七月に開催された。結成の中心的役割を果たしたのは医学を専門とし、解剖学者としての名声を若くしてすでに確立していた、まだ三〇代のポール・ブロカであった。ブロカは第一回総会で終身事務局長に選ばれ、一八八〇年、享年五六歳のやや早すぎる死にいたるまで、この学会をリードする。結成後ほぼ二〇年の学会の動向は、大脳の言語中枢に（ブロカ野の）名を残したブロカの個性を抜きに語ることは難しい。一九世紀後半のフランス社会は、ナポレオン三世による一八五一年のクーデタ、帝政への移行から、一八七一年の普仏（独仏）戦争での敗北、パリ・コミューンを経て、まがりなりにも長期にわたって維持される第三共和制下での市民社会の成熟を経験することになる。この社会的・政治的の変動のなかで「人類」を研究対象としたこの学会は、どのような人間の探求をおこなったのか。結成からブロカの死までを中心に、死後から結成五〇年の記念の年である一九〇九年前後までをたどってみたい。

学会と結社

それにしても「学会」と呼ばれる学術的な団体が「結社」を主題とする本で取り上げられることには少しばかり驚かされるかもしれない。[1] たしかにSociétéという言葉に「秘密」(secrète)という形容詞をつけると「秘密結社」(Société secrète)という言葉にはなる。また、ナポレオン三世が政権後期の「自由帝政」と呼ばれる時期にさしかかっていたとはいえ、基本的に人びとの集まりに猜疑の眼を向ける、疑り深い、秘密警察に支えられる権力者だったことも、一九世紀後半の西欧社会における「学会」が、政治から独立し学問のみに専心する中立的な存在にとどまりえなかったこともまた確かである。そうした事情は学会結成一〇〇周年記念の紀要に掲載された、一九六〇年当時の事務局長の史的回顧に興味深く紹介されている(Vallois 1960: 293-312)。それを参考にしながら学会発足の経緯をたどってみよう。

ブロカが人類学会結成を学問的な同志に呼びかけたきっかけは、前年の一八五八年の結成後、まだ二年しかへていない「生物学会」でおこなった報告が、同学会の紀要への掲載を拒否されたことにあった。報告の表題は「雑種一般、動物の種の区別、および野兎と家兎の交配による雑種について」であり、あたりさわりない学会運営を好む生物学会長によってなぜこの報告の掲載が忌避されたのか表題のみからははかりがたいところがある。ところが同年の『人間および動物の生理学』という専門誌に持ち込まれ掲載された同報告の本文を見ると、動物の雑種を主題とするはずの論文の大半が、人間の混血と人類の起源をめぐる当時の「単元論」と「多元論」の争点についての議論にあてられていることがわかる。

ブロカ　学会結成百周年を記念する紀要に掲載されたブロカの肖像写真。撮影年は不明。

一八五九年、六〇年には同じ雑誌に、本論文への補足として、より直接に「人類における混血をめぐって」と題した論文が掲載され、その議論の出発点には数年前に刊行されたゴビノー伯爵の『人種不平等論』への反論がおかれている（Broca 1859: 602）。もともと基本的に純血と想定された人間の集団は、混血によって形質を劣化させるという貴族主義者ゴビノーの人間退化論とも呼べそうな主張に対して、ブロカは人間における「人種」の概念を論じ、例えばフランスの国民が複数の人種集団の混血から生まれたこと、混血が決してゴビノーの主張する形質の劣化や生殖力の減退をもたらさないことを、一八五九年に発足したばかりの人類学会で自らおこなった「フランスの民族学」の報告を参照しながら論じている。

　のちにふれるようにブロカは、第三共和制を担う共和主義者の陣営の一員であり、貴族的純血主義に対して、いわば共和主義の科学的根拠を主張する論客を自認していた。人類学会の結成の背景には、人類における混血という主題をめぐる貴族主義と共和主義、さらに人類の起源をめぐる単元論と多元論の論争があり、この論争は人類の生物としての単一性を根拠に奴隷制に反対する陣営と、黒人の劣等性を根拠に奴隷制を擁護する陣営との対立でもあった。こうした「科学的」争点は、何かのきっかけでただちに厳しい「政治的」争点に転化しうるものでもあった。解剖学を専門とするブロカが、共和主義を支える「唯物論」的な思想に共鳴していたことも確かである。

多元論と混血の評価の争点をめぐって、ブロカは自らの主張を自由に展開できる学会の結成を志し、医学界の同志を中心に賛同者を募り、一九名の創立メンバーの名簿を添えて教育省に結社の創立許可を申請した。学会一〇〇周年の史的回顧にあるとおり、ブロカは学問的には、一八世紀後半にパリの王立植物園を拠点に浩瀚《こうかん》な『博物誌』を著したビュフォンの学問や、植物園の一部をなす自然史博物館に一八三八年に人間解剖学講座が創設された流れを汲んでいたといえるだろう。そうした正統的な学問的系譜にもかかわらず、まだ正体の定かでない新たな学会の認可に二の足を踏んだ教育省は、申請書をパリ警視庁に回付し、警視庁もまた判断を保留してパリ大学医学部長に意見を求めたところ、医学部の著名な教授の名が並んでいることを指摘され、しかも現行の結社の法規では二〇名以下の集まりは許容されていた（賛同者が一九名にとどまったのは偶然だったらしいが）ことから、警視庁の認可がおりたのだという。ただし、学会の集会に警視庁の担当警官を臨席させることが条件であった。数年にわたる穏当な学会活動の実績を積んで「公的な利益のある結社」としての皇帝のお墨付が得られたのはようやく一八六四年になってからであり、ナポレオン三世によるこの認定書は二〇世紀初頭にいたるまで、学会紀要の冒頭をかざっていた。

「人種」の学としての人類学

弱小な学会として発足したために、欠席者には三フランの罰金が課されるという内規も当初はあった。また、集会では議論の速記録を終身事務局長のブロカがみずからとり、議事録に起こしたのだという。しかし発足五年にして「公的な利益のある結社」として認知されたことにもあらわれているように、学会として会員も増加し順調に発展した。そこには鋭い対決を避け、多様な議論のおこなわれる場を維持しようとするブロカの、きわめて折衷的な学会運営方針も反映していたということができるだろう。

学会規約は、会長選挙の投票資格をもつ会員その他の資格を定めた五条からなる簡単なものとなっている。そのうちの「パリ人類学会は人間の諸人種についての科学的研究を目的とする」という第一条の条文のみが、学会活動の内容を示す実質的なものとなっている。この規約は、その単純さと「人種」概念の突出した重要性とにおいて印象的なものである。曖昧《あいまい》な「人種」概念が創立者ブロカの没後明らかに時代遅れになっていったことを考えると、この規約が、一九〇八年まで紀要の巻頭に掲載され続けていることは、少々驚くべきことにも思える。また、逆に一九〇九年以後は、学会活動の目的を掲げる規約のたぐいが紀要のどこにもまったく掲載されなくなったことも、こうした学会としてはやや異例のことではないだろうか。一九〇九年の学会発足五〇周年の特集や一九六〇年の一〇〇周年の特集号では、当初の「人種」による研究目的の規定がすでに時代遅れになったことを認め、学会は「人間の博物学」や「人間の生物学」を研究目的としてきたという自己規定がおこなわれているが、少々苦しいようにも思われる。ブロカ自身にとっては、一八八〇年の唐突な死にいたるまで保持しようとした「人種」の学としての人類学という規定は何を意味していたのだろうか。

先にふれた「人類における混血をめぐって」には、「人種 race」が「類型 type」というもう一の概念と対にされ、誤解を生みやすい、扱いに注意を要する概念として論じられている（Broca 1859: 608）。その要旨をたどってみよう。

一九世紀半ば、同時代的に知られていた人類における「混血」の事例を列挙し（そのなかでは南アフリカにおける「ホッテントット」とオランダ系移民の混血とされる「グリカス」と呼ばれる集団などが特筆されている）、実際には「混血」はこれらの事例にとどまらないこと、フランスの国民そのものがケルト系の複数人種集団の混血とみなされうることが指摘され、さらに人種の概念が検討される。人種とは遺伝的で固定的なんらかの特徴によって区別される人間の集団であり、特徴は軽微なものから重要なものまで多様であるとされる。多様な特徴によって集団の起源を区別するという、通俗的な人種理解を採用する限りで、人間の集団はいくらでも細分化されうる。しかし、学問的には、重要とみなされた特徴を共有する集団こそ意味をもつのであり、そうした特徴によってとらえられるのは理念的な「類型」にほかならない。そのように理解された「類型」は論者によって五つの類型として設定されることも（ブルーメンバッハ）、三つに限定されることも（キュヴィエ）、一五にまで細分されることもあるが、いずれにせよ「類型」を体現した、集団としての「人種」などは現存しない。

科学的に厳密な検討にたえるのは特徴の束として記述される「類型」であり、それはあくまでも理念的で抽象的な存在にすぎない。こうした立場に、ブロカの学問的な誠実さを読み取るべきなのかもしれない。ブロカ自身学会発足後、終身事務局長としてその運営に携わる一方、本来の専門である大脳の解剖学、あるいは医学者としてのフランス軍における軍医制度の整備への寄与など、もちまえの勤勉さによって文字どおり休みなく仕事に専心する。それと並行して、人類学の分野では特徴の厳密な記述を可能にするための方法の探究を着実に積み上げていく。学会紀要に掲載されたこうした分野での代表的な業績を拾えば以下のとおりである。

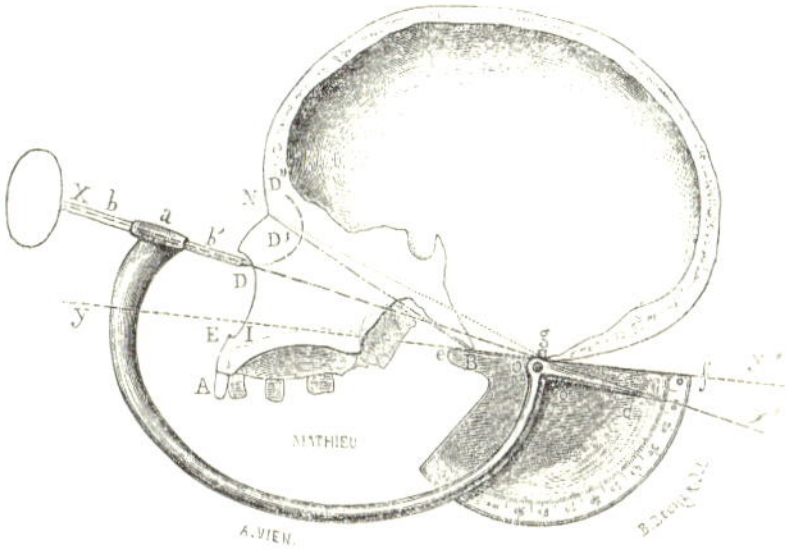

ブロカが考案した頭蓋骨の角度を測る器具。
(「頭蓋学および頭蓋計測学の指示」から)

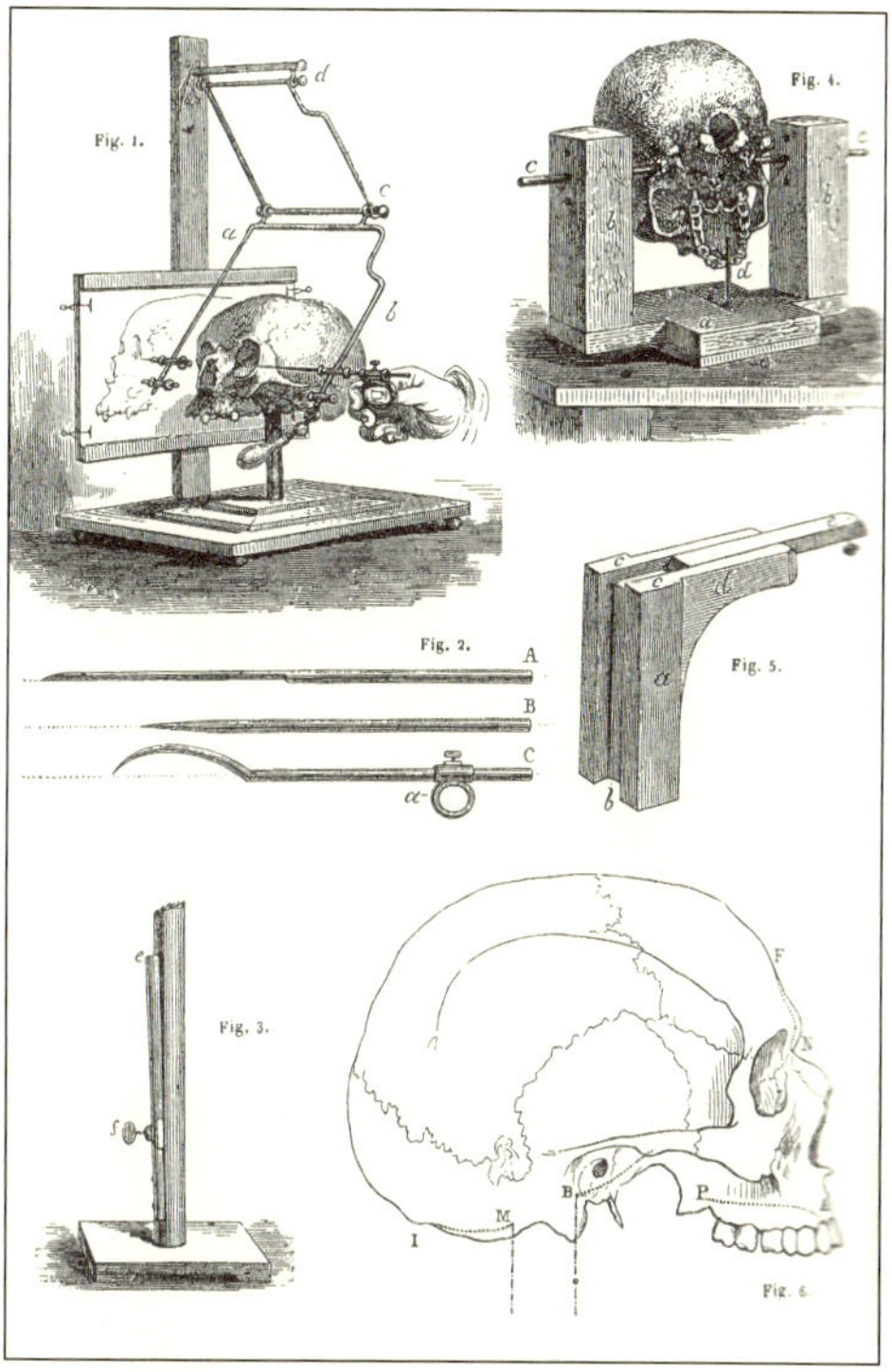

ブロカが考案した頭蓋骨の立体作図器。形態をたどる針先を交換して、凹部の輪郭もたどることができる。

「フランスの民族学的研究」（一八六〇年）、「眼の虹彩の色のクロマティズム」（一八六三年）、「髪と肌の色の色彩表」（一八六四年）、「黒人の傷の色彩」（一八六六年）、「黒人とヨーロッパ人における前肢と後肢の比率の比較」（一八六七年）、「フランス全体および西部ブルターニュ地方の人類学的研究」（一八六八年）、「頭蓋指数による頭蓋学的分類および呼称」（一八七二年）。

こうした一連の特徴記述の研究の集大成として、一八七五年、二〇〇頁にのぼる「頭蓋学および頭蓋計測学の指示」が完成し学会論集に掲載された（Broca 1875）。そこでは人種の類型の記述に使われるべき頭蓋の細部の隅々の一点をもゆるがせにしない特異点の命名と、数限りない計測法と比率の記述法とが、ブロカ自身が考案した器具の説明とともに、詳しく指示されている。例えば頭蓋の特徴として極めて重視された、脳容積の計測法の詳細説明には、乾ききって「物体」そのものと化した無名の頭蓋骨を取り扱う、ひたすら効率的で短時間に正確な計測をおこなうことをめざす、ブロカの慣れた手つきを鮮明に読み取ることができる。当時、セーヌ県知事オスマンによるパリの都市改造で出土した、かつてのパリ住民の大量の頭蓋骨を計測することは、ブロカにとってフランス国民の歴史的人種構成を明らかにするための重要な仕事の一つだったのである。

特徴の束としての理念的な「類型」こそ科学的には重要であり、通俗的に理解される意味での人種は現実の存在ではない。そして特徴そのものの科学的に厳密な規定はまだ今後完成されるべき課題である。ブロカはこうした態度を標榜する一方で、「人種」概念が人びとの常識的な感覚に訴える力をもった、多元論者であるか単元論者であるかを問わず、「誰からも受け入れられる」

便利な言葉であることも知っていた（Broca 1866: 9）。科学的厳密さの追求と、日常的な理解の尊重といういわば二股をかけた折衷的な態度が、ブロカの学会運営の基礎にあった。

パリ人類学会と共和主義

たしかにパリ人類学会で議論された論題を詳しくみていくと、「人種」の概念がある独自の現実性を帯びていたことが理解される。例えばブロカの学会の設立記念講演とも呼べる、第一回学会での報告「フランスの民族学的研究」の冒頭は「人類学が内包する広大で多様な領域のなかでも、私たちの **nation** の起源の問題以上に関心を引くものはない」という言葉で始まっている。そして歴史、文献学、好古趣味の貢献を列挙したうえで「ゴールの二大人種の身体的特質と、相互の影響を明らかにし、植民地化もしくは征服によって外部の血が注入されたことでもたらされた変化を明らかにすることこそ人類学の務めである」と人類学の目的が示されている。

Nation の人種的起源を問うというこうした研究の目的自体は、一八三九年にパリ民族学会を設立したウィリアム・エドゥワールの問題意識に遡ることが言明されている。ブロカが学問的先駆者と認めるエドワール自身は、その民族学会の規約の第一条に、学会の目的をつぎのような言葉で示していた。

人間における諸人種を区別するのに使われるおもな要素は、生理的な身体組成、知的・道徳的な特徴、言語および歴史的伝統である。これらの多様な要素は民族学という科学を構成する真の基礎となりうるような研究の対象とされてはいない。観察を通じてこのことを達成し、諸人種が何であるのか確定することをめざして、パリにおいて「民族学会」が結成された。

カリブ海のジャマイカに住むイギリス系サトウキビ・プランターの子として生まれ、フランス革命時のカリブ地域の政治的混乱（ハイチ独立とその影響）を逃れて帰国し、フランスに帰化して、やがて大学で生理学や植物分類学を学び民族学会の創立者となったエドワールの問題意識の発展の詳細に立ち入る余裕はない（Blanckaert 1988: 18-55）。ただ、エドワールの学会規約では人種が身体と精神と歴史の三つ座標の交点として位置づけられていたのが、先に引いたブロカの規約ではごく簡略に「人種の科学的研究」という表現に切り詰められていることに注目しておこう。

生理学と植物分類学の素養を生かして人類の「人種的同一性」という観念を洗練し、これを実地の観察旅行で裏づけようとしたエドワールの関心を継承しつつ、「フランスの民族学的研究」でブロカは、エドワールが想像もしなかった確固とした資料に基づいて、フランス国民（Nation）の人種的組成を明らかにできると主張している。その資料とは、フランスが保有していた徴兵対象年齢の男たちの身体計測基礎資料、とりわけ身長のデータであった。西欧でもいち早く徴兵制を敷き、徴兵検査を実施していたフランスだからこそ用意しえた資料である。この資料によればフランス国民は、おもに長身族ともいえそうな北フランスの集団と、短身族の南フランスの集団からなっている。さまざまな古典文献の裏づけと推測によってこれらの集団は、北のキムリス人というあとからきた新しいケルト人分派と、南の古いケルト人集団ということになる（Broca

1860／渡辺公三、二〇〇三年）。

学会発足時に、創立者がおこなった報告が、徴兵資料によってフランス国民の人種構成を明らかにすることを目的としていたのは象徴的である。このあとも、学会紀要には会員の多くを占めていた軍医たち（彼らが徴兵検査にあたっていた）による、フランス国民の身体的状態についての所見や、軍医および人口学者を中心とした、フランス人口の慢性的な停滞の現状報告と対処法の検討、再生産人口の再生産からの引き上げと隔離を意味する兵役の年限を何年とするかという問題についての討論、各植民地の人類学的調査の手引など、さらに世紀の変わり目あたりからは、アフリカ、アルジェリア植民地の現地兵の動員の可能性の検討が、学会の議論の主題として論じられている。

そうした主題以外にも、一九世紀後半の西欧人の関心を強くとらえたアーリア人とその先史時代における移動、ヨーロッパ地域への進出の歴史学的推測、フランス国内でも都市再開発や鉄道の敷設工事によって続々と出土した化石人骨の分析結果の報告、好古趣味から脱却して「先史学」「考古学」として自立しつつあった分野、古典古代の文献から人種集団の動きを読み取ろうとする文献学など、歴史と人類学の中間に布置する多様な研究分野の主題が取り上げられている。また、一八五九年の学会発足の年に刊行され同時代的な大きなインパクトを与えたダーウィンの『種の起源』を中心に、進化論を検討する議論もたびたび取り上げられ、ブロカ自身もダーウィンの「自然選択」論への一定の批判をおこないながら積極的に参加している。反カトリックの意味を帯びるダーウィニズムについて、批判しつつ微妙なニュアンスで接していることは、ダーウィンを論じながら「私は成り上がりを否定しない」という言葉について、生物学者エドゥワール・クラパレートの言葉を引いて「私は変質したアダムであるよりも成り上がった猿であるほうを選ぶ」と断言していることにもよくあらわれている（Broca 1870: 146）。

進化論をめぐっては一八七〇年に、唯一の女性学会員として迎えられたダーウィンのフランス語への翻訳者、クレマンス・ロワイエのダーウィン擁護の論陣も学会外の耳目も集めるものであった。急進的な共和主義の側に立つロワイエについては秘密警察もひそかに動向を監視していたという。

ブロカ自身は学会での議論を学問的な範囲から逸脱しないよう、細心の注意で誘導するよう努めていたことが会議の議事録からも十分に感じ取れるが、軍医が会員の主要部分を占め、人口問題を論じ、ときには現役、退役の軍人の参加も得て兵役期間の問題を検討し、植民地経営にも一定の意見を表明するという、人類学会の基本的な政治思想は、ケルト人種が構成するフランス国民国家の運営方針を見定めようという共和主義イデオロギーを色濃く帯びたものであった。共和主義は反帝政であると同時に反貴族・反王党・反カトリックの思想を共有する集団であり、第三共和政の発足によってようやく我が世の春を迎えてフランス社会を牛耳ることになるいわば「成り上がり者」の集団であった。またそれは人間集団の性質、すなわち今風に言えば「国力」が、人種的な生理的な特徴によって決定されると考える、ある種の「唯物論」あるいは生理主義とも呼べそうなイデオロギーでもあった。

創立者の死と関心の分散

解剖学のリーダーであり大脳の研究を主要な研究分野としていたブロカ自身、脳という物質的な器官がどのように機能するかを解剖学的な見地から明らかにしようとしたという意味で「唯物論」の一翼を担っていたということができる。また伝記的研究によればボルドー近郊の、伝統的にプロテスタントの強い地域で一八二四年、「平民」として生まれたブロカは、フランス社会に深く根をおろしたカトリックの伝統と貴族主義、王党主義への強い反発をもって成長し、祖父から聞かされた革命時代からナポレオン時代までの怒濤の時代の息吹を感じ、青年としてパリに出て医学を志した時には、だれよりも多く勉強して他に先んじて出世することをめざしつつ、一八四八年の二月革命では二〇代半ばの多感な青年として、蜂起した共和主義者たちに共感を寄せていたという（Schiller 1979）。

純血主義ではなく混血による人種の向上と、人類の多元論を信奉し、パリ大学医学部の同志たちと語らい、自分たちの問題意識の自由な展開ができる学会を結成しようとしたブロカたちに、帝政の為政者たちが猜疑の眼を向けたことはすでにふれたとおりである。

一八五九年の創立後、ほぼ一〇年の着実な活動によってパリ人類学会はフランス内外で学問的な実績を認知された。そして一八七一年の帝政の崩壊とパリ・コンミューンの混乱から復興したあとの第三共和政のもとで、対プロイセン抵抗の英雄であり政治的な盟友でもあったレオン・ガンベッタが政権の有力者になると、ブロカはこの盟友の後押しをえて以前からの計画に取りかかり、周囲の人間をして「疲れを知らぬ組織者」といわしめる勤勉さで仕事を進め、一八七六年、「人類学学校」（Ecole Anthropologique）の開設に漕ぎつける。国立の教育機関としての地位を認められることはなかったとはいえ、まだ新参の正体不明の分野とみなされていた人類学を、教育制度の一端に組み入れることに成功したのである。そして一八八〇年にはガンベッタの盟友として官選の上院議員に選ばれたブロカは、長年の息をつかせぬ研究、学会活動からくる疲労と、年来の願望であった共和派としての政治へのデビューの興奮からか、議員としての職務を始めるいとまもなく七月七日、五六歳で急逝してしまうのである。

伝記によればブロカの死体は、当時しばしばおこなわれたように同僚の医師たちによって自宅で解剖され、取り出された脳は石膏の型が取られた。そして一一日の日曜日、パリ市内の南にあるモンパルナス墓地に埋葬された。葬儀には政治家のジュール・フェリーを筆頭に約二〇〇〇人が参会したという。

取り出され保存されていたブロカの脳は、死の二年後、同僚の人類学者たちによって解剖に付されることになった。この死後の脳解剖のエピソードには一九世紀末から二〇世紀初頭のフランスにおける学会あるいは結社のありようの一端があらわれているので紹介しよう。

「人類学学校」発足と同じ年の一〇月に、人類学会の会員でもある二〇人の学者たちが「相互解剖学会」と訳すべき奇妙な名称（Société d'autopsie mutuelle）の集団を結成した（Dias 1991: 26-36; Hecht 2003: 6-40）。その二〇人にはブロカは加わってはいないが、人類学会創立時の同僚も数名、名を連ね、社会進化論者ジョルジュ・ルトルノーや、急進的な共和主義者として名を知られるイヴ・ギュイヨや「美学者」ユジェーヌ・ヴェロンといった、多くは創立者よりは若い世代の学者が会員となっている。

「相互解剖」とは、こうした学者たちが科学の発展に貢献するために、生前に遺書を会に提出し、自分の死後、他の会員による研究のための解剖の検体となるということを意味している。とりわけ学問的社会的に貢献した学会員たちが、「優れた」脳を検体として提供することで、優れた脳の特徴の研究が前進することが期待されている。というのも、通常解剖に付されるのは行路死亡者や犯罪者など社会的な落伍者に限定されることが多く、しかも生前の履歴が十分に把握できない者であるため脳の所見を裏付けるデータがえられない、そうした欠陥をカバーするというのである。この一見奇妙な会は、しかし秘密めかしたものではまったくなかった。最盛期には数百人の会員を数え、しばしば会報を配布して科学への貢献を呼びかけたという。ブロカの脳を入手して解剖に付したのはこの「相互解剖学会」の会員たちであった。

「相互解剖学会」の会員は人類学会の会員のなかでもとりわけ明瞭に「唯物論」的な思想を標榜する急進的な共和主義者であり、反カトリックの人びとであった。そうした人びとがブロカの死後の人類学会の中核の部分を担ってゆくことになる。ブロカの精神を引き継ぎ学問的な中庸をめざしたポール・トピナールは一八八一年から八六年までの数年間で事務局長を辞し、一八八七年から一九〇二年まで多作ながらデュルケムから内容空疎とこきおろされた社会進化論者ルトルノーが事務局長を務め、人類学会は急進共和主義の牙城の様相を呈したとされる。それはまた、折衷的なブロカがかろうじて束ねていた、「人類学的な」多様な分野が分化していく時代でもあった。一〇〇周年記念講演でふれられているとおり、「フランス先史学会」が一九〇三年に結成されたことが象徴するとおり、「アメリカ学会」「アフリカ学会」「人類学研究所」「形態学会」などが、ある意味では人類学会から分封するようにして結成されていったのである。こうして二〇世紀の初頭までに、人類学会は一八五九年の発足から八〇年のブロカの死までの、考古学、先史学、古生物学、文献学などの混交した学会から、「人間の生物学」に純化した学会へと変容し、現在もいわゆる「自然人類学」の学会として活動を展開している。

ブロカの死の直後、ブロカが開発した人種的特徴を計測するさまざまな技術が意外な分野に応用されることになった。パリ警視庁の下級官吏だったアルフォンス・ベルティヨンが、前科のある犯罪者の身体の各部分のサイズをはかって記録しておくことで、身元を割り出す方法を考案したのである。ベルティヨンは父アドルフがブロカとともに人類学会を創立したメンバーであり、自身もブロカに師事して骨格計測に熱中した人類学の学生だったが、学者にはなれず警視庁に勤めていたのだった。ブロカが死者の骨の人種的同一性を確定するために発案した技術が生きた犯罪者の身元確定に応用され、やがてここから「指紋」の利用につながる過程については別に詳しく検討したのでそれをご覧いただきたい(渡辺公三、二〇〇三年)。

人類学会の中心的な会員を集めていた「相互解剖学会」のその後について付け加えておこう。脳を中心に解剖所見と履歴を対比検証するために一時は詳細な自伝的データの収集を学会は試みたという。しかし、この試みは必ずしも成功せず、やがてアンケートには「頭皮や耳や拳睾筋を意識的に動かせますか」といった瑣末ともみえる筋肉の随意運動に関する調査が掲載されようになり、それもまたないがしろにされ、二〇世紀初頭には学会そのものが終息した。おそらくこの学会の消長は、デュルケムとモースが確立しつつあった文化の学としての人類学の再定義と、それと並行した「人間の生物学」の再定義が進むとともに、一九世紀後半の人類学会の影の推進力であった「人種」概念と結合した生理学的「唯物論」と社会進化論が力を失っていったことを反映しているのであろう。

◉註

1．本論文が掲載された『アソシアシオンで読み解くフランス史』（結社の世界史3、山川出版社、二〇〇六年）への著者のスタンスを語る文言であろう。（編集者註）

◉参考文献

渡辺公三『司法的同一性の誕生——市民社会における個体識別と登録』言叢社、二〇〇三年。

Blanckaert, Claude, "the Origin of French Ethnology", in G. W. Stocking (ed.), *Bones, Bodies, Behavior*, The University of Wisconsin Press, 1988.

Broca, Paul, "Des phénomènes d'hybridité dans le genre humain", *Journal de la Physiologie de l'home et des animaux*, 1859.

Broca, Paul, "Ethnologie de la France", *Mémoires de la Société d'anthropologie de Paris*, vol. 1, 1860.

Broca, Paul, "Anthropologie", *Mémoires d'anthropologie*, 1866 (rééd., 1989, Jean Michel Place).

Broca, Paul, "Sur le transformisme", *Mémoires d'anthropologie*, 1870 (rééd., 1989, Jean Michel Place).

Broca, Paul, "Instructions craniologiques et craniométriques", *Mémoire de la Société d'anthropologie de Paris*, 1875.

Dias, Nélia, "La société d'autopsie mutuelle ou le dévouement absolu aux progrès de l'anthropologie", *Gradhiva*, vol. 10, 1991.

Hecht, Jennifer M., *The End of the Soul. Scientific Modernity, Atheism, and Anthropology in France*, Columbia University Press, 2003.

Schiller, Francis, *Paul Broca, Founder of French Anthropologie, Explorer of the Brain*, University of California Press, 1979.
Vallois, Henri V., “La Société d'Anthropologie de Paris 1859-1959”, in *Bulletins de la Société d’anthropologie de Paris*, 1960.

2

マルセル・モース
快活な社会主義人類学者の肖像

岡本太郎の写真

二〇一〇年八月、川崎の岡本太郎美術館で開催された「太郎の祭り」展（二〇一〇年七月一七日―九月二〇日）で初めてみた、壁面を埋めた岡本太郎の写真群は圧倒的な力で迫ってきた。大きく引き伸ばされたベタ焼きの連続写真に写しとられた、高度成長期に突入する直前の、素朴な力に満ちた日本。そのほとんどが一九五〇年代終わりから、エネルギッシュに日本各地を訪ねて撮られたものだった。そうした岡本太郎の活動は筆者にはまったく未知のものだった。その数か月前、フランスの現代人類学の定礎者マルセル・モース（一八七二―一九五〇）に直接教えを受けた稀有な日本人としての岡本太郎を再発見させられるまで、遠い存在にすぎなかった。[1]

写されたものから発散される力と同時に、間接的に写しとられている何かが、対象に迫る太郎の身体の動き、視線の動きにこもるエネルギーが、見る者に伝わってくる。見る者は知らず知らずのうちに、被写体に相対する太郎になっているのだ。「写真というのは、偶然を偶然で捉えて必然化することだ」、という入口に掲げられた太郎の言葉が頭をよぎる。その写真を見るとき、われわれは、かたわらで眼を配り、対象に引き寄せられ、シャッターを切る岡本太郎の動きを感じ、自分を重ねる。自分を重ねるように引き込まれる。記録に値するものを決然と記録しようという強い意志に満ちた太郎の気配が、見る者を引き込まずにはおかないのだ。

こうした同時代の日本のフィールドワークは一九五七年二月、秋田の「なまはげ」行事の探訪から始まった。その記録は『芸術新潮』に「芸術風土記」と題して連載され、翌年九月、『日本再発見—芸術風土記』として刊行された。

「私がこの芸術風土記の最初に、まず秋田をねらったのは、シーズンのせいもあったが、それよりも「なまはげ」とかその他の遺風にのこっている、きわめて原始的なものに強くひかれたからであった。私の関心は、むしろ、古い、うしなわれたわれわれの文化の根源に向けられていた」（岡本、一九五八年、二一五頁）というとおり、フィールドワークの目論見は、同時代の思考を隠然と支配していた地方文化——東京（その彼方の中心としての西欧）という表層的な近代主義の枠組みを打ち壊し「根源」に向かうという明晰な方針にもとづいていた。

岡本太郎著『日本再発見—芸術風土記』
太郎が撮影したなまはげの写真が表紙カバーを飾る

私が「なまはげ」にひかれたのは、

第一にそのお面だった。書物で写真を見て、こいつはいい。無邪気で、おおらかで、神秘的だ。しかも濃い生活の匂いがする、と感心した。大たい日本のお祭りの面などが、とかくしらじらしくこまっちゃくれているのに、底ぬけ、ベラボーな魅力。古い民衆芸術のゆがめられない姿だ。（同書、三四頁）

こうしたストレートな言葉で押してくる文章は、同時代の通念を転覆しようという、その根底を支える明晰な戦略とあいまって、半世紀たった今もわれわれを引きこまずにはおかない。根源へ向かう意志という問題提起は、今も古びてはいない。

しかし、その写真に写しとられた子供や青年や少女たちには、同時代の通念の転覆という気負いやテンションの投影などはみじんも感じられない。「頬っぺたの赤い子供たちは、ちょうど厚い雪の下からムクムクともえだした芽のように、やわらかくて生気にあふれている。……大人たちは頑丈だ。まなざしが底抜けに人なつこく、警戒の気配がない。老人の皺にも暗い影はないようだ。」（同書、一二四頁）

都会生まれ都会育ちの人にありがちな、地方への裏返しの偏見がなきにしもあらずかもしれないが、高度成長期を経て計算高くなる以前の、大らかさはたしかにあったのではないだろうか。

運動する視線

そして太郎の視線は、絶え間なく移動しながら人々の日常のさまざまな細部へも向けられ「濃

『日本再発見—芸術風土記』口絵　右「かまくらを作る少女」、左「かまくらのある道」

い生活の匂い」を写しとる。その焦点の絞り込みはおどろくほど鮮やかだ。

試みに同じ一日の間に撮られた何枚かの写真を並べてみよう。撮影の日付は『岡本太郎「藝術風土記」—岡本太郎が見た50年前の日本』（二〇〇七年、川崎市岡本太郎美術館）の図録で確かめることができる。たとえば、「なまはげ」撮影の二日後、一九五七年二月一四日。『日本再発見』の口絵の「秋田・かまくらを作る少女」、「秋田・かまくらのある道（横手）」、そして本文中のグラビア「けら（蓑）を編む—八郎潟町」「いづめっこ—飯詰《いいづめ》に入った赤ん坊」「おまいりに来たし」「おがんでたんせ」というキャプションのついた「かまくら」の中の子供たち、など。子供たちの手前には、盆のうえの賽銭のように重なった紙幣と蠟燭、かたわらのアルミ鍋も写っている。偶然、この日付で、被写体を追って移動するのか、雪の重みにあらがうよう

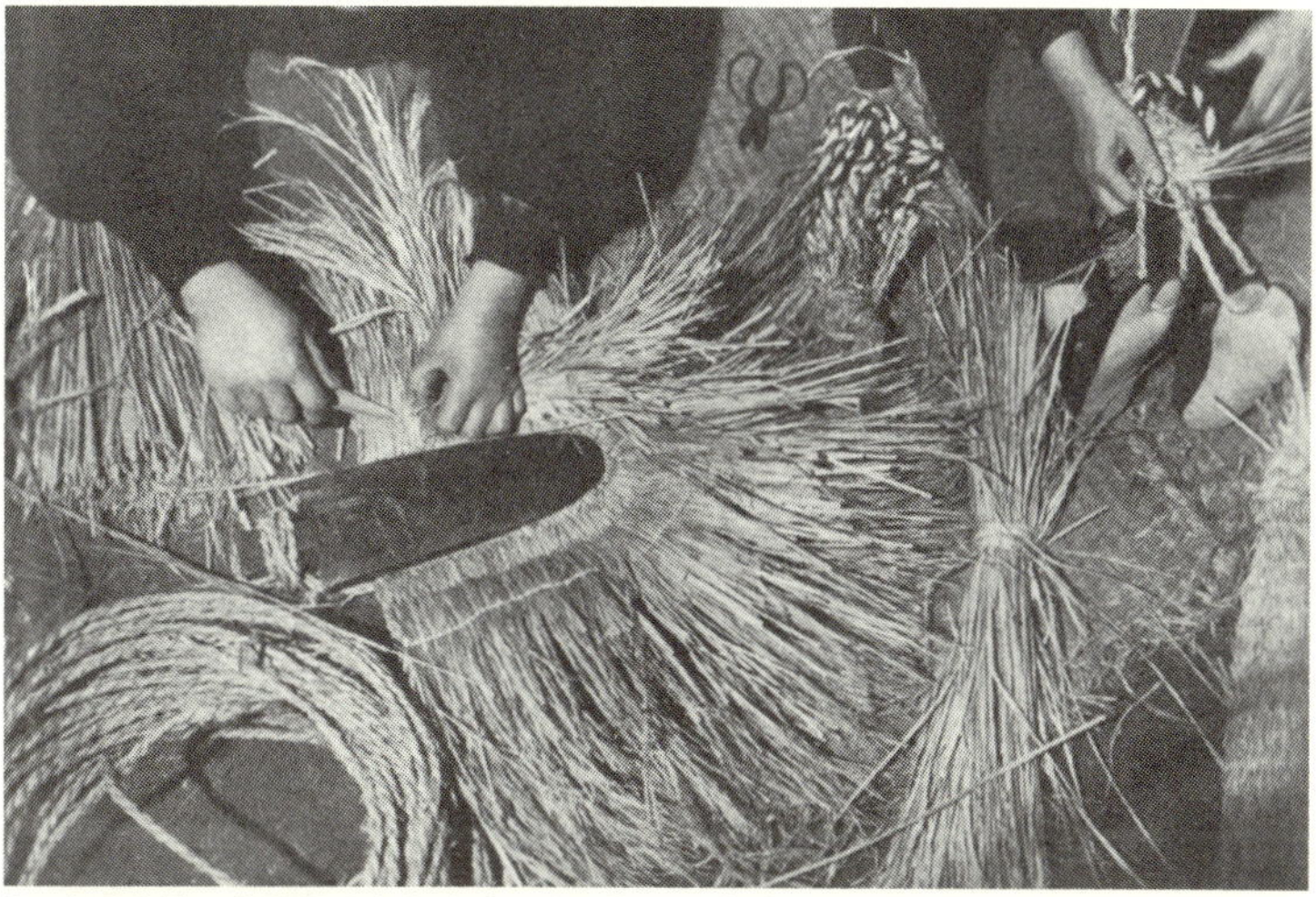

『日本再発見―芸術風土記』本文より「けら（蓑）を編む―八郎潟町」

な姿勢の、雪の照り返しに顔をしかめるらしい太郎の写真も残っている。

その二日後の一六日には、とりわけ小さなものにカメラが向けられたらしく、本文のグラビアに「この窯は既に数十年前に亡びてしまった。生活に密着した面白さ。力強さ。趣味的な美術品には見られない凄みがある」という長めのキャプションを付した「おろし皿（白岩焼）」と、「一糎《センチ》か二糎、何の気なしに口に入れてし

同、本文より「いづめっこ―飯詰に入った赤ん坊」

『日本再発見―芸術風土記』本文より　左は陶器の「おろし皿（白岩焼）」、右は「爐ばた（打ち菓子）」、ソリにのった赤ん坊が描かれている

まうが、よく見ると民衆の美観が豊かに溢れている（ソリにのった赤ん坊）」というキャプションの「爐ばた（打ち菓子）」が掲載されている。

『日本再発見』の表紙をかざる、迫力とどこかユーモラスな感じの同居する大きな頭の「なまはげ」の写真から、かまくらの並ぶパノラマ、子供たちの表情、こまごまとした生活道具の細部まで、岡本太郎の視線は広がるかと思えば収縮し、焦点を絞り、運動しつつ絶え間なく移動しつづけ、しかもその都度、細部までが鮮明にとらえられている。そこには、現場に立ったときにただちに「すべて」を見極め細部にまで視線を配る、鍛えられた眼が感じとれる。おろし皿や小さな乾菓子などにまで宿って、人をとらえようと待ち構えている「美の呪力」を感知する岡本太郎の感性と、この鍛えられた解像度の高い眼が、相乗効果を生むところに、これらの力に満ちた写真群がうまれている。

すでにふれた図録に「岡本太郎的写真力」という序文を寄せた写真家、田沼武能は、『日本再発見』の写真の技術的な処理を担当した経験から、興味深い証言をのべている。

写真界は岡本太郎を写真家の仲間に入れようとしたが、本人は写真家であろうとは微塵も思っていなかったと思う。彼は民族学的、文化人類学的見地から、何かを発見するために歩き続け、考え、話を聞き、写真を撮ったのだ。……自分の論理上必要な写真ならば多少ボケていても、粒子があれていてもかまわない、また効果的になるのならば、大胆なトリミングも実行する。……たしかな視点を持ち撮影しているので狙いがぶれることがない。まさしく岡本太郎の眼であり思想を写し出しているのだ。その根源にあるものはすべてマルセル・モース氏から学んだ民族学であり、文化人類学なのだ。……（田沼、二〇〇七年、八頁）

この証言が岡本太郎自身の言葉をふまえているのかはわからない。いずれにしても、一九七五年、映像人類学者のジャン・ルーシュが撮影したドキュメンタリー『マルセル・モースの肖像』で、太郎自身が、モースから得た深い教えを語っている（このドキュメンタリーについては今福龍太の明察に富んだエッセーを参照されたい（今福、一九九九年、一二〇―一二四頁）。その教えのうえに太郎自身が展開した独自の創造を語ることに大半の時間が使われていることはたしかだとしても、モースが「たとえば見方によって世界全体が別に見えたり、自分の存在や全世界を再発見したり」することを教えてくれたという言葉は、太郎の文章のストレートな表現と同じく、率直なものと思われる。「普遍的な存在として生きること……この世で飛びぬけているものをすべて知ること」という言葉は、おそらくモースの言葉そのものの引用なのではないだろうか。「モースの民族誌学の講義は熱中させるものでした」「彼は少し孤独で、……素晴らしかった、並はずれた人でした……もう彼のいない今となっては、僕が生きなければいけません」「……そうですね、彼は暗示してくれました、表情などで……魅力的でした。言葉には出しませんでした。……」言葉ではなく表情などで暗示された教え、その師がすでに亡くなった「今、僕が生きなければならない。」この簡潔な言葉ほどに、深く体得された教えの証言があるだろうか。

こうした師マルセル・モースに、岡本太郎は一九三〇年代のパリで出会った。一八七二年に生まれ、当時五〇代後半にさしかかり一九三〇年にはフランス随一といわれる研究機関コレージュ・ド・フランス教授の職に選出されたばかりのモースの、いわば人生の最高潮の時期に太郎は遭遇し、一〇年のあいだ、時にはごく間近で伴走しつつ学んだともいえるだろう。言葉ではなく表情から……。

一九三〇年代の探求

父、一平がロンドンでの軍縮会議を取材する旅に、母かの子とともに、岡本太郎が船で日本を出発したのは一九二九年一二月、一八歳のときだったと図録『多面体・岡本太郎』の年譜に記されている（川崎市岡本太郎美術館、一九九九年、二〇九頁）。翌年一月、ロンドンへ向かった両親を見送り、太郎は単身パリでの生活を始めた。第二次世界大戦勃発後、一九四〇年六月、ドイツ軍の迫るパリを離れ帰国する二九歳までの一〇年あまりのあいだ、太郎が経験したさまざまな交友は、数多くのエッセーに点描されている。その太郎の活動の場の一つの磁極をなしてゆくことになったモースが、この一〇年間、どのような探求を展開していたのかをたしかめてゆこう。

太郎がモースの民族学講義に本腰を入れて参加したのは一九三八年からだったとされている。パリ大学ソルボンヌ校への登録が一九三二年と一九三八―三九年になされていることが、その根拠とされる(楠本、二〇〇七年、二頁)。ただ、モースが一九三一年から開講したコレージュ・ド・フランスの授業は登録義務のない一般公開講義であり、また、一九二五年に哲学者リュシアン・レヴィ＝ブリュルを所長として、モースと、元軍医で南アメリカを専門とする人類学者ポール・リヴェを運営責任者として発足した「民族学研究所」(Institut d'Ethnologie)は、組織上パリ大学に属したとしても、ソルボンヌ校とは独立した研究機関であり、そこで一九四〇年まで途切れることなく継続されたモースの「民族誌学の手引」の講義が、パリ大学の登録科目として扱われて

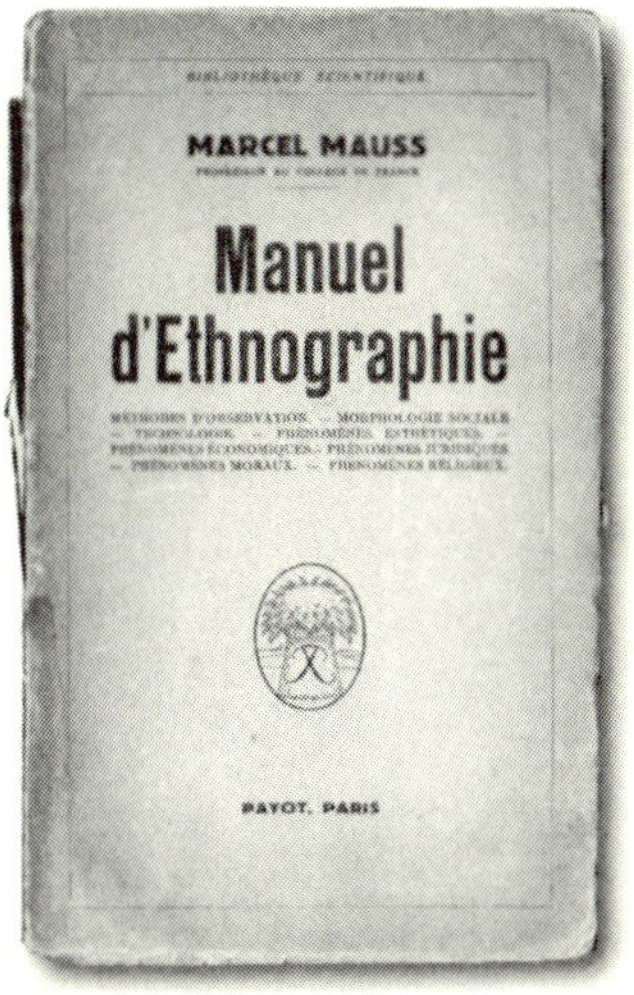

『民族誌学の手引』初版(1947年)表紙
岡本太郎美術館蔵(岡本太郎旧蔵)

モースは1925年から40年まで民族学研究所で「民族誌学」の講義を続けた。それはモースにとって、よりよい生を求める世界の人々のさまざまな生き方のなかに「記録されるに値するものがまだ山のように残っている」ことをたしかめ、「この世で飛びぬけているものをすべて知る」試みだった。そして世界を、それまでとは違った眼で見るための眼を鍛える機会だった。そのモースの精神をもっとも深く体得したひとり岡本太郎を通じて、モースは思いのほかわれわれの身近にいたのではないだろうか。

いたかどうかは明らかではない。三〇年代、モースは一九〇一年に着任以来続けていた大学院大学とも呼べる高等研究実習院（宗教研究部門）での講義もおこなっていた。パリ大学での担当授業はないが、三つの研究機関で並行して講義していたのである。インタヴューで、太郎はもう一つの活動拠点であるシャイヨー宮の「人類博物館」でしばしばモースと会ったことも語っている。おそらくは一九三八年以前から、遠く、あるいは近く、モースの磁力圏に自在に接近しつつ、独自の探求を、太郎は進めていたのではないだろうか。

モースの視野のひろがりを見るためにミニュイ版著作集の年譜（OE, 3: p. 685 sq.）にしたがって一九三〇年代のモースの講義の標題を確認してみよう。最初の数字は開講年度、HEは高等研究実習院、CFはコレージュ・ド・フランスを表している。

三〇　HE：(1)オーストラリアにおける口頭儀礼の基本形態、(2)パプアにおける神話と儀礼の関係

三一　HE：(1)オーストラリアにおける口頭儀礼、パプアにおける神話と儀礼の関係
CF：古代的社会における集団生活の一般的現象の観察について（開講講義）

三一　HE：(1)アシャンティ王国（現ガーナ共和国）の宗教と芸術の関係、(2)オーストラリア宗教における神話と儀礼の関係
CF：(1)デュルケムの市民・職業道徳学説、(2)社会学および一般文明史における未開概念の使用について

三二　HE：(1)北東シベリアの諸文明について、(2)ポリネシアの宗教

三三　CF：劣等社会における罪と贖罪に関するエルツの未刊の研究の解明
HE：⑴北東アジアの民族誌の読解、⑵ポリネシア宗教の民族誌の読解
三四　CF：劣等社会における罪と贖罪
HE：⑴北東アジアの諸民族における宇宙起源の概念、⑵宇宙論をめぐるマオリ民族誌
三五　CF：⑴劣等社会における罪と贖罪、⑵ゲルマンの諸民族と文明
HE：⑴北東アジア諸民族の宇宙論と自然崇拝に関する民族誌、⑵古代ハワイ
三六　CF：⑴劣等社会における罪と贖罪、⑵ゲルマン諸民族の形成――法の研究
HE：⑴北東アジア諸社会における宇宙論とシャーマニズム、⑵ハワイの大祭礼
三七　CF：⑴劣等社会における罪と贖罪、⑵ゲルマン文明の形成について
HE：⑴マリノフスキーによるメラネシア社会、⑵ハワイの宇宙論の文献
三八　CF：⑴ある種のゲームと宇宙論の関係、⑵ゲルマン人（続）――ゲルマンの法と宗教
HE：⑴ポリネシアと北アメリカにおけるゲームと宇宙論
三九　CF：⑴インディアンのゲーム、⑵ゲルマン民族について
CF：⑴ゲームと宇宙論、⑵ゲルマン人をめぐるユベールの研究

これらの講義と並行して、すでにふれたように民族学研究所では民族誌学の講義がおこなわれていた。その講義録を聴講生の講義からまとめた『民族誌学の手引』の一九八九年の序文で、編集者のドニーズ・ポルムは一九三〇年代後半、この「手引」講義の刊行を視野に入れたモースは、

三五年度には自分でも得意な分野と考えていた「技術論」と「美学」を、三六年度には「法的現象」を、三七年度には「宗教」を集中して講義したと解説している（Paulme, 2002: 15）。後にふれるように、三四年には一連の民族誌学のしめくくりにあたる部分が先回りして発表されている。

時代と人類学(1)

三〇年代後半、岡本太郎も参加していたはずのモースの講義を受講していた山田吉彦（きだみのる）も証言するように（モース、一九四三年）、モースの講義は民族誌を詳細に解読してゆくことが中心だった。「ある日には五行進み、他の日には二ページ進むといった具合である」。高等研究実習院の、地域を明示した講義がそれにあたる。三二年から数年にわたって北東アジアがとりあげられ、講義要録によれば、シベリアから北アメリカのエスキモーにいたるパレオ＝アジア北方諸民族の宗教、とりわけシャーマニズムが検討された。「なまはげ」が必ず手にしている桶をたたく音に、北方アジアのシャーマンの太鼓を連想する岡本太郎は、この講義を聞いていたと想像したくなる（岡本、一九五八年、三八頁）。

三四年から三六年にかけては、受講者の一人だった山田吉彦が訳した金田一京助のアイヌ研究が資料として分析された。これと並行してポリネシアの民族誌も検討され、たとえば三四年度のマオリ民族誌の検討ではティキ神の形象に凝縮された、世界と宇宙の二分法分類の体系が分析され、「それと天文学、占星術、宝の棒（地面に立てた丸太の天辺に括りつけたご褒美の品を木登りして取り合う競技、生命樹、世界の中心を象徴する世界樹であろう）、綾とり遊び、署名の体系、神の昇天と地上への降下の神話との関係が明らかにされた」という(OE, 2, p. 189)。一九七一年に刊行された『美の呪力』(新潮社、一九七一年)を、エスキモーの素朴な人形の石組み「イヌクシュクの神秘」からはじめ、綾とりに触発されて組紐文様のケルトからヨーロッパの古層への広がりを論じて閉じる岡本太郎の地平はモースの人類学の世界とみごとに呼応している。

コレージュ・ド・フランスでの公開講義は、一般の聴講者を前に、フランス社会学の創立者デュルケムの後継者として、第一次世界大戦の犠牲となった同僚や早世した同僚の仕事を引き継ぎ補完して、死後の出版(エルツの『罪と贖罪』、ユベールの『ゲルマン人』)にこぎつけるための、いわば「喪の仕事」にあてられていたことが推察される。

いっぽう「民族誌学の手引」は、モースの周囲に集まった人類学を志望する若い研究者見習いたちに、「世界には記録されるに値するものがまだ山のように残っている」ことを教え、「すべてを、欠けるところなく、網羅的に」観察し、記録するための方法を伝授することを目的とする講義であった。編集者ポルムは、それがしばしば世界各地から拾い集められた事象の列挙に終わることもあった、と少々不満気な口調でコメントしている(Paulme, 2002: 15)。それが「普遍的な存在として生きること……この世で飛びぬけているものをすべて知ること」という強い意志に貫かれたものであったことは取り立てて示唆されてはいない。おそらくモースの言葉にあふれていたであろう「表情」は、聴講生のノートから復元され出版された『民族誌学の手引』の文章には、ほのかな残響しか残されていないのだろう。しかし、耳を澄ませば、たしかに岡本太郎が吸収した、言葉にはならない「表情」による師の教えを聞きとることもできるのではないだろうか。そのことは後で試みてみたい。

いずれにせよ、この一〇年間、モースは同時代の知の最先端を走る、人類学を代表する知性として、八面六臂の活躍をしていた。アメリカで起こった大恐慌が波及して、二〇年代までの華やかなレザネ・フォル（狂った時代）が暗転し、やがて再度の世界戦争が予感されはじめるこの時代、モースの人類学の探求は、厳しい状況のなかで、人はどのような希望を持ち続けることができるのか、という問いへの答えを求めていたといえるのではないだろうか。

一九三〇年代、モースと人類学をとりまいていた時代の動きをたしかめておこう。それはまた一〇代の終わりから二〇代の若々しい精神をもった岡本太郎が呼吸していた空気でもあった。

時代と人類学(2)

第一次世界大戦の余塵がおさまり、一九二五年、デュルケムが創刊した『社会学年報』がモースを中心にして第二期『年報』として再刊され、その第一巻にはモースの名声を確立した「贈与論」が掲載された。また一九三〇年には、モースはコレージュ・ド・フランスの教授に選出され、弟子たちが、民族学研究所、パリ大学、国立自然史博物館の協同企画として、フランスとしては初の大規模な人類学調査を企てた「ダカール＝ジブチ調査団」がパリを出発したのが一九三一年五月一〇日、そして同じ五月から半年のあいだ、広大なヴァンセンヌの公園では大掛かりな植民地博覧会が開催された。一九三〇年にモースは、やがて太郎が知己を得ることになるジョルジュ・バタイユが主催する『ドキュマン』誌に「ピカソ頌」という文章を寄稿し、翌年にはフランス第二の都市リヨンで発行された雑誌に「土着芸術」と題した小文を寄せている。ロシア革命がスターリン支配のもとで変質し、ドイツ国家がナチスに乗っ取られ、アメリカが大恐慌の震源となって、アジアでは日中戦争が泥沼状態になり、第二次世界大戦の兆したこの時代を、年表をコラージュしてたどっておこう。先にあげたモースの講義題目と重ねて見ていただければありがたい。

		モースの執筆と活動	モース周辺の人々とりわけ岡本太郎、他の動向
一九三〇	一月		岡本太郎、マルセイユ経由でパリに着く
	三月	モロッコに旅行	
	一一月	コレージュ・ド・フランス教授に選出	
		「ピカソ頌」(『ドキュマン』)	
一九三一	二月	コレージュ・ド・フランス開講講義	
	五月		植民地博覧会開会、シュールレアリストによる批判。
	五月		グリオール、レイリス等のダカール＝ジブチ調査団出発(一九三三年、二月まで)。
	九月		太郎、ソルボンヌ大学哲学科に登録
		「多環節社会における社会的凝集力」(『社会学研究所紀要』)	
一九三二	五月		総選挙で左翼の勝利

一九三三　一月　ドイツでヒットラー内閣成立
コジェーヴによる「ヘーゲル講義」始まる。バタイユ、
カイヨワ、ラカン等聴講
スタヴィツキー事件発覚
一二月　「一九一四年以降のフランスにおける社会学」（『フランスの科学』）
「個体性についての発言」
太郎『アブストラクシオン・クレアシオン』展に出品
カイヨワ、モースの講義に出席（―三五年まで）
ダカール＝ジブチ調査団特集（『ミノトール』）
一九三四　三月　反ファシズム知識人監視委員会に参加署名（ブルトンも署名）
一九三五一〇月　「一般記述社会学の計画・断章」（『社会学年誌』）
ブルトン、バタイユ等「反撃」を結成
イタリア、エチオピア侵入
一九三六　一月　「身体技法」（『心理学雑誌』）
太郎、「反撃」集会に参加、バタイユを知る
三月　ドイツ軍、ラインラント進駐、「反撃」分裂
五月　人民戦線内閣の発足
レオン・ブルム内閣への協力を検討しつつ冷静な距離を保つ

一九三七　七月　スペインでフランコ等反乱、内戦始まる
一月〜二月　レヴィ＝ストロース夫妻「マト・グロッソのインディアン」展開催
六月　太郎、初の画集『OKAMOTO』刊行
七月　バタイユ、カイヨワ等、コレージュ・ド・ソシオロジー結成
ナチス主催の「頽廃芸術展」開催
一九三八　二月　高等研究実習院宗教研究部長兼任
三月　ソ連でブハーリンなど粛正
五月　ブルトン、メキシコでトロツキーと会見
六月　カイヨワへの私信
カイヨワ、モース担当授業で講師を務める
七月　太郎、バタイユの推薦でアセファルに加入
九月　ミュンヘン協定
「人間精神の一カテゴリー：人格の観念」（『王立人類学協会紀要』）
一九三九　八月　独ソ不可侵条約
九月　第二次世界大戦始まる
「物質の観念に先行する諸概念」（物質をめぐる国際会議での報告）
一九四〇　六月　パリ陥落、その数日前に、岡本太郎、パリを離れる

一〇月　モース、ユダヤ人という理由からあらゆる公職を辞任させられる

一九四〇年六月、ドイツ軍の迫るパリを去るときのことを岡本太郎は、「ソルボンヌの学生生活」というエッセーに次のように書いている。

六月三日、――この日、最初のパリ爆撃が行われた。私は、四日にパリを逃れたのだが、独軍が入ったのは十三日である。――最後に大学へ教授たちに会いに行った。私の挨拶に対して、モース教授は「日本の知友によろしく伝えて下さい」と、優しく受けてくれたが、リヴェ博士の態度はむしろ冷たかった。政治的にも大きな仕事をしていた博士は、ファシストによるパリ陥落の悲劇を目前に、危難をさけて、敵国同様の日本に帰って行く私に、いささかの憤りを感じたのであろう。その気持ちを察して私は暗然とした。翌日、私はパリと、そして学生生活に別れを告げて帰国したのである。（岡本、二〇〇二年、八四頁）

そのわずか数か月後、輝かしかった師のモースが、ナチス占領下のパリで、公職から追放され、一切の名誉を剥奪され、さらに二年ほど後には、ユダヤの黄色い星をつけて迫害の生活を強いられることを太郎は予想しただろうか。リヴェ博士の「仕事」は、すでに独軍に対するレジスタンスの準備にとりかかっていたことをさすのだろうか。

日本に戻った太郎自身は兵役に招集され、辛酸の従軍経験をすることはエッセーに記されている。戦後のモースは、弟子たちの見分けもつかない痴呆の状態の数年を経て、一九五〇年、七七歳の生涯を閉じることになった。「とりわけ私には優しかった」というモースの死の報せを、太郎がどのように受け取ったのかはわからない。それがどうであれ、「並はずれた人でした……もう彼のいない今となっては、僕が生きなければいけません」と語る弟子に、師のもっとも大事な何かが引き継がれたことはたしかではないだろうか。

民族誌学の手引(1)――技術論

弟子を熱中させた『民族誌学の手引』は、聴講ノートをまとめて後年刊行されたことはすでにふれた。入念に仕上げられた、書かれたテクストの解読とは違ったある自由なやり方で、それを読むことも許されるように思う。モースの民族誌学のひろびろとしたフィールドのそこここから気ままに花を摘むように、若い学生をはっと思わせたであろう語り口のうかがえる文章をいくつか拾ってみたい。

現認することと統計をとることによる科学である民族学においては、直観の働く余地はない。社会学と記述的民族学は、研究者に古文書学者であり歴史家であり統計家であることを求める。さらにある社会における生活全体をありありと感じさせる小説家であることも。

(ME, p. 8)

主観的であることからくる障害。表面的な観察に終わる危険性。「信じ」てはいけない。見たのだから知っているのだと信じないこと。道徳的判断を一切してはならない。驚いてはならない。逆上してはならない。土地の社会の生活をその内部で生きるよう努めること。（*ibid.*, p. 9）

若者にさしだされた生活指針のような指示。ただ若き研究志望者に向けたこの生活指針は、むしろ判断停止とアモラルな、つまり道徳的な冷静さを課しながら、生活のさなかに入ること、直観を排しながら想像力を目覚めさせておくといった、ある意味では矛盾に満ちた要請を課すのだ。

観察の方法は、物的なものの記録と観察法、および心的なものの記録と観察法に二分される。それは、かなり恣意的な区分である。社会生活には、純粋に物的なだけの要素も、純粋に心的なだけの要素もありはしない。理念的なもの、手に触れえぬものの芸術である音楽は、人間にもっとも身体的に働きかけるものでもある。（*ibid.*, p. 18）

物質と精神の二分法は括弧に入れられ、視線の新たな布置のなかに、メディアとしての身体が浮き上がってくる。社会へのまなざしを、この身体という「運動し生成する場」のまわりに編成しなおすこと、それがモースの最盛期から晩年にかけてのもっとも重要なモチーフの一つであったと思われる。『民族誌学の手引』のかなり大きな部分を「技術論」が占めていることも、モース的展望のなかでは技術が、文明論と密接にリンクしているばかりでなく、技術の実践と技術の効果の身体的位相の問題として、心理的・生理的身体に直接かかわり、あるいは「身体技法」といった問題系を導入することから理解されよう。

そして、技術の細部に眼をとどかせることによって、そこに物質と精神のきわめて親密な関係が確かめられることは間違いない。例えば籠編みの技術は次のように観察されねばならない。将来のフィールドワーカーの視線を鍛えようとするモースの教えの語り口を彷彿とさせるその一節のほぼ全体を引いておこう。

> ヨーロッパにおける最良の籠細工師はジプシーであるが、ヨーロッパましてやフランスが世界中でもっとも優れた籠の産地であるわけではない。最高の籠細工は極東及び中部アメリカとりわけプエブロ族のそれである。中部アメリカの cliff dwellers つまり「断崖の住人」の考古学的発掘の結論は好奇心をそそるものである。すなわち、世界で最も美しい籠細工は、考古学的層位の最も深い所から発見されるというのである。
>
> 籠細工に関しては先ず素材（土着の名称及び科学名）、素材のすべての形態、変形の過程を研究すること。それぞれ異った状態での見本を蒐集すること。……
>
> 籠細工は、規則的に組み合わせられた二つの要素から成っている。織り編みの場合、二つの要素は機織り機の方法と同じように交差されるが、籠細工の素材は、椰子の葉とかパンダナスの葉とか、柿やアカシアの棒のように比較的硬く、幅の広いものである。もう一つのタ

イプは、螺旋編みといえるもので、実際には縫ってあるといえる。経に相当する棒材もしくは草を骨格として、突錐を使ってゆくわけである。骨格なしの螺旋編みは、網と同じである。

この二つの大まかなタイプがさらに数多くの範疇に区分される。ここでは織り編みのいくつかを列挙するにとどめておこう。緯糸に当たる要素の各々が経糸と規則的に交差する場合、市松模様（check work）となる。仕上がった後、経糸と緯糸の区別は不可能となる。横糸の要素が規則的に一本以上の経糸の要素を跨って織られる場合、寄せ木細工模様（trilled work）と呼ばれる。この方法で装飾織りができる。網代織り（wicker work）というのは、市松模様に似ているが、経糸が硬い点が異なっている。最後に、撚り編み（twined work）の方法では、二本以上の緯糸の要素が、硬い経糸に撚り合わされるのである。

籠細工は、ほとんど器具を用いず手編みで作るのが普通である。そのためにはかなりの器用さが要求される。この手の動きを記述し、写真に撮り映画を撮る必要があるが、先ず何をおいてもデッサンを描くことである。各タイプの籠細工について、製作工程上の三つないし四つの重要なモメントを示す実例を収集すること。

どのような形態も基本形態から派生したものである。網の原初形態は糸であり、次の段階に、編み紐がくる。三本ないし四本の糸（紐）を使った莫蓙は、その発展した形態である。

籠の底は最もむずかしい部分である。籠は錐形であるかそれとも底面のあるものか。底は、一重のこともあり、二重、三重のこともある。円形の籠で、底は三角形を四つつき合わせた四角形ということも多い。さまざまな幾何学的形のあいだの関係。すべての古代社会でかなりの数の平面幾何学、立体幾何学の定理が、籠細工のなかで、意識に定式化されることを要せず（実践的に）解決されているのである（籠細工は、女性の仕事であることが多い）。底の次に、側の構成を研究する。側の底へのとりつけはどうなっているか。開閉部分があるか。蓋のある場合、蓋はどうなっているか。

各モメントについて、以上のすべてにかかわる観念《イデオロギー》の体系を記録すること。土着の言語による記述に加え、それが存在する場合には、各モメントの象徴論と神話を記す。

さらに装飾を研究する。装飾は、さまざまな色彩の異なった要素の存在によって作られる。その成果は、かなりのものになることがある。（*ibid.*, pp. 40-41）

民族誌学の手引(2)──美学

技術から神話と象徴へ、さらに装飾へというモースの関心が広がり移ってゆく過程には、技術から美的現象へのほとんど切れ目のない移行が予感される。もし聴講していたのであれば、太郎が全身の注意を向けて傾聴したであろう「美学」の講義の冒頭は以下のように記録されている。

美的現象は、人間の個体的活動だけでなく、社会的活動の内部で大きな部分を占めている。あるものが美しく、ある行為が美しく、詩句が美しいのは、それが趣味判断力をもった大衆によって美しいと認定されたときである。これが美術の文法と呼ばれるものである。あらゆる美的現象が、幾分かは社会現象なのだ。

美的現象と技術的現象を明瞭に分つのはきわめてむずかしいが、それにははっきりした理由がある。技術は常に、伝統的行為の一系列である。一系列、つまり、一つの有機的連鎖、宗教におけるように、独自の効果を狙うに留まらず、物理的な効果をも達成しようとする行為の有機的連鎖である。ところが、きわめて多くの場合、美的作品も一つの対象物である。したがって技術と芸術の区別は、とりわけ創作芸術については、社会心理学的区別にならざるをえない。つまり前者は、対象を物理的目標との関係で制作し、また考察するのに対し、後者は、美的感覚の追及との関係で対象を製作し考察するのである。社会の外部の者は、制作者あるいは作者に問い質すことでまずこの区別を知る。芸術のなかにも技術があり、技術的構築術もある。しかし、美的対象というものは、単なる有用性の概念よりも複雑な概念の現存によって認知されるのである。

造形が誕生するや否や、平衡そしてリズムの概念が生起する。リズム的なものが現れると同時に芸術が出現する。個体としても社会的にも人間はリズムの動物である。(*ibid.*, p. 85)

モースの講義の全体をここに引用するわけにはゆかないので、それがいかに広範で異貌の美の概念を基礎としていたかという点に限って確認しておこう。

先にわれわれは、技術を、物理的あるいは化学的に特定化された目的のために協働される行為と定義した。美的現象は、美しさという概念の現存によって定義できよう。ところが美しいものの主観的でない定義を与えるのは不可能である。したがって、あらゆる遊戯《ゲーム》、捺染から絵画に至る美に対応する喜びを創出する活動のすべてを、列挙しなければならない。別の定式化に従い、美しさを、喜びと歓喜の概念、時には狂おしい激しさで追求されることもある、歓喜のための歓喜の概念によって定義することも出来よう。それは熱狂とカタルシスである。例えば、中央アメリカのズニ・インディアンには、一斉になされる排泄とゲロ吐きで終わる祭礼がある。(*ibid.*, p. 86)

美的なものには常に官能的喜びの概念が含まれている。官能的喜びなしには美はあり得ない。オーストラリアのある大きなコロボリーの祭礼が「腹のもつれを解きほぐすもの」と呼ばれている例を見よ。こうしてあらゆる美的現象のなかに、諸芸術の混合の問題を見極めなければならなくなる。コロボリーには、絵画——身体絵画、物の色彩——を含むすべてが見出されるのである。(*ibid.*, p. 87)

美学の項目でとりあげられる祭礼における「排泄とゲロ吐き」の歓喜。たしかにここには小奇麗な因習に染まった美学とは異質なものが提示されている。モースにとって美的現象における身体感覚は、最上位の重要性を与えられていたことがうかがえる。

さらに美的現象の重要な部分として遊戯《ゲーム》があげられる。「あらゆる美的現象は、純粋芸術現象と遊戯との二つのグループに分けられる。すべての美的現象は遊戯の現象であるが、すべての遊戯が美的現象なのではない。芸術現象においては慰戯《ゲーム》、比較的無私の概念に、さらに、美の感覚が付け加えられる。さらに、芸術と遊戯とを、前者は真剣であるという特徴によって、かなりうまく区別できる。快い活動としての遊戯と、真摯な活動としての芸術。遊戯は美学の構成部分であり、無私の歓喜を作り出す方法であり、伝統的で、普通は集団で行われる活動なのである。」(*ibid.*, p. 90)

こうした遊戯の重要な一例として、モースが独特の関心を寄せた「綾とり」がある。その記述全体を引いておこう。

いたるところに見出され、もっと広範に分布しているものは、cat's cradle つまり綾取りである。これは、記述することのもっともむずかしい遊戯の一つでもある。調査者は、後で動きを再現できるよう、一つ一つの形の作り方を習得せねばならない。記録には、言葉とデッサンを用いること。映画では形がかえって不明確になる。デッサンの場合には、各モメントごとの紐の位置の一つ一つ、ある位置から次の位置への移行の際の紐の運動の方向を指示する。文章による説明には正確な用語を用いること。手の甲の側で行われることはすべて「甲の《ドルサル》」と形容し、手の平の側で行われることはすべて「平の《ポメール》」と形容する。したがってそれぞれの指が、甲側の面と平側の面を備えているわけである。小指方向への動きは、「放射の《ラジアル》」動き、親指方向への動きは「月の《リュネル》」動き、そして、指上の紐の位置については、平に近い下方では「下方《プロクシマル》」、指の先の方では「末端《ディスタル》」と呼ぶことにする。これらの用語は

籠細工、組紐細工、エスパルト細工のすべてに適用する。（*ibid.*, pp. 92-93）

こうして綾とりは、手技としての籠作り、組紐作りへと意表をつく連関を示すことになる。と同時に、たとえばマオリの文化において、綾とりが神話や世界観に密接にかかわっているというモースの民族誌読解があることにはすでにふれた。

細部に宿る力

「技術論」「美学」には、モース独特の「細部」へのこだわりがよく表れている。そこには「神は細部にやどりたまう」といった言葉で済ますことのできないモースの思考の発露がある。かつて筆者自身が書いた文章によってそのことを再確認しておきたい。

モースの指示のなかに、ある種の道徳的判断の停止つまりアモラルであること、アンパッシブルすなわちある種の無感動を身につけるべきことが言われていることはすでに見た。細部から細部への移動はまた、ある非体系性を要求するのか、とここで問うてみることもできる。もし問いに肯定的に答えるなら、さらに非体系性が、あらゆる細部にそれ独自の価値を見出し、各細部のあいだに、ある固定化された価値序列を設定するのを放棄すること、したがって取捨選択を放棄することを意味するのか問うてみることができよう。そして取捨選択の経験を積み重ねるなかで形成される、選ぶ「主体」の放棄を意味するのか問うこともできる。

しかしアモラルへの要請が、モースにおいて道徳的ニヒリズムとは無縁であるように、細部から細部への間断ない移動の意味は、主体の放棄といった視点からはまったく捉えられないものであるに違いない。確かに、自己自身の速度を超えて対象へと超出してゆく好奇心の運動の状態そのものを、もっともすぐれた意味での民族誌的関心のバネと呼ぶことはできるかもしれない。しかしそうであるならそれは、「選択する主体」の放棄からくる「非体系性」などと呼べるものではなく、逆に「主体」に支えられた「体系」の外にあってその狭さと限界を照らし出し、未知の細部に光を当てる、多方向に散乱するある種の博物学的な洞察力ともいうべきではないか。しかもこの洞察力の行使されるべき特権的な領域が、原理的に「未開」社会などに限られないことはモースにとっては自明なことなのだ。現代フランス人類学の定礎が、このような資質の個人によっておこなわれたことの意味を、私たちは見逃してはならないと思われるのである。（渡辺　二〇〇九年、一七一一八頁〔初出は一九八七年〕）

マルセル・モースの民族誌学のエッセンスともいえる「技術」と「美学」を垣間見た後に、岡本太郎の写真を振り返っておくことは無駄ではない。一九五七年二月一四日と一六日に撮られた数葉の写真には、まさにモースが細やかな注意を向けて観察した手技の成果が、技術と美的な効果の表裏一体となった「物」としてさりげなく、しかしきわめて正確かつ克明に写し取られてはいないだろうか。「かまくらを作る少女」の頭部と上半身をおおう蓑《けら》、乳児を容れる大きな螺旋を描いて編みあげられた飯詰。さらには蓑を編む手さばきの細部、その奥には紐をあつかう際の足親指の用法までが写しこまれた写真。そして、「趣味的な美術品には見られない凄み」を見いだされた「おろし皿」や、豊かな「民衆の美観」を体現する「爐ばた（打ち菓子）」の発見。形を与えられた物が物自体を超える瞬間に発生する「美の呪力」。とるにたらない小さな生活用具のなかにさえ「美の呪力」を検出する感性の練磨は、師によって提供された民族誌学の武器を、師の直接知ることのなかった日本において、実地に試すなかで遂行された、といってもおそらく、けっして的外れではないと思われるのである。

◉註

1．私の属する大学院の梁説さんがこのことを教えてくださった。川崎市岡本太郎美術館の仲野泰生氏にはジャン・ルーシュの映像をはじめ、さまざまなご教示をいただいた。記して感謝したい。

◉参照文献

ED=Essai surle don. Forme et raison de l'échange dans les sociétés archaïques, *L'Année sociologique* (nouvelle série, I, 1923-24): 30-186; SA: 143-279.（「贈与論―古代的社会における交換の理由と形態」渡辺公三訳、『モース著作集』［未刊］訳稿）

OE=*Œuvres*, Les Éditions de Minuit, t. 1. 1968; t. 2 et 3, 1960.

ME=*Manuel d'ethnographie*, 1967［1947］, Payot.（『民族誌学の手引』渡辺公三訳、『モース著作集』［未刊］訳稿）

今福龍太「すべてと無のあいだの深淵―岡本太郎の「民族学」」（川崎市岡本太郎美術館『多面体・岡本太郎』、一九九九年所収）

岡本太郎『日本再発見―芸術風土記』、新潮社、一九五八年。

岡本太郎『日本の伝統』、光文社、一九六六年。(追補)

岡本太郎『美の呪力』、新潮社、一九七一年。

岡本太郎『芸術と青春』、光文社智恵の森文庫、二〇〇二年。

川崎市岡本太郎美術館『多面体・岡本太郎』(図録)、一九九九年。

川崎市岡本太郎美術館『岡本太郎「藝術風土記」―岡本太郎が見た50年前の日本』(図録)、二〇〇七年。

楠本亜紀「岡本太郎のパリ大学在籍簿」『川崎市岡本太郎美術館研究紀要』一号。

田沼武能「岡本太郎的写真力」(川崎市岡本太郎美術館『岡本太郎「藝術風土記」―岡本太郎が見た50年前の日本』、二〇〇七年所収)

モース、マルセル『太平洋民族の原始経済―古制社会に於ける交換の形式と理由』山田吉彦訳、日光書院、一九四三年。

渡辺公三『身体・歴史・人類学Ⅱ　西欧の眼』、言叢社、二〇〇九年。

Fournier, Marcel, *Marcel Mauss*, Librairie Artheme Fayard, 1994.

Paulme, Denise, «Preface», ME(nouvelle edition), Payot, 2002.

3　モース人類学あるいは幸福への意志

モースの人類学的直観

岡本太郎と同年、一九一一年生まれで、植物学の分野でユニークな仕事を残したアンドレ＝ジョルジュ・オードリクールは、モースの講義では次から次へとくりだされる警句や当てこすりに、聴講者は講義が終わって教室を出るとグロッキーだった、と回想している（Haudricour, 1987, p. 24）。晩年のモースに師事し、後にモースの探求の出発点ともいえるインド研究を引き継いだ、やはり一九一一年生まれのルイ・デュモンもまた、講義の終わった後も、「歩きながら語る」印象的なモース像を描いている。

……彼（モース）は始終歩きながら語りました。それはあたかも遠い土地の諸種族の秘密の数々、人類の古記録の断片が、その道の達人によってただの会話のかたちで啓示されるというふうでした。というのも彼は書斎の椅子に座ったまま書物を通じて人々と同一化することで世界を旅したからです。彼のいつもの語り口もそこからきています。わたしは食べる……、わたしは呪う……、わたしは感じる……、というのはその時々に応じて、かくかくの島のメラネシア人は食べる、マオリ族の首長は呪う、プエブロ・インディアンは感じるという意味なのです。（デュモン、一九九三年、二六五頁）

ここにもまた、語る人としてのモースの人類学的直観の秘密がさりげなくもらされているように思える。『民族誌学の手引』のごく限られた引用にもうかがえる、知られるに値する世界の事象の「すべてを、欠けることなく、網羅的に」観察し記録し考察することへの並はずれた意欲が、いっぽうではそこに生きる他者への「同一化」への、ある資質に裏打ちされた強い意志に支えられていることである。モースをとりまく弟子たちは何よりもまず、こうしたモースの語り口と表情に溢れた意欲と意志に染まることで人類学することを学んだのではないだろうか。

それはたとえば、同時代の西欧の感性のいっぽうの尖鋭な創造者だったともいえるシュルレアリスト、アンドレ・ブルトンの言葉とも鋭い対比をなしている。「……想像力はありとあらゆる能力をそなえている。ただ一つ欠けているのは、うわべはどうあろうと、われわれを自分以外の人物と同一化させる能力だけである」（ブルトン、一九七四年、二〇二頁）。モースが、同一化がほんとうに実現可能だと考えていたのかどうかは分からない。しかし、おそらくはその可能性に賭けることが、人類学のプロジェクトにほかならない。いっぽうブルトンはその不可能性を確認することを、想像力に賭ける出発点とした、と考えるべきなのだろう。

モースにおける「すべて」を知ることへの意欲は、人類学的思考を端的に表現した「全体的社会事象」というモース独自の用語にもあらわれている。そのことは後にふれたい。ただこの全体への意志は同時に、われわれが知るべきなのは具体的な存在、具体的な個体なのだ、という強い確信と断言に裏打ちされている。『贈与論』の結論部分で、モースは人類学的思考が個別具体的な存在、現存する、あるいは現存した「個体」をめざす歴史学に学ぶべきことを次のように言い表している。

所与のものを観察することにかけては、歴史学者にならわなければならない。所与のものとは、ローマであり、アテネであり、普通のフランス人であり、あれこれの島のメラネシア人であって、祈り自体とか法自体ではない。(ED, p. 182)

こうしたモースの直観の源泉を探ることが、われわれにとってモース人類学を探究することにほかならない。それはモースの創造しようとした人類学がどのようなものであったかを知ることと同時に、とりあえずは「並外れて」「魅力的だった」モースを対象として、われわれ自身が「自己以外の個体を理解するための方法としての人類学」を探求するという意味でもある。「わたしは呪う、わたしは感じる……」と一人称で民族誌を再演するモースの語り口は、幾分か「自由間接話法」にも似た落語の話法を彷彿とさせる。そうした「同一化の語り」は、モースが編み出した、モース流の「理解の方法」の一つだったのだろう。

早送りの映像のいくつかのコマをストップモーションで仔細にたしかめるようにして、モース人類学の形成をたどってみたい。

ヴォージュ県エピナル

マルセル・イスラエル・モースは、一八七二年五月一〇日、ロレーヌ地方、ヴォージュ県の県庁所在地の小都市エピナルに生まれた。その出生証書には、隣接するアルザス地方のバ＝ラン県、ドイツ国境に近いビッシュヴィレールという町で商業を営むジェルソン・モースの妻、ロジーヌ・デュルケムが同日、午後七時に男の子を出産し、翌日市庁に届け出たことが記されている。立会人として、ロジーヌとその弟エミールの六八歳の父で、ヴォージュ県のラビ（ユダヤ教司祭）、モイーズ・デュルケムの名と署名もある（そのユダヤ教会シナゴーグはエピナルの駅前の裏通りにあるそれだったのだろうか）。おそらくロジーヌは日本風に言えば実家にもどって出産したのだろう。

そして出生証書の欄外には一九三四年七月二六日、パリでマルト・ローズ・デュプレと結婚、と追記されている。死亡についての記載はない。三四年、つまり六二歳での結婚（マルセルは初婚、一四歳年少の妻マルト・デュプレは再婚だった）というやや異例な、しかしよほど注意深く読まなければ気づきにくい事実を別にすれば、一八九五年、難関とされる哲学教授資格試験に合格し、一九〇一年、高等研究実習院の講師として研究者の人生を歩み始め、一九四〇年、コレージュ・ド・フランス教授を退任したモースの生涯は、一見、学究としての波乱の少ない、伝記的エピソードに乏しい、むしろ平凡なものとも思える。

しかし、出生の年が、ナポレオン三世がプロシア軍の捕虜となって皇帝の座を失って、パリ・

コミューンが束の間、市民と労働者の自治のもとに成立し、勝利したプロシアが隣接するアルザス地方を奪取した普仏戦争の起こった一八七一年の翌年であることを考えれば、モースの生涯は諸国家と諸階級の厳しい対立と動乱の相のもとに始まったともいえるだろう。普仏戦争の過程では、フランス国境を越えたプロシア軍がエピナルの街を通過してブザンソン方面に進出してもいる。

一八五〇年代からフランス全土の鉄道網の発展と並行して、ヴォージュ県においてもパリとストラスブールを繋ぐ幹線上の都市ナンシーから、エピナルを中継地として鉄道が敷設されたことは地方史の史料にも強調されている。こうした第二帝政下のフランス近代化の余波は独仏国境地帯にもおよび、アルザス在住のユダヤ人たちの商工活動の活発化を促した。そして、アルザスのユダヤ人たちに、子弟をパリに送り込み、社会的な階梯を昇ることを促しもしたのである。

普仏戦争後、アルザス地方という長年の独仏係争地を失ったフランスは、エピナルに兵舎を新築し、国境防衛の最前線基地として位置づけたともされる。大戦直前の一九一三年、モースは社会党系の『ユマニテ』紙に、エピナルの兵舎の泥縄式の準備不足をふくめ、東部国境におけるフランス軍の混乱と無秩序状態を、ナポレオン三世指揮下の帝国軍の混乱になぞらえて、帰郷の際のエピナルでの見聞を交えて批判的に報じている（EP, p. 210）。

中世以前にさかのぼれば、近代の独仏国境地帯は西欧の中央部にあたり（今日EUの議会がストラスブールにおかれている理由もそうした歴史的、象徴的意味合いがある）、また数世紀をさかのぼれば、ストラスブールは活版印刷術を創始したグーテンベルクが、改良を重ねて聖書の印刷を実行した、知識と情報の加工、流通の革命の震源地と呼ぶこともできる。しかし、そうしたヨーロッパの影の中心地ストラスブールに近い小都市エピナルで興味深いのは、まだ人のコミュニケーションが徒歩による移動を中心としていた時代に、「エピナルのおもちゃ絵」という、荷を担ぐ行商人による独自の情報流通の発信地であったという事実である。たとえば一八世紀末から一九世紀初め、ナポレオンがヨーロッパの各地に転戦し、ヨーロッパを震撼させていたその動向は、おもちゃ絵に描かれ素早くフランス各地に行商されたという。子供たちは絵を切りぬいて、小さなパノラマ世界を組み立てて、遊びながら世界の動きを感じとることができた。その出身地が、文字ではなくイメージを通じた、子供を巻き込んだ独自の情報流通と世界理解のメディアの発信地であったことは、モースの人類学のありようを考えるとき、象徴的な意味を帯びているのではないかと想像を刺激されるのである。

同志マルセル

モースは高校時代までをエピナルで過ごし、学者となった後も、毎年のように敬愛する母に会いに帰郷するたびに、若い時に熱中していたヴォージュ山地の山歩きは続けていたという。

高校を出ると、すでにパリのエリートコースのエコール・ノルマルを卒業し、ボルドー大学に奉職していた母方の叔父、エミール・デュルケムの指導のもとで勉学にはげむためにモースはボルドーに移った。かつてはカリブ海交易への出航地であり、ユダヤ系市民も多かったボルドーの歴史もまた、モースに幾分かの影響を与えたのかもしれない。

デュルケムは、アルザス出身ながらすでにパリの実業界で一定の地歩を築いていたユダヤ系一族の娘と結婚し、フランス市民としての社会的階梯を確実に昇り始めていた。この謹厳な叔父にとって甥マルセルは、鋭い知性に信頼を寄せるとともに、その才気煥発さにやや手を焼く心配な存在でもあったことが、公刊された私信からもうかがえる。社会主義に理解を示しながら実践的には距離をおいていた叔父とは違って、マルセルは、ボルドー時代からフランス労働者党に加入し、後にソ連成立後の共産党の創立者の一人となって袂を分かつことになるマルセル・カシャンと知り合い、政治活動に身を投じていた。

高等教育機関における教授職への登竜門とされる哲学教授資格試験準備のためにパリに移ったモースは、手紙によるリモート・コントロールを試みる叔父の心配をよそに、エコール民主同盟などにコミットしながら政治活動を続けた。それでも猛烈な勉強の甲斐あって一八九五年の教授資格試験に三位で合格した後、ある伝記事典によれば、一八九六年ごろから生活協同組合運動にのめりこみ「喜びの未来」という結社に加入して、協同組合経営のパン屋の創立などにもかかわっている。

並行して「もう一人の叔父」とも言われる、若くしてサンスクリット研究の大家となったシルヴァン・レヴィに就いて高等研究実習院でインド古典学を学び、将来その道に進むことを嘱望されてもいる。その成果は宗教学を専攻した親友ユベールとの共著として、一八九九年に『社会学年報』に掲載された「供犠の本性と機能についての試論」（以下『供犠論』）にうかがうことができる。その発表の前年には、数年来の準備を経てデュルケムの創刊した『社会学年報』第一巻が出版され、モースは過去数年に公刊された宗教研究を中心とする二〇篇の最新の成果を書評している。「書物を通じて……世界を旅」するモースの人類学の志向はすでに明瞭にあらわれている。

若きモースの二〇代は、『年報』を拠点としたフランス社会学の基礎固めのためのデュルケムへの協力と政治活動との二つの領域での、華々しい初戦の展開の時だったといえるだろう。この二足の草鞋をはいた「世界の旅」は五〇代後半のコレージュ・ド・フランスへの着任まで続くことになる。その間、フランス語で「大戦争」と呼びならわされている第一次世界大戦の時期、通訳将校として志願し軍務に専念した前後、一九一四年から一九二〇年までは、モースの活動の記録はない。学会デビューともいえる一八九六年の長い書評から始まり、前述の「供犠論」、一九〇三年のデュルケムとの共著『未開の分類形態』、一九〇四年のユベールとの共著「呪術の一般理論の素描」（以下『呪術論』）、一九〇六年のブーシャとの共著『エスキモー社会の季節的変異』まで、人類学的業績は着々と積み上げられている。ここではこれらの業績と並行して展開された、モースの政治的言論活動に重点をおいて、その軌跡に残されたモースの視野の広がりをたしかめておこう。

一九〇〇年には、一九世紀末のフランスの国論を真っ二つに分けたドレフュス事件の高等法院の判決への批判キャンペーンの論陣の一翼をになう論説を公刊している（*ibid*.: 85）。いっぽう、並行して、南アフリカにおいて金とダイヤモンド採掘の利権の確保のために、大英帝国がオランダ系ボーア人農民たちにしかけた理不尽な戦争を鋭く批判する文章、そして消費者生活協同組合運動の大会での発言と報告が公刊されている。同時代のフランス社会主義の運動にきわめて大きな影響力をもっていたジャン・ジョレスの知遇を得て、組合活動への賛同をとりつけ、一九〇四年にはジョレス等が発刊した『ユマニテ』誌の創刊スタッフにも名を連ね、寄稿することになる。一九〇六年にはジョレスの要請にしたがって、『ユマニテ』特派員として第一次ロシア革命の渦中のロシア事情を視察する旅に赴いてもいる。モースはレーニン指導下の少数派よりも社会革命党への共感を強くして帰国したといわれている。

やがて一九一〇年代、独仏の緊張が高まると、モースはそうした「国際情勢」の時評にも考察をひろげてゆく。「先進」西欧社会における協同組合活動、「後進」ロシア社会における革命の動向、植民地における情勢、独仏の緊張とその背景にあるドイツの東方への領土的野心、こうしたモースの同時代世界の展望のなかで、他者理解の方法の模索としての人類学が探求されていた。

苦渋にみちた希望

「大戦争」のあいだ、軍務に服したモースは、学問的活動を停止した。その間、多くの研究上の仲間が戦死し、また大きな期待を寄せていた息子の戦死の衝撃から立ち直ることのできなかったデュルケムも、戦争の終結を待たずに一九一七年に死去した。戦争の始まる直前には敬愛する同志ジョレスも喪っていた。右翼青年によって暗殺されたのである。

終戦から数年して研究活動を再開したモースには、自ら開拓しつつあった人類学の構築を続けることにくわえて、叔父デュルケムの死去で生じた大きな空虚を埋め、フランス社会学の総帥としての役割を果たすことが求められることになった。それは一九一二年以来休刊となっていた

『社会学年報』を、一九二五年、第二期『社会学年報』として再刊することによって実現された。モースの主著とされる『贈与論』が掲載されたのも、この再刊第一号だった。そこには数年の間に公刊された長短の論文・著作をとりあげた、何と八六本のモースによる書評も掲載されている。

第一期『社会学年報』第一号の二〇本の書評以来、一九〇八年と〇九年、一九一一年と一二年の四年間を例外として、毎年三〇から四〇本の書評をモースは掲載し続けていた。第二期『年報』は第二号で頓挫することになり、その号には書評は掲載されていない（これは何か製本上の技術的な手違いのためではないかとも思われる）ので、再刊一号の八六本は、名実ともに書評家モースの活動の頂点だったことになる。

戦後のモースはいくつかの大きな主題を打ち出し、そうした主題に対応しうる知の枠組みとするために人類学・社会学の見直しを試み、その自らの探求の成果を若い世代に伝える講義を続けることに、想像を絶するエネルギーを傾けていたと思われる。

ある明晰な批評が現代思想におけるジル・ドゥルーズの位置を「希望の実験室」（小林、一九八四年、一五〇頁）と呼んだことにならっていえば、モースは世紀転換期から第二次世界大戦までの危機の時代の「希望の実験室」だったといえないだろうか。おそらくモースからレヴィ＝ストロースを経てドゥルーズへと継承される、希望への意志としてのフランス現代思想の流れをたどることもできるのではないかと筆者は考えている。ただ個人としてのモースは、ナチス占領下のパリで、ユダヤ系市民として生命の危険にさらされる、日常化した脅威のなかで、かつての明晰で活気に満ちた知性を徐々に失っていった。その脅威にさらされる直前の活気あふれるモースの最後の瞬間を、パリ占領の数日前に脱出した岡本太郎は記憶に焼き付けたのだろう。

一九二〇年、活動再開の最初のモースの公刊論文はロンドンのアリストテレス協会の招聘をうけてフランス語でおこなわれた「ナシオンと国際主義」という講演原稿だった（OE, 3: pp. 626-634）。その議論の基礎には著者モースの死後、アンリ・レヴィ＝ブリュルの序文を付して第三期『社会学年報』に発表された『ナシオン』（Nation）（一九五六年）という手稿があった。オーストリア＝ハンガリー帝国の崩壊と国際連盟の創立に象徴されるように、第一次大戦後の世界秩序が、まだ海の物とも山の物ともつかない「ナシオン」なるものに支えられることを見てとったモースは、早速、その解明にとりかかったのである。ナシオンは民族とも国民社会とも訳せる多義的な言葉であり、「エタ（国家）」と連結して「エタ・ナシオン」つまり国民国家という言葉にもなる。本書では、その多義性を保持するために「ナシオン」と表記しておく。

こうした考察とほぼ同時に、ロシア革命の変転の過程を細心にフォローしながら、モースは「社会主義の理念―国有化（Nationalisation）の原則」という草稿を残している。この時期、モースは、一つはナシオンについて、もう一つはロシア革命についてのモノグラフィーを出版することを計画していた。ナシオン、国有化、ロシア革命の問題はモースにとって一体をなすものであり、革命が、いわば法外に主張した市場の廃絶という方針が、交換し贈与する人間の本性にどれほど反する「人為主義」にすぎないかという直観を論証する人類学的作業としての「贈与論」の探求とも表裏をなしていた。市場の廃絶のむずかしさを考慮しながらも、市場原理とは異なる財の流通システムの実験として協同組合への実践的関心も持続されている。

交換される対象を物だけに限定せず、技術、知識、情報、さらには身体化される踊りの技法などの、今風に言えば「ソフト」の交換などにまで広げ、交換し受容することへの拒否や無関心という否定的なありかたをも検討するという視点に立った、きわめて具体的な文明論の模索もこの時期のモースのもう一つの重要な主題である（OE, 2: 456-479）。時には無意識になされる文明の相互浸透と、他集団との差異の意識の尖鋭化としてのナショナリズムの対比を視野におさめることで、文明とナシオンの主題もまた不即不離のかたちで主題化されている。

ナシオン、文明、ロシア革命、そして「古代的社会」における贈与、贈与交換によって実現される社会的まとまりのありよう、これらが一九二〇年代以降のモースの主要な人類学的主題となった。これらの主題と交差するようにして、モースは社会学・人類学と同時代の心理学との協調と協働を模索する論考をくりかえし書き、また口頭で報告している。個人と社会を媒介するものに、心理学は果たして有効な照明を当てることができるのかが繰り返し問われている。

心理学への問いとともに、一九四〇年の占領下での強制された中断にいたるまで、とりわけモースが力を注いだのが民族誌学の講義だった。新たな主題をもって、岡本太郎の言う「見方によって世界全体が別に見えたり、自分の存在や全世界を再発見」するために、どのように人に接し世界に接するのか、それを若い世代に伝えようとしたのがモースにとっての「民族誌学」だった。

モース人類学の展望

モースは何度か「民族誌学」を主題に論考を書いている。一九三四年の『社会学年誌』（第二期『社会学年報』が第二巻で頓挫したのち、*Annales sociologiques* としてより柔軟なかたちで刊行されたもの）のセレスタン・ブーグレが責任者として編集した「一般社会学」篇の第一分冊に掲載された「一般記述社会学の計画・断章」のとりわけ興味をひく点に限って瞥見してみよう（Mauss, 1934）。この断章には「古代的類型の諸社会における社会生活の一般的現象（社会の内的生活の一般的特殊な現象）の観察法と分類」という長い副題が付されている。重要なキー・ワード「一般」とその対極ともいえる「特殊」が結び付けられた「一般的特殊な現象」という用語には少々戸惑わされるが、ここで言う「一般」とは社会が成立するためには社会がそなえていなければならない一般的条件とは何か、という問いへの解答が想定されていると考えればいいのだろう。「特殊」という形容はそうした条件が個別社会において具体化することが前提とされるということを示している。社会が成立し存続するための必要条件は具体的にどのようなかたちをとっているか、ということがモースの問いだと考えられる。ここでは検討する余裕はないが、「一般」と「特殊」という対照的なキーワードを組み合わせたモース独特の思考の兆しは『供犠論』にもうかがわれ、『民族誌学の手引』の技術論ではより明確に展開されている。

論考の冒頭には、この「断章」が、デュルケム社会学においては「文明」あるいは「集合的行動学」と仮に呼ばれていたものに相当し、長年おこなってきた「民族誌学」講義をしめくくる内容であることが説かれている。「これら（の民族誌学の指示）は、社会形態学および、記述社会学のさまざまな構成部分、すなわち宗教、法および道徳、経済、技術、美学、言語学の後におかれる……一般的現象はそれぞれ個別にとりあげられたとしても、それ以外の特殊社会現象のすべてと厳密に同じ広がりをそなえている。なぜなら、それは特殊現象がそれぞれ、そして総体としてそなえる特性であり、原則として一つの社会について特殊現象が個別に十分に明らかになったあとで初めて研究されるべきものなのである。というのも一般的現象はそれ自体のリアリティーを表示しているのみならず、特殊現象が相互に連帯していることを表示するからである」。

この断章では「国際的《アンテルナシオナル》一般的現象」と対比された「内的生活の一般的現象」に集中して観察と記述の心得が説かれる。ここではその項目を拾うことだけにとどめておこう（西欧とは異なった「古代的社会」を観察するに当たっての注意点としてあげられたことを括弧のなかに摘記する）。

社会内生活の一般的現象

A．社会的まとまり

一　狭義の社会的まとまり［凝集］（(1)社会的まとまりの政治・家内的性質、(2)それらの関係の全体と恒常性、(3)政治・家内的編成以外の編成—(A)男子結社、(B)年齢組、(C)世代組……）

二　規律、権威（右の狭義の社会的まとまりがある意味では社会形態学であるのに対して、規律と権威の問題は、社会の動態を解明する社会生理学に相当する。以下、(1)規律、(2)権威、(3)権威とまとまりの解体が検討される）

B．社会的まとまりの継承——伝統、教育

一　伝統（伝統はその対極としての創造・変革と対で検討されねばならない）

二　教育、指示（(1)一般的教育、(2)特殊な教育—男子と女子その他）

一見、味気ない主題の列挙ともみえるかもしれないが、モースの関心はこの「内的生活の一般的現象」の研究目的を再確認する結論部分の次のような一節に直截に表明されている。

こうしたものが一つの社会の連続性と安定性と内的・意識的組織を可能にする。秩序、平和、安全、自由といった集合的観念が表示するものはそうしたものである。これらはオセアニア、北アメリカ、中央アメリカ、ブラック・アフリカ全域のすべての社会ではっきりと表現されている観念である。メラネシアなど、より古代的な社会においては、これらの観念は人々が彼らの財や儀礼や、仕事や、先祖や、神々について作りだした理念によって形象化されている。というのもこれらのものごとは、もっぱら法的あるいは宗教的な形態で表象されるのではなく、所有権や場所の確固とした感覚をともなって、物質的・技術的・美的側面についての意識とともに表象されているからである。同じ理念は、それぞれより抽象的に、より明確に、より区別されて、異なった彩りではあるが、根本のところではわれわれにおいても機能している。しかし、その社会的リアリティーは同じままであり続けている。この覚書きは、われわれのものとは異なったタイプの社会において、いかにしてそれを観察できるかを示し、それを粗雑にしか表示しない、神話や儀礼や慣習や日常動作によって眼を眩まされないようにするにはどうすべきかを示すことを目的としている。（Mauss, 1934, pp. 48-49）

いかなる社会においても、それが社会である限り「秩序、平和、安全、自由といった集合的観念が」「社会の連続性と安定性と内的、意識的組織を可能に」している。それは言い換えれば、彼らには彼らの仕方での「幸福への意志」が社会の連続性と安定性の礎となっていることの確認ではないだろうか。しかし、異なる社会においては、それらは「神話や儀礼や慣習や日常動作」によって間接的な仕方で表現されている。調査者は、その間接的な表現に眼を眩まされることなく、人間社会のリアリティーを見、聴きとらなければならない。

脱植民地化の後、今日では「第三世界」という言葉も少し色褪せてしまったが、植民地化の災厄を経験した世界を、モースのように「古代的社会」と呼び、固有の「秩序、平和、安全、自由といった集合的観念が」生き生きと生きている世界と見なすことはあまりに楽天的にすぎるだろう。ただ少なくともモースが「書物を通じ……世界を旅した」その当時の世界は、収奪され、「浮浪者化」した第三世界とは別の、まだ幾分か精気を保持していた社会だったのではないだろうか。いずれにしても、モースにとって主要な関心は通常、人類学が興味を寄せる風変わりな「神話や儀礼や日常動作」ではなく、その底にある、人間社会のリアリィティーだったことが、これらの行文には明確に示されている。

個別社会の特殊性をくぐることで到達されるべき一般性への通路をいかに拓くか、それがモースの人類学の問いだった、といえるだろう。

その知の通路を拓くには、「われわれ」の社会が「われわれ」自身を理解するために作り上げてきた「宗教、法および道徳、経済、技術、美学、言語学」といった学問的なカテゴリーを脱却できなければならない。それらの部分的で「われわれ」に特殊な学的分野を、無化し知的な理解の枠組みの再編をわれわれに強いる現象が存在する。モースはそうした異なった社会で遭遇される現象を「全体的社会事象」と呼んだのである。それがアメリカ北西海岸で発見されたポトラッチであり、メラネシアで発見されたマナでありハウであり、トロブリアンド諸島のクラであった。だとすれば、モースが土着の全体的社会事象を意味するカテゴリーにこだわり、むしろそれを起点として、「われわれ」の理解のカテゴリーを見直し再編成しなおそうとしたことには、積極的で、自らの企てに忠実な、知的な「賭け」の側面もあったことにならないだろうか。モースの人類学的探求が一九四〇年、暴力的、強制的に終わらせられるまでの学問的晩年の一〇年間は、「身体」「人格」「物質」といった西欧の思考の根幹にかかわるカテゴリーの再検討に向かっていたと考えられる。

「記述的一般社会学の計画・断章」が発表された一九三四年の七月、モースはマルト・デュプレと結婚した。この一四歳年下の女性とモースが知り合ったのはすでにその一〇年前のことだったという。そしてすでに数年にわたってモースの手書きの原稿をタイプで浄書することが彼女の仕事だった。伝記によれば、その年の九月二七日、山歩きの旅からもどったモースは、新しい自宅でガス漏れのために中毒して瀕死となったマルトを発見する。伝記には「不幸な事故なのか、自殺未遂か。誰もしらない」とだけ書かれている（Fournier, 1994, p. 654）。この後、マルトは夫モースに三年先立って、一九四七年八月に死去するまで、ほとんど寝たきりの生活を送ることになった。

一九三〇年代後半、モースは長年の仕事仲間や、師であったシルヴァン・レヴィの死に見舞われてもいる。岡本太郎が鋭敏に感じとった「素晴らしかった、並はずれた人」モースが「少し孤独」だった理由は、当時のモースのこうした境遇にあったのかもしれない。

◉参照文献

小林康夫「哲学と希望」『現代思想』一二巻一一号、一九八四年、一五〇—一六二頁。

デュモン、ルイ『個人主義論考—近代イデオロギーについての人類学的展望』浅野房一・渡辺公三訳、言叢社、一九九三年。

ブルトン、アンドレ『アンドレ・ブルトン集成　第6巻』巌谷國士ほか訳、人文書院、一九七四年。

Haudricourt, André-Georges et Pascal Dibie, *Les pieds sur terre*, Paris, Métaillé, 1987.

Mauss, Marcel, «Fragment d'un plan de sociologie générale descriptive. Classification et méthode d'observation des phénomènes généraux de la vie sociale de type archaïque (phénomènes spécifiques de la vie intérieure de la société) », *Annales sociologiques*, série A, fascicule 1, 1934, 1-56; OE, 3: 303-354.(『記述的一般社会学の計画・断章—古代的類型の社会における社会生活の一般的現象の観察法と分類（社会の内的生活における固有の諸現象）』渡辺公三訳、『モース著作集』〔未刊〕訳稿)。

L'imagerie populaire française, II, Musée national des arts et traditions populaires et Bibliothèque nationale de France, 1996.

4 レヴィ＝ストロースからマルセル・モースへ

自然・都市・協同組合

モースからクロード・レヴィ＝ストロースへ

およそ半世紀前の一九五九年、哲学者メルロー＝ポンティは「モースからクロード・レヴィ＝ストロースへ」という文章を『新フランス評論』一〇月号に発表した。この論文は、同じ年の六月にメルロー＝ポンティの強力な後押しもあってコレージュ・ド・フランス教授に選出されていたレヴィ＝ストロースが、かつてこの研究機関に席を占めていたモースの正当な後継者であり、さらにはモースの思考をいっそう発展させた社会人類学の同時代のリーダーであることを強く印象づけ再確認するものだった（メルロー＝ポンティ、一九六九年、一八三頁以下）。「この文章はデュルケム→モース→レヴィ＝ストロースへと歩んで行ったフランス社会学の歩みの思想的意味を論じたものだが、友人レヴィ＝ストロースへのオマージュの意味をもち、また彼「メルロー＝ポンティ」自身の主＝客観的な現象学と構造主義との深い連関を知るうえでも興味深い」と、この文章を収めた『シーニュ』の監訳者解題に記されている（同書、二七三頁）。

そのほぼ四〇年後、この文章のいくつかの章句を根拠にして、メルロー＝ポンティとレヴィ

＝ストロースの表面的な一致の底に思考の不協和音を聴きとることができ、実は前者は後者を批判しているのだと主張する若い二人の論者の共著論文が『現代』誌に掲載されると（Delacampagne, et., Traimond, 1997）、レヴィ＝ストロースは一九九八年春の同誌に反論を寄せ（レヴィ＝ストロース、二〇〇二年、四一一五頁）、まるでもう時効だからといわんばかりの口調で、この文章がコレージュでメルロー＝ポンティが読み上げた「社会人類学講座の創設のための報告」からの「原文どおりの写しである」ことを明かしている。そして「……報告は、この種の決まりごとに忠実に、ひとつのモンタージュになっているのです。つまり彼はわたしの著作と論文を、それぞれの文章、それぞれの行文について、そのような細心の心配りでもって、切り貼りし、再利用し、要約し、敷衍して……ここにいくつかの実例がありますが、それは論文の著者たちが「批判」とみなした節から選ばれたものです」と指摘している。

まるで腹話術師の仕掛けの説明を聞いているような印象だが、「社会的事象についての理論を作り上げたというより……直観をいだいていたにすぎない」モースの限界を、ソシュールとヤコブソンの言語学に学びながら「構造」というキー概念を用いて理論化の道をつけたレヴィ＝ストロースの業績を讃える言葉の随所で、一九五〇年の『社会学と人類学』にレヴィ＝ストロースが執筆した「モースの業績への序文」の敷き写しともいえる表現が使われていることを見ると、あるいは同時代の狭い知識人のサークル内では、このオマージュの文章の背景は暗黙の了解のうえで読まれていたのかもしれないとも思われてくる。一九五〇年の「序文」そのものもまた、このモースの死去の年に、レヴィ＝ストロースがコレージュ教授職に立候補していたという文脈から、その後継者としての資格を主張するという性格をいやおうなく帯びていたものでもあったはずなのだ。

モースの豊かな直観を、「構造」を駆使したレヴィ＝ストロースの犀利な理論が再構成し、「民族学とは『未開』社会といった特殊な対象によって定義されるような専門学科ではない。それは一つの考え方、つまり対象が『他者のもの』であるときに課されてくるような、そしてわれわれがみずからわれわれ自身を変える必要に迫られるような一つの考え方なのである」（メルロー＝ポンティ、一九六九年、一九三頁）と主張されるとき、レヴィ＝ストロースのモースの再読には説得力がある。さらに「文化というものは、そのもっとも美しいとは言わないまでも、もっとも有効な形式においては、むしろ自然の変形であり、構造が純粋な普遍として一挙に姿を見せたりすることの決してない一連の媒介過程なのである」（同、一九八頁、ただし訳文で「調停作業」とされている語を「媒介過程」にかえた）とされるとき、おそらくモースの思考は正確な表現を与えられているとも思われる。

共鳴する二つの生

メルロー＝ポンティの文章とレヴィ＝ストロースの「序文」を、学者たちの狭い世界での人事と後継者としての正当性の主張をめぐるポリティクスの文脈をまったく考慮せずに読むことは、おそらくあまりにナイーヴすぎるだろう。だからといってそれだけで理解することもまた狭すぎるだろう。「科学の革命の決定的出来事に立会っているという、まだ何とも名づけようもない、だが揺るがしがたい確信を抱くことなしに『贈与論』を読みえた者はほとんどいなかった」（同書、一八四頁）とまでいうレヴィ＝ストロースのモースへの傾倒は、おそらく単なる下心ある修辞ではないと思われる。また「真であるのは祈禱とか法ではなく、しかじかの島に住んでいるメラネシア人であり、ローマ人であり、アテネ人なのだ」というモースの言葉をとらえて、「個人的なものと集団的なものをえらぶ」のではなく、「個人を除き去ってしまうというわけではない」「個々人のうちにも深くささりこんでゆく」（同書、一八六頁）社会的事象の位相をいかにとりだすかという主題を共有することを主張するレヴィ＝ストロースは、モースが解決しようとした問題を十全に理解し、「個人表象と集合表象」という対概念でデュルケムがむしろ強調した、個体と社会の二律背反を解決する視点を、モースの業績に共感をもって真摯に取り組むことで自らの課題として継承したのだとも思える。もしそうであるとすれば、われわれは次のようなふたつの問いを立てることができる。

モースの講義に出席していたわけではないレヴィ＝ストロースは、モースとどのような関係をもっていたのか。じっさいレヴィ＝ストロースの知的経歴には、講義に出席し、直接師の謦咳に接していた弟子たちとは異なる、不思議にモースのそれと共鳴する軌跡があるようにも思われるのである。そして第二に、レヴィ＝ストロースがモースを継承して「構造主義の先駆者」モースを提示するとき、ふたたび構造主義以前のモースにさかのぼって、その仕事の意味をわれわれが問い直すことにはどのような意味がありうるのか。

まず、モースの知的経歴の要点を確認することから始めてみよう。フランスの社会主義の歴史に足跡を残した人々を紹介する伝記事典には、人類学者・社会学者のモースとはやや色彩を異にする、大げさに言えば異貌のモースが示されている。「……叔父のデュルケムのもとで学生であったボルドーでは、モースはＰＯＦ（フランス労働者党）に加入しＭ・カシャンと知り合った……パリではコレクティヴィスト学生の活動家として活動しつつ哲学教授資格試験に通り……一八九五年には「エコール民主同盟」を主導した。……活発な協同組合活動家として多くの講演をおこない……『社会的生成』(*Le Devenir social*) 誌に協力した。一八九九には……ブリュッセルの「人民の家」、ヘントのフォーロイト (Vooruit) のコンセプトと方法から学んで、パリ一区バロー通りに社会主義パン店を設立、同年、パリで初めて開催された社会主義団体の会議でモンペリエの社会主義学生代表として参加。その翌年にはパリで開催され全国協会が結成された社会主義協同組合の第一回会議に参加し、協同組合運動の国際連携について報告した。また社会教育と人民大学の設立推進を支持した。社会主義学校では講師を務め、協同組合についてジョレスに影響を与え、その親しい盟友となり、いくつかの新聞や雑誌『ユマニテ』、『社会主義生活』、『社会主義運動』、後には『人民』の刊行に協力した。協同組合への関心は持続し、ヴォージュ県の協同組合のメンバーとして数多くの会議に参加した。……研究職のために協同組合活動家としての活動は遠ざかることにはなったが、『協同組合行動』(*Action coopérative*)、『フランスの協同組合主義者』(*Coopérateur de France*)、『協同組合研究』(*Revue des études coopératives*) への協力は続けた。『協同組合研究』については一九二〇年の、協同組合に賛同する大学人マニフェストに署名して創立者に名を連ねた。……モースは最初の出版協同組合の一つであったフランス大学出版局 (P.U.F.) の最初のメンバーでもあった」(Maitron, 1976)。

ここでレヴィ＝ストロースの人類学者になる前、すなわち一九三五年にブラジルへ旅立つ前の経歴を詳しく紹介する余裕はないので拙著（渡辺公三、二〇〇九年）を参照いただきたいが、エピナル生まれのモースに対して、レヴィ＝ストロースの祖父の代がヴォージュ県に隣接するアルザスのユダヤの家系であり、エコール・ノルマルには在籍しなかったにもかかわらずノルマリアンの社会主義学生の集団の事務局長を務め、一〇代からベルギーの労働党と接触をもってベルギー社会主義運動における先進的な協同組合運動に強い関心を寄せていたといった共通点があることは注目に値しよう。また、都市の青年として山歩きに熱中していた点もよく似ている。そのレヴィ＝ストロースがいつごろどのようにしてモースの存在を知り、さらには直接の接触をもったのかははっきり確認した研究を見たことはない。モースと同様、一般大学で学位を取得しつつ哲学教授資格試験にきわめて優秀な成績で合格したことも共通している。レヴィ＝ストロースは一九三一年に合格した直後に、人類学への関心からモースに接触したとする研究もある。だとすれば『悲しき熱帯』で語るように、一九三四年、アメリカ人類学のリーダーであるローウィの『原始社会』を読んだことがきっかけで人類学を目指すことになったという証言には、若干のニュアンスが加わることになる。ただそれに先立つ時期にも、レヴィ＝ストロースの修士相当の論文を指導した社会学者ブーグレや、私設秘書を務めた国会議員のモネ、その同僚でブーグレの弟子であったデアといった共通の知人が多数あったことはたしかである。ブーグレの仲立ちでサンパウロ大学講師としてブラジルに渡ったレヴィ＝ストロースに、モースは都市文明論を研究することを勧めたといわれるが、生成する都市サンパウロについて興味深い見方を展開した『悲しき熱帯』の省察の背景には、モースの助言があったのかも知れない。たがいに知り合ったとき、こうした似通った知的経歴をもった三六歳の年齢差のある二人が、いわば精神的な同志にして先達と後継者として認め合ったという可能性はまったくありえないことではないとも思われる。コレージュ・ド・フランスへの着任は、後継者としての姿の完成にほかならない。

都市から辺境へ

いずれにせよ、たとえ精神的な継承者として、ともに認め合っていたとしても、構造主義に到達すべきその前段階と位置づけられてしまうモースにあえてさかのぼって、フランスにおける人類学的思考の生成過程をあとづけることに、われわれにとっての意義があるのだろうか。一九世紀後半から二一世紀にいたるその生成過程が、ある共通の精神的系譜を軸に展開してきたのだとすれば、それだけの幅をもって「他者の思考」であり「自然の変形としての文化」を考える思考の系譜学をあとづけることには、やはり重要な意味があると考えられる。しかし、モースにさかのぼって両者の思考のそれぞれの独自性を確認することにはさらに積極的な価値があると考えたい。

レヴィ＝ストロースは一九三五年初頭、二六歳の時にブラジルへと旅立った。ブラジルのインディアンたちとの出会いと人類学者としての自己形成の旅の始まりだった。それは「他者との出会い」という十全な意味でのフィールドへの出発だったといえるだろう。だとすれば、モースはどのようにしてフィールドを発見していったのだろうか。生涯のうちでいわゆるフィールドワークらしきものは、すでに六〇歳に近づいたころ、コレージュ・ド・フランス選挙の渦中からいわば避難するためにモロッコに短期間滞在した時期だけであるとされるモースにとって、人類学的思考の実験の場ともいえるフィールドはどこにあったのだろうか。それとも一つ前の世代の人々と同様に、モースはフィールドを知らない人類学者だったということだろうか、「書物を通じて人々と同一化することで世界を旅した」(デュモン、一九九三年、二六五頁)のだとしても。たしかに、インド古典学の素養をもったモースにとって、書物の世界は一つの重要なフィールドだったと思われる。

ただ、レヴィ=ストロースとの対比からすれば、そのブラジルへの旅立ちとほぼ同年齢の時期に、モースが積極的にコミットしていった「協同組合」の世界こそがモースにとってのフィールドだったのではないかと考えたくなる。じっさい協同組合運動へのコミットはモースに、西欧内部であるとはいえ国際会議をきっかけに多くの都市に旅する機会を与えている。そして協同組合の活動は、都市住民の消費者協同組合を社会主義者としてリードしようと意図するモースにとって、克服すべき保守的農民の利益を代表する農業生産協同組合の人々と出会い、ドイツで隆盛しつつあった農業協同組合の動向、あるいは経営者(ブルジョワ)の利害を代表する企業家共済組合の動向を見極め、そして何よりも古い人間関係の維持のメカニズムと、かつての慈善とは質を異にする新しい近代の文脈のなかでおこなわれる互恵関係や贈与交換の現場を見る機会であったと考えられる。おそらく都市生活者モースにとって、都市消費者と地方生産者と都市企業家がさまざまな交渉をくりひろげる協同組合活動の現場こそが都市と農村のインターフェイスとしてのフィールドであった。

都市生活者モースという言い方には、モースが今風に言えばシティー・ボーイとも呼べそうな都会のお洒落な青年の風貌をもっていたらしいことも念頭に置いている。スポーツ好きでボクシングやフェンシングもこなしたこの「青年」は、パリに出て成功したユダヤ系資産家の娘と結婚して生活の基盤を固めた叔父のデュルケムとはその点でも違った生き方を選んだともいえる。ふとフランソワ・トリュフォーの映画『突然炎の如く』のジュールとジムを思い出してしまう。長い独身生活に終止符を打ったのはモースが六二歳のとき、原稿のタイプ打ちを手伝っていた一四歳若い女性との結婚だった。ときおりモースは、「女性は政治には向いているが料理をさせるものではない」とか風変わりな言葉で若い弟子たちを煙に巻くことがあったともいう。

母を愛していたモースが毎年、郷里のヴォージュ県の県都エピナルに帰り休暇を過ごしながら、一九世紀後半に綿工業を中心に一定の工業都市の側面もそなえ、独仏の緊張関係のなかで係争地アルザスに隣接する県として軍事的な要衝としての性格もあたえられていった都市での労働者共済組合の動向に注視して、ある種のフィールドワークをおこなっていたということもあながち誇張ではない。

ブラジルのインディアンたちの世界と接触することで神話世界のヴィジョンを「構造」の視点から再構成したレヴィ゠ストロースの人類学への、先行する準備段階としてではなく、都市消費者における相互交渉のなかに発動する「社会学的直観」の探究として、モースの人類学を再構成できるはずである。モースからレヴィ゠ストロースへの人類学の継承と展開を、レヴィ゠ストロースからモースへとさかのぼることで野生から都市への人類学の展開としてたどりなおすことが可能ではないだろうか。

協同組合というフィールド

モースが協同組合について書き残した文章は、『政治論集』(Fournier, 1997) の刊行によってアクセスが容易になった。この論集の主要部分となる一九二五年までの長短の論考約一六〇本のうち、ほぼ三分の一が協同組合を主題としている。それは一九〇〇年一〇月『社会主義運動』誌に掲載された「社会主義協同組合、国際会議」の報告を皮切りに、一九二二年一二月『協同組合行動』誌に掲載された「英国における協同組合政党」まで、協同組合運動のさまざまな側面を検討している。広い意味での政治にかかわる文章がほとんど書かれなくなった二五年以後も、一九三八年執筆と推定されている「協同組合運動、とりわけ消費協同組合運動、なかんずくフランスの協同組合運動についての予備的ノート」という手稿もある。

また、注目されるのは、第一次世界大戦前の一八九六年から一九一四年までは、狭義の人類学の論文と『政治論集』所収の「政治」にかかわる短文(ドレフュス事件、植民地における問題など)とが並行して公刊されているのに対して、戦後、一九二五年にデュルケムの遺志をひきついで『社会学年報』(第二期) を再刊し、「贈与論」を掲載して自他ともにフランス社会学、人類学を代表する役割を果たすようになる以前の一九二〇年から二五年までの数年間には、政治にかかわる短文が集中して執筆され、その数は一〇〇本近くにもおよんでいることである。その集中的な政治の季節を締めくくるようにしてロシア革命論と、戦後の賠償問題と絡んだドイツ・マルクの暴落や各国通貨の混乱を分析した、「為替」と題された一連の短文の論考群がある。

こうした同時代の「政治」情勢論と対比しても協同組合へのモースのこだわり方には独特の姿勢があらわれている。いくつかの論考をピックアップして、その内容を手短に検討してみたい。ルポルタージュという一面もそなえている協同組合の国際会議への参加報告、ある程度まとまったロシアの協同組合の分析、ベルギーの首都ブリュッセルの「人民の家」の訪問報告、の五本の論考である。以下、括弧内の数字は『論集』(EP)のページをしめす。

(1)「社会主義協同組合の国際会議」、『社会主義運動』誌一九〇〇年一〇月一五日号(p. 91 sq.)。

この文書は、この年の七月七日から九日までパリで開催された協同組合国際会議への参加報告である。モースはフランスのパリ、リール、アミアンなどの都市の組合、スペインのカタロニアの組合代表などの参加を報じ、勤労者のための消費協同組合による生産協同組合設立の必要性を謳った決議を支持している。また協同組合による保険が、私企業による保険よりも勤労者にとって有利であることを確認し、協同組合が社会主義を支持すべきことを強調している。

(2)「ハンブルグ会議後のドイツの協同組合」、『ユマニテ』紙一九〇四年七月四日号(p. 132 sq.)、ドイツにおいては小商業、小規模職人を支持基盤とする「プチ・ブルジョワ」協同組合が一定のプレゼンスをもつことを確認したうえで、勤労者の消費協同組合が着実に増加していることを、数字を上げて検証する。協同組合が政党すなわち社会民主党への共感をもちつつ、自律性を保持するという立場を、モースは肯定的に紹介し、協同組合による老齢保険、労災保険の創出計画、消費協同組合による生産協同組合設立の可能性の討議を紹介する。協同組合の従業員との団体労働契約による、組合勤労者とのあるべき雇用関係についての会議の方針を、共感をもって紹介し、大量一括購入のための組合連合の結成を高く評価する。連合は「協同組合の流通機関であるだけでなく、道徳的政治的機関でもある」(p. 137) というモースの言葉は、贈与という行為の「道徳的」意味を検討する『贈与論』の結論に遠く響いている。

(3)「ブタペスト会議における協同組合運動」『ユマニテ』紙一九〇四年一〇月四日号 (p. 148sq.)。

ブタペスト会議においては、農民の生産協同組合の「悪しき影響が」強く作用した、とモースは総括する。「……農業関係者、反動、司祭は協同組合を通して農民組織を……乗っ取り、この解放の手段を、保護後見の手段と化す」(p. 149)。有産者が農民を抱き込み、社会主義の政党はその危険に無関心でいる。「農村協同組合は、小農の逼迫した必要を満たすことで、資本制の所有体制を有利にする」のである (p. 149)。ドイツ、イタリアで興隆を見せる信用共同組合が、「高利貸し」よりはましだとしても、必ずしも借り手にとって真に有利なものではないとモースは強調している。

(4)「ロシアの協同組合」『パリ評論』誌一九二〇年三 - 四月合併号 (p. 275 sq.)、

日刊誌ではなく雑誌に掲載されたこの論文で、モースはさまざまな資料を手がかりに、ボルシェビキ支配下、外国からの輸出入の禁止措置が課されるなかで、一定の基盤を革命以前からすでに獲得していたロシアの協同組合の実態を、数字をあげてたしかめることを試みている。協同組合は消費協同組合、農業協同組合、信用組合の三つに大別され、革命による市場の崩壊とともに消費協同組合が飛躍的ともいえる成長を示したこと、農業協同組合の実態がつかみがたいこと、戦争と革命のなかで信用組合も急成長したが、そこには富裕農民による信用組合への預金の増大が観察されるとしている。さらにロシアの重要な輸出品目の亜麻をあつかう協同組合が、戦争と革命の混乱で経済体制が崩壊したなかで機能を保持していることに大きな可能性を見出している。協同組合が政党、とりわけソヴィエトに対する自律性を保持できてきたことがモースにとって残された希望だった。「協同組合が発展できたのは、今のところソヴィエトのくびきから逃れている地域、すなわちシベリア、ロシア南部、コーカサス、アルハンゲル共和国である……」(p. 287)

(5)「外国における協同組合：ブリュッセルの「人民の家」に労働委員会を設置」、『協同組合運動』紙一九二〇年五月二九日号(p. 303 sq.)。

一貫して協同組合運動の先進的な例とみなされているベルギーの大規模な協同組合「人民の家」を訪ねて、新たに稼働し始めた勤労者自身による紛争解決のための労働委員会が機能しているかどうかをたしかめている。モースはこの自主管理組織が評価すべき実績をあげていることを確認している。

自然から都市へ

モースは社会主義社会の実現を、一貫して都市市民、プロレタリアというよりは勤労者の自律的活動、自主管理能力を基礎において構想したと考えられる。勤労者による自生的ネットワーク、今風にいえばオートポイエーシスの可能性に賭けようとした。徹底した暴力批判と表裏一体となったそうした展望にとって、一握りのエリート集団による人為主義と上意下達の組織活動という意味での「政治」はもっとも唾棄すべき、避けなければならない事態だったはずである。しかし、「文明」世界で経済の破綻とともに生起したのはまさにそうした「政治」による社会の支配、すなわちボリシェヴィキからスターリン体制への移行とファシズムの展開だった。モースはそうした「政治」の動向を注視しつつ、人類学の領域で人間の活動のありようを根底から見直す方途をさぐっていたように見える。それは経済的活動の源泉を発見する試み（『贈与論』）であり、人間の社会形成の可能性の幅を確認するための民族誌の探究であり、自然に働きかける人間の初発の能力を確認するための技術論、技術論と密接にかかわる美学の探究だった。そうした一連のモースの探究の底には、人間の自生的な秩序形成能力への根源的な信頼とオプティミズム、モース固有のヒューマニズムがあったように思われる。第二次大戦後、数年を生き延びることができたモースが、生き延びたにもかかわらずある知的な崩壊を示して過去を知る弟子たちに衝撃を与えた理由の一端には、あるいはこうした根源的な信頼とオプティミズムを強制的に断念せざるをえなくなったことがあったのではないだろうか。

モースの「人為主義」批判には悪しき人為主義をよりよきものによって代えるという志向がある。モースが踏みとどまった「都市」を出て、レヴィ＝ストロースがサンパウロからブラジルの辺境の野生の自然のさなかに生きる人々に向かったとき、おそらく人類学はモース的な「よりよき人為主義」の探究ではない何かを志向したのではないだろうか。そうした志向が、モースを起点とする人類学について「民族学とは『未開』社会といった特殊な対象によって定義されるような専門学科ではない。それは一つの考え方、つまり対象が「他者のもの」であるときに課されてくるような、そしてわれわれがみずからわれわれ自身を変える必要に迫られるような一つの考え方なのである」と主張し、「文化というものは、そのもっとも美しいとはいわないまでももっとも有効な形式においては、むしろ自然の変形であり、構造が純粋な普遍として一挙に姿を見せたりすることの決してない一連の媒介過程なのである」と要約するとき、おそらくもっとも焦点を合わせるべきことは「われわれ自身を変える必要」という言葉と、「自然の変形」としての文化という言葉だろう。モースに学びつつレヴィ＝ストロースが目指すことになった構造主義とは、技術論の視点からではなく、自然の側へつねに回帰しながら自然を対象化しつつ生きるという見方ではないだろうか。

そのことを確認したうえで、あらためてモースの教えに耳を傾け、政治という人為主義を問い直し、生き直すことが、今、求められているのではないだろうか。

◉参照文献

メルロー・ポンティ、モーリス『シーニュ1』竹内芳郎監訳、みすず書房、一九六九年。

レヴィ=ストロース、クロード「過去に立ち戻る」泉克典訳、『みすず』五〇七号、みすず書房、二〇〇三年。

渡辺公三『身体・歴史・人類学II　西欧の眼』、言叢社、二〇〇九年。

渡辺公三『闘うレヴィ=ストロース』、平凡社新書、二〇〇九年。

Delacompagne, Christian et Bernard Traimond, «La polémique Sartre/Lévi-Strauss revisitée: aux sources des sciences sociales d'aujourd'hui», *Les Temp Modernes*, 1997, 53(596): 10-31.

Maitron, Jean, *Le Dictionnaire biographique du movement ouvrier français*, t, 14, Éditions de l'Atelier, 1976.

5 モースにおけるマナそしてあるいは循環する無意識
「モースの呪術論」への素描

はじめに

前世紀末から今世紀にかけて、西欧の人間に関する知の諸領域に、〈未開〉の土地からもたらされた奇妙な響きをもった一群の言葉が取り入れられ、さまざまな意味をこめられ、ときには人間の精神の深みを解き開く呪文のように用いられ、やがてほとんどのものが消えていった。トーテム、タブー、フェティッシュ、マナ、マニトー、ポットラッチ。[1] これらの言葉に、いっそう日常語にまで入りこんだ、タムタムとかグリグリとの言葉を付け加えることもできるかもしれない。そのひとつひとつの来歴を調べ、消長をたどることは、この小さなノートの目的ではない。フロイトの有名な著作で対にされたトーテムとタブーの「トーテム」については、レヴィ＝ストロースの『今日のトーテミスム』[2] で人間科学の用語としての命脈はほぼ最終的に絶たれたようにみえる。もう一方の「タブー」についても詳細な検討がある。[3]

そのいずれも、これらの「外来語」があるリアリティーに対応するというよりは、西欧の側からの幻想がこめられていたという視点が共通している。「トーテム」には、それを用いる人間科学の研究者の〈機能主義的〉その他の「トーテム幻想」が、そして「タブー」には、西欧がこの語を受けとるとき、参照枠としたユダヤ・キリスト教的な〈聖別〉に根ざした幻想が見いだされるというのである。人類学的思考とはそこでは、こうした西欧の幻想を幻想としてとりだす批判の作業ということになる。

しばしばタブーと対をなす観念とも考えられた〈マナ〉について同様の作業を行うことができるだろうか。その詳細にわたる検討は別の機会にゆずり、ここではマナという観念の消長のプロセスの中で重要な転換点を印したと考えられるマルセル・モースの呪術論における〈マナ〉の位置を確かめ測定することを試みてみたい。[4] モースの論述に焦点を合わせるのは、さまざまな理由から、モースが名を引かれる程にはモース自身の言葉に即した充分な検討がなされていないように思われるからである。モースのテキストに含まれた「現代性」が、今も耳を傾けるに値する何かを含んでいることがもし示せるなら、このノートの目的は達せられたことになる。

周知のとおりモースとユベールの連名による「呪術の一般理論の素描」（以下「呪術論」と略す）は一九〇二―〇三年の『社会学年報7』[5]に掲載され、後に一九五〇年のモースの没年に編集、出版された『社会学と人類学』の巻頭に収められている。とはいえ、同じ論集に収められた「贈与論」がそれ自体の新しさによって評価されることに比べれば、「呪術論」は、まだ多分に未完成で、後の開花の萌芽をはらんだ初期の作品としての比較的軽い評価しか与えられていない。モースの論文をむしろ霞ませてしまったきらいさえあるレヴィ＝ストロースのこの論集への序論に示された「呪術論」の性格づけが、そのまま踏襲されたかたちで、「……「贈与論」は「呪術論」の方法論を再現、精緻化、一般化したものであり、このことが「呪術論」を本論文集に集録された《ママ》理由であったとされている。[6]」とも述べられるのである。そしてレヴィ＝ストロース自身は、モースがマッシヴな民族誌的事実の集積から意義深い細部を拾いだす直観力には敬意を表しながらも、〈マナ〉という土着の思考カテゴリーをとりいれ、それを呪術論の基礎に置くことには批判的な評価を下している。

つまるところ、「呪術論」は、後のモース自身の理論的深化を計るための里程標以上の意味はもちにくいということになる。そしてモースの〈マナ〉論の核心そのものは、その後の「この領域での成果と言語学的分析から導きだされた成果」によって刷新されなければならない。とすれば「呪術論」固有の価値は限りなく少ないというほかはないだろう。言語学的分析をとりこんだ視角とは構造主義にほかならず、したがってモースは、「構造主義の先駆者」といった形容ですっきりと分類され[7]、あえてそのテクストに就くという労もとる必然性は希薄となろう。

そうした評価は、ある作品を後に来るべき到達点への道程として回顧的に位置づけるやりかたが共通にもつ欠点をまぬがれないと思われる。ここではむしろ、モースの探究それ自体の展開の論理をその生成のプロセスにしたがって追い、またそれが同時代的な人間に関わる知の他の領域とどう共鳴しあっていたのか、そうした二つの視角から「呪術論」そしてその核心におかれた〈マナ〉論の構成をたどりなおすことを試みたい。

展開

「呪術論」に先立ってモースは、初期の二つの〈宗教論〉の論考を、これらもまた連名で公刊している。ひとつは、一八九九年の『年報2』にやはりユベールとの共同執筆として掲載した「供犠の本質と機能についての試論[8]」であり、もうひとつは一九〇三年にデュルケムとの連名で『年報6』に掲載した「分類の若干の未開形態について[9]」である。公刊の年代からは「呪術論」は「分類」に近いにもかかわらず、内容としてはむしろ「供犠論」の成果の延長としてあることが、明示されている。一方、呪術論という新しい文脈で「分類」の成果を再吟味し、それを新たな文脈に統合しようとしている箇所がいくつかある。したがって、先立つ二つの論文が、一方は明示され一方はいくぶんか暗示的ではあれ、ともに緊密に撚り合わされどのように「呪術論」に綯いこまれているか、その展開の筋道をあらかじめ簡単にたどり直すことが必要だと思われる。

「呪術論」の末尾におかれた「補遺」には、「供犠論」との問題の継承関係が明確に示されている[10]。まず宗教学がまだ学として充分整備されていないと指摘したうえで、供犠をもっとも典型的な宗教行為として第一の研究主題としたことが述べられる。その研究の結論として「供犠に用いられる聖なる物（choses sacrés）は、広く受け入れられた幻想などというものではなく、社会的な物であり、したがって現実的なものであることを確かめた。……聖なる物が、限りなく特殊で限りなく多様な効果を生みだすことのできる〈力〉の尽きることのない源泉であることも確かめられた」。そして「供犠が他のあらゆる儀礼を代表すると見る限りで、すべての儀礼的なものの根本にある概念は」聖なるもの（sacré）の概念であると見なすことができる。

ところが供犠を焦点に据えたこの最初の一般化の試みは、あまりに特殊な事実をとりあげ、その示差的な特徴を充分に検討しなかった点で偏ったものであったという。ヒンドゥーの供犠を中心においたこの研究では「宗教的」儀礼論の構築はできても、その成果がただちに「非宗教的儀礼一般」に拡張できるという保証はない。そこで通常は「宗教」の枠からは切り捨てられてしまう儀礼のあらゆる在り方を対象としうる儀礼論すなわち「呪術論」がより一般的なレベルで必要となる。「しかし、われわれの野心はそれに留まるものではない。われわれは同時に聖なるものの理論をも指向する。というのももし呪術のなかに同種の諸観念のはたらきが認められるなら、われわれは聖なるもののカバーする範囲、その一般性、そしてその起源についてまた違った考えを抱くに至るからである」[11]。こうして〈聖なるもの〉のもっとも一般的なかたちとしての〈マナ〉の位置が予想されることになる。

しかしこうした「呪術論」の構想はひとつのむずかしい問題をも予想させることになる。なぜなら〈聖なるもの〉は「供犠論」で「社会的なもの」という性格を与えられたにもかかわらず、より一般的なレベルでそれと同種の観念がはたらいていると見なされる呪術は普通「社会集団から孤立した個人」が、いわばエゴイスティックな動機から実行すると理解されており、したがって「社会的なもの」としての聖なるものの発動という視点とは背反するとも思えるからである。「呪術は集合的（collective）である、あるいは聖なるものは個人的（individuelle）である、というディレンマ」をモースは、ひとつの視点を提示して克服しようとする。すなわち「われわれは、呪術的儀礼が社会的な〈場〉において生起するのかどうかを追及しよう。もし呪術にそうした〈場〉

の存在が確かめられれば、聖なるもののような社会的性質をそなえたひとつの観念が呪術においてもはたらいていることが証明できるのであり、あとは現実にそれがどうはたらいているか示せばよいことになる」[12]。〈マナ〉にモースが託した〈力〉の観念と密接に結びついたこの〈場〉の観念の詳細はのちにふれることになる。

「補遺」の末尾には、「呪術論」の特徴ともいえる独特の論述のスタイルについての注意がなされている。「供犠論」が事例の範囲を限定してきわめて集中度の高い記述であるのに対して、「呪術論」は、脈絡のつかみにくい一見散漫な事実の羅列とも見える。しかしそのことには理由がある。なぜなら「呪術は、供犠のようにひとつの明確な実在性や形式や機能をもつという感覚を失うおそれなしにそれを命名し、記述し、分析することができる集合的慣習のひとつというわけではない。呪術は制度であるとしてもその程度はきわめて弱い。それはそれを実行し信じている者自身にとってすらはっきりと規定できない、充分組織されていない行為と信仰の総体なのである。ということはわれわれは頭からその範囲を決めてかかることはできず、したがって呪術的事実の総体を代表する典型的事実をあえて選びだすこともできない。そこでまず、われわれの研究が及ぶ範囲をおおよそ画定することを可能にする事実群の一種の目録を作る必要がある……」[13]

ところで「供犠論」の結論には強調をほどこされた次の文章がある。「……供犠がこのように複雑だとすれば、その統一はどこから生ずるのであろうか。それは、実際は、そのとる形は多様であるが、つねに、同一の手続きからなっていて、その手続きが、非常に多種多様な目的のために用いられているからなのである。この手続きは、供犠という媒介によって、つまり、儀式の中で破壊される事物の媒介によって、聖なる世界と俗なる世界の間の伝達（communication）を確立することにある」[14]。いいかえれば、「供犠論」の基本的なモチーフとして聖／俗の「分離」と、破壊されそのことによって聖／俗を媒介する犠牲による「結合」という方向を異にする観念の運動とは何かを明らかにしようという主題があったということになる。

「未開の分類形態」という論文に、この矛盾をはらんだ「分離」と「結合」の様態という主題を、ある意味ではより純化した思考の形式のなかに移調して展開しようという意図を見ることはあながち解釈のゆきすぎとはいえないだろう。例えば「分類」の序論にはその主題の一面がこう説明されている。「……今日においてさえ、われわれの民俗説話、神話、宗教の一部は、まったく、あらゆる心像やあらゆる観念についての根本的な混乱に基づいている。……諸々の変身、特質の伝達、人格・霊魂・肉体の代替化現象、あるいは精神の具体化や物的対象の精霊化に対する信仰などが宗教的思考や民俗的思考の要素となっているのである。ところで、このような変質という観念は、事物が明確な限定をもち、しっかり分類された概念の下に表象されておれば、生じ得ないものであろう……」[15]。だがそれは本当に「混交」なのか、あるいは別のかたちのある種の「秩序」ではないのか。ただいずれにしても明確な限定（分離）を基礎とする分類体系は人類史においては比較的新しいのであり、（人類学の対象となる諸社会では）「……徹底した精神的混乱を見出すであろう。そこでは個人をその人格を失ってしまっている。個人とその外的霊魂、個人とそのトーテムの間には完全に区別がないのである（l'indistinction est complète）。個人とその「動物仲間」のそれとは全く一体となっている。こうした一体化（l'indistinction）は非常に著しく、個人の性格はこのようにして近似させられた事物や動物の性格を全くうけとるまでになっている」[16]。

学的で整合的な分類（分離）に対して、混乱した「結合」（区別の不在＝無分別、一体化＝同一化などの一連の用語）が対置される。しかし、そうだとすれば「未開の分類形態」とは何かというモースの問いはいささか逆説を帯びたものにならざるをえなくなろう。というのもこうした混乱とも見える混交の底にある種の整合性を、ある異質な秩序を、無分別の背後に一定の分離のルールを探ることになるのだから。とはいえこの逆説は、分類という観念の行為それ自身がある種の逆説を内包するという事実によっていくぶんか隠されると考えることもできよう。なぜなら分類という関係づけをもっとも簡潔に要約したモデルとして〈類〉と〈種〉の関係を想定すれば、一つの類に包摂される複数の種は、差異化され分離されながら類のレベルでは差異を消され「一体化」される、いいかえればレベルの移行によって分離と混交はいわば相を変換するのだから[17]。分類という思考操作そのものが分離＝結合というふうに、対立した操作を等号で結びつける（と同時に等号を間に置いて分離する）という一面をもっているとも言えるのである。

いずれにせよ、モースの分類論をそれ自体として検討することがここでの主題ではない。「分類」の成果がどのように「呪術論」の文脈に組みこまれているか確かめることに話を進めよう。とりわけ共感の原理、すなわち類似による関連づけと近接による関連づけに呪術的思考の本質を見るフレーザー流の呪術表象論の批判を受け継ぐかたちで書かれた「具体的な非人格的表象」という節には次のように述べられている。「……かくして、あれこれの星の下にまとめられた諸事物は、この星と同じ集合（classe）に、というよりも同じ家族に属する、すなわちこの星の層（région）

や宮（mansions）に属する。同色のもの、同形のもの、等は、それらの色、形、性別等によって近親性が認められる。対立するものをグループ化することも分類の一つの形式である。善と悪、生と死などの少なくとも二つのグループに物を振りわけることは、あらゆる呪術に不可欠の思考形式である。……さまざまな物、運動、存在、数、出来事、質が似ているとされるのはそれらが同じ家族（famille＝「科」）の成員だからこそなのだ。一つの氏族に同じ血が流れるとされるのと同様に、一つの集合には同じ性質が分かちもたれているということから、それらは同じ集合の要素として互いに作用しあうことができるのである」[18]。

ここにはモースの重要な二つの考えかたが表明されているように見える。すなわち呪術表象論としてとりだされた観念連合の共感の原理は、より一般的な分類的思考の限定されたひとつの側面にすぎず、いわば論理的には分類が共感の原理に先行するという視点、そして、そうである限りで、呪術的思考はほとんど思考一般の広がりともオーバーラップしてくるという視点である。

しかしそれでも呪術的思考がその独自性をもつことは〈マナ〉の観念と分類操作が関連づけられる時あきらかになる。〈マナ〉観念の一次資料の筆頭にしばしばあげられるコドリントンの『メラネシア人』の記述を再検討した一節にはこう述べられている。「……さまざまな病いの原因となるマナをもった、さまざまな種類のティンダロに結びついた少なからぬ種類の植物があるからである。どのティンダロを呼びおこすべきかは次のようにして指定される。人はさまざまな種の植物の葉をつぎつぎに揉んでいく。患者を苦しめている病気のマナをもった植物の葉は特別の音でそれと分かる。こうしてティンダロすなわちそのティンダロのマナの所有者であるマネキス、いいかえればそのティンダロと係わりをもち、その病いのマナをとりだし病人を直すことのできるただひとりの人間に確実に助けを求めることができる。……つまりマナは独立に存在し、機能する。マナは人格的な精霊とは別個に非人格的なものとしてある。ティンダロはマナの所有者ではあるが、マナそのものではない」。そしてさらに先に引用した部分とも呼応するコメントが付け加えられている。「こうしたマナは分類のひとつの分類項の領域の内部で循環するのであり、互いに作用しあう存在はその分類項のなかに含まれているのである、ということにも注意しておこう」[19]。分類が、呪術的関連づけの回路図をあらかじめ用意しているとすれば、マナはそこに「循環」し回路を励起する存在だともいえるだろう。先の引用の譬えを借りれば、それは同じ氏族内に循環すると見なされた「血」に対比されるのである。

「供犠論」の基本的なモチーフの聖／俗の分離と交通、すなわち始源的な差異化とそれによって励起される観念の運動から出発して、より一般的な儀礼論の探求へという行程と、「分類」という「分離」と世界の「分節化」から出発して分節化された世界に流れる結合子ともよべそうな〈マナ〉へ至る行程がどのように合流してゆくか、足早にたどり直してみた。「呪術論」全体にくりかえし表明される一般化への意志は、確かに後にモースが「全体的」社会事象の探求として主題化する方向を探求の「身振り」として先取りしている。しかしこの「全体性」へのモースの指向を検討するには、また別の場が必要となる。ここでは当面のテーマである〈マナ〉の観念が「呪術論」の基礎としてどのような意味を与えられているか見ることへと話を進めなければならない。

マナという主題——〈力〉のメタ論理

聖／俗の分離と供犠を媒介とした交通、分類による分節化とマナの循環、これらは対をなす観念の運動の形式としてとりだされていると思われる。ここで次のような問いを立ててみることができる。……ということはそれぞれの項は対称性と相補性をそなえるある静的な均衡へと向かうと想定されているのだろうか。供犠による交通とは「分離」に対する非・分離にほかならず、分類とはマナの励起されていない非・結合の状態にすぎないのだろうか。

呪術行為と呪術への信仰（モースがこの言葉で含意しようとするのは、宗教的なバイアスの強い「信仰」というよりは、呪術の効果が真であること、真でありうることを受け入れる心の構えといった意味であり、呪術への〈信〉の根拠とは何かという問いへの答えに当たるものというふうに理解すべきだろう）を、共感の原理あるいは呪術に動員される呪物の部分的特性あるいは人格化された霊鬼崇拝といった呪術の構成要素のいずれかへ還元することでは理解できないことを述べたうえで、モースは呪術の基底にあるものとしての〈マナ〉の観念を置き、それに等価な観念がいたるところに存在したことを民族誌の例を列挙して証明しようとする。メラネシアからポリネシアにかけて広く見出される〈マナ〉は北アメリカにおける〈オレンダ〉〈マニトー〉と等価であり、またそれはいくぶんか特徴を変えながらインドの〈ブラーフマナ〉、ギリシャの〈ピュシス〉とも等価である。ここでは、モースの例証の民族誌的正確さよりは、〈マナ〉とその等価物にモースが見分けようとしている、いわば論理的な特性に注目してゆきたい。それは次のように要約されている。やや長いがその要点を引いておこう。

「それゆえわれわれは呪力の観念を内包する観念がいたるところに存在したと結論してよい。それは純粋な効果の観念でありながら物質的で局在化可能な実質であると同時に霊的な実質でもある。それは遠隔作用するにもかかわらず接触によらないとしても直後の結びつきによって作用し、自ら運動することなくして動的で不安定であり、非人格的でありながら人の姿にもなり、分割可能でありながら連続性をそなえている。……それらはまた、すでに見たように〈力〉と〈場〉とそしてこの世界から分離されながらそこに付加された〈世界〉でもある。呪術の世界がどのようにこの世界から切り離されることなくそこに重ね合わされるのか、よりよく表現するために次のように言うこともできる。すなわち呪術の世界は空間の第四次元に構成されたかのようであり、マナの観念は、いわばその秘儀的な存在を表しているのだ、[20]と。……」。

すなわち〈マナ〉の観念は、不可触でありながら物質的、遠くありながら近く、分割されながら連続し、非人格的でありながら人格的であり、ひとことでいえばあらゆる規定とその反規定をともに可能とするものとされている。

こうした矛盾律から自由な思考は、いったいどのような空間に生成するのか。モースがその空間こそ〈社会〉と呼ぶのだとするとそれはどのような場でありうるのか。［未完］

◉註

1. ただしフェティッシュという語はポルトガル語に由来するとされる。ポルトガル語が西アフリカで広く用いられたあと西欧に逆輸入されたということであろう。いわば混血の言葉といえよう。
2. レヴィ＝ストロース『今日のトーテミスム』仲沢紀雄訳、みすず書房、一九七〇年：二〇〇〇年。
3. シュタイナー、F『タブー』井上兼行訳、せりか書房。
4. マナの語はCodringtonの*The Melanesians–Their Anthropology and Folklore*の記述を主なソースとして西欧の人間諸科学にとりいれられたと思われる。その後、Marettによる検討があったが、筆者はそれを見ることができなかった。モースの「呪術論」はマナを主題とするものとしては比較的早いと思われる。その後、モース自身による深化は別として例えばフロイトも『集団心理学と自我の分析』（一九二一）でふれている（邦訳、人文書院、フロイト著作集6、二三八頁）。モースの『社会学と人類学』への序論でレヴィ＝ストロースがマナを「浮遊するシニフィアン」と呼び、それを受けてドゥルーズが動的な記号論の展望のなかでマナを「循環する空白の仕切り」としてラカンにおける「手紙」などと関連づけてひとつの美事な解説を書いていること（白水社、『二十世紀の哲学』所収、「構造主義はなぜそう呼ばれるのか」中村雄二郎訳）は周知のとおりである。
5. モース、マルセル『社会学と人類学Ⅰ』有地亨、伊藤昌司、山口俊夫訳、弘文堂。
6. 同上、訳者あとがき、四〇二頁。
7. 例えば、F. Raphael, *Marcel Mauss, précurseur de l'anthropologie structuralé Revue international de sociologie.*
8. モース、マルセル／ユベール、アンリ『供犠』小関藤一郎訳、一九八三年、法政大学出版局。
9. デュルケーム、エミール『分類の未開形態』小関藤一郎訳、一九八〇年、法政大学出版局。
10. 有地他訳、前出、二一三—二一七頁。ただしこの訳書には誤訳と思われる箇所が散見されるばかりでなく、原書の論文タイトルに付された初出の註記も落ちている。そこには例えば、この「補遺」が論文の末尾に置かれたが、本来は論文の最初にあったことが記されている。末尾に回された理由は明示されていないが、明らかに論文が完成された後に書かれたと思われることがその理由かも知れない。
11. 同上、二一五頁。ただし訳文は変えてある。
12. 同上。
13. 同上、二一六―二一七頁。
14. モース、マルセル/ユベール、アンリ『供犠』小関藤一郎訳、一九八三年、一〇四頁。
15. デュルケーム、エミール『分類の未開形態』小関藤一郎訳、一九八〇年、六頁。
16. 同上、七頁。
17. モースが分類を考えるとき基本的に〈類〉と〈種〉の関係を頭においていることは、p. 7 におけるアリストテレスへの言及からも想像される。類と種というカテゴリー間の関係だけでなく〈種〉と〈個体〉という二つのレベルの関係つまり identification のことは視野には含まれていない。そこにモースの分類論と、レヴィ＝ストロースの「野生の思考」との決定的な時代差をみることもできるかもしれない。また分類・レベル間に生じうる逆説的な関係については、L. Dumont, 'Communauté anthropologique et hiérarchie' (*Essaissur l'individlisme*, ed. Seuil, 1983. 特に p. 214 を参照)。
18. モース、マルセル『社会学と人類学I』有地他訳、一三二頁。ただし訳は変えてある。famille ＝「科」＝家族という等価には西欧の分類的思考における、自然分類と社会分類との根ぶかい関係がはしなくも表れているともいえる。詳細には立ち入れないが、モースが「未開の分類形態」の基礎に社会的感情を見る(邦訳九一頁)ことの意味も単にモースの限界とはいえない問題を含んでいるとも思われる。これについては別の場で考えたい。
19. 同上、一七一頁。ただし、訳は変えてある。
20. 同上、一八〇頁。ただし、訳は変えてある。

古典紹介◎モーガン、L『古代社会』

モーガン、L（一八一八—一八八一）
Morgan, Louis Henry
『古代社会』青山道夫訳・岩波文庫、荒畑寒村訳・角川文庫
Ancient Society

モーガンはニューヨーク州のオーロラという小さな町に、ドイツ系の父と最初の移民を先祖にもつ母との間に生まれ、生活の拠点は生涯、大学にかよったオンタリオ湖畔のロチェスターにあった。大学で法律を学び、弁護士として開業した後に、イロクォイ人とアメリカ人の土地争いでインディアンの土地権を擁護し、彼らの信頼を得て彼らの世界に導かれ、女性の地位の高さをはじめ、白人世界との違いに驚き、やがて人類学的な研究をおこなうことになった。

モーガンは一貫して家族、親族といった人間にとっての基本的な社会関係に関心をよせ、とりわけ共同生活の様態の比較研究とその物質的基礎としての家屋の建設技術に注目した。死後出版の『アメリカ先住民のすまい』はもともと『古代社会』の一部であった。『古代社会』では、人類進化史は食料獲得を中心とした技術の進化の系、政治組織の進化の系、家族組織の進化の系、財産観念の進化の系の四つの系の複合として把握されている。そして総体としての進化は、野蛮、未開（これらふたつには下層、中層、上層がある）、文明の各段階を経るとされる。四つの

系の相互関連は、たとえば「文明」の段階において次のように説明される。すなわち、技術の向上によって人類の物質的装備が大がかりとなり財産が発生し、不動産直系相続が設定され、その結果一夫一婦制家族が成立し、西洋世界で知られているような親族組織が生み出された。不動産所有観念の発生はまた、人類社会が血縁原理から地縁原理に移行し国家という政治組織を形成する契機となった。

モーガンのいう「家族組織」の系においては、一夫一婦制といった「結婚制度」と、親族関係を表現する親族名称体系という意味での「親族組織」が問題となる。イロクォイ・インディアンなどに見られる、「母」の呼称のあり方（子供は実の母だけでなく母の姉妹も母と呼ぶ）に代表される一見不合理な名称のあり方をどう理解するかという問いがモーガンの出発点であった。世界各地へのアンケートの結果から、モーガンは、多様な親族組織に一定の規則性があることを確かめ、ハワイなどに見られる親世代の男すべてを「父」女すべてを「母」と呼ぶマレー式、アメリカ・インディアンにほぼ共通する（父方か母方かあるいは両方で）父とオジ、母とオバなど直系と傍系の区別をするタイプ（父、母は複数の人を指す）、西洋などに見られる父、母が一個体を指すタイプに三大別した。

モーガンはこれらの区別が、一時代先行する（しかし次の時代にはすでに消失した）結婚制度から生じたという仮説的説明をあたえ、仮説を発展させ次のような結婚制度の「推測的歴史」を構成した。すなわち、太古の「原始乱婚」から血縁意識の発生、血族結婚の制度化、血族結婚の生物学的障害の認識と近親婚の禁止、禁止による同族以外の相手との結婚の制度化による直系・傍系の区別の発生（父の姉妹たちは父の結婚相手である母たちとは区別されオバとなる）である。さらにモーガンは初期の男集団と女集団との集団婚から、男あるいは女が個人となり個対集団の結婚形態（一夫多妻、一妻多夫）を経て、とりわけ男性の嫉妬からくる安定した対形成による一夫一婦制への発展という図式を描いている。

モーガンは親族関係にかかわる多様な現象に、一定の体系性を与え、人類学的な家族・親族研究の基礎づけをおこなった。ただその内容については「集団婚」に事実としての裏付けが乏しいこと（人類には広く単婚が観察される、この見方はやがて「核家族普遍説」となる）、親族名称と仮説的結婚制度とに因果関係は想定しがたいこと、あるいは呼称の裏に生物学的親子関係を想定する必要はないことが、多くの人類学者に認められ、やがて「推測的歴史」の発想そのものが人類学の世界から放逐され、モーガンの壮大な体系は崩壊した。それはマルクス主義の世界でのみ、かろうじて学問的評価を保持した。

しかし、同時代のアメリカの文脈に置きもどしてモーガンを見直す時、きわめて興味深い主題が見えてくる。モーガンの生きたニューヨーク州は、初期の移民から引き継がれた厳格なピューリタンの雰囲気を保持しつつ、さまざまな新興の改革派や種々のユートピア思想が燎原の火のように波状にひろがっては消える「焼き尽くされた」土地だった。それらの運動では常に共同体の基礎としての男女両性間の関係、そして家族のあり方が問われていた。共同体から厳格に性関係を排除するシェーカーから、一夫多妻を教義としたモルモン教、「天使の乱交」によって救済を期した「オナイダ共同体」、フーリエ主義者などの提起に対して、モーガンは徹底して一夫一婦制以外の婚姻形態を「文明以前」の段階に封印しようとした。こうした「文明以前」の世界とアメリカ・インディアンの世界の混在したヘテロトピアがモーガンの生きた世界であり、それは南北戦争を経て「近代国家」に大変貌をとげようとする激動の時代でもあった。今日までつながる世界と時代への応答としてモーガンを読むことが、今、求められている。

書評◎異貌のユートピア――オナイダ・コミュニティの複合婚実験

倉塚平『ユートピアと性―オナイダ・コミュニティの複合婚実験』
中公選書、一九九〇年

ソ連、東欧の民主化によって、一九世紀の「科学的」社会主義のユートピアは清算の時代を迎え、ソ連、東欧という「帰って来た蕩児」を迎えるように、アメリカ合衆国は民主制の「父」としての自意識をいっそう強めつつあるようにも見える。ところがそのアメリカ自身もじつは、たかだか百年ほど前まではもうひとつのユートピア思想の大々的な実験場であったことは、見過ごされ忘れられやすい。本書は、資本主義と民主制の旗手として誕生する以前のアメリカのユートピア的前史を、あるショックとともに再発見させてくれる。一九世紀アメリカの宗教的ユートピア運動の激しい振幅と独特の偏りの方向を、ひとつの特異なコミュニティの細部まで再現する――それを作りそこに生きた人々の内面まで分け入ろうとする――あざやかなモノグラフィー的手法で示してくれるのである。

その「オナイダ・コミュニティ」は、人間が主体的にこの世に楽園を作りだすことができるという楽天的な後千年王国主義の申し子ともいえる教祖ノイズによってニューヨーク州のオナイダ村に建設された。合衆国東北部諸州とりわけニューヨーク州は、フーリエ主義から宗教的リヴァイヴァル運動にいたるユートピア主義の波に「焼き尽くされた」土地であった。創立者ノイズは、全ての罪悪を人は能動的に克服し、地上に楽園を建設できるとする、過激な完全主義者であった。全てのユートピア思想の試金石ともいえる「諸悪の源泉」としての男女の性関係の問題をノイズは、聖書の字句の即物的解釈と、フーリエ主義的性愛理論と、自分自身の母子の葛藤と失恋体験のないまぜになった奇妙な教義によって解決し、共同体の原理とした。それは禁欲的な独身主義でも、アナーキー的なフリー・ラブでもなく、きわめて意識的にコントロールされた「複合婚」とよばれる規則であった。

夫婦や親子のエゴイスティックな愛情の絆は「スペシャル・ラブ」と呼ばれ厳しく排撃され、コミュニティの全ての男女は、互いの性を共有しあわなければならない。性関係の結果、女性にふりかかる出産の労苦は、「接して漏らさず」という男性の自制力(メイル・コンティネンス)によって取り除かれる。男は漏らすことなく、女を存分に喜ばすことができなければならない。性交そのものは、神に発する霊がより完全な男性から、霊的に劣る女性へと伝達される厳粛な夜の典礼であり、毎夜かわるペアの組み合わせは、霊的にもっとも完全なノイズと創立当時からの長老たちによってチェックされていた。思春期に達した娘たちは長老によって、少年たちは更年期を過ぎた女性によってこの典礼へとイニシエートされた。こうして「天使の乱交」が現実化され、コミュニティはきたるべき「天と地の合体」による完全な世界の先駆けとなるというのである。

出産とひきかえに性行為の神聖化を実現したコミュニティは、経済的基盤の安定とともに、次世代の再生産の問題に直面する。教祖ノイズは、自分の教義と当時最先端のゴルトンの優生論の奇妙な折衷によってそれに対処する。もっとも高度な霊性をもった長老と壮年の女性のペア、そして霊的に優れたノイズの近親同士のペアが優先的に子孫を残すことを認められるのである。ノイズ自身優生生殖論にしたがって、近親との子供も含め一〇人ほどの子供を作ったという。しかしやがて年老いた教祖がカリスマを失うとともに、後継者争いからコミュニティは崩壊に向かい、一八八〇年には収益と資産の配分のために株式会社組織に移行し、ほぼ半世紀にわたる宗教共同体としての存続にピリオドを打つ。

性の典礼と優生学を結合したこの奇妙なコミュニティはいったい何だったのか。それは著者の示唆するように、外部からの雇用労働に支えられ、教義に粉飾された教祖の父権によって女性的なものを抑えこんだ「ユートピア的自然離脱の一典型」だったといえるのだろう。それにしても、性の主題への独特の固執のしかたには、転倒したかたちでのピューリタニスムの伝統が生き続けているとも思える。そしてこのコミュニティの軌跡は、共同体のありかたの中でとりわけ結婚制度や親族組織のもつ意味に関心をはらう人類学の研究者には、ある意表をつく照明を投げかけてくれる。オナイダ・コミュニティがそうした制度のある極限例を提示しているという理由だけではない。「原始乱婚」から「集団婚」を経て一夫一婦制に至る人類の結婚と親族の進化史を構想し、結婚と親族組織を人類学の主題として設定したあのL・H・モーガンがニューヨーク州に生まれ生きた、ノイズの同時代人であり、オナイダからせいぜい百マイルほどのロチェスターに暮らしていたのである。マルクス主義的社会観に大きな示唆を与え、ひいては「科学的」社会主義のユートピアにも影響を与えたモーガンは、こうしたコミュニティの提示する性と結婚のテーマを真近に見ながら、あるかたちで共有しつつその社会進化論を作り上げたのに違いないからである。

古典紹介◎マルセル・モース『贈与論』

"Essai sur le don-Forme et raison de l'échange dans les sociétés archaïques" in *Année Sociologique*, 2e série, 1923-24.
『太平洋民族の原始経済』山田吉彦訳、日光書院、一九四三年
『社会学と人類学Ⅰ』所収、有地亨他訳、弘文堂、一九七三年

『贈与論』を含むマルセル・モースの業績の評価の多くは、『社会学と人類学』に付されたレヴィ＝ストロースの「序論」を踏襲しているにすぎないようにも思われる。それほどまでに、「構造主義の先駆者」モースが、無意識の領域にわたる象徴体系という現代人類学の視点にもう一歩のところまで到達していた、とするこの序論が新鮮で鋭く思われたということであろう。そして、その鮮やかな修辞の眩惑にも抗いがたいものがあったのだろう。

レヴィ＝ストロースはこう述べている。「……この下書きのままともいえるような書物の有する驚くべき力はどこからくるのであろうか。そこには印象主義的批評と天才的学殖とが実に奇妙なかたちで同居しており、本文を押し潰さんばかりの註釈のなかにしばしば圧縮されているこの考証学的知識は、アメリカ、インド、ケルト、ギリシャ、オセアニアの諸典拠から思いつくままに拾い集められたように見えながら、やはり変わらぬ実証性を有している。贈与論を読むものは、ほとんど例外なく、マールブランシュがデカルトを初めて読んだときのことを想

起していみじくも述べたようなあらゆる種類の複雑な感情を抱かずにはおれない。すなわち、胸は高鳴り、頭は興奮し、そして心は、はっきりとは分からないが、間違いなく科学的発展の決定的事件に立ち合っているのだという思いに満たされるのである」(以下、引用は一九七三年の有地訳より)。

下書きのままのような印象主義的批評と天才的学殖の混在した本文と、その本文を押し潰さんばかりの註釈を追うだけでも息切れする思いで読んだ記憶は確かにあるが、ただ自分がマールブランシュでもなく、自分にとってのモースはデカルトでもないという、少々索漠とした「複雑な感情」が残ったというのが、初めて『贈与論』を読んだ時の偽らざる印象だったように筆者は記憶している。ただ折りにふれて読み直すと、右の引用が、あまりに豊かな細部が非体系性のぬぐいがたい印象を残し、しかしそれが「限りない省察の源泉」(サーリンズ『石器時代の経済学』山内昶訳)ともなっている、この不思議な魅力のある論文の特徴を的確にとらえていることも理解される。

戦間期の時代状況と『贈与論』

とはいえ、構造主義の現在からふりかえって、その到達点への道程として回顧的に位置づけるという見方は、たとえ正鵠を射たものであっても、先学の作品群を理解する方法としては、不当とはいわぬにせよ、きわめて限定された見方ではある。少なくとも、弟子の一人オードリクールが伝えるモースの意向に忠実でないことは確かだろう。「モースが、自分の書いたものを、それが書かれた時代や状況と切り離して人が研究することに賛成しないだろうという気がしてならないと言わずにはいられません」。

確かに『贈与論』の書かれた時代と状況とがいかなるものだったのか、あまり顧みられることはない。デュルケム没後、数年の空白の後、モースが主宰して再刊された第二期『社会学年報』の第一巻に『贈与論』が掲載された一九二三―二四年の前後は、世界が大恐慌に先立つ両大戦間の危うい均衡の上に置かれていた時代であった。モースに身近な範囲でも、一九二三年には、ドイツの賠償問題がこじれて仏軍がルール地方を占領し、ドイツ・マルクが暴落し、ミュンヘンではヒトラーが暴動を企てている。モースが独仏の永年の係争地であったアルザス地方出身のユダヤ系フランス人であったことを考えれば、こうした独仏の緊張が全くの他人事ではなかったことが想像できる。そして現実に後にナチス占領下のパリで、晩年のモースは不如意の生活と厳しい緊張を強いられ、知的な能力を喪失したまま死に至るのである。

翌二四年にはレーニンが死去する。レーニンの死もモースにとって全く無縁の世界のことではない。なぜなら、『贈与論』とほぼ同時期に書かれ、二四年と二五年に人類学外の専門誌に掲載された「ボルシェヴィズムの社会学的評価」と「社会主義とボルシェヴィズム」の二つの論文で、モースはレーニン指導下の「共産主義革命」を一定の共感と鋭い批評精神で詳細に検討しているからである。また同じ時期モースは、日刊誌『人民のもの』に時事的コラムを寄せ、「為替」というタイトルでフランス・フランの減価の問題を論じてもいる。『贈与論』には象徴体系としての経済という視点が含まれていると同時に、こうした現実問題への対決も内包されているのだ。むしろ同時代の問題に答える理論的な迂回路として、なぜ『贈与論』が書かれなければならなかったのかという問いこそ、この「決定的事件」の意味を考えるために必要な視点だとも思われるのである。
「……あれこれの社会現象の系に第一義性を付与する詭弁に負けてはならない。政治的なもの、道徳的なもの、経済的なもののいずれかが、支配的である社会など存在しない。またそこに適用される何らかの技《わざ》、art が支配的である社会など、なおのこと存在しない。こうした一切は、結局のところわれわれの未熟な社会科学の概念と範疇にすぎず、これらを区別することも言葉遊びにすぎないのだ。経済的なものである貨幣は、政治的なものである国家によって鋳造され、人によって信頼され、経済的であると同時に道徳的でもあり、またむしろ心的で習慣的で、伝統的な現象でもある信用を付与される。ひとつひとつの社会は、その道徳、技術、経済をそなえた単一のものなのである。「政治」「道徳」「経済」は社会的な技、共に生きるための技なのである」。

この一見常識の言葉を連ねたかに見える一節には、そのまま『贈与論』の、一種の社会主義的信条告白にも思える終章に組み入れてもおかしくない響きがある。しかしこれは「ボルシェヴィズムの社会学的評価」の論文で、ソ連共産党の超人為主義的な「歴史的唯物論」を評した一節なのである。一見とるにたらぬ世間知の表明にみえる言葉が、意外に広い射程をもった批判を含み、それはそのまま、同じ時期に書かれた『贈与論』の主題と表裏一体となっている。同じ論文で、モースはボルシェヴィキの市場と貨幣の廃止というユートピア的な政策を、今日の人間の「交換する者としての本性 nature échangiste」に背反する非現実的なものと批判し、新経済政策（ＮＥＰ）を高く評価する。こうした評価自体は当時のリベラルな社会主義者の、むしろ平均的な反応といえるかもしれないが。

《全体的》社会現象としての贈与・交換

交換する者の本性が、何も今日の人間ばかりでなく太古以来の人間の属性の一部であり、この交換活動を包括的にとらえる「学」はまだ達成されていないというモチーフが『贈与論』にはある。右の引用部分はそのまま『贈与論』冒頭の研究計画（programme、邦訳では「綱目」となっているが、この訳語の選択は不可解だ）にある「《全体的》社会現象」というモースの用語に接続する。「贈与」がこうした現象つまり「宗教的、法的および道徳的諸制度……経済的諸制度――これは生産と消費の、というよりもむしろ給付と分配の特殊な形式を想定する――が含まれている」現象として検討の対象となるのである。

先の引用を踏まえれば、この「全体的社会現象」が「宗教」「法」「道徳」「経済」等の概念と範疇を順次適用して解明し、それをいわば総計してとらえうるとは考えられていないことは明らかである。モースにとって「全体的」とは、重層的な意味の単なる総和ではなく、そうした複数の範疇への、知の分化の様相そのものが、われわれの自閉的な「言葉遊び」にすぎないという現実を白日のもとに引き出し、概念と範疇そのものの布置の再構成を促すような、積極的な意味で否定的な力をもった現象を指していると理解される。われわれのもっている概念、範疇の色眼鏡をはずし、人間の現実に目を向けることを強いずにはすまない現象、その端的な事例を、地域をある程度限った比較法によって、環太平洋の諸文化に見られる集中的な贈与交換の制度、いわゆる「競覇的な全体的給付」（ポトラッチ）の制度に即して考察するという目的を明らかにした序論に続いて、モースは『贈与論』を以下のように構成している。その章立てと簡単な内容を書きだしてみよう。

第一章　義務的贈答制と返礼の義務（ポリネシア）

（1）全体的給付――父方の財産と母方の財産（サモア島）／婚姻をきっかけとして行われるポトラッチと類似した全体的給付の制度がサモア島を中心として観察される。確定した解釈はまだないが、交換財の「女財」と「男財」への相補的二分がたいへん興味深い。

（2）贈られた物の霊（マオリ族）／物の授受が当事者に交換を促すことが、マオリ族土着の物の霊ハウの観念をてがかりに解釈される。土着の観念を分析概念にかさあげするというモースへのレヴィ＝ストロースの批判、この観念を記号論のゼロ記号に読みかえるという提案はすでに何度となく引用され流用されている。またモースが解釈したマオリのテクストの独自の再解釈がサーリンズによって説得力あるしかたで示されている。

（3）提供の義務と受容の義務／贈与と交換の体系の理解には、ハウに表われた「お返し」の義務とともに物を与える義務、物を受け取る義務を主題化しなければならない。

（4）ひとに対する贈与と神に対する贈与／贈与は人間のあいだのみならず、神・霊に対しても行われる。それは贈与から契約観念への発展における神・霊の介在と関連する。

第二章　このシステムの発展、気前のよさ・名誉・貨幣

（1）惜しみなく与える規則（アンダマン諸島）／贈与の義務はもっとも「未開」な社会にも、とりわけ婚姻を契機として行われることが観察される。

（2）贈り物の交換の原則と、契機および強度（メラネシア）／交換の精緻な制度化はマリノフスキーの報告するトロブリアンド諸島の「クラ」体系に確認される。土着のカテゴリーはマリノフスキーのテクストに即して仔細に検討され、モース独自の解釈が対置されることもあり、またとりわけこの「ポトラッチ」がメラネシア独自のものであるという報告者の見解には制限が加えられる。

（3）北西部アメリカ／環太平洋地域における全体的給付制度の詳細な報告の存在するもう一つの地域である北西部アメリカのインディアン諸社会では、その「競覇的な」性格が端的に表われている。そのことが「名誉と信用」「提供・受容・返礼の三つの義務」「交換の対象物にひそむ力」「名誉の貨幣」という節に従って検討される。ボアズの報告を中心にここでもテクストの詳細な再解読が行われる一方、霊力の宿る「物」から「貨幣」への展開が予感される。そしてポトラッチという「義務的贈答の制度」が親族間の「全体的給付」の段階は越えているが「貨幣」の段階には達していないものという、やや進化論的な色彩のある一〇行足らずの「最初の結論」が示される。

第三章　古代の法および経済におけるこの原則の痕跡

この章では以下の節に従って、いわば文明世界の古代法に、全体的給付制度を構成する「贈与」にまつわる諸観念の断片が見いだされ、したがってこの制度が地域的には環太平洋に、社会としては民族誌的研究対象の社会に限られたものではないことを確かめる糸口が与えられる。

（1）人の法と物の法（原古ローマ法）

（2）古典ヒンズー法　贈与の理論
（3）ゲルマン法（担保と贈与）

第四章　結論

（1）道徳上の結論／文明圏における古代法を間において社会関係の生成媒体としての「贈与」の現象のもつ意味が現代社会にまで拡張されて解釈される。贈与は地方習俗として残る儀礼的な物の授受のみならず、共済団体などの現代的組織における「相互扶助制度」にも再生し、ここにデュルケムが讃えた「職業団体への人間性の付与」を見ることも示唆されている。そこにはモースのリベラルな社会主義の信条告白があるとも読める。
（2）経済社会学上および経済学上の結論／この節では「全体的給付」制度の検討を通じてわれわれのもつ、とりわけ「経済」に関わる諸概念と範疇が問い直されねばならないことが重ねて強調される。
（3）一般社会学上および倫理学上の結論／われわれの諸概念と範疇が問題に付されるのは「経済」の領域ばかりではない。「贈与」には法・経済・宗教・美・道徳・政治・社会形態等あまりに細分化されがちな社会学の諸分野すべてが関わり、そうした範疇の布置のやり直しを求めるのだ。「贈与」を通じて「われわれは、それらを全体として考察することによってのみ、その本質、全体の活動、躍動する様相をうかがい知ることができたし、また、社会やその成員がみずからを、あるいは他者にたいするみずからの地位を情緒的に意識する束の間の瞬間を捉えることができたのである」。修辞的な言葉づかいにすぎないようにも読めるこの一節には、「贈与」の問題が、物を介した人間のあいだの交流、あるいは現代的な意味での「交通」の問題であり、対他存在としての人間存在への問いそのものであることが示されている。論文の末尾には、対他存在が、互いに避け合うか、交流をもつか、戦うかという選択肢として示される。そしてクラ交換をめぐるトロブリアンド島民の言葉が引かれ、そこに「祭礼と戦闘との間の不安定な関係」が読みとられている。

交通の忌避か、あるいは戦いか交換か、という言い方は『贈与論』のモチーフの要約としては、あまりに簡潔すぎるとも思われる。こうしたモースの示す選択肢を「万人の万人への戦い」という表現に等置することによってサーリンズは、モースの思考をホッブズの政治哲学に対比し、さらにマルクスに対比する。その才気に満ちた議論には、賛成できない点もあるにせよ、モースの『贈与論』が、決して単に「太古的」社会の奇妙な制度への好奇心からではなく、同時代の社会への対決、そして対他存在としての人間という根底から「交換」について考えなおすこと、「交換というものはすべて、ある社交性の係数を体現しているものだから、……その物質的関係だけで理解しようとしても無理である」という中心問題を考察することをめざして書かれたことは、サーリンズとともに確認できよう。

※

『贈与論』は、モースにとってはその活動の絶頂の、束の間の平和の時期に書かれた論文であった。その後『身体技法』（一九三五年）、『人格の概念』（一九三八年、共に『社会学と人類学Ⅱ』所収）など、つねに同時代の知の最先端の視点を示し続けたが、ナチによるパリ占領後には、ユダヤ人であることからコレージュ・ド・フランス教授の職を追われ、失意と絶望にほぼ一〇年にわたってほとんど思考力を喪失したまま生活し、一九五〇年その生涯をとじた。

この現代フランス人類学の父とも呼べる大学者は、数週間のモロッコ旅行を除いてフィールドワークと呼べることをしたことがなかった。しかし、最晩年の弟子であるデュモンのいうとおり、「書斎の椅子に座ったまま、書物を通じて人々と同一化することで世界を旅した」モースは、その存在自体が、人はまだいかなる生きる理由と希望をもちうるのかを問い直すための、現代史のもっとも重要な問題が交錯する実験室であったともいえるのではないだろうか。それはモダニスムということだけでは収まらない、きわめて広い意味での人類学の思考実験の場そのものであった。

コラム◎マルセル・モース

Mauss, Marcel（一八七二―一九五〇）

I．略歴

マルセル・モースは一八七二年五月一〇日、フランス北東部ロレーヌ地方ヴォージュ県の県庁所在地エピナルで生まれた。母はエミール・デュルケムの姉であり、したがってモースにとってこのフランス社会学の大成者は母方の叔父であった。父はアルザス出身のささやかながら堅実な商人であり、その祖先は国境を越えたドイツ側にすむユダヤ人だった。

モースは現代フランス人類学の基礎を置いたと評価されているものの、生涯の間にフィールドワークらしいことはひと月にも満たないモロッコ旅行くらいで、国外旅行も多くはない。着実な学者生活を送り、フランスの学問世界の最高峰であるコレージュ・ド・フランス教授を務めたことを見ると、その伝記はエピソードに乏しい平穏なものにも見える。しかし最晩年はかつての弟子を見分けることもできない痴呆状態に陥り、その原因がナチス占領下のパリで、ユダヤ人であるためにコレージュ・ド・フランス教授の地位を追われたショックからきているということ、そしてナチスが近代独仏ナショナリズム対立を背景として生まれ、アルザス・ロレーヌが常にその対立の争点であり続けたことを考え合わせると、普仏戦争とパリ・コミューンの翌年に生まれたモースの生涯は、ある象徴性を帯びてくる。

生地エピナルは、ヨーロッパのさまざまな事件を民衆版画によって流布するいわゆるエピナル版画で知られた情報の集散地であった。そのエピナルで高校時代までを過ごしたモースは、大学はデュルケムが教えるボルドー大学に進み、叔父のほかエスピナス、アムランなどから社会学、新カント派哲学を中心に学んだ。その後パリに移って哲学教授資格試験《アグレガシオン》の準備をし、猛烈な受験勉強をへて一八九五年の試験に第三位で合格した。上位の二名はエリートコースの高等師範学校《エコール・ノルマル・シュペリウール》出身であり、モースが地方大学出身でなければ一位だっただろうともいわれている。

その後教職にはつかず、高等研究院の宗教研究部で、シルヴァン・レヴィについてサンスクリットとインド古典文献学の基礎を学び、オランダ、イギリスに留学した。多くの同僚そして友人たちと出会ったのもこの時期であった。レヴィには才能をみこまれ文献学へ進むことを期待されたが、一八九九年に親友のユベールとの連名でデュルケムによる創刊まもない『社会学年報』第二巻に「供犠の本質と機能についての試論」を発表し、インド古典の深い知識を動員してフレイザーやロバートソン・スミスの供犠論を批判し、次第に人類学の方向へと向かっていった。ただこの時代は、一九二〇年代にマリノフスキーやラドクリフ＝ブラウンによって示されたフィールドワークにもとづく民族誌の作成という人類学の規範はまだ確立しておらず、古典文献学と人類学はむしろ相互に浸透しあい、狭義の「人類学」つまり今日の形質人類学と対比されるという構図があったと考えるべきであろう。

デュルケムの『自殺論』（一八九七年刊）の資料整理を手助けし、『年報』の編集の中心的な役割をにないながら、今世紀に入り、一九〇二年に高等研究院の「未開社会の宗教」担当の専任スタッフになると、モースは同僚などとの連名で「分類の未開形態」（一九〇三年、デュルケムと連名)、「呪術の一般理論の素描」(一九〇四年、ユベールとの連名)、「エスキモー社会の季節的変異」(一九〇六年、ブシャと連名)など現代人類学への転換期を記すとみなされることになる業績を『年報』に発表してゆく。

その一方で、この時期の若いモースの活動にはいくつか注目すべき方向が読み取れる。ひとつは後にいたるまで一貫して継続される同時代の民族誌、宗教論などの長短とりまぜた論文著作への膨大な数の書評の執筆(主に『年報』に掲載)である。そして第二に社会主義系の評論誌や新聞に掲載された時評的な小論文の執筆であり、その関心の対象はたとえば世紀転換期のフランスを動揺させたドレフュス事件の展開へのコメントや、同時代の西欧をゆるがせた南アフリカでの戦争を評しイギリスによるオランダ系農民ボーア人の抑圧を批判した「トランスバールの戦争」、あるいは協同組合運動の評価など多岐にわたっている。そして第三に、単に評論にとどまらずドレフュス事件などへの積極的な政治的参加である。この第三の方向から、やがて当時のフランス社会主義の中心人物であったジョレスに協力して社会党機関紙『ユマニテ』の創刊(一九〇四年)に参加し、さらに一九〇六年にはジョレスの依頼で革命の渦中のモスクワへ社会主義者との接触のために派遣されるということにもなった。後の一九一七年のロシア革命の際にモースはレーニンのボルシェビキよりは社会革命党支持に傾いていたとされるが、その背景にはこの旅行で社会革命党の闘士にも会ったという事実があった。これはモースの数少ない国外旅行のひとつとなった。

その後数年は博士論文として計画された「祈り——口頭儀礼」の研究と執筆に力を注いだためか、あるいはデュルケムの後期の主要業績である『宗教生活の原初形態』完成(一九一二年刊行)

の手助けに時間をとられたためか、書評や評論の数は減少し、一九一〇年には「祈り」論文の最初の部分が私家版で刊行された。しかしこの論文は結局モースの死後、未完成のまま残されることになった。

一九一四年、第一次世界大戦が勃発するとモースは通訳将校として動員されイギリスにわたり、専門の仕事は一九二〇年にいたるまで完全に停止する。大戦終了後は、期待を寄せた息子が動員され戦死したショックから回復できずにデュルケムが死去し、親しい同僚や優れた弟子の多くを失ったモースはおのずとフランス社会学の中心的指導者として自他ともに認められる役割をになうことになった。モースが一九二五年に『年報』を再刊し、その号に「贈与論」を掲載したことはその具体的な表われであった。

世界史的にも両大戦間の束の間の平和に恵まれたこの時期は、失われた人々の生成半ばで中断した仕事に本としての形を与え、いわばこの「喪の仕事」がそのまま、社会学と人類学の関心のありかたを困難な同時代の状況に応えうるものに洗練し鍛える仕事ともなる、モースにとって重要な知の再編の時期でもあった。モースはこうした使命を一九三一年に獲得したコレージュ・ド・フランスの「社会学教授」のポストに拠って進めてゆくことになる。

仕事の再開された一九二〇年代は、ほぼ二〇年前の活動のパターンがもどり、人類学、宗教研究の論文のほか、「ネイション」をめぐる長編論文が草稿として残され、膨大な数の書評が書かれた（『年報』再刊一号におけるモース執筆の書評は八〇以上にのぼるが、ただその後はほとんど書かれなくなる）。また一九二〇年から数年間、社会主義や協同組合について、二二年、二四年には「為替」について、二三年にはソレルやレーニンやムッソリーニをコメントした暴力についての時評が新聞のコラムとして連載され、さらに「贈与論」と同じ時期には、もともと一冊の著作にまとめる予定であった数本のロシア革命論が『スラブ研究』などの専門誌に掲載された。モースの最高の傑作とも評される「贈与論」が、現代の基本問題ともいえるネイションをめぐる考察、現代史の夢（と悪夢）の象徴ともいえるロシア革命と暴力をめぐる考察、そして「為替」をめぐるアクチュアルな分析と並行して書かれたという事実に示されたモースの人類学的視点の複合性と総合性は、今後いっそう立ち入って再検討されるべきであろう。

コレージュ・ド・フランスへの着任から、その職を追われ実質的な知的活動を止める一九四〇年前後までのほぼ一〇年間、モースの主な関心は、叔父デュルケムから引き継がれた社会学の総合と再定義の試み、学問的なレベルでの心理学と社会学の境界領域の開拓、そして西洋的な思考の根幹をなすと見なされたアリストテレス以来の哲学的概念の相対化と組み換えといったところにあったように見える。「身体技法」「人格の観念」などの講演論文、そしてより知名度は低いが興味深い内容をもった「物質の観念に先行する諸概念」（一九三九年）などにそうした関心のありかがよく表れている。

また一九二五年にモースが中心となってソルボンヌ大学内に設立された「民族学研究所」における民族誌学の教育も、この時期のモースにとって重要な活動であった。この講義は若い調査者の養成をおこなうと同時に、保守派の旧人類学派から奪取した「人間博物館」を現代的な民族学博物館に脱皮させるための基礎的な方法論の探求という意味も帯びていた。この民族誌学の講義はモースが半ば強制的に引退させられる一九三九年まで十数年にわたって持続され、マルセル・グリオールやドニーズ・ポームといったアフリカ研究者、そして若き日のモースのインド古典学への関心を引き継ぐかたちとなったルイ・デュモンなどのフランス人類学の第二世代の現地調査者、そして先史考古学・人類学のルロワ＝グーランなどを育てる場となった。

一九四〇年から五〇年の死にいたる期間、モースには学問的な業績はない。晩年の知的な能力の喪失は、かつての「人の善く鋭敏で感じやすい」「研究を犠牲にしてまで人のために心を遣いすぎ」だ（ある追悼文の言葉）と形容されたモースの人となりを知る人々には大きな心痛を与えるものであったという。

Ⅱ．モースの「人類学的思考」

モース生前の単行書はユベールとの共著として刊行された『宗教史論集』（一九〇九年）と弟子がノートを編集した『民族誌学の手引』（一九四七年）のみであり、しかも後者はモース自身の校閲を経てはいない。その業績のほとんどは『年報』などに散在し量的にはかなりの部分が人の業績への犀利なしかし簡潔な評であった。その思考の発露はきわめて断片的、非体系的で、その神髄は口頭の親密な会話のなかで伝えられる類のものであったという弟子たちの証言もある。多くの講義は民族誌を緻密に読み込むというもので、一年に一ページ進むか進まないかということもあった。また講義には他の学者への皮肉やあてこすりが縦横に織り込まれ気の抜けないものだったともいう。こうした快活な口頭の談話の雰囲気は政治的な時評などに滲み出ており学術論文とは異なる一面を示している。

モースの思考は現代的な狭い意味での文化人類学には収まらない部分をもっている。また一九五〇年に刊行された『社会学と人類学』の「モースの業績への序論」でレヴィ＝ストロースが与えた「構造主義の先駆者モース」という位置づけも誤りではないにせよ、回顧的な正当化という欠点をまぬかれない。晩年の弟子のひとりで民族植物学などの領域で注目すべき業績をあげたオードリクールは、モースが「自分の書いたものを、それが書かれた時代や状況と切り離して研究されることには賛成しない」と語っていたと述べている。モースの思考は、人類学的主題に自己限定されているように見える場合であっても、その時代状況との関わりで形作られていた。そしてそのモースの生きた時代状況とは普仏戦争に始まり第二次世界大戦にいたる、現代のもっとも困難な時代にほかならなかったのである。モースの人類学的思考は，この困難な時代にあって人はまだどのような生きる希望をもちうるのかという思考実験であり、民族誌的事実の細部への細やかな配慮と注意力はそうした希望の可能性を西欧以外の人類の生活のなかに検出しようという一貫した関心によって支えられていたように思われる。晩年の不幸はまさにこの希望が絶たれたことからきたのではなかったか。ここではモースの思考の展開を仮に三期にわけて要約しておきたい。

（1）学問形成期から第一次世界大戦まで（モース二〇代後半から四〇代初め）

この時期のモースの関心の中心にはデュルケム社会学の用語でいう「集合表象」の問題があった。少し強引にまとめれば、「供犠」においては前世紀に大成された文献学による古典の読み方を、人類学的な同時代の異文化の解読へと転換する方法が探求された。人類学的研究の先駆者ともいえるロバートソン・スミス（『セム族の宗教』一八八九年）がユダヤ・キリスト教の古典の文献批判によって、供犠の原形を太古の時代に想定されたトーテム祭宴に求めたのに対して、モースはインド古典の供犠の詳細な描写に依拠して、儀礼の共通な構成要素と行為の一般的な図式をとりだし、文献の多様な記述をこの図式のさまざまな変形とみる視点を提示する。そして供犠の本質を「犠牲獣という媒介の破壊による聖なる世界と俗なる世界の交通」という点に見定める。

スミスの原形への遡行という広い意味での歴史の再構成に対して、モースの方法は「図式」といった言葉によって、共時的でしかも研究者の生きる時間と同時代的な変異形の探求という新たな視点を示している。この共時的で同時代的な変異形の探求をひとつの社会における社会構造の概念図式そのものについて検討したのが数年後に書かれた「エスキモー社会」であった。また犠牲獣の破壊によって伝達されるものは何か、という問いかけを敷衍するところから、「表象」の基底にある、伝達される「力」とは何か、という「呪術論」の主題が導き出されることになる。メラネシアにおける「マナ」という観念に代表されるその力の観念は、「集合力」と名づけられ、社会というものの「集合状態」から発生するものと規定されることになる。

「集合表象研究のための試論」という副題の付された「分類の未開形態」においては、トーテミズムの問題が「未開社会」における森羅万象の分類の体系のあり方という視点から再検討され、オーストラリアあるいはアメリカインディアンの民族誌の報告があきらかにする通文化的な集合表象の多様性と体系性が、家族および親族関係からの派生物として位置づけられ、事物分類の論理関係が人間の社会関係という源泉から発していることが主張されている。

(2) 一九二〇年代からコレージュ・ド・フランス教授着任まで(四〇代後半から五〇代後半まで)

この時期のもっとも重要な業績が「贈与論」であることはまちがいない。人間関係が価値あるものを他者に与え、受け取り、返すという義務の意識に支えられた「贈与交換」から生成するという主題を、ポリネシアや北アメリカの北西海岸のインディアン社会の民族誌を手がかりに論じたこの論文の視点は、レヴィ＝ストロースの『親族の基本構造』に導入され構造主義の基礎づけと見なされることになった。主題そのものの形成は「伝達される力」としてのマナの観念から発展した「原始貨幣」への関心（一九一四年の論文）や義務の感覚は個人的な感覚と集合的なものの交差する場であり、義務的な感覚の表現はある種の言語活動ともとらえられるという「義務的な感情表現」への関心（一九二一年の論文）にたどることができよう。個体と社会の交差する場への関心は身体という主題を浮上させ、社会から死んだと見なされた人間が現実に死ぬこともあるという、社会的暗示の効果を論じた一九二六年の論文にもつながってゆく。このように「贈与論」はモースの多様な関心の交差点に位置しているが、また同時期に書かれたロシア革命論でボルシェビキの急進的な市場の廃絶の方針の批判（交換する者としての人間という性質を人為的に廃止することには無理がある）とも表裏一体となっている。

(3) 強制された引退までのコレージュ・ド・フランスでの活動（五〇代後半以後）

一九三一年からのほぼ一〇年間のモースの活動は、フランス人類学・社会学の総帥として他の学問領域との交流と発言に多くのエネルギーが割かれることとなった。個体と社会の媒介の部分にピエール・ジャネに代表される心理学と社会学の双方の視点を交差させることにこの時期のモースはとりわけ注意をはらっている。

「身体技法」「人格の観念」「物質の観念」といった主題にはそうした共通の関心が流れてい

る。また「人格の観念」の表題に「人間精神のカテゴリー」という言葉が使われていることにも、思考のカテゴリーそのものの再考という晩年のモースの方向が色濃く表れている。こうした方向と、この時期に書かれた社会学の領域の再定義の試みとの関係は検討されるべき課題である。この時期のモースの問題意識を正面から受け止めたのが、晩年の弟子のルイ・デュモンであろう。

[著作]『供犠』(ユベールとの共著)、小関藤一郎訳、法政大学出版局、一九八三年。『分類の未開形態』(デュルケムとの共著)、小関藤一郎訳、法政大学出版局、一九八〇年。『エスキモー社会』宮本卓也訳、未来社、一九八一年。『社会学と人類学』1・2、有地亨他訳、弘文堂、一九七三・一九七六年。『民族誌学の手引き』、渡辺公三訳、未刊。*Œuvres* 1, 2, 3, ed. V. Karady, ed. de Minuit, 1969. *Ecrits politiques*, ed. Marcel Fournier, Fayart, 1997.

[文献]「フランス社会学史研究：デュルケーム学派とマルセル・モース」内藤莞爾著、恒星社・厚生閣、一九八八年。『マルセル・モースの世界』アルク誌編、足立和浩等訳、みすず書房、一九七四年。『Iichiko』No.13「特集：絆の文化学—モース・レヴィナス・導火線」一九八九年。Marcel Fournier, *Marcel Mauss*, Fayart, 1994. Bruno Karsenti, *L'homme total-Sociologie, anthropologie et philosophie chez Marcel Mauss*, PUF, 1997.

Ⅲ　レヴィ＝ストロースの方へ

クロード・レヴィ＝ストロースの自宅書斎にてインタヴューする著者
(2005年10月14日、泉克典氏撮影)

1　世界はリズムに満ちている

『神話論理』は「序曲」に始まり「終曲」に終わる。こうした神話論に、リズムを主題としてとりあげる章がなかったとしたら、何かが欠けているという読後感はぬぐえないものとなろう。とりわけ「序曲」の末尾近くで、楽曲のリズムと、音楽を聴く人間の生理的なリズムがいかに共鳴し、楽興の時が創出されるかが論じられ、まるでその議論を裏書するように「終曲」にラベルの「ボレロ」におけるリズムと旋律と拍の複合的な効果が分析されているのだから。[1]「序曲」には「音楽も神話も時間を必要とするのは、あたかも時間を否認するためでしかないような具合である」[2]という指摘に続いて、神話と音楽が外的と内的とのふたつの連続を基礎に成立するとして次のように語られている。

「それ（内的連続）が位置するのは聞き手の心理的生理的時間の中にである。この時間の要素は非常に複雑であって、脳波と有機体のリズムの周期性、記憶の容量と集中力などである。神話が働きかけるのはとりわけ神経＝精神的側面にであって、それらは語りの長さ、テーマの反復、繰り返されたり並行したりするさまざまな形態などである。このようにさまざまな形態が正確に把握されるためには、聞き手の精神が、いわば自分の前でしだいに展開してゆく物語の領野を縦横に走査していることが要求される」[3]。この一節はとりわけ神話にかかわっているが、音楽の場合にはさらに「内臓の時間にすら訴えかける」[4]とされる。聞き手が生理的リズムに身をゆだねつつ醸成する期待と楽曲の間に展開する駆け引きと戯れ、すなわち作曲者（そして演奏家）の「計画」を見抜こうとして裏をかかれあるいは不意打ちをくらうなかで「美的快感をなすのは、作品にある、期待通りでなかったり、期待以上であったりする、いくつもの挑戦とその結果が生む無数のときめきと安堵」[5]なのである。そして聴くものの期待に同調する呼吸のリズムの裏をかいて訪れる「ボレロ」の突然の終止は、こうした考察を含む序論にみごとに「息を合わせて」はいないだろうか。

　ところでリズムが存在と不在の規則的交替によって生起する何か、であるとすれば、リズムというもののもつ「感覚の論理」の解明は、『神話論理』の初めから終わりまで、まさに「序曲」から「終曲」までの一貫した隠された主題であるともいえよう。

　具体的な感覚的なデータが誘発する連想のネットワークに身をゆだねながら、さまざまな神話群の織り成すテクストを読むレヴィ＝ストロースの頭脳のなかで、神話が互いに共鳴しあい、やがて中心の部分に星雲状のものが形成され、意味の網の目が広がってゆき神話世界の構図が見えてくるためには、まさにレヴィ＝ストロースにとって「物語の領野を縦横に走査していることが要求され」たのだろう。こうして実現してゆく神話分析のありようは伽藍のステンドグラスを連想させる「薔薇模様型測量」と呼ばれている。また、『野生の思考』には、同じように色彩感覚豊かでしかも瞬時に相貌をかえてゆく、単なる崩壊ではない、分散と凝集の動態を秘めた「万華鏡の思考」という呼び名も示されていた。

この小論では、リズムをひとつの軸と設定して、その周囲に広がる、神話を語るインディアンたちの肩越しにレヴィ＝ストロースが、見、聴き、そして描き出していった、この世界の構図をたどって見たい。その試みを通じて、わたしたちは、多様性に満ちたこの素晴らしい世界に、われを忘れて熱中する「野生の思考」の思考の身振りを、内側から理解することもできるはずだと考えるからである。[6]

レヴィ＝ストロース自身、『神話論理』の展開を、エリボンとの対話のなかできわめて明快にまとめている。四巻（邦訳全五冊）の叙述は二つの運動に支えられている。そのひとつが南アメリカから始まり第Ⅲ巻で北アメリカに移る、研究対象の地理的な移動と拡大である。そして第二の、論理に関わる運動について次のように説いている（一部表現を変えた）。

「第Ⅰ巻で扱われた神話は感覚的な事象同士の対立に基づいています。「生のもの」と「火にかけたもの」、「新鮮なもの」と「腐敗したもの」、「乾いたもの」と「湿ったもの」、などなどです。第Ⅱ巻ではこれらの対立は徐々に別の対立、つまり、もはや感覚の論理ではなくて形態の論理に基づく対立に移行していきます。「空のもの」と「満ちたもの」、「包み込むもの」と「包み込まれるもの」、「内のもの」と「外のもの」という具合です。第Ⅲ巻の『食卓作法の起源』で、決定的な一歩が踏み出されます。それが扱っている神話群は、辞項同士を対立させるのではなく、それらの辞項同士が対立するようになる根拠としての、異なった態度（作法）を対立させるものです。

……これらの神話群が問題にしているのは、いかにしてある状態から別の状態への移行が行われるのか、ということなのです[7]」。そして第Ⅲ巻の冒頭に置かれた、この巻の「基準神話」に語られるカヌーに乗った「旅」が、ひとつの状態から別の状態への「移行」の概念を凝縮しているとされ、「移行」には時間というファクターが決定的にかかわってくると指摘されている。

著者自身が要約する、「感覚」から「形態」をへて「態度」の論理への展開は同時に、表題に明瞭に表された、人間の文化の根幹をなす食べる行為に当てた焦点の移動とからみあってもいる。すなわち、料理と火の起源から始まり、料理されることなしに食べられ、時には毒になる逆説を孕んだ蜂蜜と、火を使いながら食べ物ではなくシャーマンが異界に赴くことを可能にする煙草の対比をへて、食べ方の態度へという主題の推移の運動。レヴィ＝ストロースの神話研究においては「論理」は、つねに具体的で感性的な人間の行為の次元と表裏をなしている。論理と感性がレヴィ＝ストロースの思考において同じ広がりをもって重なり合っているのに加えて、さらに連続の世界に不連続が導入されることで分節化が起こり、分節化の時間的表現として「周期性」が発生し世界にリズムがもたらされる、というもうひとつの「運動」が神話論理を導いているといえる。分節化と周期性が具体的で感性的な素材、すなわち自然の生命形態の多様性を手段として思考されていることを示すレヴィ＝ストロースの神話の分析が、どれほど魅力的なものであるかを、第Ⅲ巻の例を中心にして示してみたい[8]。

第Ⅲ巻の冒頭では、カエルやミミズやオウムなどを次々に妻にし、やがて旅に出て最後の妻をえてくるモンマネキという名の男を主人公とする、南米のトウクナ族の神話が詳しく分析される。一見恣意的で場当たり的な語りと見える物語に、人と人以外の生物との（遠すぎる）結婚、身内の女との（近すぎる）結婚、そして適切な距離にある女との結婚に必要な旅、という緊密に結びついた主題が読み取られる。[9] やがて地理的「運動」にしたがって神話の舞台は北アメリカに移り、「態度」の論理の分析の主題を凝縮したともいえる、ロッキー山脈の東の平原に居住していたアラパホ族の神話が提示される。「星たちの妻」としてまとめられたいくつかの異伝のなかでも比較的短いものに即してレヴィ＝ストロースの視点を検討しよう。

アラパホ：星たちの妻(2)

昔、地上に一人の首長とその妻と二人の息子が住んでいた。空に輝く天体はまだ存在せず、暗黒があたりを支配していた。男はこの下界を離れ、家族とともに天に行くことを決意した。後に残された人間たちはどのように自らを治めたらよいか分からず途方に暮れた。

二人の息子は太陽と月だった。ある日二人は、人間の女と水に住む生物それぞれの長所について言い争った。月は後者を褒めたが、太陽は自分たちと同じような体つきの人間がいいと主張した。月はまず賛成する振りをしたあと、ちょっと迷いを生じた太陽に意見を変えるように説き伏せた。太陽は人間が自分を見るときに顔を顰めてたいへん醜いと言っていたじゃないか、だから水に住む生物の方がいいよ、月は人間で我慢しておくから、と。

二人の兄弟は地上に降りた。西の方の川のほとりに野営しているインディアンたちがいた。月は川の流れに沿って下り人々の居る近くまで行き、小道のかたわらの藪にすわりこんだ。そこへ二人の女が現れた。女たちは髪が長く綺麗な服を身にまとって輝くばかりの美しさだった。女たちを見ると月はすぐにヤマアラシに姿を変え、一本の木の根元の西側に立った。ヤマアラシに夢中になった女たちは追っかけようとしたので、ヤマアラシは木を登りはじめた。もうひとりが止めるのも聞かず女がその後を追った。ヤマアラシは人間の姿にもどった。女は月の願いを聞きいれ天に昇って結婚することにした。

母親は嫁の美しさを讃えた。やがて太陽が帰ってきて、老いた母に嫁を迎えに出てくれと言った。それは飛び跳ねてケロケロと鳴くカエルだった。月は義理の姉妹を非難がましくジロジロと見た。「眼はギョロギョロ、顔は幅広で、肌はザラザラ、腹はふくれて、足は短い」。そして母親に向かって「お母さんはどっちが好き？　胃袋料理を作って、どっちがかむ時にいい音を立てるか見てみようよ」と提案した。カエルは口のなかに黒い墨を入れたが、黒い唾が流れるだけだったのに、美しい人間の女はみごとな音を立てた。月は大声で笑った。ついにカエルは言った。「わたしはあなたの兄弟と暮らすことは諦めるよ、だけど義母さんはわたしが好きだから、居て欲しいって。だからわたしはあなたにくっついてやる」。カエルは月の胸に飛びついてそこを離れなくなった。◉10

これは短い方の異伝だが、人間の妻の後日談を含む長大な異伝などを参照しながら、レヴィ＝ストロースはこの神話にきわめて豊かなメッセージを読み取ってゆく。たとえば月と太陽の対が人間の妻を捜すという構造は、北米では星の妻になる人間の女という変奏としてカナダ中部で東西に帯状に広がって見出され、性別を逆転した星の女が人間の男の妻になるという構造の、第一巻で検討された南アメリカの神話群とも響きあっていることが第Ⅳ巻で論証される。[11]また、川に沿って陸を歩いて妻を捜す旅は、南アメリカの神話にある太陽と月がカヌーに乗って妻捜しの旅に出るという神話と対称をなすものとされる。

これらの神話が「作法」の主題とその変奏にかかわっていることは、ふたりの嫁が肉の塊を音を立てておいしそうに食べることを競い合うという部分に凝縮されている。固い内臓料理（あるいは筋など）をコリコリと音を立てて食べることができるしっかりとした歯と顎を備えた健康な嫁であることが試され、墨を使ってごまかそうとしたカエルは恥辱を味わう。こうした食べ方の作法への注目は、第Ⅰ巻の、主人公である鳥の巣あさりが、ジャガーに助けられその住処に招かれた時に、意地悪で神経質な妻に食べる時に音を立てることを咎められ、殺してやると脅されるというエピソードと鮮やかな対比をなしている。[12]第Ⅰ巻ではこの「音のコード」の多様な変奏が、人間が永遠の生命を失って限りある生を生きる存在になる理由を解き明かす神話群に接続されていた。北アメリカのアラパホの神話では後に見るように、生命における周期性と誕生の問題に接続されていることを、レヴィ＝ストロースは指摘している。

ところで「星たちの妻」としてまとめられた一連の異伝は、結末は月の隈の由来という「オチ」がついている。だが、アラパホ族においてはこの神話は、むしろ初夏におこなわれる「太陽の踊り」とよばれる、平原インディアンにとってもっとも大規模な祭礼の起源を説いているものとみなされる。M_{426}という番号を付された、より長い異伝の太陽の言葉には踊りの起源へのつながりがいっそう具体的に示唆されている。「頭を上げてわたしを見るとき人間はおぞましい様子で眼をパチクリさせて、その顔を見るとぞっとする。カエルの方がずっとかわいらしい。雌のカエルはわたしを見るときも人間みたいに顔を顰めない。眼を細めずにじっと見つめてくれる」。そして「彼女は口も魅力的で、舌をチラチラさせるのを見ると愛の技にも長けていそうでワクワクする」とも付け加えている。

「太陽の踊り」は「太陽を睨む」とも呼ばれ、太陽が幸をもたらすことを祈願するという一面とともに太陽への挑戦という面もあったのだという。太陽と「雷の鳥」に雨をもたらすよう強いることが目的だともいわれる。人間の女たちの眼差しには太陽への挑発がこめられているとも考えられるのである。そして、厳冬が終わりやがて豊かな実りをもたらす雨の季節へという、一年の周期性の確保がこの祭礼には賭けられていた[13]。

この短い異伝には冒頭から周期性の主題が暗示されている。「空に輝く天体はまだ存在せず、暗黒があたりを支配していた」という状況は、南北アメリカでさまざまな形で語られる原初の暗闇、あるいはその逆の原初の夜のない分節化以前の世界（ふたつの太陽が交互に照らすが後にひとつが月になる、など）の神話群に直結していることが読み取れる。そして闇と昼の交替という日周期[14]の生成が、やがて太陽と月となるふたつの天体の多様な諍いの過程として描かれるのである。

しかし、月はなぜヤマアラシの姿で女を誘惑しなければならないのか。この細部への疑問もまた、レヴィ＝ストロースの探求を誘う重要な糸口となり、アラパホの神話に捧げられた第Ⅲ巻、

第四部「模範的な少女たち」のⅡ「ヤマアラシの教え」の章全体をあてた詳細な検証がおこなわれるきっかけとなる。[15] それは対象となった平原インディアンを含む北米インディアンにおける服飾技術についての詳細な民族誌と、ヤマアラシの生態にかかわる自然誌と、説話研究の大御所のスティス・トンプソンの業績に対する緻密な批判という、三つのレベルが交錯した細心の作業である。それは、環境とそこに生きるインディアンがともに作り上げたこの素晴らしき世界を解読することにわれを忘れて熱中する「野生の思考」の面目躍如としたものとなっている。

ヤマアラシの針（正確には毛）は、平原部のインディアンの女たちにとって、衣装の刺繍の素材としてたいへん珍重されるものだった。レヴィ＝ストロースはある異伝でヤマアラシに夢中になる少女が、母のためにヤマアラシを捕らえようとしたと語られていることに注意を引いている。さらにヤマアラシの物語を「縦横に走査し」た著者は、若い女が母のために最初から綺麗な色のついた針をもつヤマアラシに嫁入りして、珍しい針を自分を代償にして手に入れるというアラパホの異伝の存在も指摘している。針を切り、飛んだ尖端が眼に入って失明する危険もあるこの作業は、既婚あるいは適齢期の女性の仕事であり、若い月＝ヤマアラシに惹きつけられる若い女は、適齢期以前の若さであることが示唆されている。ヤマアラシの存在は、女性たちの成長の段階の区切り（分節化）に強く結びついているのだ。

ところで、ヤマアラシはまた季節の変化と密接に結びつく年周期の表現でもある。なぜなら、その針が刺繍細工に適したもっともしっかりと豊かなものになるのは寒さに向かう冬の初めだからである。ヤマアラシは、妻となった女に、秋から冬にかけて立派になった針を与えることで報いると物語られている。また棲息域からは外れているために現実のヤマアラシそのものには出会うことの稀なアラパホの人々が、この動物に若者の月という架空の形象を託したのだという仮説が、ヤマアラシの生態をめぐる詳細な研究をふまえて提示される。いっぽう、物語のモチーフの出現の頻度の比較から「原型」を復元できると主張するトンプソンの発想と、多様な神話の発現形態の間の変換の関係（とその底にある構造の同一性）を重視するレヴィ＝ストロースの視点の違いは、トンプソンがまったく別の物語として分類してしまう神話群を、レヴィ＝ストロースは天と地を媒介する生物が、ヤマアラシからシジュウカラやアカリスやシマリスに「置換」されたものとして関連づけ比較をおこない、興味深い知見を引き出している。

ヤマアラシやカエルやさまざまな鳥や獣がそれぞれの特性を発揮しながら円舞（ロンド）を舞いインディアンたちの生きる世界を織り成している。それぞれの存在はその棲息域（空、樹上、地表、地中など）の対比や季節的活動形態によって神話的な意味と役割を割り振られている。[16] そして、いわば万物照応するこの世界に、もうひとつの決定的な周期性が導入されることをアラパホの神話は語っている。

詳細な異伝であるM428では、音を立てて食べる競い合いで月の妻が勝ったまさにその時に、思いもかけないできごとが起こる。何の前触れもなく月の妻が立派な男の子を出産し、女の足元で産声をあげた赤ん坊を月の母が取り上げるのである。月と太陽の旅にかかった日数までもが詳しく語られているこの伝承では、長老である父が日数を計算して、これからは女性の受胎から出産までの期間が正確に決められることで「文明化された」出産がおこなわれるべきであると宣言する。「今後の子供は出血の後一〇か月の間隔をおいて生まれることになる。各回の出血は、月の上弦から下弦まで続く。すなわち月が妻を探しに出発してから、戻って来るまでと同じ期間なのである」[17]と。

こうして、南アメリカのトゥクナの妻を求める旅の物語から始まった第Ⅲ巻は、北アメリカに移動し、太陽と月の妻を求める旅を契機に、多様な生命が織り成す世界の季節変化の年周期、月の満ち欠けに象徴される月周期、そして夜と昼の交替による日周期がいかにして成立し、どのような意味をもっているかが「野生の思考」によって説き明かされるのである。これらの互いに輻輳しあうさまざまなレベルの周期性は、とりわけ女性の身体には、生理と出産の周期性として体内化されるということができる[18]。

『食卓作法の起源』では、アラパホの神話の分析で始まる北アメリカ神話の走査は、妻を求める旅で月が出会った若い女性たちそのものが主人公の位置におかれたとも見える、旅する女たちの一群の神話の分析に引き継がれる。愚かな姉と賢い妹の二人連れの旅は、ヤマアラシを追いかけ樹を登る垂直方向の移動ではなく、地上の水平方向の移動に置き換えられている。それは、寒い季節の到来の時にヤマアラシに遭遇し、尻を針だらけにして痛い目にあったり、野獣に襲われたりという辛い旅であり、レヴィ＝ストロースによれば「恐ろしく保守的な『O嬢の物語』を含んだ風変わりで異国的な『創世記』なのである。引き続いて一〇という数をどう分割し、一年の季節に配分するかといった問題をめぐってリズムの整数論ともいえそうな神話がとりあげられ巨細に検討される。さらに巻の後半にはカヌーの旅、地上の徒歩の旅に続いて、川の流れに対する垂直の移動、すなわち川を渡るという移動をめぐる神話群が検討され、移動と周期性を基本主題とする巻が閉じられる。

第Ⅲ巻のレヴィ＝ストロースの分析の軌跡を、粗雑になることを恐れず要約してきたのには下心がある。目的のひとつは、すでに述べたようにそこに横溢する「野生の思考」のありようを、簡潔に提示することである。そしてもうひとつ、とりわけさまざまな周期性、すなわちリズムの生成を主題とした第Ⅲ巻が同時に、女性の存在がいかにこの世界に織り込まれているか語る神話を中心に構成されていることを示すことも目的であった。最初は遠すぎるパートナーと、次は近すぎるパートナーと、最後は旅のあとに適切なへだたりをもったパートナーと出会うモンマネキを主人公とするトゥクナの神話から始まり、南アメリカ神話の太陽と月のカヌーの旅、そして太陽と月の下界への徒歩の旅、女たちの旅、と展開する分析の軌跡は、一貫して人間世界における異性の配偶者との出会いと獲得をめぐる物語を語っているということができないだろうか。

そして第Ⅳ巻では、アメリカ大陸の北西部における錯綜した通商と交易のネットワークと絡み合った婚姻交換の関係の存在を語る神話群の分析が、主題の中心的な位置をしめることになる。であるとすれば、四巻にのぼる浩瀚な神話論は、南アメリカからはじまり北アメリカに移動して神話探求の円環が閉じられるというだけでなく、一九四九年に博士学位論文として刊行された『親族の基本構造』で、ある徹底したしかたで分析された人類における婚姻交換が、神話においてどのように表象されているかということを、南北アメリカ神話というコーパスを用いて再度徹底して検討しなおしたものであると考えることができないだろうか。レヴィ＝ストロース自身の、一九三〇年代の探求に胚胎した婚姻交換への関心を、神話がいかに説明しているかを明らかにすることで、『神話論理』はより大きな探求の円環を完成しているのではないか。

そして、探求の円環が完成したとしても、円環の内部にはあるひとつの謎が謎として開かれたまま残されているように思えるのである。『親族の基本構造』の末尾、最後からひとつ前のパラグラフには以下の一節がある。

象徴的思考の出現は女を、発せられる言葉のように、交換されるモノに変えざるをえなくなったはずである。実際、この新たなケースではそうすることが、二つの相容れない側面を示す女の矛盾を乗り越える、唯一の手段であった。欲望の固有の対象、つまりは性本能を煽る占有の対象である一方、まさにそうであるがゆえに同時に他者の欲望の向けられる主体、すなわち他者と縁組させて他者をつなぎ入れる手段でもあるとの二側面である。しかし女はけっして純然たる記号になりえなかった。じつに男たちの世界のなかにあっても、女はやはり一人の生身の人間であり、記号として定義されるかぎりでも、記号を生み出す人間を女のうちに認めざるをえないからである。婚姻をとおした男たちの対話において、女はけっして話されるだけのものではない。ある型のコミュニケーションに用いられる記号の、あるカテゴリーを表す女一般に対し、じつにそれぞれの女は個別的な価値をもちつづける。〔婚姻をめぐる男による〕二重唱のなかで、結婚の前であろうとあとであろうと、自分の声部を維持しようとする彼女の才能がもたらす、それは価値である。要するに、完全に記号と化してしまう語とは逆に、女は記号でありつつ同時に価値でもありつづけた。起源における人間的コミュニケーションの世界をおそらく隅々まで浸していたであろうあの情緒的豊かさ、あの熱気、あの神秘を、だからこそ男女関係は失わずにいたのである。[19]

『神話論理』のモチーフはまさに「起源における人間的コミュニケーションの世界をおそらく隅々まで浸していたであろうあの情緒的豊かさ、あの熱気、あの神秘」を再構築することにあったと考えることはできないだろうか。そしてその試みにおいても、この末尾の一節が示すように女性の存在は、自らの声部で語る言葉、すなわち謎であり続けている。『親族の基本構造』から『神話論理』までの探求の円環が完成した時、それは、徹底して分かることしか分からない男であることに踏みとどまった精神が、女性という謎に捧げたオマージュとしての人類学の軌跡だった、すなわち、女性という謎についには交点をもちえない漸近線としての人類学だった、ということができないだろうか。[20] そして、神話研究が「あの情緒的な豊かさ、あの熱気、あの神秘」を再現しようとするものなら、それが愛の言説でもありうるか、問いは開かれたままである。

◉註

1. レヴィ＝ストロース「ラヴェルの『ボレロ』」笠羽映子訳、『現代思想』第一三巻四号、一九八五年、一五四―一六七頁。

2. 『神話論理I　生のものと火を通したもの』早水洋太郎訳、二〇〇六年、二五頁。その数行先には、「音楽作品は、その内的組織ゆえに、過ぎ行く時間を停止させている。音楽は時間を、風に吹き上げられるテーブルクロスのように、捕まえ折り返す」という詩情ある表現も見出される。

3. 同上、二六頁。

4. 同上、二六頁。

5. 同上、二七頁。

6. 政治にコミットする、あるいは神を信じる、あるいは合理的な判断をする、歴史の、宗教の、科学の主体の思考を「われを忘れない」思考と呼ぶことができるのではないだろうか。これらの思考こそ西欧において発展する過程で、それぞれの仕方で、われ（自我）＝主体の哲学たろうとした。「野生の思考」はまさにこれらから等しく距離をとっている。

7. レヴィ＝ストロース／エリボン『遠近の回想』竹内信夫訳、みすず書房、一九九一年、二四三頁。「態度」は『神話論理Ⅲ　食卓作法の起源』の表題に使われた「作法」という言葉のもうひとつの訳語だが、ある意味では論理学で使う「様相」に重ねることもできるかもしれない。すなわち神話の論理は感覚から形態を経て様相の論理に展開する。ここでは直接ふれられていない第Ⅳ巻は、こうした言い方にならえば「交通」の論理を主題としている、といってみたい誘惑にかられる。

8. レヴィ＝ストロースはリズムと周期性をほぼ互換的な言葉として使っていると考えられる。周期性が成立するためには存在と不在の交替という事態が生起する必要があるが、こうした事態は、第Ⅰ巻の第一部、「主題と変奏」のⅠ「ボロロの歌」のd「不連続の間奏曲」で主題化されている。ただしここでは原初の存在に生じた欠如が、連続体に不連続を導入するという事態はあくまでも社会の構成単位のレベルで検討されている。社会空間における不連続（分節）ではなく、時間のなかでの不連続すなわち周期性が本格的に論じられるのは、旅の主題によって神話的時間が導入される第Ⅲ巻になるわけである。

9. 『神話論理Ⅲ　食卓作法の起源』冒頭。

10. 『神話論理Ⅲ　食卓作法の起源』の原書 *L'origine des Manieresde Table*, Paris, 1968, p. 171.

11. 『神話論理Ⅳ―2　裸の人』第七部「神話の黎明」のⅡ「唯一神話」の章。

12. 前掲訳書『神話論理I　生のものと火を通したもの』の「主題と変奏」、一〇二頁以下。また、第二部、I「行儀作法についてのソナタ」、第三部、I「五感のフーガ」。
13. この「太陽の踊り」は、ブラジルのシェレンテ族の乾季を終わらせるための祭礼とも対比されている。両者ともに聖なる水を分け合って終わるという。こうした指摘もまたレヴィ＝ストロースが、南北アメリカの「物語の領野を縦横に走査し」た成果だといえよう。
14. 少々飛躍するが、さまざまな生物にとって日周期（サーカディアン・リズム）がいかに重要であるかということを象徴的に示す事例として、たとえばカブトガニの生態を参照してみたい。アメリカの科学雑誌には規則的に眼を通していたというレヴィ＝ストロースを真似てかつて『日経サイエンス』を読みかじった経験のある筆者は、数種類の目で太陽と月の日周期を検出して生殖行動を律しているというカブトガニの生態に興味をひかれたことがある。レヴィ＝ストロースにおける周期性への関心の背景の一端を共有できたように思えたからである。『サイエンス』一九九〇年六月号、「眼の感度を調節するカブトガニの脳」（R・B・バーロー）参照。
15. 『神話論理III　食卓作法の起源』第四部は、原書 **p. 161** 以下。
16. 神話が描き出す動物たちのロンドというヴィジョンは『やきもち焼きの土器つくり』（渡辺公三訳、みすず書房、一九九〇）でいっそう徹底して分析されている。
17. 前掲原書、**p. 179.**
18. 女性におけるほど緻密に検討されてはいないにしても、男性における生理的なリズムすなわち勃起と萎縮のリズムの起源も神話は語っている。
19. 『親族の基本構造』福井和美訳、青弓社、二〇〇〇年、七九五―七九六頁。
20. 象徴的思考の出現、言葉（分節言語）、交換のセットによって社会のはじまりを考えるという姿勢は、近年に書かれた「女性のセクシュアリティと社会の起源」（邦訳『みすず』五〇九号、二〇〇三年、四二―四八頁）という短いエッセイまで一貫して保持されている。

2
もうひとつの豊かさの思考
レヴィ＝ストロース生誕一〇〇年シンポジウムに向けて

現代人類学をリードしてきたレヴィ＝ストロースは、二〇〇八年一一月二八日、生誕一〇〇年を迎える。同時代の思考にこれほどの影響を与えてきた人が、生きて生誕一〇〇年を迎えることは稀有なことだろう。五月にはフランスの古典的作品の集大成とも呼べるプレヤード版のレヴィ＝ストロース『作品集』が刊行され、さまざまな雑誌が特集を組んで、その長い学問的な営為を回顧し、今日的な意味を再考している。「最後の巨人」「世紀の思想家」といった形容は、「彼はわれわれの世界の見方を変えた」という『マガジヌ・リテレール』のコメントとともにけっして誇張ではない。

いずれもレヴィ＝ストロースにとっては孫の世代といっていい『作品集』の四人の若い編集者のうち、収録された「今日のトーテミスム」「野生の思考」の詳細な校訂にあたった人類学のフレデリック・ケック氏は、『ヌーヴェル・オプセルヴァトゥール』誌のインタヴューに答えてレヴィ＝ストロースの探究の軌跡を次のようにきわめて簡潔に要約している。

一九四九年刊行の、構造主義誕生の宣言ともいえる『親族の基本構造』は、「サイバネティックスによって更新されたデュルケーム社会学」である。社会はある種の有機体であり、婚姻連帯と出自の普遍的な法によって性関係を統御し人間固有の秩序を生成する。

後期のライフワーク『神話論理』は、「生態学に拡張されたマルクス主義」である。ひとつの社会の神話もしくはイデオロギーは、具体的な生産の条件に関係づけることによって説明できる。その条件のなかでは動物と植物が大きな位置をしめる。

そして『野生の思考』は、両者のあいだでの休止《ポーズ》である。社会を比較するには「人間精神」のレベルに身をおかなければならない。そこではトーテミズムと供犠という人類学の古典的な問題を、一九六〇年代思想の大主題であった歴史と弁証法の哲学論争のなかに導入することが主題だった。

このまとめにそって『親族の基本構造』は、一九世紀的な科学主義の名残りと位置づけられ、今後の人類学の可能性は「生態学に拡張されたマルクス主義」の延長線上に新たな社会批判の学を構築することにあるという。これは簡にして要をえたひとつのまとめではある。ただ、ケック氏自身、別の論文では、このあまりに簡明な総括と矛盾はしないものの、より陰影に富んだレヴィ＝ストロース読解を提案してもいる。そこでは『神話論理』に凝縮されたレヴィ＝ストロースの思想は「カタストロフィーの思考」と特徴づけられる。二〇世紀の戦争とナチズムというカタストロフィーの自らの経験と、一五世紀以来、未知の白人の到来と社会の崩壊を経験した新世界のインディアンたちの経験とを重ね合わせるレヴィ＝ストロースを、自然のなかへの人間の誕生というカタストロフィー（連続性のなかに生成する不連続性としての人間の存在という着想が、ルネ・トムの数学的カタストロフィー理論と対比される）という概念を核として解釈するのである（『思想』二〇〇八年一二月号所収ケック論文参照）。これもまたひとつの魅力的な読解だが、ここでもレヴィ＝ストロース固有の思想は、ブラジルへの渡航とニューヨークへの亡命の重ね書きから始まり、アジアへの旅で閉じられる『悲しき熱帯』を起点として読み解かれている。

『野生の思考』は『悲しき熱帯』の文学的瞑想の科学的な対応物として書かれている」というその視点は興味深い。そして『悲しき熱帯』に表明された「私の知能は新石器時代の人間の知能なのである、というレヴィ＝ストロースには珍しい自己規定（レヴィ＝ストロースはむしろ好んで自らをさまざまな出会いの起こるそれ自身は空虚な場所として提示する）を「野生の思考」を理解するために提案された印象的な言葉に結びつけている。それは「飢餓や旱魃に見舞われれば切り開いた土地を捨て、違った環境でも同じ道具をつかってブリコラージュをして切りぬけることのできる……野蛮な環境を生き延びる知性」、いいかえればカタストロフィーに満ちた世界を生き延びる知性なのだという、これもまたレヴィ＝ストロースの内奥にせまる魅力的な理解を提示している。

こうしたフランスの若い世代の人類学者がレヴィ＝ストロースという偉大な先達から何をひきつごうとしているかは、一二月に生誕一〇〇年を記念して開催されるシンポジウム（二九一頁、文末付記を参照）に参加される氏から直接聞き、議論する機会がえられよう。この催しを知っていただくことを主な目的としたこの小文では、この「カタストロフィーの思考」という示唆的な理解を補完するひとつの見方を提示するささやかな試みを添えるにとどめておこう。また五人の報告者は、それぞれにとって貴重なレヴィ＝ストロース体験を披歴することになろう。

一九世紀的な科学主義の残滓ととらえるにせよ、一九五〇年代なかばの『悲しき熱帯』を固有のモチーフの起点とみなすにせよ、『親族の基本構造』から、後の神話への関心への展開はケック氏の読解ではひとつの謎として残されてしまう。レヴィ＝ストロース自身、幾度か『基本構造』とそれ以後の探究のある種の断絶を示唆してもいる。しかし、ナチスドイツ占領下のフランスから亡命したニューヨークで出会った構造言語学のリーダー、ヤコブソンに刺激されて親族論に本腰を入れて取組みはじめてから、神話研究の成就まで、レヴィ＝ストロースが構造言語学の教えから学び続けたのだとすれば（一九六二年にヤコブソンと共同で執筆された詩の構造分析「ボードレールの猫たち」はその学問的な共感をしるす里程標ともいえるだろう）、この「断絶」の深層には、ある継続性もあることにはならないだろうか。

一九五〇年代のレヴィ＝ストロースの模索には持続と飛躍の共存からくる独特の緊張感がみなぎっている。カタストロフィーを切り抜けるという動機は、裏返せば破局を切り抜けて別の世界に到達する意欲ということもできる。カタストロフィーを生み出し、カタストロフィーに見舞われた西欧からはもっとも遠い他者の、もうひとつの豊かさの思考を獲得する意欲……。そうした意欲こそ持続する営為を支えたものではなかったか。この持続する意欲を、『親族の基本構造』を起点にたどるにはどのような読解が必要なのだろうか。

まず『親族の基本構造』の狙いを確認しよう。この大著の博士論文の主題は序文の冒頭にきわめて簡潔に示されている。「基本構造」とは親族のカテゴリーが結婚相手を指定する婚姻体系であり、「複合構造」とは経済機構や心理機構が結婚相手を選択するメカニズムをあたえる体系である。したがって主題は、両者の関係の解明を展望しつつ、婚姻規則、親族名称、近親婚の禁止などの「親族関係」の諸現象が、こうした体系の構造から派生する不可分なものであることを明らかにすることにある。だとすれば、このレヴィ＝ストロースのモチーフを、複合構造を生きる思考（西欧社会は複合構造とされている）は、基本構造を生きる思考をどのような条件のもとで了解できるのか、という問いに言い換えることができる。複合構造は基本構造を了解できるのか。

問題は、あれこれの親族現象を進化や伝播や社会の再生産の機能によって「説明」することではない。ふたつのことなった観念体系間で「翻訳」が可能かという問いでもない。ここで仮に「了解」と呼んだ作業は、言語の無意識のレベルの構造を解明したヤコブソンの音韻論をモデルとして構想される。逆にいえばレヴィ＝ストロースは、問題を解決する以上の混乱をもたらすだけの進化論や伝播論、あらかじめ現象を貧しくすることで解決らしく見える偽の回答をあたえる機能論を克服する可能性を、異質な思考の了解のモデルとしての音韻論を拡張することに見出したのである。

それはまた、人間の了解の作業に、歴史とはことなった共時性のレベルで作動する「不変項」を導入しなければならない、という主張でもあった。不変項は、新秩序の形成や秩序の崩壊という歴史的「変化」とはことなる多様な「変換」の可能性をはらんでいる。しかし変換の側面を度外視された「不変項」の主張は、レヴィ＝ストロースの構造主義を、歴史を否定する静態的な視点であるとする誤解を誘うものであった。そして現在でもこうした誤解は減るどころかいっそう広がっているように見える。こうした誤解に対してレヴィ＝ストロースは一九五六年の文章でヤコブソンを引いてあらかじめ反論している。「静態と共時態を同義語とみなすのは重大な誤りである。静態的切断はフィクションである。それは科学上の非常手段にすぎず、独自の存在の様式ではない。映画の知覚は通時的ばかりでなく共時的にも考察できるが、ある映画の共時的側面はその映画からとり出された孤立した映像と同一のものではない。運動の知覚は共時的側面の中にも存在する。これは言語についても同様である」。フィクションとしての切断面あるいは孤立した映像ではなく、共時態のなかにある運動すなわち変換の知覚こそレヴィ＝ストロースの「了解」が狙ったものだったといえよう。

音韻論を親族関係研究に適用できることを論証した一九四五年の「言語学と人類学における構造分析」を起点に、数年の作業を経て、それまで蓄積されていたオーストラリアから北アジアにいたる膨大な民族誌が、『親族の基本構造』において、女性の交換の三つの体系とその変換として解明された。そこでは「変換」はもっとも洗練された数学的な変換の概念まで動員して検証される。複合構造と基本構造はまさに構造の概念を共通分母として初めて相互に了解可能なものとなる。

こうした『親族の基本構造』を起点として『野生の思考』を見れば、基本構造を生きていたオーストラリア社会が基本構造を思考しうるものにする手段として用いていたトーテミズム体系が自然種の多様性を活用していかに豊かな思考の体系を作り上げていたかを明らかにしていることが了解される。そして『神話論理』はその豊かな思考がまさに活動し神話によって人間を世界に織り込む過程を解明していることが了解される。

『構造人類学』に収められた「言語と社会」「言語学と人類学」あるいは「双分組織は実在するか」といった一九五〇年代の一連の論文が『親族の基本構造』で獲得された、言語学とりわけ音韻論の拡張という手段の可能性を徹底的に検証する試みだったことが理解される。そしてこの試みの過程で、親族体系と言語を媒介するものとして神話体系の変換という研究領域が開かれてゆくこと、そして音韻論における「声」に相当する位置に、味覚や視覚といった人間の五感の知覚が導入されてゆくことが見て取れる。そのふたつの主題が重なりあうところに『神話論理』の世界が予感される、その過程の詳細な検討はまた別の場所で試みることにしたい。

◉レヴィ=ストロース生誕100年記念シンポジウム「今日のレヴィ=ストロース」は、二〇〇八年一二月六日(土)一三時半―一七時、東京日仏会館にて、フランソワ・ラプラティヌ(リヨン第二大学教授)/今福龍太(東京外国語大学教授)/渡辺公三(立命館大学大学院教授)/出口顕(島根大学教授)/フレデリック・ケック(フランス国立研究センター教授)の五名の報告者を迎えて開催された。

3 エピグラフの楽しみ

『食卓作法の起源』を読みながら

『生のものと火にかけたもの』の「序曲」から始まり、『裸の人』の「終曲」で終わる『神話論理』という壮大な作品を、著者レヴィ＝ストロースがひとつの楽曲になぞらえた意図や、その構成をささえた美学や、膨大な神話のコーパスの解読法や、神話解釈に用いられた民族誌の扱いなど、この二〇世紀後半の知的遺産ともいうべき著作をめぐって、これからもさまざまな問いが立てられ検討されてゆくだろう。そして何よりも、レヴィ＝ストロースが神話研究を始めた端緒のときにすでに、南北アメリカの無数の神話群が、たがいに交じりあい響きあうものだという直観をもっていたこと、したがってそれらにひとつの幅を持った時間の場をあたえて共鳴させあうことで、はじめて神話世界を経験し再現することができると見通していたのは驚くべきことに思える。おそらくこの直観こそ、本という表現の形式を、楽曲という構成にしたがわせ、数多くの神話の断片が相互に響き合うように叙述するという、いわゆる研究書としては破格のスタイルをとらせた理由ではないだろうか。

『神話論理』がわたしたちにいざなう問いについては、第Ⅰ巻、第Ⅱ巻をめぐる犀利な書評を皮切りにこれからもさまざまに検討されてゆくだろう。[1] この小文ではそうした問いを正面切って立てるのではなく、第Ⅲ巻『食卓作法の起源』[2] の神話の森のそこここにさりげなくおかれた小さな花束ともいうべきエピグラフに眼を向けて、インディアンが森の目印として道に残したという枝や印づけられた葉にも似た、こうした一見みすごされそうな道標に、著者がどのようなもうひとつの世界への通路を開いているのか考えるために、ささやかで気ままな散策を試みてみたい。その通路の傍らでは、南北アメリカの神話世界を探検する著者が、探検の旅の小休止に、たずさえてきた本を開いて故郷である西欧の世界に束の間立ち返り、それに照らして旅でえた経験の意味を測ろうとしているようにも見える。インディアンの神話世界に淡く重ね書きされた西欧の作品群。あるいは南北アメリカの神話群にちりばめられた西欧の文芸世界の断片が控えめに放つ異郷の響き。

エピグラフの配置がそれなりに配慮されたものであることは、「終曲」にそえられたそれが、いわば事後の種明かしをしている。ユーゴーの『アン・ディズランド』の初版の序言からという出典が示されたエピグラフは、次のようなものだ。

……すべての章には奇妙で謎めいたエピグラフがおかれ、作品のそれぞれのパートに、独特の関心を付加し、さらなる表情をあたえている。[3]

事典によれば一八二三年に匿名で刊行されたという、デンマークの王宮を舞台としたこの恋愛小説から引用されたエピグラフをそえた「終曲」は、ラヴェルのボレロを手がかりとした「差異と反復」をめぐる考察を経て、人間の消滅後の世界を予感させる「何も……ない」rienという単語でⅣ巻の『神話論理』を閉じる。『みる きく よむ』には、この終止部が、ゴビノーの『人種不平等論』（一八五五年）を換骨奪胎した文章であることが明かされている。[4] 南北アメリカ神話世界を縦横に探査した考察の「終曲」は、一九世紀前半から二〇世紀前半にかけてのフランスのさまざまな分野の創作活動の軌跡のうえに重ねて描かれていることになる（ラヴェルの「ボレロ」は一九二八年初演）。しかもrienという言葉に凝縮された著者もちまえのペシミズムの表白は、一般には人種主義の元祖のひとりとして指弾される、ややスキャンダラスな作家に対するほとんど手放しの共感を背景に書かれたという。そこには世間の通念に逆行することを意に介さないレヴィ＝ストロース流の反時代的な姿勢さえもうかがえるのである。フランス東部フランシュ・コンテ地方に生を享けた偉大な詩人ユーゴーと、バスク地方に生まれた作曲家ラヴェルと、クレオールの母から生まれながら白人種の優越を論じた作家ゴビノーが、アメリカ・インディアンの神話世界に自らをあずけた人類学者の脳裡で邂逅した、といえば著者の意図からあまりに乖離したことになるだろうか。

冒頭と最後の節に楽譜そのものをエピグラフとして配した第Ⅰ巻の『生のものと火にかけたもの』では、ルソーの『音楽事典』からの引用などエピグラフの数は多くはない。[5] 神話を楽曲として提示するという主張が貫かれているということができよう。それに続く第Ⅱ巻『蜜から灰へ』[6]

では一貫して西欧古典からの引用がエピグラフとして使われ、しかもまだタバコというものがアメリカ大陸からもたらされる以前、ギリシャ・ローマの古典にすでに蜜と対になるものとして香る煙の存在が予感されていることを示唆する印象的な断片が配されている。南北アメリカの神話群に見出されるモチーフに対応する西欧古典世界での何ものかの探索が平行して試みられていたことが、おのずから感じ取られるのである。[7]

こうした第Ⅱ巻の南北アメリカの神話の森にそえられた、西欧古典のささやかながら鋭く輝くいくつかの灯《あかり》に対比すると、第Ⅲ巻のエピグラフには、エラスムスから始まり二〇世紀前半の通俗小説家にいたる、より多彩な、長短織り交ぜた一六編の引用が配置されている。その選択と本文との組み合わせはいっそう洗練され緊密になり、エピグラフそのものが独自の生命を付与されてたがいにほのかな連携の糸をのばしあっているようにさえ思える。と同時に、著者自身がブリコルールの本領を発揮し、じゅうぶんに楽しみ、堪能しながら本の構成に工夫を凝らしているようにも思われる。

エラスムスの文章が『子供の礼儀作法についての覚書』から引かれ、教育をめぐるモンテーニュの「エセー」の一節やルソーの『エミール』からも数編の文章が引かれていることを見れば、この第Ⅲ巻の重要な主題のひとつが南北アメリカ神話群に聞きとられる、子供の教育についての思想の検討であることはいっそう鮮明に照らし出されることになる。裏返していえば、南北アメリカ・インディアンの神話にもりこまれた思想を聞き取るために、自らの西欧世界における教育をめぐる省察の精華とつきあわせるという、著者レヴィ＝ストロースの姿勢が示されている。巻頭のエラスムスの断章が、レヴィ＝ストロース自身の子息であるマティウへの献辞に添えられていることから推測すれば、『覚書』をブルゴーニュ王の息子アンリにささげたエラスムスの言葉は、そのまま子供たちの教育に意を注ぐようにという子息への助言の意味を帯びてくるようにも思える。そしてエラスムスの文章は最終章では子供のしつけをめぐる本文のなかにも引用され検討されることになる。

さらに末尾近くにおかれた、一九世紀後半に刊行され長い間広く読み継がれたセギュール夫人の少女向けの物語の文章は、「お手本のような少女たち」と題された第四部で、とりわけ若い女性たちの心得を教える北アメリカの神話が詳細に検討されたことへの、読者にとってはまだ真新しい読後の記憶への回想と見ることもできる。なぜなら、「お手本のような少女たち」という表題そのものがセギュール夫人の作品から借用したものなのだから。セギュール夫人の作品集を紐解くと[8]、その作品が一九世紀後半から二〇世紀のはじめに幼少年時代を送った人々、とりわけ少女たちに胸をときめかせた少年たちにとっても鮮明な記憶として残るものだったことが解説されている。たとえば作家のフランソワ・モーリアックは一九一四年に書かれた回想に次のように記しているという。

世界は消えてなくなってしまった。わたしは、ソフィー・ド・レオン、マドレーヌ・ド・フルールヴィル、マルグリット・ド・ロスブールが一緒に遊ぼうと誘う砂の小道を従っていくのを妨げられないよう、手の平を枕に押し当てた。ロストプチン家に生まれたセギュール伯爵夫人は、わたしの周囲の生活を解体して、目覚めたままのわたしをノルマンディーの田舎の果樹園の木陰に連れ去った。そこではもうお手本のような少女たちが、幼い友情と甘い諍いに心を騒がせていた。[9]

解説にはまたこの「お手本のような少女たち」が一八五七年に刊行され、一八六二年のユーゴーの『コセット』や一八六五年のルイス・キャロルの『不思議の国のアリス』とほぼ同時代の作品であることも指摘されている。著者レヴィ＝ストロースの脳裏では、一九世紀の育ちのよい貴族の娘たちが、「恐ろしく保守的な『O嬢の物語』を含んだ風変わりで異国的な『創世記』[10]」と形容される物語を生きるアラパホ・インディアンの娘たちと、たがいに見知らぬままに邂逅しているのである。

五〇歳を過ぎて孫とともに暮らしながら、少女を主人公にした物語をフランス語で書き始めたソフィーという名のこのセギュール伯爵夫人の生い立ちは興味深い。一七九九年にセント＝ペテルスブルグに生を享けたソフィーの名づけ親はロシア皇帝だったという。父、ヴァシリエヴィッチ・ロストプチン伯爵は、ロシア皇帝の重臣として、一八一二年にナポレオンがロシア遠征を行った際にモスクワ市長の職にあって、攻撃されたモスクワに火を放ってナポレオンに退却を余儀なくさせた。

やがて一九歳のソフィーはフランス騎兵のセギュール伯爵と結婚する。ソフィーの年譜には一八二〇年、二一歳の時、父伯爵からフランスのノルマンディーの城館を買い取るための一〇万フランのお年玉を与えられたと記されている[11]。「お手本のような少女たち」という表題に添えられたエピグラフが、神話の緩慢な崩壊の過程を検討した「神話から小説へ」という第二部をふくむ本書で、唯一引用された小説であるトルストイの『クロイツェル・ソナタ』の一節である事実も、少女たちに秘められたロシアの出自へのさりげない暗示であるとすれば、あるいは偶然ではないのかもしれない。

第7部Ⅱのエピグラフの一節をふくむ『ソフィーの不幸』の最終章は、四歳の主人公ソフィーと二歳年長のポールが遺産相続をする両親たちとともに、アメリカに旅立つところで終わる。こうして、これらの幼い主人公たちは、この旅が作品刊行と同時代のものだとすれば一九世紀半ば、南北戦争の勃発も遠くないアメリカに向かうことになる。そこはかつて第二部と第三部の四つのエピグラフの作者であるシャトーブリアンが、一八世紀の末にフランス革命の災厄をのがれて旅したアメリカでもある。『食卓作法の起源』のエピグラフがおおまかに子供の教育にかかわる系列と、アメリカにかかわる系列とにわけられるとすれば、こうして『ソフィーの不幸』は両者を結びつけていることになる。たとえアメリカに渡ったソフィーとアラパホの少女が遭遇することはないにしても。

どこかで日本の古典の「もののあわれ」の感覚を西欧はシャトーブリアンによって初めて文学的表現として実現しえた、と評しながら、レヴィ＝ストロースはこの作家を愛読する作家のひとりとしてあげている。その理由のひとつにはおそらくこの作家が、独立革命からまだそれほど時を経ていないアメリカの「野生」を失っていない情景を観察し繊細に書きとめていたことにもあるにちがいない。『食卓作法の起源』でももっとも長い引用である第三部「カヌーに乗った月と太陽の旅」のエピグラフには、エリー湖に旅したシャトーブリアンが出会ったインディアンのカヌーの旅がある悲壮感をたたえて描かれている。しかもそこには、レヴィ＝ストロースの想像力を強く刺激したカヌーの艫と舳先に陣取る人物たちについての注意深い観察も書きとめられている。[12]

ブルターニュの港町サン・マロの比較的つつましい貴族の家に生まれたシャトーブリアンはフランス革命の騒乱に嫌悪を感じて、北極圏の地理学的にまだ確認されていない地域の探検をめざして一七九一年、アメリカ大陸にわたる。その目的がどれほど真剣なものだったのか筆者にはわからない。いずれにせよ後ろ盾となったマレルブとの取り決めでは、シャトーブリアンは西に向かってカリフォルニアに出て、太平洋岸を北上し北極圏の海岸線を確認したうえでハドソン湾からアメリカの都市にもどる計画だったという。

ヴァージニアに上陸し、フィラデルフィアでは大統領に就任していたワシントン「将軍」に面会して直接紹介状を渡し、ニューヨーク、ボストンを訪ねた後、内陸に向かって現在のニューヨーク州のイロクォイ・インディアンたちの土地をめぐりエリー湖からナイアガラの滝に脚をのばしている。『食卓作法の起源』の第一部で、北アメリカ原産の蜜を採集するハチがいたかどうかを検討しながら、シャトーブリアンの証言を引いているのは[13]、イロクォイの一支族であるオノンダーガの人々を訪ねたときの一節である。

西を目指すことを放棄し、ナイアガラから折り返して南下したシャトーブリアンは、ピッツバーグを経てオハイオ川からミシシッピとの合流点にいたる。その旅程の記録には、独立した東部一三州の後背地の雄大な自然、かつてはフランスの領土であったこうした広大な土地を失ったことへの無念さ、白人に土地を蚕食され貧しい生活を強いられたインディアンの悲惨さ、若いインディアンの女性との交情のひかえめな暗示などが点描される。記録そのものが数十年のちにあらためて推敲されて、ワシントンとナポレオンとの比較や、アメリカ合衆国がやがて分裂し内戦状態におちいるであろうといった予測が随所にはめこまれた、重層的なものとなっている。

その旅も終わり近く、フィラデルフィアにもどる途上、アパラチア山脈のふもとの小さな町で休んだシャトーブリアンは偶然、英語で書かれた新聞に眼をとめる。

「食事作りの女は火におおぶりの鍋を乗せた。炎は黒くなった鍋の底を放射状の金色の王冠で包んだ。夕食の芋が煮えるのを見守りながら、わたしは気散じに脚の間に落ちた英語の新聞を火の明かりで読もうと頭をさげた。そして大きな活字で書かれた見出しに気づいた。**Flight of the King**（王が逃亡）。」[14] 一七九一年六月、この逃亡の失敗で国王夫妻がパリに連れ戻された後、フランス革命は急進化に向かって急展開する。王党主義者シャトーブリアンは帰国を急ぐことになる。ほぼ一五〇年の後、ブラジルの奥地の調査も終わりに近づいたレヴィ＝ストロースは、アマゾニアの小さな町にたどりつく。

「稀に、レガタウンとかマスカーテと呼ばれる行商人——大抵はカヌーに乗ったシリア人かレバノン人だ――が何週間もの旅の果てに、医薬品や、同じように湿気でぼろぼろになった古新聞を持って来る。ゴム採取人の小屋の一つに棄てられていた古新聞の或る号で、私は、四ヵ月遅れてミュンヘン協定と（フランスの）動員令を知った。[15]」そしてヨーロッパにおける戦争が不可避になったことを知ったレヴィ＝ストロースは帰国を急ぐことになる。

この状況の類似は単なる偶然ということもできる。しかし、動揺する自らの属する世界から遠く身を離して「奥地」にわけいりながら、その世界からかろうじてとどいたほとんどぼろぼろの断片となった情報に遭遇して、ふたたび激動する歴史の世界に呼び戻されるという二人の境遇には、偶然という以上の符合があるようにも思われる。レヴィ＝ストロースが愛読し、エピグラフとして数編の断章を引くシャトーブリアンへの共感には、こうした経験の符合ということにも理由があるというのは筆者の独断だろうか。

膨大な数の民族誌を読み込み、無数ともいえる神話の断片を互いに響かせあいながらそこにインディアンの人々の世界への接し方を読み取り、浩瀚な『神話論理』が書き上げられた。そこに添えられたエピグラフの断章の背後にある西欧の作品世界の広がりを確かめようとすると、机の上にはあっという間に分厚い古典の書籍の山が築かれてゆく。神話という他者のディスクールに耳を傾ける作業に平行して、個性に満ちた数多くの創作者たちとの親密な対話のなかでレヴィ＝ストロースの省察がおこなわれていたことを、これらのエピグラフの断章は、ひかえめに指し示しているといえないだろうか。

◉註

1. 出口顕「生成する中空―クロード・レヴィ＝ストロース『神話論理』を読む（一）」、『思想』二〇〇七年一〇月号。渡辺公三・木村秀雄編『レヴィ＝ストロース「神話論理」の森へ』みすず書房、二〇〇六年。
2. 『神話論理Ⅲ　食卓作法の起源』渡辺公三・榎本譲・福田素子・小林真紀子訳、みすず書房、二〇〇七年。
3. ***L'homme nu*, p. 559.**
4. 『みる　きく　よむ』竹内信夫訳、みすず書房、一六八頁。人種差別主義に対する確固とした反論を展開したとみなされる一九五四年に刊行された『人種と歴史』においてもすでにゴビノーの思考を下敷きにして論述したことは、『遠近の回想』にも明かされている（竹内信夫訳、みすず書房、一九九一年、二六六頁）。ゴビノーへの評価は同書、二八七―二八八頁。
5. 『神話論理Ⅰ　生のものと火を通したもの』早水洋太郎訳、みすず書房、二〇〇六年。
6. 『神話論理Ⅱ　蜜から灰へ』早水洋太郎訳、みすず書房、二〇〇七年。
7. 逆に西欧による「発見」以前にインディアンたちが予感していた「他者」としての西欧という視点については、前掲、出口、一五八頁以下。
8. *Comtesse de Segur Œuvres*, ed. Cl. Beaussant. Ed. Robert Laffont, 1990.
9. ***id.* pp. 967-968.**
10. 『神話論理Ⅲ　食卓作法の 起源』、前出、二五七頁。
11. *Comtesse de Segur Œuvres*, XXVII.
12. 『神話論理Ⅲ　食卓作法の起源』、前出、一四九頁。Chateaubriand, *Memoire d'outre-tombe*, Classique moderne, Classique Garnier, 1989, p. 394.
13. 『神話論理Ⅲ　食卓作法の起源』、前出、七〇頁。

14. Chateaubriand, *Memoire, d'outre-tombe*, pp.412-413.
15. 『悲しき熱帯』Ⅱ、川田順造訳、中公クラシックス、二〇〇一年、三三〇頁。

4 『ブラジルへの郷愁』書評

（C・レヴィ＝ストロース『ブラジルへの郷愁』川田順造訳、みすず書房、一九九五年）

「この人には世界がどんな風に見えているのだろう」という思いを初めてもったのはいつ誰に向けてだっただろうか。身近な異性のクラスメイトに心のなかで問いかけ、やがて不思議な距離感に途惑って同性の友にこの問いを向け、それなりに成長してからは師として敬意を抱く人々にこの問いを向けて、今まで来たように思える。

わたし自身、まがりなりにも人類学を志してからは、こうした問いのなかの「この人」の一人にレヴィ＝ストロースがあったように思える。だから予想もしなかったこのレヴィ＝ストロースの写真集が出版されたことは、心のなかの師の見ている世界に、思いもかけず導き入れられたような喜びを感じさせてくれる、とまず言うことができる。

これは不思議に澄んだ、見ることの喜びを与えてくれる写真集だ。それは写し手自身が、対象へ向かう見る喜びと、我に返る写す瞬間の時間的、心理的なズレをできる限り小さくしようとしたことの成果なのかもしれない。写真と同じ時期に八ミリムービーを試した著者は、直接見る代わりに「ファインダーに目をつけたままでいる」ことを強いられるのに苦痛を感じてやめてしまったのだという。

それにしても個々の作品ばかりでなく、写真集を作ること自体がひとつの作品である写真集というものは多くあるのだろうか。というのも、ここにまとめられた写真はすべて、ほぼ六〇年前、まだ二〇代後半のレヴィ＝ストロースが、サンパウロ大学の講師としてブラジルに滞在していた数年の間に撮影したものであり、ほぼ二世代の時の流れを置いて、今こうして一冊のイマージュの集成の形を与えられたこと自体が、記憶の再創造ともなっているからである。見ることの喜びとそれを再現することとの間におかれた六〇年の時間そのものがこの写真集の「主題」すなわち「郷愁」の意味ではないかと思えるのだ。

六〇年前の、「新世界」の南半球における開発と都市化の最前線にあったサンパウロの街なみの、そして『悲しき熱帯』に描かれた、困難な旅をへて行き着いたボロロやナンビクワラの人々の土地の、亜熱帯の光と影を鮮やかに映しだしたモノクロの画面には、「構造主義」以前の作者の若々しい感性が、当時はまだ比較的若い表現の技法であった写真によって印画紙に定着されている。今も若々しい思考力を保っているとはいえ、九〇歳近いレヴィ＝ストロースにとって、この写真集が最晩年の著作になることは確かだろう。それが、人類学者としての処女論文の刊行にさえ先立つ、それも文字ではなく映像の作品をまとめたものだったということは、まさか六〇年前から計画されたのではないにせよ、長寿を得た、生きることの巧者とでも言うほかはない著者にのみ許された、楽しく悪戯っぽい企みのようにも見えてくる。

「処女作にその作者の将来がすでにこめられている」という陳腐な言い方がある。この言葉をあえて真正直に受け取れば、二〇代のレヴィ＝ストロースの「処女作」を八〇代のレヴィ＝

ストロースがプロデュースしたとも呼べるこの写真集に、今世紀を代表する思想家の何があらかじめ映し取られていたかを確かめることは試みるに値することになるだろう。数千枚のなかから選ばれたという、これらの写真には、構造主義以前の著者のどのような原光景が写しとられているのか。

ブラジルにおいて人類学に志す以前の高校生時代、フロイトや父の友人のベルギー社会党員に手ほどきされたマルクスの読書が、自分の知的な素地を作った、と『悲しき熱帯』には書かれている。そして『親族の基本構造』や『今日のトーテミスム』をへて最近の神話論までフロイトへのこだわりと反発が記されている。それを承知で「原光景」というフロイト風のやや皮肉な言葉づかいを、あえて使ってみたいと思う。これらの亜熱帯の光と影を透過する澄んだ空気には、カメラのこちら側の著者自身のどのような反＝フロイト経験の起点が写しとられているのだろうか。

写真集の「プロローグ」には、これらの印象的な写真を残しながら「敢えていえばブラジルでしか私は写真愛好家ではなかった」と記されている。ただ肖像画家であった父が絵を描くためにおこなっていた、撮影した像主の肖像を現像し引き伸ばす作業には、レヴィ＝ストロース自身、「子どものころから……よく親しんでいた」という。そしてサンパウロに暮らす息子を訪ねてきた機会に二人でライカを買いこんだ「父と子は、どちらが「針の先で突いた」ほど鮮明な傑作ができるかを競いあった」というのも「ごく小さなネガから、引き伸ばして細部がきわめて明瞭に出せることに、私たち二人はいつも感嘆していたからだ」。

この写真集に収められた風景写真の細部の輪郭はとりわけ鮮やかだ。それを引き伸ばして詳しく検討するというやりかたは、数十年の後、神話に語られた細部の対比を鋭敏な感覚でとりだして分析するレヴィ＝ストロースの手法を予告していないだろうか。また、曇りのない細部には、フロイト的な葛藤とは異質な、写真の技を競い合う親密で透明な父子の関係が映し出されている、というのは解釈のしすぎだろうか。

そして、おそらく権威主義とは対極にあるこうした父との関係こそ、二年務めただけで「自分の残りの人生が同じことの繰り返しのうちに終わるかも知れない」という思いにかられて高校哲学教師の職を捨ててブラジルに旅立ち、さらに数か月にわたるブラジル内陸への探検旅行を敢行するために大学講師のポストをわずか二年で投げ出すという、気ままな「探究」の時をもつことを可能とする条件だったのではないだろうか。一九三五年のブラジルへの出発から、ニューヨークで書き上げた『親族の基本構造』を携えて帰国する一九四八年ごろまでの十数年間、戦争の影響もあるとはいえ、レヴィ＝ストロースは新旧両世界を行き来する放浪の修業時代を送るのである。それは、厳しい父から追放された若者が経験するエディプス的な試練とはまったく異質のものだったと思われる。

『親族の基本構造』によって人類学者としての名声を決定するまでのこうした修業時代は、写真集の中心をなす一九三五、六年のカデュヴェオ族、ボロロ族調査と、三八年のナンビクワラ族調査から始まる。

成長のさなかのサンパウロの街の情景と、森とサバンナの未知の人々の生活の情景とは、写真集のなかできわだった対照をなしている。ただ少し注意して見ると、その対照は単なる都会と自然という風景の違いからきているだけではない。そうした対照的な風景を背景にしてわたしたちの記憶に、レヴィ＝ストロースが焦点を合わせている「何か」が、無意識のうちに刻まれてゆくように思われる。

都会の情景はいわば顔のない風景であり、いっぽうの内陸の人々は何よりもまず表情をたたえた顔として写真に定着されている。人類学的研究対象として複数形でのみとらえられる、表情の消された一般的な「人」ではなく、生き生きとした個々の「顔」が写しとられていることに、わたしたちは確かな出会いを経験したかのような鮮やかな印象を与えられる。しかもそれらの一人一人きわめて個性的な顔は「ボロロ族の男」とか「ナンビクワラ族の少女」といった、無内容なレッテル以外のなにものでもない呼び名で示されるほかはない。けれどもこうした無名性をつきやぶって、名のない顔が、もっとも親密な表情でわたしたちをとらえる。そこに、これらの写真の深い魅力がある。

顔へのこうした感受性を、肖像画家だった父の影響に求めるのは行き過ぎだろうか。ただ、肖像画家の父をもった人類学を志す息子の最初の印象的な出会いが、顔に独特の幾何学紋様を描くカデュヴェオ族の女性だったことは、不思議で幸運な符合ではある。

肉づきの面ともいうべき顔に施した模様とのこの「出会い」は、ほぼ一〇年後に書かれた「アジアとアメリカにおける図像の分割表現について」という論文から始まり、それからさらに三〇年後の『仮面の道』という、アメリカ北西海岸にすむインディアンたちの仮面の構造分析のテーマにつながってゆくことになるのである。

顔に、正中線を軸に左右に開いたような独特の装飾をほどこす社会は、カデュヴェオ以外にもマオリなどがある。その装飾の様式はまた古代中国の殷の造形やアメリカ北西海岸のクワキウトル族にも見られる。そうした造形思想の背景には何があるのか。レヴィ＝ストロースは、そこに歴史的な時期の一致や互いの影響を想定せずに、ある精神構造の成長と変容過程の共通性が見いだされるのではないか、と考える。身分社会が形成されて生身の顔と社会的人格が分裂し、二重化してある臨界に達する時、こうした造形が生まれる。カデュヴェオの女性の顔に描かれた紋様には、一つの歴史のあり方が読み取られるのだ。そうした歴史への感覚はやがて『人種と歴史』に展開されることになろう。

カデュヴェオの顔に「異貌の歴史」が読み取られるとすれば、ナンビクワラの人々のいかにも屈託のない顔には何が読み取られるのだろうか。それは単に、歴史の光によって影をもつことを強いられる以前の「未開」の顔ではないだろう。それは、歴史を生きながら、その痕跡を刻むことをせず、かれらの世界の外へと廃棄し、消してしまう、常に現在を映す顔とでもいうべきなのだろうか。

それにしてもこれらナンビクワラの人々の、構えることのない、異人としての撮影者に対してすらほとんど無防備な表情を、どう受け止めればよいのだろう。短時間の接触のなかで、それほどにくつろいだ隔たりのなさを人に許容させるレヴィ＝ストロースの人格から放射される何かを、こうした光景に読み取るべきなのだろうか。

カデュヴェオとナンビクワラの人々が対照的な方向から「歴史と顔」ともいえる主題を導くとすれば、もうひとつの集団であるボロロの顔は何を示しているのだろうか。

ここでもわたしたちは、短期間の接触のなかでいわば運命的な出会いを経験するレヴィ＝ストロースの幸運を感じずにはいない。彼が到着したボロロの村ではちょうど死者の回帰を祝う祭りの最中だったという。とりわけ女性は、持っている最高の装身具を身に着けてこの晴れの場に参加していた。そうした装身具の一部の描写はすでに一九三六年の処女論文でも試みられている。その背後にどれほど深い神話的な世界が開けているかという探究は、ほぼ三〇年後の『神話論』の重要な主題の一つとなる。ボロロの顔はレヴィ＝ストロースに、「神話を生きる顔」ともいうべき主題を啓示したということができるだろう。

生成する都市の無人称の表情と、自然のさなかに生きる人々の、歴史や神話を宿しながら個性そのものとしてある、しかし名のない表情。この対比にレヴィ＝ストロースの人類学の誕生を告げる原光景が読み取れるとわたしは思う。しかもそれは、あどけない白人の少年がファシストの敬礼をしてみせる、一九三〇年代のブラジルでもある。

ナチスが戦争に突進し、日本が国際連盟を脱退し「文明世界」の破滅的な戦争へと向かうのと同時代に、レヴィ＝ストロースはこうした異世界の「顔」に出会い記録していたのである。

その出会いの光景には、父との透明な関係が、まさに目に見えない透明な影を落としていたのではないだろうか。写真集が、この激動の二〇世紀を縫う父子の系譜の証言であることは、「プロローグ」の末尾に、写真の整理にあたった息子の名を共著者として挙げていることにも示されているように思われるのである。この写真集を、六〇年を隔てた三代にわたる父子関係の生んだ作品として見る誘惑に、わたしは抗うことができないのだ。

5 知の巨星、レヴィ＝ストロース

1．はじめに――哲学とは異なった問いへ

一九〇八年に生まれたレヴィ＝ストロースは、一〇〇歳を迎えようとしている。『神話論理』四巻を完成した一九七〇年代までの勢いは失われたとはいえ、コレージュ・ド・フランスの教授を一九八二年に退任した後も、数冊の新著と『ブラジルへの郷愁』という鮮烈な写真集[1]（ただし撮影されたのはブラジル滞在中の一九三〇年代後半）を刊行し、人々の眼を瞠《みは》らせ続けてきた。二〇〇六年にパリのエッフェル塔近くに開館した、いわゆる「未開美術」が一堂に会したケ・ブランリー美術館の誕生[2]には、旧来の人類博物館からの展示品の移譲のこともふくめてレヴィ＝ストロースの影響が大きかったことは、開館準備に携わった近しい人々の証言だけでなく、民族舞踊などの上演に使われるクロード・レヴィ＝ストロース記念ホールが設けられたことにも表れている。

構造主義を人類学という特定の学問分野にとどまらない思想的主題に押し上げ、フランスの最高学府とも言われるコレージュ・ド・フランス教授に着任し[3]、アカデミックな世界の頂点で

あるアカデミー・フランセーズの会員に選出され、数々の賞を受賞し、「未開芸術」の社会的認知に貢献したその学者としての経歴は、戦後フランスの知的世界の巨星というにふさわしい。一九五五年に刊行された『悲しき熱帯』は横溢する瑞々しい文学的感覚によって文学愛好家たちから不動の評価を獲得し、[4]五八年の『構造人類学』論集で人文学の新たな風を巻き起こし、六二年の『野生の思考』では、当時の「思想の首領」実存主義の旗手サルトルの歴史哲学に、ある徹底した仕方で批判をくわえ、「別の思考」が可能なことを示したレヴィ＝ストロースは、哲学の世界においても端倪《たんげい》すべからざるプレゼンスを獲得し、より若い哲学者が自らの位置を測るひときわ高く聳える峰のような存在となった。[5]しかしそのレヴィ＝ストロース自身は、哲学あるいは思想という視点から見ると、さまざまな興味深く意味豊かな逆説を孕んでいる。

哲学へのスタンス

『悲しき熱帯』には、哲学教授資格試験合格後に着任した地方高校の哲学教師として、「自分の残りの人生のすべてが同じ授業の繰り返しのうちに終わるかもしれない」と思って慄然とし、やがてふとしたきっかけで人類学者を目指してブラジル行きを実現することが物語られている。単調な反復への嫌悪ばかりでなく、哲学そのものへの違和感があったことは、試験準備の哲学の勉強で「私は一〇分間の準備で、堅固な弁証法の構築に基づいて、バスと電車それぞれの優越について一時間の講演ができると自負していた」「私の受けた哲学の教育は、知能を練磨すると同時に、精神を枯渇させてしまうものであった[6]」という哲学教育への皮肉なコメントにも窺われる。

そうした枯渇から身を守るために、レヴィ＝ストロースは哲学的思考に独自のスタンスをとっていった。「これらの道具は、私がそれらに対して求めていた使い道にふさわしい働きをするだけの道具としての価値はもっていた。だが私はそれらの道具の内部の複雑さに騙されたり、それらの機構の見事さに我を忘れて眺め入っているうちに、実用品としての道具の使命を忘れてしまうような危険からは身を守ることができた」[7]。

　哲学体系のこけおどしの複雑さに惑わされず、道具として使いこなすこと。それがレヴィ＝ストロースのスタンスだとすれば、哲学の単純な排斥や忌避ではない[8]。哲学に道具としての価値は認められると言うのならば、それは何を考え何を明かすための道具なのだろうか。あるいは道具を使いこなす「生き方」にこそ重点があるというのだろうか。もし、明らかにすべき主題が哲学の領域外にあるのだ、というのならば、それはどのような問いなのだろうか。

　「哲学から私を遠ざけ、救命板に摑まる思いで私を民族学に縋《すが》りつかせた、あの急速に募った嫌気《いやけ》[9]」が、やがて『親族の基本構造』（一九四九年）、『野生の思考』（一九六二年）、『神話論理』（一九六四―七一年）、というレヴィ＝ストロースの人類学的探究の三つの峰を生み出させたのなら、人類学はどのような問いを可能にしたというのか。ここでは、それを仮に「他者に向けて開かれた思考」の探究と名づけてみたい。三つの主著それぞれに、変貌しながらも不変の問いとして、どのような「他者に向けて開かれた思考」の探究が辿られるかを考えることが小論の目的である。

　膨大な数の論文と浩瀚な著作は、親族関係、トーテム的思考、神話という一見きわめて専門的な人類学固有の主題を中心的にあつかっているとも見える。しかしその接近の仕方には常にメタ人類学とも呼べる、方法の批判的検討を含み、しかも人類学的主題の射程の最も広い範囲を視野に収めようという志向がある。そしてこの探究を支える強烈な個性は、対象に没入して無私の境地に入ることを繰り返し語る、逆説を孕んだ個性でもある。[10] 無私の状態のなかで錯綜した多面的な主題への極度の集中力は、レヴィ＝ストロースの長年にわたる研究の軌跡のひとつの特徴といえるかもしれない。ここでは主著の出版を節目として、ほぼ一九三六年から一九四九年、四九年から六二年、六二年から七一年の三つの時期を中心にレヴィ＝ストロースの思考を跡づけてみたい。[11] それぞれの時期に錯綜して追及されている主題を網羅的に跡づけることはむずかしく、ここで示すのはひとつの見取り図の提案にすぎない。

2. 体験から構造へ——『親族の基本構造』まで

フィールドへ

「私がそこで出会ったのは、本から借りて来て直ぐに哲学の概念に変形させられる知識ではなく、先住民社会で生きた体験であり、しかも観察者が先住民社会に深く参与しているために、意味が損なわれずに保たれているような体験であった」[12]。哲学教師のキャリアを放棄しブラジル行きをめざす直接のきっかけとなった、アメリカ人類学者ローウィの『未開社会』[13]の読書体験をレヴィ＝ストロースはこのように表現している。

一九三五年、サンパウロ大学の社会学講師としてブラジルに渡ったレヴィ＝ストロースは、早速その年末から翌年にかけて南半球の夏休みを利用して、数百キロ内陸に住むカデュヴェオ族とボロロ族の短期の調査を行った。この調査で得られた「物質文化」を携えて、人民戦線の成立したパリに戻ったレヴィ＝ストロースは「マト・グロッソのインディアン」展を開催し、[14]そこで得られた支援とネットワークを基礎にさらに大がかりな調査を企てた。一九三八年、ブラジル内陸のサバンナ地帯マト・グロッソへの入口にあたるクイアバの町で一か月ほどの準備の後に、銃を携えた一五人の人夫、同数の騾馬《らば》、食糧運搬用の三〇頭の牛、数人のアシスタント、途中まで伴走するトラックという、探検隊とも呼ぶべき陣容を整えたレヴィ＝ストロースは、ほぼ六か月にのぼる広域調査行に出発する。「私は奥地でまる一年過ごそうと考えていたが、その目標については長いこと心が定まらなかった。一つの特殊例に基づいて人間の本性を探求することより、むしろアメリカというものを理解したい」と考え「クイアバからマデイラ河まで高地地帯の西部を横切って、ブラジル民族学――そして地理学――の一種の断面図を作ってみよう」[15]というのがその目的だったという。「一つの特殊例」に基づく探究は、おそらくマリノフスキー（一八八四―一九四二）が輝かしい成果を刊行して以来、英国を中心に制度化されつつあった一社会を対象とした長期の集中的調査のモデルを念頭においているのだろう。レヴィ＝ストロースにとって「他者に開かれた思考」の探究にはそれとは別の方法が必要だと感じられたと考えられる。

調査行の多くの時間は、狩猟を生活の中心として遊動する（ただし雨季には農耕もする）ナンビクワラ族の人々と移動をともにすることにあてられた。ナンビクワラ族の遊動域を離れ森林地帯に入ってからは、白人世界との接触の記録のほとんどなかったムンデ族の小集団と遭遇した後、トゥピ＝カワイブと呼ばれる民族の小さな集団に遭遇し、やがて目的地のマデイラ河に到達する。カデュヴェオ族からトゥピ＝カワイブまでブラジル民族学の一断面がどのような意味で達成されたか、これらの集団の特徴を一覧として（レヴィ＝ストロース風に）整理して示してみよう。ある幅の変異の多様性とそこに通底する共通性にとりわけレヴィ＝ストロースの関心が向けられているとすればこうした「断面」の比較を試みることこそ適切な方法だったと考えられる。

	定住／遊動	形象表現の有／無	社会構造が複雑／単純	文献の有／無	その他
カデュヴェオ	＋	＋	±	−	かつては複雑な階層社会をなしていた。
ボロロ	＋	＋	＋	＋	サレジオ会による膨大な資料
ナンビクワラ	−	−	−	−	文献がほとんど存在しない
トゥピ＝カワイブ	−	−	±	±	かつてはヨーロッパ人が記録したトゥピ大集団の一部

原初の社会の輪郭

二週間ほどの滞在であったが、カデュヴェオの人々の優雅で精緻な顔の装飾はレヴィ＝ストロースに造形と社会構造をめぐるさまざまな考察を誘い、一つの主題系の起点となった。[16] またボロロの文化はのちに『神話論理』の長い論考の劈頭《へきとう》の神話を用意することになる[17]。

サレジオ会の宣教師たちが何冊もの『ボロロ事典』を編纂するほどに精緻な文化を作り出しているボロロとは対照的に、当時はほぼ着衣なしの裸体で籠一つに集約された家財を携えて遊動する[18]ナンビクワラの人々に接して、レヴィ＝ストロースは、きわめてシンプルな社会においてもいかにして首長のリーダーシップが成立するかという主題にとりわけ関心を寄せている。フィールド・ノートを記すレヴィ＝ストロースを模倣して紙に書き並べた波線を「読み上げて」自己を権威づけるかのような首長の振る舞いを見て、書記技術と権力の発生について考察した「文字の教訓」という『悲しき熱帯』[19]の章は、後にデリダからの鋭利な批判を受け[20]、また多くの議論を呼ぶことになった[21]。

ナンビクワラの首長は、この社会でただ一人例外的に複数の妻をもつことが認められている。性的分業の明確なこの社会では、とりわけ男にとって独身でいることは、ほぼ社会的な落伍者に相当する。女性の独占はそれだけ社会的負荷が大きいにもかかわらず首長に認められるこの特権は、首長が集団全体に与える保護と安全に対する代価ではないか、首長は知力と体力を総動員して食料の豊かな場所に集団を導き、娯楽を提供し、最も広い意味で集団をエンターテインできなければならない。若い妻との束の間のくつろぎ以外、つねに気を配り先を予想し「首長は絶えず偵察や踏査に出かけて行き、群れを導くというより、むしろ群れの周りを飛び回っているように見える」[22]。そして無能な首長は容赦なく集団から見捨てられる。

首長の存在が、ある不均衡を導入するとはいえ、レヴィ＝ストロースはこのきわめて限られた財の上に作られた社会での財の流通、交換の重要性を観察する。彼らは「ふつう臆病で互いに避け合うが、しかしまた接触を望んでもいる。なぜなら接触だけが、交換をなすための、ゆえに不足している生産物や交易品を手に入れるための唯一の手段なのだから。敵対関係と互酬給付品の供給とのあいだには一つのつながり、連続性がある。すなわち、交換とは平和的に解決された戦争であり、戦争とは不幸にして失敗した商取引きの帰結であるということだ。［……］戦争から交換へ、交換から相互婚への連続した推移がある」[23]。

こうしてナンビクワラの世界に立ち会うことでレヴィ＝ストロースは交換から親族関係への展開を主題化する。しかしそれを論文として完成するにはまだ一〇年ほどの時間と、とりわけ構造言語学の主導者ヤコブソン（一八九六―一九八二）との出会いが必要だった。この出会いもまた、先行研究のなかったナンビクワラ語の記載法を言語学者に照会することがきっかけになったという。

もうひとつの「新世界」

ブラジル奥地の探索の目的地で、レヴィ＝ストロースは偶然、数か月遅れの擦り切れた新聞を眼にしてヨーロッパの戦争が不可避の形勢になったことを知り、急遽帰国し動員を受け、対独国境線での戦線の崩壊と兵役の解除、南フランスへの疎開、さらにはブラジル調査中から文通の始まったローウィなどの援助によるアメリカへの亡命と、一九三八年から一九四一年までの数年、落ち着かない日々を送る。その間には何度かは本人の意識しないままに生命の危険にさらされかねない状況の脇をすりぬけたということもあったに違いない[24]。

亡命先のニューヨークに落ち着いたレヴィ＝ストロースは、当時、大陸からの亡命知識人たちの受け皿の一つとしても機能していた「ニュー・スクール」[25]を拠点に、あらためて人類学の研究に取り組むことになる。その北半球における新世界への入口とも言えるニューヨークは、亡命の船中で出会ったシュルレアリストのブルトンやその仲間のエルンストばかりでなく、さまざまな出会いの場となった。一つはアメリカ民族学局が出版した数十冊にのぼる詳細なアメリカ・インディアンの民族誌や、そうした人類学研究のリーダーだった最晩年のボアズ（一八五八―一九四二）との出会いであり、ロシアから亡命しボアズとの仲立ちをしたヤコブソンとの決定的な出会いであった。ヤコブソンが完成しつつあった音韻体系の構想が、ソシュール（一八五七―一九一三）の「音素」概念が未解決のまま残した問題を、音素を一ダースほどの「弁別特徴」の有無に還元するというシンプルで普遍的な原理によって解決する、いかに明快なものであるか、また、その明快さにレヴィ＝ストロースがいかに深い共感を抱いたかは『音と意味についての六章』[26]とその序文にあますところなく描かれている。

そしておそらく戦後フランスに帰還した後、ほかの知識人学者とレヴィ＝ストロースの知的な方向の微妙な違いを準備することになったものとして、当時アメリカの戦争遂行の要請と絡んで急展開していた情報理論やコミュニケーション論、そしてゲーム理論、一般システム論の生成の現場の間近に立ち会ったことは、思考のスタイルにまで浸透した影響を与えたのではないだろうか。[27]ナンビクワラの人々のもとでの「体験」を起点に、モース（一八七二―一九五〇）の『贈与論』、グラネの親族論、構造言語学、「人間の数学」がニューヨークで邂逅したことから新たな展望が開けていった。

『親族の基本構造』

ヤコブソンの強い勧めで着手した親族論の発想の原点を示すとも思われる一節が、「言語学と人類学における構造分析」（一九四五年）という論文にある。ヤコブソンの視点の重要さは、言語がコミュニケーションという機能を果たすことは知られていても、それがどのような体系によって可能となっているかという未解決の問いに、音韻体系という答えを与えた点にある。一方、親族関係論においては、アメリカ人類学の父とも呼べるモーガン（一八一八―一八八一）によって体系をなしていることは明らかになったにもかかわらず、それがどのような機能を果たしているのかという問いは適切に提起されてこなかった。モーガン以後の人類学が親族関係の精緻な体系化をめざしたことは、未知の問いを放置したまま袋小路に入り込むことになる、と。言語学に学びながらこうした鋭敏な「撚《ひね》り」を与えて応用するところにレヴィ＝ストロースの面目躍如としたところがある。

こうした設問を立てたレヴィ＝ストロースは、親族関係の機能は女性の交換というかたちをとったコミュニケーションにほかならないという回答を与える。交換が社会関係を生成すると直観したモースの視点を敷衍して「互酬制の原理」を確定し、そこから関係生成（親族関係は社会関係の中では最も体系化された関係の領域である）のできるかぎりの帰結を抽き出すことがその研究の方針となる。『親族の基本構造』（以下、『基本構造』）というルネサンス時代の壮大なフレスコ画にも喩えられる[28]大著の全容を、限られた紙数で紹介する無謀な試みは避け、人文学の思想的課題にかかわる範囲でレヴィ＝ストロースの設問の意味を検討したい[29]。

ボロロ社会の観察においても社会的カテゴリーがいかに可視化されるかという主題があったことには触れた。それに沿って言えば『基本構造』の主題は、社会的カテゴリーとしての親族関係が交換という行為とどのような関連をもち相互にどのように規定し合っているか、ということにある。その最も基本的な構想は、序文冒頭の一文にこのうえなく明確に提示されている。

「我々の理解する親族の基本構造とは、親族分類法が血族と姻族の範囲をただちに決定してくれる体系、すなわち、特定の型の親族を結婚相手として規定する体系をさす。〔……〕我々が複合構造の名をあてる体系は、親族の範囲を定めることしかなさず、配偶者決定の手続きについては、これを経済的機構や心理的機構などの別の仕組みに委ねる[30]」。前者はオーストラリアのアボリジニ諸集団についてとりわけ詳細に報告されてきた「交叉イトコ婚」に代表され、「アフリカの幾多の体系や現代ヨーロッパ社会の体系のように、富の移転や自由な配偶者選択に基礎を置く体系は複合構造のカテゴリーに入るであろう」。きわめて限定の強そうに見える前者においても、規定されたカテゴリーに結婚相手となりうる個体は複数ありえ、したがって選択は可能である一方、「配偶者選択のまったき自由を許す複合構造は一つとしてない」。とはいえ、それぞれは自由度の低い体系と自由度の高い体系と特徴づけることができる。したがって婚姻を女性の交換として親族関係論を構築することは、相対的に規定性の強い体系と、相対的に自由度の高い体系とのあいだに論理的な関係（二つの体系のあいだの変換の関係）を設立できるかという問いにほかならない。さらに言えば、人類学を生み出したヨーロッパがみずからを自由度の高い体系とみなすかぎりで、それは自由な体系が、他者の不自由な体系とみなすものを「了解」する方法はあるか、という問いであるとすることもできる。

レヴィ＝ストロースの問いをこのように表現できるとして、その問いへの答えが満たすべき条件がいくつか想定されていたと考えられる。結婚という交換行為が問われている限りで交換が成立するための最小限の行為者のセット（集合）を確定すること。このセットのレベルで働いている構造化の原理は、カテゴリーとしての親族関係のレベルでも作動していること。親族関係を包含するより上位の社会組織レベルにもこの原理が発現しうること。

これらの関係の構造は一定の形式的な表現（関係の演算としての数学的表現に近い表現形式、それは当事者自身が生活の中で運用しながら、つねに明晰な表現をあたえているわけではないという意味で言語の無意識的な構造に類比される）を与えうること。こうした条件は膨大な観察資料が蓄積されていたオーストラリアのアボリジニの親族関係資料をまず基本的なコーパスとして検証された。そこから「限定交換」「一般交換」というモデルが抽出され、「一般交換」のモデルは論理的に抽出される帰結の検証を施されながら、さらに範囲を拡げ東南アジア圏からインド東部を経て中国、北アジアにまで適用され、その有効性が確認される。

人類学者自身が整理しきれずに途方に暮れていたと言って過言ではない膨大な民族誌資料に、レヴィ＝ストロースは一貫した分析の展望を与えることができた。人類学の内部で『基本構造』がもたらした知的な衝撃は、その展望の論理的一貫性と地理的適用範囲の広さだったと言えるだろう。局地的なフィールド調査ではなく、一定の原理のさまざまな変換によって広汎に見出される多様性を説明すること、レヴィ＝ストロースの人類学的思考のあり方をそう表現すれば、レヴィ＝ストロースにおいてもブラジルでのフィールドへの取り組み方にその原型は現れていたとも言える。自己の資質を試す場がフィールドであるとすれば、ブラジル奥地への探検行は十全な意味でフィールドだったのである。

ナンビクワラの人々がレヴィ＝ストロースに啓示した、交換から親族関係への展望はしかし、オーストラリアから北アジアにいたる民族誌という新たなフィールドの開拓によって試されることになった。『基本構造』ではブラジルの体験は意外なほど断片的にしか触れられていない。「一定の土地を上手に耕しておき、年毎にそこから収穫を得るような資質が私には欠けていた。私の知能は、新石器時代の人間の知能なのである。未開人が耕地にするために草原を焼く火のように、私の知能は、時に未墾の土地を焼くのである」[31]と自認する、新たな草原がこれらオーストラリアからアジアに広がったテクスト群だったということであろうか。

それにしても『基本構造』の巻末に添付された対象地域の地図は不思議な感覚を与えずにはいられない。それはオーストラリア大陸全域をやや例外とはするものの、日本を中心にした「大東亜協栄圏」の拡がりとほぼ呼応しているのである。レヴィ＝ストロースがニューヨーク滞在中、日参して資料を渉猟したニューヨーク・パブリック・ライブラリー（ＮＹＰＬ）に、対日戦争政策に資する日本占領地域の膨大な資料が集積されていた、それをレヴィ＝ストロースは十二分に活用して研究した、というのは単なる妄想にすぎないだろうか。[32]

3．神話論理への模索――『野生の思考』に向かって

アメリカへの回帰

第二次世界大戦が終わりいったん帰国したレヴィ＝ストロースは、文化参事官としてふたたびニューヨークに赴任し、一九四七年には『基本構造』を完成させた。そして四九年にはパリに帰り、博士論文として提出する。その直後にコレージュ・ド・フランスのポストに立候補するが落選し、高等研究院に教授職を得た後、翌年にも再度落選する。五九年に首尾よく選出されるまでのほぼ一〇年間はいわば雌伏の時代と言うこともできよう。しかしこの一〇年間は一九五五年の『悲しき熱帯』の刊行を含めてきわめて豊かな模索の時代だった。その人類学の全領域にわたる多彩な思考実験の全容を跡づけることはむずかしい。いくつかの力線を取り出しながら、やがてそれが『野生の思考』に結実し、『神話論理』の深い森のような厚みのある作品を育てる土壌を用意したことを確かめよう。

刊行論文リストと講義要録[33]を手がかりにその力線を整理すれば、①狭義の親族論のさらなる展開、②言語の特性と親族関係の特性の対照、③双分組織を中心にした社会構造論、④霊魂観の検討、⑤神話分析の探究、⑥文化の象徴体系論、⑦フロイト的無意識の検討、⑧歴史概念の検討、などである。⑥はモースの業績の評価（モース論文集への序）として提示され、⑦はボアズの残した民族誌の分析における方法論として間接的に表明されている。⑧は一九四九年の「歴史と民族学」から一九五二年の『人種と歴史』に継承され『野生の思考』に収斂する主題である。

オーストラリアとアジアの諸社会をめぐって構築された親族論の成果は、いくつかの問いを開

かれたまま残していた。三つ以上の社会単位のあいだに女性が一方向に与えられる「一般交換」の体系から[34]、経済や心理の要因が結婚相手の選択に影響する（自由な）複合構造への「変換」はどのように考えることができるのか。この親族関係論の展開は一九六五年、イギリスで行われたハックスリー記念講演「親族研究の将来」[35]から、神話研究が完了した後、一九七〇年代後半の「家の観念」をめぐる数年継続する講義へとひきつがれるが、いわば問いを開いたままレヴィ＝ストロース自身の退官を迎えることになる[36]。

こうした包括的な親族関係論の息の長い持続の一方で、一九五〇年代前半には、『基本構造』の成果の検証が、主に二つの方向から試みられている。一つは親族構造から演繹される交換のサイクルの特性を、個別の言語が内包する特性と対照してある種の並行関係を抽出しようという試み。もう一つは親族の基本構造に影のようにつきまとう双分組織という社会構造のリアリティを検証する試みである。これらの試みでは共通して南北アメリカのインディアン諸社会の民族誌的データが中心的なコーパスとして位置づけられ、いわばテクストの世界ではレヴィ＝ストロースはアメリカに回帰している。インディアン諸社会という初発の思考実験の場に立ち戻って、中間的な位置にある親族関係の体系を言語体系と社会構造の両極が構成する力の場に置いてその挙動を検証しようとしたといえるかもしれない[37]。

神話と人間の条件

一九五一年アメリカの人類学会誌に英語で公刊された親族関係と言語の包括的な比較の試みは

多くの批判を呼び、それに応える講演が一九五二年アメリカで行われ、言語の包括的な特性ではなく対象を限定して、言語内言語とも呼べそうな「神話」から抽出できる特性と親族関係とを対比する方向が示唆されている。[38] こうした研究対象の絞り込みはすでに同年の高等研究院での「アメリカ神話体系の研究」というゼミで着手されていた。北アメリカ中西部のプエブロ・インディアンの創世神話をコーパスとしたこの研究は次年度も継続され、後にゼミに参加した俊才として、その自殺をレヴィ＝ストロースが概嘆することになるセバーグが講義ノートをもとにまとめ、死後『プエブロにおける世界の創造』[39] として出版された。

神話に本腰を入れて取り組んだこの最初の探究の成果を研究プログラムとして提示したのが一九五五年に公刊された「神話の構造」という論文であった。この論文では音韻論に加えてコミュニケーション論とも呼べるレベルでも展開されていたヤコブソンの言語学の成果の応用が試みられている。しかしそこには、言語学の摂取とは独立にレヴィ＝ストロースが取り組んでいた主題が組み込まれてもいる。ボロロ族における死者の霊の観念と葬制を手がかりに、人間が避けることのできない死にどのように対処するのか、という一九五一年のゼミの主題となった考察である。[40]

神話においては死は、もともと永遠の生を享受していた人間がある出来事をきっかけに限りある生をあたえられてしまう、というふうに語られる。その出来事とは人間の生を維持するための狩猟あるいは農耕の開始であり、前者はまさに死をもたらす戦争に類比される活動、後者は労働と栽培植物の獲得とに直結している。生と死の矛盾という人間の条件を、人間は狩猟や農耕という両者の論理的な媒介項を導入し、それらの起源を神話として語ることによって思考のレベルで解決するとレヴィ＝ストロースは考える。人間はなぜかくあるのか、という問いに、その条件がいまだ存在しなかった状況を起点に論理的な媒介項を導入することで思考しうるものに変える、それがレヴィ＝ストロースが想定した神話の機能である。

「神話の構造」によって研究の方向を見定めると、レヴィ＝ストロースは神話の諸相を一九五〇年代後半の一連の論文によって集中的に検討してゆく。南北アメリカ・インディアンの民族誌に記録された膨大な神話テクスト群が、新たな火を放つべき「未墾の土地」として発見されたというべきかもしれない。それはまた、中西部プエブロ・インディアンの神話群で試みた集中的な読みを、言語学と数学から借りた解読装置を主題にあわせて微調整しながら、中央平原、北西海岸、そして南アメリカのボロロとその周囲という風に対象地域を移動しつつ神話的景観の解析を進めてゆく行程でもあった。たとえば一九五八年から五九年にかけて、高等研究院での「双分組織と宗教的表象の研究」の二年度目のゼミで、ボロロと近隣のトゥピ諸族の神話における「変換」関係が検討される一方、高等研究院の紀要に北アメリカ北西海岸ブリティッシュ・コロンビアの神話群を検討した「アスディワル武勲詩」[41]を発表している。後に一九七一年の『神話論理』最終巻『裸の人』でこれら二つの地域での神話の構造の深い相同性が検証されることになる見通しは、おそらくすでにこの時点で把握されていたのであろう。

『野生の思考』

一九六〇年一月五日のコレージュ・ド・フランスの開講講演「人類学の課題」ではデュルケム

（一八五八―一九一七）、モースあるいはソシュールといった学問上の先達から自分にいたる系譜を辿って構造人類学の位置を宣言する内容を締めくくるにあたって、レヴィ＝ストロースは最後の一節を次のような謝辞によって始めている。「したがって親愛なる同僚の皆さま、この講義の冒頭において私は社会人類学の巨匠たちに敬意を捧げましたが、わたくしの結びのことばが野生の人々にむけられますことをお許しいただけると思います」。そしておそらくはこうした国立研究機関のセレモニーにおいて異例なことだろうが、以下の言葉で結んでいる。「……熱帯のあのインディアン……残念なことに、彼らはすべて遠からずして病気、および――彼らにとってはさらに恐ろしい――われわれがもたらした生活様式に堪えられず消滅すべき運命の人々……彼らの弟子であり証人であることによって、わたくしがいかに彼らに対して親愛の情と感謝の念を抱いているかを表明することができたとしましても、払いきれぬ負債をわたくしが負っている人々であります[42]」。

フランスの最高学府において無名の「他者」の証人として語る、この自己の位置づけにもレヴィ＝ストロースの存在の孕むもう一つの逆説を見ることができないだろうか。

コレージュ・ド・フランスにおいてその後二〇年余り続けられた講義（その内容が『野生の思考』と『神話論理』である）は、レヴィ＝ストロースによって、彼らの「弟子であり証人」である者として語られたということになる。講義は「彼ら」はどのように思考し、どのような世界に生きてきたのか、その思考実験の場だった。初年度の「民族学の未来[43]」に引き続く二年目の講義は「今日のトーテミスムそして野生の思考」という表題であった。

そこで主題となったトーテム分類の論理を検証するフィールドは、アフリカやポリネシアなど世界各地から報告された民族誌を網羅しているとはいえ、中心にはふたたびオーストラリア諸社会が置かれることになる。なぜなら北米インディアンからトーテムという言葉（北米のオジブワ族では「守護霊」といった意味らしい）がヨーロッパに導入されて以来、動植物を先祖として「崇拝」する、トーテミズムというこの「原始的」な宗教の多岐にわたる発現が最も多く記録され、人類学者・好事家に多くの紙数を費やさせてきたのがオーストラリアのアボリジニの人々だったからである。

講義の前半はそれまでのトーテミズム論議がヨーロッパ人が他者の思考を解釈するにあたって作り上げた幻想にすぎないことを論証する、いわばネガティヴな解体作業であり、後半は、幻想を解体した後にも見出される他者の思考を「野生の思考」として再構成するポジティヴな試みであった。前半は『今日のトーテミスム』として、後半は、並行して高等研究院のゼミで行われたサルトルの『弁証法的理性批判』の批判的解読を盛り込んで『野生の思考』としてほぼ同時に刊行された。

多くは氏族といったその内部で結婚することが禁止された集団が、動植物を先祖として崇拝する、という基本形を共通の了解として、とりわけオーストラリアではさまざまな変異形が「発見」され（たとえば懐胎した女性が最初に遭遇した動物が誕生した子供のトーテムになるなど）、そのうちのどれが起源のかたちでどれが派生形なのか、そして動植物への「崇拝」という理解しがたい非合理な態度はどのように合理的に説明ができるのか、トーテミズムの問いはほぼそのように要約できる。[44]

レヴィ＝ストロースによる批判の端緒には、構造主義の鮮やかな切れ味が発揮されている。

トーテミズムと呼ばれる現象は、動植物と人間をなんらかの仕方で対応させる思考体系である。だとすれば、その対応関係には次の表のような四つの可能性がある。多くの人類学者はこれら四つの可能性のいずれかを起源のかたちと想定し（一般には動植物の「種」と氏族集団を結合する1のタイプ）、ほかのものを歴史的変化形として説明しようとした。しかし表に示されるとおりこれら四つの可能性は論理的に等価な、相互に組み合わせを異にする変換関係にあり、異なった文脈あるいは異なった地域で同時に存在しうる。したがっていずれが「起源」かを問うことには意味がない。問われるべきは変化ではなく変換なのだ。

	1	2	3	4
自然＊	カテゴリー	カテゴリー	個人	個体
文化	集団	個人	個人	集団

＊ここでいう自然のカテゴリーとは動植物の「種」をさしている。

こうして起源の観念に発する幻想を除去したうえで、種の概念が人間の思考の道具（レヴィ＝ストロースは「種操作媒体」と呼ぶ）としてどのような性能をもっているのかを検証し、サルトルがあたかも万能であるかのように提示する歴史的理性とは異質ではあれ、けっして劣らないものであること、人間を自然に統合するうえでは、歴史の領分と自然の領分をきっぱりと分離してしまう歴史的理性よりもはるかに有効な思考であることを論証したのが『野生の思考』であった。

種操作媒体

他の多くの著作、論文と同様、『野生の思考』もまた重層的な解読を誘うが、ここでは「種操作媒体」という軸に沿ってフラットな要約を試みておこう。種操作媒体という主題が成り立つためには、まず民族誌によって種概念が豊かな思考の手段になっていることを例示しなければならない。そのうえで種という具体的なものが感性的な「記号」でありつつ運用されることで成立する、科学とは異質なある知的操作の領分(それは知的活動ではあっても感性を基礎とする美術や音楽により近い、器用仕事《ブリコラージュ》に喩えられる)があることが示されなければならない(「第一章　具体の科学」)。

次いで、種に内包された自然の秩序に寄り添うかたちで、種概念が人間に提供する分類秩序が示され、その秩序の多様な操作の可能性が論証されなければならない(「第二章　トーテム的分類の論理」、「第三章　変換の体系」、「第四章　トーテムとカースト」)。さらに種操作媒体は、種の不連続と対比によって多様な概念操作を可能にし、その概念のネットワークの伸縮の自由さと種概念から派生する命名の体系などによって人間活動のさまざまな領域を架橋し、集団と個体を媒介しうることが示される(「第五章　範疇、元素、種、数」、「第六章　普遍化と特殊化」、「第七章　種としての個体」)。こうした思考のあり方の中で歴史的変化の領分はまったく消失するわけではなく、ある独自の表現を与えられることになる(「第八章　再び見出された時」)。こうした「野生の思考」に思考としての権利を否認するサルトルの歴史的で弁証法的な理性それ自体が、実は「野生の思考」

に匹敵する分析的理性を道具として運用されるものにほかならず、その著作は二〇世紀ヨーロッパ社会の思考形態を表現した一民族誌にほかならないとされる（「第九章　歴史と弁証法」）。

こうして種操作媒体はそれ固有の性能によって動的な分類体系を構成し、体系外部に生起する変化に対応し、できる限り出来事を吸収して自己の体系性を保持し、個体と集団全体を媒介して個体を集団のなかに位置づける。フランス革命のような歴史的出来事を範例として、歴史的な実践行為こそが個体と全体を媒介する、そして「弁証法的理性」のみがその現実を把握できるというサルトルに対して、レヴィ＝ストロースは種操作媒体を運用する思考もまた、それとはきわめて異質な仕方で個体と全体を媒介し出来事に対処する（それを可能な限り吸収する）と主張したのである。[45]

4．結び――『神話論理』における世界との交歓

神話の森へ

一九六二年、東西冷戦の緊張が高まり、アフリカを中心として旧植民地が続々と独立し新興国の民族主義が高揚し、資本主義諸国では戦後の経済の復興がようやく本格化しはじめ、フランスに即して言えば、植民地アルジェリアがいよいよ独立を実現しようという、いわば歴史意識がリードする時代に（サルトルの『弁証法的理性批判』はまさにその時代のヨーロッパの歴史の担い手たろうとする左翼知識人の自意識の分析でもあったと言えよう）[46]、『野生の思考』が、歴史への新たな参入者である「第三

世界」のさらに向こうの歴史の余白からの声を、いわば時代の流れに抗して明晰な言葉で伝えた。このことは多くの人々に衝撃を与え、また批判も含めたさまざまな反応を引き起したに違いない。この著作をいわば十全な意味での哲学書と受け止めて、解釈学の立場から批判的コメントを試みた哲学者リクール（一九一三―二〇〇五年）に応えてレヴィ＝ストロースはのべている。

私が「野生の思考」といっているものは、それによって「他者」を「わたしたち」に翻訳したりまたその逆を行うことができるようなあるコードを作り出すのに必要な前提や公理の体系であり［……］私の意図においては、彼らの位置に自分を置こうとする私と、私によって私の位置に置かれた彼らとの出会いの場であり、理解しようとする努力の結果なのです。[47]

したがって『野生の思考』はコードを作り出すための前提や公理の集合を記述し、それらが思考の道具としてどのように働くかをしめす試みであって、それも歴史とは別の思考もまた独自の仕方で個体と全体を媒介しうることを、サルトルに対抗して示すことに主眼を置いていた。そこで提示された種操作媒体の概念は、いま振り返って見れば、ヨーロッパにおいて古代ギリシャ以来連綿とつながる種の概念の伝統（無知を恥じない門外漢の大胆さであえて言えば、アリストテレスからスコラ哲学を経て、ライプニッツ、博物学、そしてダーウィンにいたる）流れに投じられた、きわめて斬新な一石だったとも思われる。

しかし、それはまだ「彼らの位置に自分を置いた」レヴィ＝ストロースが発見し追体験した「彼らの世界」そのものを示したものではなかった。「これは神話の森に入る前にとった小休止だった」と形容されたこともある。深い神話の森に分け入る探索（すでに五〇年代後半に一度、大がかりな予行演習が行われていたことはすでに見た）はただちに着手され、一九六一年の講義から七〇年の講義まで、途中いくつかの主題を枝分かれさせながら継続され[48]、四巻の『神話論理』として上梓される。

感性の論理

南北アメリカ・インディアンの八〇〇以上の神話を参照し、一八〇〇〇頁にのぼる四巻本として著されたこの探究の書は、レヴィ＝ストロースが半生をかけて追及してきた人類学的主題だけでなく、音楽や絵画への深い造詣（父方・母方それぞれに音楽家や画家を輩出した家系に生まれ、父もまた画家であった）を傾注した、彼の集大成と呼ぶにふさわしい。『生のものと火にかけたもの』の「序曲」に始まり『裸の人』の「終曲」に終わる楽曲としての構成（みずから崇敬するヴァグナーの四部作に倣ったと述べている）、『蜜から灰へ』『食卓作法の起源』という「食べること」に集約される人間と世界の交流という大主題をエレガントに表示する表題にも著者の精緻な創意が込められている。重層的な構成の全体像を粗雑に要約することは諦め、著作全体のいわば第一主題に絞って確認しておこう[49]。

初巻『生のものと火にかけたもの』の「序」の冒頭に、四巻を貫く主題が提示されている。

生のもの火にかけたもの、新鮮なものと腐ったもの、湿ったものと焼いたものなどは、民族誌家がある特定の文化の中に身を置いて観察しさえすれば、明確に定義できる経験的区別である、これらの区別が概念の道具となり、さまざまな抽象的観念の抽出に使われ、さらにその観念をつなぎ合わせて命題に達することができる。それがどのように行われるかを示すのが本書の狙いである。[50]

感覚の論理を作動させることで神話はどのように世界を構築し、それを語る者たちを世界に織り込んでゆくのか。神話研究の第一主題はそのように表現できるだろう。[51] こうした主題は、対象の感覚的与件を切り捨て数量化を基礎に操作可能な対象に変えることで世界を構築できると考える科学・技術的な思考とは対照的な思考を浮き上がらせる。こうした思考の中で人間以外の生物種が種操作媒体として、どのような媒介機能をもちうるかという側面にとりわけ注意を向けたのが『野生の思考』だった。神話そのものの中では、生物とりわけ動物たちは違った相貌を見せる。神話が語る、というよりもむしろ神話の中で動物たちが語る、動物と人間の関係、それをとりあえず『神話論理』の副主題とみなすことはおそらく不当ではないだろう。

他者としての動物

神話においては、たとえばジャガーはもともともっていた火を人間に与える者として登場する（意に反してあるいは喜んで、人間に火を譲渡したことで、今日の現実のジャガーは肉を生で食べる。しかも人間とジャガーは狩りの獲物をめぐって競争者の関係に立つ）。そのジャガーと人間は神話においてはしばしば互いに女性の与え手でもある（ジャガーから人間へ、あるいは人間からジャガーへ）。最も豪勢な獲物でもある貘《ばく》は巨大なペニスをもった、人間の女性を誘惑する者でもある。賞味される大型齧歯類のペッカリーは貪欲のために造化の神によって変身させられた人間である。

『遠近の回想』で「単純な質問を一つしたいのですが。神話というのは何ですか」という対談者の問いに、レヴィ＝ストロースは次のように答えている。長さを厭わず、その一節を引いて見たい。

> 単純な質問などというものではないですよ、それは。答え方は幾通りもあるでしょうからね。もしあなたがアメリカ・インディアンの誰かにお訊ねになったとしましょう。そうすると彼はきっとこう答えるでしょう。それは、人間と動物がまだ区別されていなかった頃の物語である、とね。この神話の定義は、私には、なかなか意味深いものに思えます。ユダヤ＝キリスト教的伝統がそれを隠蔽するためにいろんなことを言ってきたのですが、この地上で他の動物と一緒に生きながら、地上で暮らす喜びを彼らとともに享受している人類が、その動物たちとコミュニケーションを持てないという状況ほど、悲劇的なものはなく、また心情にも反するものはないと私は思うからです。これらの神話は、この原初の欠陥を原罪だなどとは考えないで、自分たち人間の出現が、人間の条件とその欠陥を産みだした事件であると考えている、というのはよく理解できますね。[52]

インディアンに導かれて神話の森を踏破したレヴィ＝ストロースは、インディアンという他者の隣に、彼ら自身がすでに意思疎通の手立てを喪失してしまった（そのことが彼ら自身の生きる条件を生みだしたのだ）動物というもう一つの他者を発見したということもできる。◉53 こうして『野生の思考』『神話論理』を通じて、レヴィ＝ストロースは、「哲学」とも「宗教」とも「科学」とも「歴史」とも異なる、種の豊な多様性に触発された、そして他者との失われた交歓の記憶を内包した、もうひとつの思考がありうることを論証してみせたのである。

◉**註**　※本書の刊行時に新たに追加したものは〔追補〕と記した。

1. ***Saudades do Brasil*, 1994.**／『ブラジルへの郷愁』川田順造訳、みすず書房、一九九五年。

2. 在任中にモニュメントを作るというフランス大統領の伝統にしたがって、シラク前大統領は自らの「多文化主義」称揚のシンボルとして「未開芸術」に捧げた美術館を構想した。「未開」というネガティヴな言葉を避けようと作られた「第一芸術」という言葉は結局普及せず「第一芸術美術館」という呼称は採用されなかった。構想の過程で、レヴィ＝ストロースの支持と協力が大きな影響を及ぼしたことは、国立行政学院を出て経済界から転身した館長のアンリ・マルタンがインタヴューで強調している。美術館そのものについては会館以来賛否両論が戦わされている。

3. 着任は一九六〇年。それまで二度落選し、三度めの正直に、同年輩の哲学者メルロー＝ポンティ（一九〇八―六一年）が大きく貢献したことは『遠近の回想』に語られている（**Lévi-Strauss, C. et D. Eribon, *De près et de loin*, 1988.**／C・レヴィ＝ストロース、D・エリボン『遠近の回想』竹内信夫訳、みすず書房、一九九一年）。フランソワ一世が神学的伝統の担い手ソルボンヌに対抗して新しい学問の場として開設したこの機関が、毎年新しい内容を講義することを唯一の義務として、新たな知の旗手を迎えてきたことは、バルト（一九一五―八〇年）やフーコー（一九二六―八四年）の存在からもうかがえる。そのフーコーでさえ、常に新たな研究内容を提示しなければならないという義務の重さに、一時アメリカの大学への転出を考えたことがあったという。

4．文学分野のゴンクール賞の選考委員会は、この旅行記が文学賞の対象にならないことを惜しむという声明を出したというエピソードがある。

5．デリダ（一九三〇―二〇〇四年）、ドゥルーズ（一九二五―九五年）、リオタール（一九二四―九八年）など「構造主義」後のフランスの哲学者たちは、その思想の営為のどこかでレヴィ＝ストロースへのコメントないし批判を展開点としている。

6．***Tristes tropiques*, 1955.**／『悲しき熱帯』I、川田順造訳、中公クラシックス、二〇〇一年、七三頁。

7．同上、七四―七五頁。

8．フランスの若い哲学者マニリエは『レヴィ＝ストロース用語集』という小冊子の冒頭でこのことを鋭く指摘している。「つまりレヴィ＝ストロースの立場はまた哲学が必要（強調は原著者）だということ示している［……］しかしレヴィ＝ストロースの哲学用語集には、それをほかの哲学体系から区別する二つの特徴がある。すなわち、異種混交《エテロクリット》で道具的《アンストリュモンタル》なのだ。潜在的にあらゆる理論的言説（言語学、数学、コミュニケーション理論、社会学もしくは人類学、専門哲学等）から取り出された専門語から構成されたこの用語集は、レヴィ＝ストロースがそれを神話、親族関係、芸術、人間のあらゆる文化的生産物の分析につかう使い方に突き合わせてみない限り理解できないのである。」（**Maniglier, P., *Le vocabulaire de Lévi-Strauss*, 2002**）この指摘はレヴィ＝ストロースの用語が与える漠然とした印象を明快な言葉にしてくれている。注7の引用もマリニエが引用した箇所を踏襲している。

9．***Tristes tropiques*, 1955.**／前掲『悲しき熱帯』I、七五頁。

10．前掲『遠近の回想』には「つまり、私の著作は私の知らぬまに私の中で考えだされているのです。私は以前から現在に至るまで、自分の人格的アイデンティティの実感をもったことがありません。私というものは、何かが起きる場所のように私自身には思えますが、「私が」どうするとか「私を」こうするとかいうことはありません」という言葉がある。また多くの著作についても執筆のきっかけはむしろ偶然与えられた受け身なものだったことをしばしば強調している（『レヴィ＝ストロース『神話論理』の森へ』渡辺公三、木村秀雄編、みすず書房、二〇〇六年所収、インタヴュー参照）。

11. 初めてのフィールド調査とそれに基づく論文「ボロロ・インディアンの社会組織研究への寄与」刊行の一九三六年を起点としている。とはいえ『悲しき熱帯』には少年時代、南フランスのランド地方での山歩きで経験した地質学的関心や、一〇代半ばで関心を寄せたフロイトやマルクスへの関心に自己の探究心の原型を見出している。また高校高学年から学生時代に穏健社会主義運動に直接コミットしたことは、青年レヴィ＝ストロースの知的形成を考えるうえでたいへん重要な意味をもっていると思われる（桜井成夫『「戦間期」の思想家たち―レヴィ＝ストロース・ブルトン・バタイユ』平凡社新書、二〇〇四年参照）がここでは取り上げる余裕はない。

12. *Tristes tropiques*, 1955.／前掲『悲しき熱帯』Ⅰ、八八頁。

13. Lowie, R. H., *Primitive society*, New York, 1920.／ローウィ、R・H『原始社会』河村只雄、河村望訳、未来社、一九七九年。

14. この展覧会のカタログが再刊されている。*Bulletin du Musée d'ethnographie du Trocadéro, Les cahiers de Gradhiva*, Paris, 1988, pp. 276~295.

15. *Tristes tropiques*, 1955.／前掲『悲しき熱帯』Ⅱ、九五頁。

16. 社会的階層とかつては密接に結びついていたとされる顔面装飾は社会的「人格」に関するモースの問題提起（「人格の観念」一九三八年）に呼応している。

17. 初の人類学論文「ボロロ・インディアンの社会組織研究への寄与」にも簡単にふれておこう。「伝統に忠実な一社会」とも形容されたボロロの、眼に見えない社会的カテゴリー（主に動物の名で呼ばれる氏族や首長の位など）が矢羽根や儀礼的な杖や男の着衣としてのペニスケースの模様などによってどのように可視化されるかという主題にひときわ関心が向けられている。ただその叙述の言葉には「名とはただ一個の個体だけを内包とするカテゴリーということもできる」という後の『野生の思考』の「種としての個体」の主題を予感させる一節（後者では固有名が「単一個体的」観念、と呼ばれている）もある。*La Pensée sauvage*, 1962／『野生の思考』大橋保夫訳、みすず書房、一九八七年。

18. だからといってレヴィ＝ストロースはナンビクワラの集団が「未開」の原初の社会を保持していると考えるわけではない。狩猟の矢毒の手の込んだ製造法を手がかりに、かつては彼らがより複雑な文化圏に属していたこと、そこからサバンナの厳しい環境に押し出された結果、シンプルな生活様式を採用したことを推測している。そういう意味でいかなる社会も例外なく「歴史」のなかにあることをレヴィ＝ストロースは前掲『ブラジルへの郷愁』の序でも再確認し強調している。ブラジル考古学の最新の知見もその裏づけを与えていることは、二〇〇六年に開催された「ブラジルのインディアン」展カタログ（*Brésil Indien*, Grand Palais, Editions de la Reunion des Musées nationaux, 2005）に詳しい。

19. *Tristes tropiques*, 1955.／前掲『悲しき熱帯』Ⅱ、一九三頁以下。

20. Derrida, J., *De la grammatologie*, Paris, 1967.／デリダ、J『根源の彼方に―グラマトロジーについて』全二巻、足立和浩訳、現代思潮社、一九七二、一九七六年参照。こうした批判に対してレヴィ＝ストロースは、「熊のようなデリケートさで第三項排除を扱うデリダ氏」という辛辣な言葉で応えている。

21. 川田順造『無文字社会の歴史―西アフリカ・モシ族の事例を中心に』、岩波書店、一九七六年。

22. *Tristes tropiques*, 1955.／前掲『悲しき熱帯』Ⅱ、二二六―二二七頁。

23. *Les Structures élémentaires de la parenté*, 1967.／『親族の基本構造』福井和美訳、青弓社、二〇〇〇年、一五七―一五八頁。また、「ブラジルのインディオにおける戦争と交易」（原毅彦訳、『GS』、一九八七年）には、こうした主題がより明快に提示されている。ナンビクワラの人々との出会いがモースの『贈与論』の再考の重要なきっかけとなったのだろう。

24. 親ナチスのヴィシー政権支配下のフランスで露骨にユダヤ系の名を名乗ることは危険であったにも

かかわらず、自分がいかに無頓着だったかが『遠近の回想』でふれられている（邦訳、五四—五五頁）。一方この時期、動員されたマジノ線ののどかな日に、均整のとれた幾何学的な花を見て「構造」の直観をえたというエピソードはしばしば人にとりあげられている。また一九三九年に刊行されたマルセル・グラネ（一八八四—一九四〇年）の本、Granet, M., *Catégories matrimoniales et relations de proximité dans la Chine ancienne*, Paris, 1939.／グラネ、M『古代中国における結婚のカテゴリーと近親関係』谷田孝之訳、溪水社、一九九三年によって親族関係論に目を開かれたこともしばしば語られている。

25. 正式には「New School for Social Research」と呼ばれる。フランス系は付属の Ecole libre des hautes études に所属した（ただしロシア人ヤコブソンもこの部門に属したらしい）。ドイツ系の集団にはアーレント、フランクフルト学派の知識人が集っていた。両者の交流はあまり語られていないようである。

26. Jakóbson, R., *Six leçons sur le son et le sens*, Paris, 1976.／ヤーコブソン、R『音と意味についての六章』花輪光訳、みすず書房、一九七七年。

27. "New York post- et préfiguratif" というエッセイで『親族の基本構造』執筆の頃、目と鼻の先にサイバネティックスを構築しつつあったシャノン（一九一六—二〇〇一年）が住んでいたことを楽しく回顧している。また Mathématique de l'homme（一九五五年）という論文で、人文学と数学のこうした接近の可能性を議論している。いわばそうしたアメリカの時代の空気を吸いながら構造主義が形を整えていったと言えるだろう。また『遠近の回想』にはニューヨークでダルシー・トムプソンの『成長と形態』を発見し、ここから構造の変換というキー・コンセプトを学んだと語っている。こうした構造主義の「形態形成」論の系譜については Petitot, "Généalogie morphologique du structuralisme", in *Critique*, 1999, pp. 620-621 が興味深い検討を行っている。

28. Dumont, L., *Introduction à deux théories d'anthropologie sociale*, Paris, 1971.／デュモン、L『社会人

類学の二つの理論』渡辺公三訳、弘文堂、一九七七年。

29. 『基本構造』の第一篇には、交換という要請を否定的に表現したインセスト禁止の規則(つまり、交換と禁止はコインの裏表なのだ)、この規則の普遍性、人間における自然から文化への「離陸」の契機としてのインセストの禁止、内婚規則と外婚規則の関係、互酬性の原理、双分制の問題など、オーストラリアを起点とする事例分析に先立つ理論的検討が精緻に行われているが、ここでは詳細にはふれない。委曲を尽くしてはいないが一定のまとめとして、渡辺公三『レヴィ＝ストロース—構造』〈現代思想の冒険者たち〉20、講談社、一九九六年、第二章を参照されたい。

30. *Les Structures élémentaires de la parenté*, 1967. /前掲『親族の基本構造』、一五頁。

31. *Tristes tropiques*, 1955. /前掲『悲しき熱帯』I、七六頁。

32. ボアズとその弟子で『菊と刀』を書いたベネディクトはニューヨークのコロンビア大学で人類学を研究し、戦後、占領政策遂行にかかわって沖縄に滞在したマードックも一時コロンビア大学にいたという。NYPLは公共図書館とはいえ研究図書館と位置づけられ、膨大な研究資料の集積を誇っている。こうした事実は妄想のための状況証拠にすぎないが。『基本構造』が書かれた第二次世界大戦という同時代の雰囲気を伝える興味深いエピソードを『ブラジルへの郷愁』が語っているのを紹介しておこう。「クイアバで私は仕立屋に頼んで私が考案したハンモックを作らせておいた。このハンモックはゆったりとして同時に密閉されており、蛇、蠍、蜘蛛、毒蛾そのほか有害な生きものが入らないように、地面から容易に隔絶できた。大戦中ニューヨークで、アメリカ情報局のどこかの部局が、私の旅について尋問し、私の写真のネガをすべて焼付けさせた。私の蚊帳も大いに関心をひき、私はその図面を寸法付きで描かせられた。」(前掲『ブラジルへの郷愁』一七〇頁)。

33. *Paroles données*, 1984.(邦訳『パロール・ドネ』中沢新一訳、講談社メチエ選書、二〇〇九年〔追補〕)/高等研究院、コレージュ・ド・フランスでの講義要録。タイトルは「贈られた言葉」とも「果たされた約束」とも解される。

34．たとえばA→B→Cという風に。C集団の女性がA集団に婚入しC→Aという関係が成立すればABCという三つの単位のあいだで循環の輪が閉じる。A↔Bという「限定交換」は単位が二つというその限定された事例ともみなすことができる。

35．*"The Future of Kinship Studies", in Proceedings of the Royal Anthropological Institute of Great Britain and Ireland*, No. 1965, London, 1965, pp. 13-22.

36．基本構造と複合構造の中間に、いわゆる「クロウ・オマハ型」の親族体系が論理的な移行形態として想定される。それは結婚しようとする子供にとって親あるいは祖父母、曾祖父母などの親族（イトコや曾祖父母のひ孫たちなど）が禁止の対象となり、禁止される集団を抹消してゆくと一定のカテゴリーのみが婚姻可能な集団として残るため、結果的に「特定の型の親族を結婚相手として規定する体系」と論理的に等価となるというものである。そのモデルの構成は個体ごとに禁止範囲が変動するきわめて複雑なものとなりコンピュータによる演算によってのみ可能となるという。しかしこのモデルを中間に置いたとしても近親のみを禁止しそれ以外を「自由な」選択に委ねる複合構造への移行は保証されないと思われる。「家の観念」がさらなる中間的移行形態として要請されることになる。

37．言語・親族・社会という三つの層位は、レヴィ＝ストロースがしばしば言及する、言葉の交換・女性の交換・財の交換というコミュニケーションの三つの層位とほぼ対応する。

38．"Linguistique et anthropologie", in *Anthropologie structurale*, 1958.／『構造人類学』荒川幾男ほか訳、みすず書房、一九七二年、第四章。

39．Sebag, L., *L'invention du monde chez les indiens Pueblos*, Paris, 1971.

40．死者と生者の緊張関係（死者と生者の戦いあるいは取引）においては、たとえばボロロの社会では、生者が儀礼によって死者に対する勝利を擬制するとレヴィ＝ストロースは考えている。死者の霊の観念は一九五六年のゼミでふたたびとりあげられる。

41．*La geste d'Asdiwal*, 1958.／『アスディワル武勲詩』西澤文昭訳、青土社、一九九三年。

42. "Le champ d'anthropologie" (1960), in *Anthropologie structurale, le deux*, 1973. ／「人類学の課題」『今日のトーテミスム』仲沢紀雄訳、みすず書房、一九七〇年、二二六—二二七頁。

43. 註33の講義録の一九—三六。この比較的長い講義要旨には、「社会」と「文化」という基本中の基本用語の検討も含まれ、「じっさいのところ、社会（ここでは動物社会のこと）と文化（人間の）は生物における死の問題に対する相補的な二つの応答、社会は動物が死すべきものであることを知ることを妨げ、文化は人間が死すべきものであると意識していることへの反応、であるかのように見える」という言葉もある。死という主題の系をなす考察へのひとつの結論であろうか。一方、動物と人間のコミュニケーションを連続性の相のもとで比較する視点も提示されている。神話論理で前景に置かれる人間と動物の関係という主題への予告と言えるかもしれない。

44. たとえば一九世紀後半の宗教人類学の先駆者W・ロバートソン・スミス（一八四六—九四）は太古の宗教の供犠から、それをうけてフロイトは太古の「父殺し」から「トーテム」を導き出した。父殺しの幻想が今生きる子供たちのエディプス複合として無意識の機制を形成するという。レヴィ＝ストロースは「神話の構造」で自分の方法の有効性を古代ギリシャのエディプス神話に適用して例証し、さらにフロイトの解釈もまたエディプス神話の新たなヴァージョンにすぎないと位置づけている。

45. サルトル哲学の起点としての「個体」と「出来事」に対する「野生の思考」の対応という視点から『野生の思考』の構成を再検討したF・ケックの鋭利な論文がある。Keck, F., "Individu et événement dans la Pensée sauvage", in *Les temps modernes*, 628, 2004.

46. やや蛇足になることを承知でつけ加えれば、『野生の思考』刊行の翌年、サルトルが序文を書いて公刊した『パトリス・ルムンバの政治思想』では、アフリカ・コンゴの挫折した民族主義政治家ルムンバが、『弁証法的理性批判』のいわば事例研究のような形で、フランス革命のジャコバン派あるいはロベスピエールに類比されて検討されている。こうしたみずからの歴史意識を相対化できない無反省な自民族中心主義こそ、レヴィ＝ストロースが標的としたものだったのではないだろうか。

47. Domenach, J.-M. et al., *Structuralismes: Ideologie et methode*, Paris, 1967. ／ドムナック、J＝M『構造主義とは何か』伊東守男、谷亀利一訳、平凡社ライブラリー、二〇〇四年。

48. その二つの主題は、*Le Mythologiques*, 4 vol., 1964-1971.（邦訳『神話論理』四巻五分冊、みすず書房、二〇〇六―二〇一〇年）の刊行からやや遅れて *La Potière jalouse*, 1985.（邦訳『やきもち焼きの土器つくり』渡辺公三訳、みすず書房、一九九〇年）と *Histoire de lynx*, 1991.（邦訳『大山猫の物語』渡辺公三監訳、渡辺公三・福田素子・泉克典訳、みすず書房、二〇一六年〔追補〕）として刊行される。

49. 哲学の分野でも、人類学の分野でも『神話論理』全体の評価を試みたものはまだ数少ないのではないだろうか。邦訳については、出口顕の詳細な書評をあげておきたい（「生成する中空―クロード・レヴィ＝ストロース『神話論理』を読む（1）」『思想』二〇〇七年第一〇号、岩波書店）。レヴィ＝ストロースの業績全体について、『神話論理』の手法そのものを適用して、テキスト相互がどのように響き合っているかという視点から検討した Keck, F., *Claude Levi- Strauss: une introduction*, 2005 は優れた総括だと思われる。エナフの「『神話論理』―言語学と音楽のあいだで」（前掲『レヴィ＝ストロース『神話論理』の森へ』所収）は『神話論理』がなぜ音楽の形式を借りて叙述されなければならなかったかを興味深く論じている。レヴィ＝ストロースがめざしたのは学的なメタ言語を使った分析ではなく、むしろ神話そのものと同じ次元での「演奏」だった、それは探究の結果の提示がそのままパフォーマンスでもある学知の新しいスタイルの追求でもあったという。

50. *Le Cru et le cuit*, in *Les Mythologiques*, I, 1964. ／邦訳『神話論理Ⅰ　生のものと火を通したもの』早水洋太郎訳、みすず書房、二〇〇六年、五頁。

51. 前掲『遠近の回想』第一四章「鳥の卵採りの後を追って」は『神話論理』の簡潔な自著解説となっている。そこでは火の獲得、すなわち料理のはじまりによる人間の自然から文化への移行が、取り上げられた神話の共通の主題だと指摘されている。研究の主題は、そうした移行の神話はどのような感性の論理によって構築されるのか、ということになる。

52. *De près et de loin.* ／前掲『遠近の回想』、二四八頁。

53. 『神話論理』への最後の補論で、南北アメリカ神話に登場する双子の形象を軸とした『大山猫の物語』では、神話の中で語る他者としての動物という主題に加えて、インディアンに対する双子の片割れとしてのヨーロッパ人という「他者」が神話の中にいかに予示されていたかが検討されている。レヴィ＝ストロースは、「神話論理」に関するこの最後の著作で、神話の中でヨーロッパ人が予告され語られていることを発見したのである。同様の予感のようなものがすでに『蜜から灰へ』に読み込みうることについては、前掲「生成する中空―クロード・レヴィ＝ストロース『神話論理』を読む（1）」参照。また、この双子のテーマは、南北アメリカでの双分制の再検討を行った（一九五〇年代の検討では、双分制はその外見のもとに社会の三元構造を隠している、というふうに否定的結論が出されていた）とき以来ずっと気にかかっていたものだった、ということが「序」に触れられている。社会の表象として保留された双分制が神話における双子の形象、インディアンにとっての他者としてのヨーロッパ人という主題の担い手としてふたたび息を吹き込まれたのである。コレージュ・ド・フランスの開講講演の末尾にあったとおり、この他者の到来がインディアンにとって「災厄」以外の何ものでもなかったことを考えれば、この主題はきわめて重い。

◉参考文献

※本書の刊行時に新たに追加したものは［追補］と記した。

《原典と翻訳》

La Vie familiale et sociale des indiens Nambikuara, Paris, 1948.

Les Structures élémentaires de la parenté, Paris, 1949（1967）. ／『親族の基本構造』上下、馬淵東一、田島節夫監訳、花崎皋一ほか訳、番町書房、一九七七―七八年。［追補］／『親族の基本構造』福井和美訳、青弓社、二〇〇〇年。

"Préface", in M. Mauss, *Sociologie et anthropologie*, Paris, 1950. ／「マルセル・モースの業績解題」（『社会

学と人類学』への序文）清水昭俊、菅野盾樹訳、『マルセル・モースの世界』みすず書房、一九七四年所収。

象徴体系としての文化、無意識、浮遊するシニフィアンなど議論を呼んだ着想が示されている。しばしば言及される論文。

Race and History (*Race et Histoire*), Paris, 1952. ／『人種と歴史』荒川幾男訳、みすず書房、一九七〇年。

小冊子だがそこに示された歴史観はまだ十分議論に値する。フランスでは高校のテキストに使われているという。

Le Pere Noel supplicie, *Les Temps Mordernes*, n° 77, Mars, 1952. ／「火あぶりにされたサンタクロース」中沢新一訳、クロード・レヴィ＝ストロース／中沢新一『サンタクロースの秘密』、せりか書房、一九九五年。［追補］

Tristes tropiques, 1955. ／『悲しき熱帯』全二巻、川田順造訳、中公クラシックス、二〇〇一年（中央公論社、一九七七年）／『悲しき南海帰線』上下、室淳介訳、講談社学術文庫、一九八五年（筑摩書房、一九六〇年）。［追補］

あまりにも有名な著作。フランスでも日本でもこの本を読んで人類学を目指したという人は多い。今でも十分ポストモダンである。

La geste d'Asdiwal, Paris, 1958. ／『アスディワル武勲詩』西澤文昭訳、青土社、一九九三年。

Anthropologie structurale, Paris, 1958. ／『構造人類学』荒川幾男ほか訳、みすず書房、一九七二年。

Charbonnier, G., *Entretiens avec Claude Lévi-Strauss*, Paris, 1961. ／『レヴィ＝ストロースとの対話』多田智満子、みすず書房、一九七〇年。

Le Totémisme aujourd'hui, Paris, 1962. ／『今日のトーテミスム』仲沢紀雄訳、みすず書房、一九七〇年：二〇〇〇年。

La Pensée sauvage, 1962. ／『野生の思考』大橋保夫訳、みすず書房、一九七六年：一九八七年。

今日でも再読、三読に値する。「野生の思考」「ブリコラージュ」などキー・コンセプトは色あせていない。

Les Mythologiques, 1 : Le Cru et le cuit, Paris, 1964. ／邦訳『神話論理Ⅰ　生のものと火を通したもの』早水洋太郎訳、みすず書房、二〇〇六年。

「生のもの」「火にかけたもの」「腐ったもの」などの経験的カテゴリーの対比によって思考する神話という主題の提示。火や水の起源、栽培植物や猟の獲物の起源など。ブラジルのボロロの神話から始まる南アメリカ神話群の分析。

Les Mythologiques, 2 : Du miel aux cendres, Paris, 1966. ／邦訳『神話論理Ⅱ　蜜から灰へ』早水洋太郎訳、みすず書房、二〇〇七年。

火を使うが食べ物ではない「たばこ」と、食べるが火は使わない「蜜」の起源。それぞれが火の起源の神話から変換された「肉の起源」の神話、「装身具の起源」（動物の肉として食べられない部分を使う）の神話のさらなる変換された神話として位置づけられる。同時に器とその中身の対比という次元が導入される。

Les Mythologiques, 3 : L'origine des manières de table, Paris, 1968. ／邦訳『神話論理Ⅲ　食卓作法の起源』渡辺公三、榎本譲、福田素子、小林真紀子訳、みすず書房、二〇〇七年。

「カヌーによる太陽と月の旅」によって南アメリカから北アメリカへ神話分析が拡張される。「移動」とともに「食べ方」という様式、月や季節の周期性に関する神話の論理が検討される。

Les Mythologiques, 4 : L'Homme nu, Paris, 1971. ／邦訳『神話論理Ⅳ―1　裸の人1』吉田禎吾、木村秀雄、中島かおる、廣瀬浩司、瀧浪幸次郎訳、みすず書房、二〇〇八年。／『神話論理Ⅳ―2　裸の人2』吉田禎吾、渡辺公三、福田素子、鈴木裕之、真島一郎訳、みすず書房、二〇一〇年。

北アメリカ北西海岸部の神話を中心に南アメリカで検討された主題の北アメリカにおける展開に加えて、通商交易に関する神話など多様な主題が一巻に凝縮されている。完訳された四巻全体として議論されることが期待される。

Anthropologie structural deux, Paris, 1973.（『構造人類学2』）

La Voie des masques, 2 vol. Genève, 1975.／『仮面の道』山口昌男、渡辺守章訳、新潮社、一九七七年。

Myth and meaning, Toronto, 1978.／『神話と意味』大橋保夫訳、みすず書房、一九九六年。

Le Regard éloigné, Paris, 1983.／『はるかなる視線』全二巻、三保元訳、みすず書房、一九八六年、一九八八年：新装版、二〇〇六年。

Parole données, Paris, 1984.／『パロール・ドネ』中沢新一訳、講談社メチエ選書、二〇〇九年。〔日本語訳版、追補〕

一九五〇年代の高等研究院から一九八二年、コレージュ・ド・フランス退任までの講義要録集。長短あるが簡にして要を得て、レヴィ＝ストロースの思考の展開を跡づける一次資料と言える。

La Potière jalouse, Paris, 1985.／邦訳『やきもち焼きの土器つくり』渡辺公三訳、みすず書房、一九九〇年。

『仮面の道』『大山猫の物語』と併せて、四巻の『神話論理』に対する三冊の小『神話論理』とも呼べる補完的主題を扱っている。

Lévi-Strauss, C. et D. Eribon, *De Près et de loin*, 1988.／C・レヴィ＝ストロース、D・エリボン『遠近の回想』竹内信夫訳、みすず書房、一九九一年。

Parole données とこの対談を突き合わせると、レヴィ＝ストロースの思考の展開がより明瞭に跡づけられる。

Histoire de lynx, Paris, 1991.／『大山猫の物語』渡辺公三監訳、渡辺公三・福田素子・泉克典訳、みすず書房、二〇一六年。〔日本語版、追補〕

Regarder, écouter, lire, Paris, 1993.／『みる きく よむ』竹内信夫訳、みすず書房、二〇〇五年。

Saudades do Brasil, Paris, 1994.／『ブラジルへの郷愁』川田順造訳、みすず書房、一九九五年。

一九三〇年代に撮られた写真をほぼ六〇年後に編集出版したもの。その鮮烈さはまったく古びていないと同時に歴史資料的価値も帯びている。この時期だけ熱中した後、写真から離れたというのも驚き。

Saudades do Sáo Paulo, Sáo Paulo, 1996.（『サン・パウロへの郷愁』）。
“Retours en arrière”, in *Les temps modernes*, n° 598, Paris, 1998. ／「過去に立ち戻る」泉克典訳、『みすず』みすず書房、二〇〇三年七月号所収。
“Apologue des amibes”, in *En substances: texts pour Françoise Héritier*, Paris, 2000, pp. 493-496. ／「アメーバの譬え話」出口顕訳、『みすず』みすず書房、二〇〇五年七月号所収。
“La Leçon de sagesse des vaches folles”, in *Études rurales*, janvier-juin 2001, Paris. ／「狂牛病の教訓」川田順造訳、『中央公論』中央公論新社、二〇〇一年四月号所収。
Lévi-Strauss, C. et M. Massenzio, *Claude Lévi-Strauss, un itinéraire: entretien avec Marcello Massenzio*, 26 juin 2000, Paris, 2002.
Lévi-Strauss, C. et M. Hénaff, “1963-2003: L’anthropologie face à la philosophie”, in «Claude Lévi-Strauss: une anthropologie “bonne à penser”», *Esprit*, janvier 2004, Paris. ／「一九六三―二〇〇三年、哲学に面した人類学」合田正人訳、『みすず』みすず書房、二〇〇四年九月号所収。
“Préface”, in *Catalogue de l’exposition Brésil indien*, Paris, 2005.
『構造・神話・労働―クロード・レヴィ＝ストロース日本講演集』大橋保夫編、みすず書房、一九七九年。
『現代世界と人類学―第三のユマニスムを求めて』川田順造、渡辺公三訳、サイマル出版会、一九八八年。／『レヴィ＝ストロース講義―現代世界と人類学』平凡社ライブラリー、二〇〇五年。
一九八六年の来日講演集。

《映像資料》
Claude Lévi-Strauss: un film de Pierre Beuchot, DVD, Paris, 2004.
Claude Lévi-Strauss: Les grnds entretiens de Bernard Pivot, DVD, Paris, 2004.
『インタビュー、レヴィ＝ストロース』、「１：自然・人間・構造」、「２：日本への眼差し」、カラービデオ、

解説・フランス語完全スクリプト付き、白水社、一九九四年。

《研究文献》

Leach, E., *Claude Lévi-Strauss*, New York, 1970. ／リーチ、E『レヴィ＝ストロース』吉田禎吾訳、新潮社、一九七一年／ちくま学芸文庫、二〇〇〇年。

Clément, C., *Claude Lévi-Strauss, ou, La Structure et le malheur*, Paris, 1970.; éd révisée corrigée et augmentée, 1985. ／バケス＝クレマン、C『レヴィ＝ストロース―構造と不幸』伊藤晃ほか訳、大修館書店、一九七四年。

Godelier, M., *Lévi-Strauss, Marx and after? : a reappraisal of structuralist and marxist tools for analyzing social logics*, Hong Kong, 1990.

Hénaff, M., *Claude Lévi-Strauss et l'anthropologie structurale*, Paris, 1991.

Delrieu, A., *Lévi-Strauss lecteur de Freud: le droit, l'inceste, le père, et l'échange des femmes*, Paris, 1993.

Maniglier, P., *Le vocabulaire de Levi-Strauss*, 2002（『レヴィ＝ストロース用語集』）

Clément, C., *Claude Lévi-Strauss*, Paris, 2002.

Bertholet, D., *Claude Lévi-Strauss*, Paris, 2003.

Izard, M.,（dir.）«Claude Lévi-Strauss», *Cahier de L'Herne*, n° 82, Paris, 2004.

ほぼ完全な著作・論文・対談・インタビューのリスト付き。

Keck, F., *Claude Lévi-Strauss, une introduction*, Paris, 2005.

おそらく直接講義に接したことのない（?.）フランスの若い世代によるレヴィ＝ストロース再評価。

Curat, H., *Lévi-Strauss mot à mot: essai d'idiographie linguistique*, Genève, 2007.

『アルク』誌編『レヴィ＝ストロースの世界』伊藤晃ほか訳、みすず書房、一九六八年。

プイヨン、J編『構造主義とは何か』伊藤俊太郎ほか訳、みすず書房、一九六八年。

泉靖一編著／青木保、小田晋、宮本忠雄、西江雅之、高畠正明、篠沢秀夫、荒川幾男、田島節夫、川本茂雄著『構造主義の世界』、大光社、一九六九年。〔追補〕

ピアジェ、J『構造主義』滝沢武久、佐々木明訳、白水社、一九七〇年。

「特集　レヴィ＝ストロースと不可視の〈構造〉」『現代思想』一九七三年五月号、青土社。〔追補〕

クロード・レヴィ＝ストロースの二篇の文章――「アスディワル武勲詩」（西沢文昭訳）、「構造主義と人間科学―インセスト・神話・コード」――を収録。前者はのちに単行本として、後者はバケス＝クレマン、C『レヴィ＝ストロース―構造と不幸』伊藤晃ほか訳、大修館書店、一九七四年に収録された。

ジェンキンズ、A『レヴィ＝ストロース再考―その社会理論の全容』矢島忠夫訳、サイエンス社、一九八一年。

クロード・レヴィ＝ストロース、ロラン・バルト、ジャン＝フランソワ・リオタール、レーモン・ベルール『レヴィ＝ストロース―変貌する構造』江中直紀ほか訳、国文社、一九八七年。〔追補〕

パス、O『クロード・レヴィ＝ストロース―あるいはアイソーポスの新たな饗宴』鼓直、木村栄一訳、法政大学出版局、一九八八年。

吉田禎吾ほか『レヴィ＝ストロース』、清水書院、一九九一年。

渡辺公三『レヴィ＝ストロース―構造』〈現代思想の冒険者たち〉20、講談社、一九九六年：二〇〇三年。

川田順造『ブラジルの記憶―「悲しき熱帯」は今』、NTT出版、一九九六年。

小田亮『レヴィ＝ストロース入門』、ちくま新書、二〇〇〇年。

Domenach, J.-M. et al., *Structuralismes: Ideologie et methode*, Paris, 1967.／ドムナック、J＝M編『構造主義とは何か―そのイデオロギーと方法』伊東守男、谷亀利一訳、平凡社、二〇〇四年。

桜井成夫『「戦間期」の思想家たち―レヴィ＝ストロース・ブルトン・バタイユ』平凡社新書、二〇〇四年。

渡辺公三、木村秀雄編『レヴィ＝ストロース『神話の森』へ』、みすず書房、二〇〇六年。

「特集　クロード・レヴィ＝ストロース―生誕100年を祝して」『思想』二〇〇八年第一二号、岩波書店。〔追補〕

クロード・レヴィ＝ストロースの六篇の文章――「《オランピア》に関するノート」（渡辺公三訳）、「クイアバからウチアリティへ―手帖一九三八年六月六日―一六日」（港千尋訳）、小説「小説『悲しき熱帯』（一九三八―三九年）」（管啓次郎訳）、「人間の数学」（泉克典訳）、「われらみな食人種《カニバル》」（泉克典訳）――が収録されている。また、註45で紹介したケックの別の論文「レヴィ＝ストロースにおける主体の解体と生態的カタストロフィー」（渡辺公三訳）も収録されている。

『レヴィ＝ストロース―入門のために　神話の彼方へ』ＫＡＷＡＤＥ道の手帖、河出書房新社、二〇一〇年。〔追補〕

渡辺公三『闘うレヴィ＝ストロース』、平凡社新書、二〇〇九年。〔追補〕

巻末に、詳細な「レヴィ＝ストロース主要著作目録」などの資料を収録。

「特集　レヴィ＝ストロース」『現代思想』二〇一〇年一月号、青土社。〔追補〕

クロード・レヴィ＝ストロースの六篇の文章――「神話の思考と科学の思考」（松本潤一郎訳）、「神話はいかにして死ぬか」（泉克典訳）、「熱帯への返礼として」（原毅彦訳）、「ある未開部族における首長制の社会的および心理学的側面」（久保明教）、「アジアはヨーロッパに対し物質的かつ精神的な債権を有する」（泉克典訳）、「グラックス・バブーフと共産主義」（渡辺公三訳）――が収録されている。

《フランスでの雑誌特集号》（邦訳があるものは除く）

«Lévi-Strauss dans le XVIIIe siècle», *Cahier pour l'analyse*, n° 4, Paris, 1966.

«Autour de Lévi-Strauss», *Muique en jeu*, n° 12, Paris, 1973.

«Claude Lévi-Strauss», *Critique*, n° 620-621, Paris, 1999.

«Anthropologie structurale et philosophie: Lévi-Strauss», *Archives de philosophie*, n° 66, 1, Paris, 2003.

«Claude Lévi-Strauss: une anthropologie "bonne à penser"», *Espri*, janvier 2004, Paris.

«Claude Lévi-Strauss», *Les temps modernes*, n° 628, Paris, 2004.

6

『神話論理』の反言語論的転回
一九五〇年代のレヴィ＝ストロースの人類学的探究

1．はじめに

二〇世紀後半の人間の知的な営みのひとつとして、『神話論理』全四巻（一九六四―七一年）はこれからもさまざまに読み取られ、評価されてゆくに違いない。著者自身がいうように二〇数年にわたって南北アメリカ・インディアンの神話世界に没頭することで、レヴィ＝ストロースは何を発見しようと試みたのか。現代史のざわめきからは遠く離れて――ほんとうに遠く離れていたのだろうか――神話に何を聞きとろうとしたのだろうか。

それは、すでに完璧に失われたものへの無力な挽歌なのだろうか。あるいは失われつつある原初の世界の断片をかきあつめ、とりいそぎ保存し、後日の研究にそなえる落ち穂拾い、いわゆるサルベージ（浚渫）人類学の作業なのか。そう断定することでレヴィ＝ストロースの提起した問題を封印し、二〇世紀の思想の棚に片付けることもできるかもしれない。おそらくトーマス・マンの言う「政治を軽蔑する者は軽蔑に値する政治しかもてない」という真理と同様、過ぎさった流行の化石とみなすものは化石として、今も生きる探究のモデルを見出す者はそういうものとして、それぞれの読者がそれぞれに値するレヴィ＝ストロースを見出すしかないのだろう。

そこに「エコロジーに拡張されたマルクス主義」を見出すにせよ、「カタストロフィーの思考」というモチーフを読み取るにせよ、[1] レヴィ＝ストロースがインディアンの神話を、もうひとつの豊かな思考の可能性として受けとめたことは確かだと思われる。ただ、「野生の思考」と呼ばれる、もうひとつの豊かな思考をわれわれのもとにもたらそうとするレヴィ＝ストロースの思考の行程は、一筋縄では行かない逆説に満ちてもいる。生命の横溢する神話の森に踏み分け道を切り開くのは、確かにたやすい作業ではない。と同時に未知の森を踏破するために、みずから開発した知的な道具を徹底して使うという強い意志も必要である。そこでは、意表をつく力技で局面を転換するブリコラージュ（創意工夫）もたびたび披歴されている。

『神話論理』は、とりわけ二〇世紀前半、フランツ・ボアズ（一八五八―一九四二年）とその弟子たち、そしてローウィ（一八八三―一九五七年）を通じてアメリカ人類学界と密接な関係をたもちながらブラジルの民族誌を作成したクルト・ニムエンダジュ（一八八三―一九四五年）といった人々がインディアンから聞き取り、観察し、書き残した膨大な神話のコーパスをとりあげている。それは南北アメリカ大陸の森で、サバンナで、インディアンたちが世界のはじまりを説き明かした、途方もない量の日常をこえた言葉の集積なのだ。人が神話の言葉を獲得したとき、世界との関係に、そして人間と他の生物との関係にどのような決定的な変化が生じたのか。

神話群には動物たちが犇めき、さまざまな植物がいりみだれて繁茂している。このあまりにも豊かな自然のなかに産まれおちた原初の人は、ジャガーから火を与えられたかと思えば、食べ物を惜しんだために、タバコの魔力によって美味しいノブタに変えられ、ある時はオジであるカワウソに助けられ、巨大な男根のバクに妻を寝取られ、迷子の祖父母は歯のないアリクイになる、と人々は語る。神話は「人の姿と動物の姿の間でどのようにも変えられた時代に起こったことの物語」[2]であり、人間だけが言語を独占し、レヴィ＝ストロース流にいえば、動物と人間の「連続性」が失われて意思疎通できなくなる以前への郷愁と断念を含んでいる。しかしこれは神話という言語の逆説の起点にすぎない。

二〇世紀後半、人間を研究対象とする諸分野が言語をみちびきの糸として探究を進めていたとき、レヴィ＝ストロースは『神話論理』の探究を通じて、言葉には閉じ込められない、言葉から世界へ向けて開かれた人間のありようを神話に聞きとろうとしていたのではないか――それがこの小論で確かめたい問いである。人間が世界の間近に生き、人間以外の生物との交流が失われてまだ間もないとされていた時の言葉としての神話は、どのように世界を開示しているのか。この問いに、レヴィ＝ストロースは『神話論理』の「序曲」で、神話を音楽として聴くことによって、と答えている。

こうした探究が、一九四二年亡命先のニューヨークで出会ったローマン・ヤコブソン（一八九六―一九八二年）の構造言語学から大きな霊感を受けていることは、ほぼ三〇年のちにフランス語で刊行された、レヴィ＝ストロースも聴講したヤコブソンの講義『音と意味についての六章』（一九七六年）への序文に生き生きと描写されている。だとすれば、言語学を起点としながら、言語から抜け出て音楽へ向かうというその行程もまた、逆説にみちてはいないだろうか。『親族の基本構造』（一九四九年）から『野生の思考』（一九六二年）を経て『神話論理』にいたるレヴィ＝ストロースの行程を、とりわけ一九五〇年代の一〇年間の、多方面に探究の触手がのばされた多産な助走の時期を中心にたどりなおしてみたい。レヴィ＝ストロースが自らに課した人類学の問いは、どのようにして二一世紀初頭の今も有効な、人間への問いたりえたのか検証することがその目的である。

2.『親族の基本構造』と音韻論の直感

一九五〇年代のレヴィ＝ストロースの模索には『親族の基本構造』で解明した主題からの持続とそれを越えようとする飛躍への志向が共存する独特の緊張感がみなぎっている。第二次世界大戦というカタストロフィーをレヴィ＝ストロースはアメリカへの亡命によって切り抜けた。カタストロフィーを切り抜けるという動機は、裏返せば破局を切り抜けて別の世界に到達する意欲ということもできる。カタストロフィーを生み出し、カタストロフィーに見舞われた西欧からはもっとも遠い他者の、もうひとつの豊かさの思考を獲得する意欲……。そうした意欲こそ、持続する営為を支えたものではなかったか。この持続する意欲を、『親族の基本構造』を起点にたどるにはどのような読解が必要なのだろうか。

まず『親族の基本構造』の狙いを確認しよう。この大著の博士論文の主題は、序文の冒頭にきわめて簡潔に示されている。「基本構造」とは親族のカテゴリーが結婚相手を指定する婚姻体系であり、「複合構造」とは経済機構や心理機構が結婚相手を選択するメカニズムをあたえる体系である。[3] したがって主題は、両者の関係の解明を展望しつつ、婚姻規則、親族名称、近親婚の禁止など、アメリカ人類学の父と呼ばれるルイス・ヘンリー・モーガン（一八一八―八一年）以来人類学が膨大な資料を蓄積してきた「親族関係」の諸現象が、こうした体系の構造から派生する、たがいに不可分に結びついたものであることを明らかにすることにある。だとすれば、このレヴィ＝ストロースのモチーフを、「複合構造を生きる思考（西欧社会は複合構造とされている）は、基本構造を生きる思考をどのような条件のもとで了解できるのか」という問いに言い換えることができる。複合構造は基本構造を了解できるのか。もし複合構造と基本構造をことなった言語の発現形態になぞらえることができるなら、それぞれを包摂しうる視点はどのように設定できるのだろうか。

問題は、あれこれの親族現象を進化や伝播や社会の再生産の機能によって「説明」することではない。ふたつのことなった観念体系間で「翻訳」が可能かという問いでもない。ここで仮に「了解」と呼んだ作業は、言語の無意識のレベルの構造を解明したヤコブソンの音韻論をモデルとして構想される。別の言いかたをすればレヴィ＝ストロースは、問題に混乱をもたらすだけの進化論や伝播論、あらかじめ現象を貧しくすることで解決らしく見える偽の回答をあたえるにすぎない機能論を他者理解における幻想として克服する可能性を、音韻論を異質な思考の了解のモデルとして拡張することに見出したのである。

すでにふれた『音と意味についての六章』の序文には次のようにのべられている。

固有の表意作用はもたないが、表意作用を形成する手段となる音素と同様、インセストの禁止は、別個のものと見なされる二つの領域のつなぎ目をなすとわたしには思われた。こうして、音と意味との分節に、他の平面で、自然と文化の分節が対応することになったのである。そして形式としての音素が、言語的コミュニケーションを打ち立てる普遍的手段として、あらゆる言語に与えられているのと同様、インセストの禁止は、その否定的表現だけに限るならば、普遍的に存在し、これもまたある空虚な形式を構成する。だが、空虚であってもこの形式は、生物集団の分節が可能になると同時に必須ともなって交換の網の目をつくりだし、これを通して集団相互のコミュニケーションが生じるためには不可欠なのである。そして最後に、音素の実在は、その音的個性のうちにあるのではなく、音素が互いに結ぶ対立的、消極的関連のうちにあるのと同様、婚姻規則の表意作用は、諸規則をばらばらに研究してもとらえられず、それらを互いに対立させないかぎり浮かびあがってこない。[4]

この一節にはレヴィ＝ストロースが音韻論からえた霊感の構造、すなわち思考の形の共通性と、その思考が適用される異なった「平面」への飛躍のありようが明晰にしめされている。空虚な形式の介在による音から意味への移行（言語の生成）と、禁止という形式の介在による自然から文化への移行（親族関係の生成）が同じ形の現実であること。音素間の関係の束と婚姻規則間の関係の束の対比。それらが異なったふたつの平面におけるコミュニケーションの生成という出来事を指示すること。こうしたレヴィ＝ストロースの選択（あるいは主題設定への決意といえるかもしれない）には、言葉としては表明されていない直観が含まれていないだろうか。言外にしめされた重要な点は、関係がいかに生成するかを明らかにする際、音あるいは自然の形式化による意味への「移行」そのものを、移行の方向に沿っていわば前進的にとらえる音韻論のみがある無意識の現実をとらえることを可能にするのであれば、生成したのちの意味あるいは意識の側から意味の発生に遡行する方法（あらゆる人文科学は、人間の世界に意味があることを公準とすることでこうした方法の有効性を暗黙の前提としてはいないだろうか）にはつねに幻想がまぎれこむ余地がある、と考えられる点である。レヴィ＝ストロースは音韻論が、既存の人文科学にはない、幻想を克服する豊かな方法論的な豊かな可能性をはらんでいると直観したのではないだろうか。[5]

音韻論を拡張して親族関係研究に適用できることは、一九四五年の「言語学と人類学における構造分析」で論証されている。そして数年の作業を経て、それまで蓄積されていたオーストラリアから北アジアにいたる親族関係研究の膨大な民族誌が、『親族の基本構造』において、女性の交換の三つの体系とその変換として解明された。そこでは「変換」はもっとも洗練された数学的な変換の概念まで動員して検証されている。複合構造と基本構造はまさに構造の概念を共通分母として初めて相互に了解可能なものとなる。

それはまた、人間の了解の作業に、歴史とはことなった共時性のレベルで作動する「不変項」を導入しなければならない、という主張でもあった。不変項は、新秩序の形成や秩序の崩壊という歴史的「変化」とはことなる多様な「変換」の可能性をはらんでいる。しかし変換の側面を度外視された「不変項」の主張は、レヴィ゠ストロース構造主義が歴史を否定する静態的な視点であるとする誤解を誘うものであった。現在でもこうした誤解は減るどころか、いっそう広がっているように見える。しかし、こうした誤解に対してレヴィ゠ストロースは一九五六年の文章で、ヤコブソンを引いてあらかじめ反論している。

静態と共時態を同義語とみなすのは重大な誤りである。静態的切断はフィクションである。それは科学上の非常手段にすぎず、独自の存在の様式ではない。映画の知覚は通時的ばかりでなく共時的にも考察できるが、ある映画の共時的側面はその映画からとり出された孤立した映像と同一のものではない。運動の知覚は共時的側面の中にも存在する。これは言語についても同様である。[6]

フィクションとしての切断面あるいは孤立した映像ではなく、共時態のなかにある運動、すなわち変換の知覚こそレヴィ゠ストロースの「了解」が狙ったものだったと言えよう。「自然に課される形式間の共時態レベルでの動的な変換可能性」、これが人間の現実を構成する基本的な条件とみなされた親族の基本構造の探究においてレヴィ゠ストロースが音韻論から触発されて得た直観だった。そしてこの直観は神話研究という新しいフィールドでも堅持されることになる。

3. 言語体系・親族体系・神話体系

レヴィ＝ストロースにとって、音から意味への移行という事態を解明する音韻論と同型の知として親族関係論を構築することが、それまでの人類学を支配していた進化論や伝播論や機能論の幻想を克服して、複合構造から基本構造を了解するための条件だった。インセストの禁止による交換の生成、すなわち自然から文化への移行が普遍的な無意識の現実をとらえる基礎になるとすれば、エディプス・コンプレックスの個体における臨床像から、原初の父殺しへと遡行するフロイトのインセスト禁止の解釈もまた幻想であり、フロイト自身が依拠したギリシャ神話と同列の神話の一ヴァリアントにすぎないことになる。フロイトの理論が科学的言説ではなく神話的なものにほかならないことは、交換という必然性の克服を夢見る諸社会の神話と基本的にはかわらない。「シュメール神話は、諸言語の混淆が語をすべての人の共有物に変えた瞬間に原初の幸福の終わりを置き、アンダマン神話は、女がもはや交換されなくなる天国として彼岸の至福を描く」[7]。音韻論に対比される親族関係論は、論理的な必然として、交換という現実（下部構造と呼べるかもしれない）に対する遡行的幻想としての神話（上部構造と呼べるかもしれない）とは何か、という第二主題を導き出すのではないだろうか。『親族の基本構造』の最終章「親族の原理」が、フロイトの『トーテムとタブー』を神話として批判し、交換に支配されない世界を描く諸神話に言及してしめくくられている事実はそのことを裏付けているように思われる[8]。

しかし、『親族の基本構造』以後のレヴィ＝ストロースの探究は、それとはまた違った、言語学の成果と親族構造論の対比の拡張の試みといういわば迂回路をたどって、神話という主題を再発見しているように見える。[9]一九五一年の論文「言語と社会」、一九五二年の学会報告「言語学と人類学」そしてこれらの論文(『構造人類学』の第三章、第四章)への一九五六年の「後記」(一九五八年の『構造人類学』刊行時に初出)にその行程をたどることができる。

五一年の論文(「後記」によれば一九四九年、アメリカでの学会で報告された)では親族研究で成果をあげた余勢をかって、親族体系の類型をインド＝ヨーロッパ圏、シナ＝チベット圏、アフリカ圏、オセアニア圏、北アメリカ圏の五つに分類し、「ある社会の言語の構造と親族体系の構造のあいだに形式上の対応があるということを、公準として認め……親族体系と構造の面で類似した言語が存在するはず」だという仮説を検証しようという提起をおこなっている。そこで想定された親族体系と言語構造の関連とは、たとえば「北アメリカ圏」についていえば、北アメリカのインディアンに固有の親族体系は「クロウ＝オマハ型」と呼ばれ、レヴィ＝ストロースの用語では「限定交換と一般交換という両立しないはずの交換の定式の区別を廃止したもの」ととらえられる。そしてこうした親族体系は、「要素の数が比較的多く、これらは結合して比較的単純な構造を作り出すのに適したものだが、その際、構造の方には何らかの不均斉を生じざるをえない」言語体系に対応するとされる。[10]

言語学と人類学の接近をはかり、音韻論をこえたより広範な構造のレベルで親族体系と言語が対応するという見通しをしめしたこの報告は、大がかりな構想のわりには緻密さに欠けており、さまざまな批判にさらされたようである。[11]「後記」には五二年の報告は四九年の報告に対して「アメリカの学会に起こった反論に答えたもの」だと位置づけられている。[12]

こうした応酬と並行して、レヴィ＝ストロースが戦後帰還したフランスとアメリカとの往還を繰り返しながら、ボアズ没後のアメリカ人類学の重要な一角をしめたエドワード・サピア（一八八四―一九三九年）とベンジャミン・リー・ウォーフ（一八九七―一九四一年）の言語学的人類学をどう評価するかに注意を向けていることにも注目しておきたい。いわゆる言語相対主義に対しては慎重な留保をおこなっていることが、これらの論文にしめされているのである。

……ウォーフは言語と文化との相関関係を発見しようと努めたのですが、彼の説は必ずしも納得のゆくものとは私には思われません。……彼は言語には言語学者として接します。……ところが、それと比較される文化的実体はほとんど手を加えられていず、粗雑な観察が提供するままのものにすぎません。ウォーフは、対象のあいだに相関関係を発見しようとするのですが、それらの対象は、観察の性質からいっても、それらを得るための分析の精度からいってもまったくかけはなれた二つのレヴェルに属しているのです。[13]

言語と文化の観察と分析の精度を同等にするためには、文化の分析における言語分析の精度のレヴェル（その到達点に音韻論が置かれている）をいかに達成するかが問われる、とレヴィ＝ストロースは言外に示唆しているように思われる。そしてこの要請に一九五六年の「後記」で印象的な解決があたえられることは後にふれる。

言語相対主義に対しては距離を置きつつ独自の文化・社会と言語の関係論を追求する五二年の

「反論」には注目すべき展開がある。親族体系と言語体系の対応をより緻密に論じるためにレヴィ=ストロースは、おそらく自分自身の試みを音韻論の厳密な適用と評価している「親族の原子」(女性の交換という親族関係生成の原基を、一対の男性とその間で一方から一方へ引き渡される一人の女性と、その女性の産む子供の四者間の関係の束として把握する一九四五年の論文で提示された着想)の有効性を再確認したうえで、ふたつの体系の関係をそれぞれに含まれる時間性の対応の問題として再定位しているのである。「ホピ族の親族体系には三種類の時間が介入」し、年代記的な漸進的連続的時間と、同一カテゴリーが反復する「空虚な」時間と、ふたつのカテゴリーが交替するいわば円環的時間という三次元が交差しているとされる。「反論」で、四九年の報告の大胆さとは打って変わって、こうした時間性が言語体系にもそのものとして確認できるかどうかは専門の言語学者に慎重に委ね、言語構造と親族体系を媒介する第三の体系として神話体系を導入している。関心の中心が神話研究に移行しつつあることを予告しているともいえる興味深い一節を、長さをいとわず引いておこう。

これらの変換は、同一の神話がホピ族、ズニ、アコマにおいてそれぞれとる形態を比較する神話研究から明らかになる変換に対応しています。一例として出現の神話をとってみましょう。ホピ族はこの神話を系図の形で考えます。すなわち、神々は、古代ギリシャ人の万神殿のように、たがいに夫、妻、父、祖父、娘などの関係にあって一つの家族を形成しているのです。この系図的構造は、ズニではるかに明瞭さを欠くものになり、対応する神話はここではむしろ歴史的・循環的な仕方で組織されています。別のいい方をすれば、歴史はいくつかの周期に下位区分され、それぞれの周期はほぼ前の周期の再現であって、各周期の立役者たちは相同性《ホモロジー》の関係に置かれているのです。最後にアコマでは、ホピ族およびズニでは個体として考えられていた立役者たちの大部分は対の形で二重化され、その対の両項は対照的な属性によって対立することになります。このようにホピ族およびズニの場合には前面におかれていた出現の光景が、アコマでは二つの力——上方の力と下方の力——の結合した作用による天地創造という別の光景の背後に消えてしまいます。神話は、連続的あるいは周期的な進行のかわりに、この集団における親族体系の構造に似た二極的構造の総体としてあらわれるのです。[14]

4．プエブロの神話体系と神話の構造

こうして一九五二年には、親族体系の内包する複数の時間性を神話体系に再確認するかたちで人類学的関心の移動がはかられていた。そこではホピ、ズニ、アコマという、いわゆるプエブロ諸集団の神話ヴァージョン間での「変換」という概念もすでに素描されている。

親族関係の形成メカニズムの母体としての交換の重要性は、おそらく一九三〇年代後半、ブラジルでのフィールドワークでマルセル・モース（一八七二—一九五〇年）の『贈与論』（一九二五年）の理論的射程を再発見したことにさかのぼるが、[15]そのことはオーストラリアの親族体系で検証

され、北アメリカの「クロウ＝オマハ体系」にその限界例が確認され、その検討の過程で言語体系と親族体系を媒介する第三の体系としての神話体系という研究領域が見出された。そして翌一九五三年からは高等研究院のゼミで二年にわたって、プエブロ神話体系そのものが正面から検討され、その成果が一九五五年に「神話の構造」として公刊される。[16] ブラジルのフィールドで始まった探究は、十数年をかけてオーストラリア、アジアを巡ったのちにアメリカ大陸に帰還したともいえる。

プエブロ神話体系の研究がどのようなものであったかを知るにはいくつかの手がかりがある。*Paroles données*（一九八四年）に収録された高等研究院における二年分の講義要録、講義の成果をその後の研究計画として簡潔にしめした「神話の構造」、講義の成果を整理発展させた『プエブロ・インディアンにおける世界の創出』（リュシアン・セバークにおける著作、一九七一年）、親族体系と言語体系の関係の検討から神話体系の研究への重心の移動について補足的な説明をくわえている「後記」である。ここでは主に講義要録と「後記」にしたがって神話研究の出発点においてもある独自のしかたで音韻論のモデルが参照されていることを確認したい。

「アメリカ神話体系の研究」と題した講義要録の冒頭では、東部および中央プエブロの三〇あまりの異伝を「一般原理をとりだせるのではないかと期待して」分析し評注をくわえたとのべ、「あらゆる神話的言説を、主題とシークエンスという、言語《ラング》の音素のようにそれ自身では意味作用をもたず体系のなかで分節化されることで初めて意味をもつ構成単位とするある種のメタ言語として扱うことにした」[17] と方法論を提示している。

神話はいうまでもなく語り手が語る話（ディスクール）の集積としてある。その話はひとつひとつの文からなっている。話の最小単位として、文は常識的には意味を担っていると考えられよう。この常識に反してレヴィ＝ストロースは神話の最小単位としての「主題とシークエンス」をそれ自身では意味を欠き、体系の中で分節化されて初めて意味をもつ「音素のような」ものと扱うことを提案しているのである。神話をあらためて意識的な探究の主題に設定した時、レヴィ＝ストロースはきわめて逆説的に、一定のまとまりをもった文章からなる神話の構成単位を音素に相同なものとして分析の基礎におくという。

こうした方法の提起は、神話をラングとパロールの双方の特性が浸透する言語構造として位置づけつつ、ラングのもつ共時的なあるいは時間的には可逆的な構造体としての特徴を重視することとも表裏一体をなしている。[18] それにしても、神話の構成単位（「神話素《ミテーム》」と呼ばれる）をそれ自体は無意味な音素に相同のものと仮定するという大胆な見通しはどこから発想されたのだろうか。人類学がモーガン以来関心の中心においてきた親族関係論において音韻論を参照した主題設定がきわめて有効であり、『親族の基本構造』が当該分野の研究のブレークスルーを可能にしたという自信がその背景にあったのだろうと推測される。しかしそれだけでは、親族関係という領域と神話という領域が同一の展望から新しい展開を可能とする保証にはならない。神話素を音素と相同のものと仮定すること、いいかえれば神話研究においても音韻論的直観を研究の基礎にすえることに発見的価値があるという着想は、レヴィ＝ストロースが神話研究で狙った企図に照らして理解されるべきであろう。

その企図もやはり、神話研究が完成した後に、ヤコブソンの構造言語学との出会いを回顧する『音と意味についての六章』の序文に簡潔にしめされている。通常の言語活動の一部にほかならない神話が、言語内部で特殊な位相をかたちづくっていることを指摘しつつ、レヴィ＝ストロースは次のようにのべている。

命令し、質問し、通報する言語的言表、文脈さえ与えられれば、同一の文化または下位文化のあらゆる成員が理解しうる言語的言表とちがって、神話は決してその聞き手に一定の表意作用を提示しない。神話はある解読格子を差し出すのであって、この格子は、ただその構成規則によってしか定義されない。神話が所属する文化に加わっている者にとっては、この解読格子が、神話そのものではなく、それ以外のあらゆるものにある意味を与える。つまり集団の成員が多かれ少なかれ明瞭に意識している、世界の、社会の、社会の歴史のイメージや、また、これらさまざまな対象が成員に投げかける種々の疑問のイメージにある意味を与えるのである。[19]

神話はそれ自体は意味を欠いた、しかしそれ自体以外のものに意味を与える解読格子であり、その構成単位はしたがって意味を欠いた音素に相同であり、多様な変換関係を産出しうるものとみなされなければならない。そしてさらにこうつけくわえている。

これらのばらばらなデータ［種々の疑問］は互いにうまく結びつかず、たいていは衝突する。神話によって提供される理解可能性の母型は、それらを分節して首尾一貫した一個の全体とすることを可能にするのである。ついでに言えば、神話に与えられるこの役割は、ボードレールが音楽に付与しえた役割にそのまま通じることがわかる[20]。

種々の疑問とは、なぜ人間の生が限られているのか（なぜ人は死ななければならないか、という疑問。しかし、死ななければならないのなら、なぜ魂としては生き続けるのかというもうひとつの疑問も生じるだろう[21]）、人はなぜ狩猟や農耕によって食料を獲得しなければならないのか、といった人間の生存の条件そのものへの問いにほかならない。こうした問いをレヴィ＝ストロースは、おそらくプエブロの神話群を時間性の形態といった限定された興味だけではなく、さまざまなヴァリアントの総体として再読し、さまざまな変換を確認するなかで、神話自身が立てる設問と回答という「不変項」として取り出していったのであろう。

5.『野生の思考』へ

言語と社会をマクロなレベルで構造という視点から比較するという試みを批判したアメリカの学者に対してレヴィ＝ストロースは、両者の中間に神話の構造を媒介項としておくことで答えた。それはほとんど時をおかずにプエブロ神話群の研究へと展開され、音素に相同な神話素という着想を導いた。いっぽうフランスにおける批判にこたえるために一九五六年に執筆された「後記」には、別の展開がしめされている。そこにもまたつねにたちもどるべき原点としての音韻論モデルが動員されている。

　レヴィ＝ストロースの試みを社会あるいは文化を言語に還元し、また総体としての文化と社会（批判者はフランス文化やイギリス文化といったいわゆるナショナルな文化、社会を前提としていることがレヴィ＝ストロースの反論からうかがえる）を対象としているという批判に対してレヴィ＝ストロースは、一定のコードによって律せられる限定された下位文化、下位社会こそが研究対象とされるべきであると反論し、例として料理の分析の素描を提示しているのである。[22]

　そこではイギリス料理やフランス料理はそれぞれの国民文化の下位文化とされ、あるコードによって律せられ、料理の構成単位を対立と相関によって組織する味覚素《ギュステーム》が提案されている。味覚素は、これらの二つの料理の体系においては、素材が国内産か外国産か、料理に中心的な要素が存在するか否か、味付けが強いか弱いかによって三つの次元をもつという。「イギリス料理では、食事の主たる要素は味の薄い国産の材料で作られ、これに示差的価値がいずれも強度に有徴である外国産の要素がまわりから付加される（紅茶、果物入りのケーキ、オレンジ・マーマレード、ポート・ワイン）。これに対してフランス料理では「国内的／国外的」の対立はきわめて弱くなるか消滅し、同程度に有徴な「味覚素」どうしが組みあわされて中心部にも周辺部にも現れる」というわけである。こうした味覚素に加えて、中国料理における酸味／甘味の対立や、料理が出される順序による通時性（一品ずつ一定の順で供される）／共時性（多種の料理が同時に供される）の対立もまた味覚素の構成要素となる。

ここには七〇年代以降に人文科学を風靡した記号論的分析の先駆的な試みを見ることができるが、それがレヴィ＝ストロースにおいては、下位文化のレベルを設定し、そこに音韻論から触発された分析手法を導入するという、一貫した志向から導出された視点であることが読み取れる。音素を構成する声の弁別特性のモデルが、言語と聴覚の領域を越えて味覚という感覚与件にまで拡張されるのである。聴覚がほとんど排他的な研究の領域になる音韻論に対して、ここでは「対立と相関の関係」が人間の五感すべてに拡張しうるものとされている。後に『神話論理』において料理（あるいは料理の火）は「自然に課される形式」のもっとも基本的な与件として神話分析の基軸となる。その論述としての最初の提示は、こうして音韻論の枠組みを下位文化に適用する試みとして形をあたえられた。やがて味覚素の諸特性は神話素の変換の論理に組み込まれ、『生のものと火にかけたもの』における「神話論理」のひとつの核心を表明した次の一節にまで展望を広げることになる。

> このようにしてわたしは、先住民の哲学において料理が占める真に本質的な場を理解しはじめた。料理は自然から文化への移行をしめすのみならず、料理により、料理を通して、人間の条件がそのすべての属性を含めて定義されており、議論の余地なくもっとも自然であると思われる——死ぬことのような——属性ですらそこに含められているのである。[23]

しかし、神話素の概念を音韻論の知によって形成し、音韻論と相同の対立と相関の関係を聴覚以外の五感にまで拡張するだけでは、神話論理として発現する「野生の思考」はまだ十全な姿をととのえてはいない。五〇年代のまさに最終年度（一九五九―六〇年）の高等研究院における講義「儀礼的なワシ猟」で提起され解決された問題こそ、音韻論の拡張が自らの論理を超えて「野生の思考」に変容した、その決定的な一歩を印しているのではないだろうか。それはまた逆説的にも思考が野生に回帰するモメントでもあった。この講義の内容は、ほぼそのまま踏襲するかたちで『野生の思考』に組み込まれているとはいえ、講義要録には主題が最初に提起されたときの論旨の展開がより詳細に説明されている。その構成を摘記しつつ確認したい。[24]

・一般的観察：依拠する民族誌、南北アメリカ大陸におけるワシの羽根の儀礼的な重要性、その獲得の多様な方法（ワシを殺すか否か、雛をとらえて育てるか、羽根を奪った後、放つか否か等）、ワシの羽根のシンボリズム、とりわけ戦争とのかかわり、ワシの羽根の宗教的意義と社会学的意義。

・ヒダッツア民族誌におけるワシ猟の儀礼と神話：ワシの血を流すことの禁止、女性の生理との特殊な関連付け、罠の穴に隠れた猟師がワシを手づかみするというワシ猟を人間に教えた動物、すなわちクズリの同定、高い天に属するワシと地中の猟師のあいだの最大限のへだたりの神話的意義、ワシ猟が行われる荒野の居住空間との対立、戦争とワシ猟の非両立性（ワシ猟の期間は休戦となる）、ワシと猟師のあいだの最大限のへだたりを媒介する血まみれの餌と女性の同一視、ヒダッツア以外の平原インディアンにおける「不変項」としての猟師と女性の同一視とヒダッツアにおける猟師とクズリの同一視の対比、双方に共通する天と地を媒介する「汚れ」たもの、すなわち女性の生理あるいは腐肉食の鳥を餌に使うというきまり、この猟によって人間は死すべきものとなること、つまり寿命あるいは女性の生理の「周期性」と腐肉の「腐敗」のいずれかによる媒介と死の結合。

民族誌的な詳細な記述から神話の論理を抽出する手続きのひとつの雛型がすでにここにしめされていることがわかる。とりわけ注目すべきは、一九五〇年代に多方面から展開された神話への接近のなかで、このヒダッツアのワシ猟をめぐって初めて、神話に登場する動物（ここではクズリ）の厳密な同定が主題化されていることである。アメリカの人類学者はこの動物を時にはクマと見なし、厳密な同定に格別な注意を払っていない。レヴィ＝ストロースは詳細な動物誌や狩猟記録に依拠して、人が仕掛けた罠の餌ばかりでなく時には穴にまで入り込んで罠そのものさえ持ち去ってしまうクズリの狡猾な習性を確認し、罠の穴に自ら入ってワシをとらえる猟師が同一視する動物がクズリ以外ではありえないことを検証しているのである。こうして天界のワシと地中の猟師の結合なしに成り立たないワシ猟の神話を構成する「最大限のへだたり」としての天と地中の対比と相関の関係がクズリという具体的な生物を道具として思考されることが確かめられる。厳密な種の同定という課題を教えたことで「野生の思考」にブレークスルーする道をしめした功績があるからこそ、著者は『野生の思考』の裏表紙に特色あるオーデュボンのクズリの挿絵を配したのではないだろうか。表紙の「野生の三色すみれ」の絵についてはたびたび語られてきたが、いかにも獰猛ながら個性的なクズリの姿はさほど注意を引いてこなかったのは、やや不十分ではないだろうか[25]。

音韻論の導きのもとに音あるいは声という感性的対象から始まり、味覚等の五感の対象に拡張された「自然から文化への移行を印す形式」は、多様な種によってになわれることで、単なる受動的な感覚与件ではなく、生きている生物が能動的に提示する「対立と相関の関係」として人間の思考に形式を課すものとなる。『野生の思考』では多様な生物種は「種操作媒体」と呼ばれ、「考えるに適した」もの、すなわち『今日のトーテミスム』による旧来のトーテミスム観念の批判的解体を経たうえで、あらためて「トーテム的分類の論理」をになう野生の思考の媒体として位置づけられる。

こうした野生種をもちいた「トーテム分類の論理」に内在する三つの困難があると『野生の思考』でレヴィ＝ストロースは指摘する。一つはクズリの例でも確かめられる、使われた生物種を正確に同定することの難しさ。第二に、種が同定されえたとしても、それは多くの意味機能を果たしうる多価的なものであり、ある文脈である意味機能が選ばれる理由を明らかにするには「民族誌のデータの全部のみならず、他のソースたとえば動物学、植物学、地理学などからくる情報までも参照しなければならないのである」。そして第三に、第二の困難と表裏をなすものとして、「野生の思考」にとっては関係が存在することの方が関係の内容よりも重要だという一面があり、ある関係は一連の代替可能な多様な内容によって実現されうるのである。だからこそ一層種の正確な同定を行ったうえで、その種のどのような内容が利用され、それがどのような「不変項」を表現しているかをつきとめなければならなくなる。こうした困難は、いいかえれば、生物種の弁別特性が神話素に組み込まれ、音素と同様に自然種の思考の媒体への移行が果たされるとき、それが可能とする変換可能性は一挙にその濃度を自然種の多様性と同等の濃度に高め、思考の走査範囲を広げ、神話が語りうる宇宙を拡大すると同時に、自然から文化への移行のいわば一線を限りなく自然の側へと近づけることになる。またそうした感覚与件の思考による操作は、言語によるディスクールの宇宙のいわゆる「言分け」の恣意性には直接は影響されない思考の空間、いいかえれば神話の変換の空間を切り開くのである。

6. おわりに――他者としての生物

『野生の思考』と『神話論理』を分ける大きな差異は、多様な生物種とりわけ動物が、前者では思考にとって操作対象の地位に甘んじる「種操作媒体」にとどまるのに対して、後者においては少なくとも多くの神話で、行動する主体あるいは人間にとってつい近い過去までもっとも身近だった他者、それも微妙な関係に立たざるをえない姻族のような他者として登場するという点である。いいかえれば神話は自乗された「野生の思考」として、婚姻をも含む異種との交換と交歓の物語なのである。レヴィ＝ストロースが神話のそうした位相に、音韻論の霊感にしたがってたどりついたこと、したがって『親族の基本構造』を起点に大きなループを描いて『神話論理』

のなかに親族関係の問題系が変容しつつ包摂されてゆく行程をたどる見通しが、この小論によっていくぶんかでも垣間見られたとすれば、その目的は達せられたことになろう。

◉註

1. フレデリック・ケック「レヴィ＝ストロースにおける主体の解体と生態的カタストロフィー」（『思想』二〇〇八年一二月号所収）および同論文の「訳者解題」を参照。

2. 渡辺公三・木村秀雄編『レヴィ＝ストロース『神話の森』へ』、みすず書房、二〇〇六年所収のインタヴュー（一三〇頁）。

3. クロード・レヴィ＝ストロース『親族の基本構造』福井和美訳、青弓社、二〇〇〇年、一五頁。

4. ロマーン・ヤーコブソン『音と意味についての六章』花輪光訳、みすず書房、一九七七年、九一一〇頁（訳を一部変更）。ただし序文の冒頭近くではヤコブソンの教えを「……重要なのはそれ自体としてみた、それ自体として存在する、各音素の……個性ではまったくない。重要なのは、ある……体系のなかにおける音素の相互対立である」と要約したうえで、「こうした革新的な見方は、おそらくわたし自身の省察が先取りしていたのだが、わたしにはまだ、それに形をあたえるために必要な大胆さも概念装置もなかった。それをヤーコブソンがあの比類のない語り口によって述べただけに、ますます納得がいった」とニュアンスのある表現を付け加えている。レヴィ＝ストロース自身の見方は、一九四〇年五月初め、動員されたマジノ線で野生の花を見て得た夢想と、マルセル・グラネ（一八八四―一九四〇年）の著作を読んで感じた不満から発していたという（同書、一一頁、四頁）。

5. じっさいにはレヴィ＝ストロースは「音韻論」から霊感を得た着想を親族関係あるいは神話の「構造分析」のいくつか異なったレベルで展開していると思われる。ひとつはヤコブソンが音韻論においてソシュールの段階を突破するために深化させた、音素の「弁別特性」の分析のモデルに相当する一群の特性の存在と不在を「＋」と「－」の記号にまで整除して変換関係を抽出する方法として（親族関係論では「親族の原子」レベルの分析がそれにあたる）、そしてもうひとつはいわばよりマッシヴなレベルで、たとえば「婚姻の基本形式のあいだにある対立関係の体系」（『親族の基本構造』七五〇頁の図87）に象徴される体系相互間の変換関係の把握である。こうした点はすでにレヴィ＝ストロース研究において指摘されていることかもしれないが、ここで注目したいのは、こうしたレヴィ＝ストロース自身のオリジナルな視点を、いわばつねに初心に回帰して確認するかのような音韻論への参照のしかたであり、そこでレヴィ＝ストロースが表明している音韻論の直観に託した研究の志向性のありかたである。

6．クロード・レヴィ＝ストロース『構造人類学』荒川幾男・生松敬三・川田順造・佐々木明・田島節夫訳、みすず書房、一九七二年、一〇〇頁。

7．クロード・レヴィ＝ストロース『親族の基本構造』、七九六頁。

8．幻想に対する構造の対置は『今日のトーテミスム』と『野生の思考』として再度より精緻な徹底したかたちで再現されるといえよう。前者ではフロイトの理論が、後者ではサルトルの歴史哲学が幻想として俎上に載せられる。

9．プレヤード版著作集の年譜によれば一九五〇年の第一学期にコレージュ・ド・フランスのルバ基金講座で「社会構造の神話的表現」と題した六回の連続講義をおこなっている。その内容は分からないし、これまでこの講義について言及された文献を眼にしたことはない。いずれにせよ、神話への取り組みは同年秋に高等研究院の「宗教研究」部門教授に着任する以前から始まっていたことにはなる。レヴィ＝ストロース自身、しばしば神話への関心の移動を「宗教研究」担当になったという偶然に帰しているが、それほど単純な経緯ではないのだろう。年譜にはその年の暮れにコレージュ・ド・フランスへの選出に二度目の失敗をしたのち、高等研究院への着任が決まった、と記されている。

10．クロード・レヴィ＝ストロース『構造人類学』、七二頁。

11．個人的な記憶だが、人類学に関心をもちはじめたころ、「流行」の先端を追うために『構造人類学』を一読し、収められた他の論文に比して この論文の論旨展開の肌理の粗さに驚かされたことがよみがえってくる。この驚きの記憶をてがかりに、アメリカの学会の冷淡な反応を想像できるように思う。

12．クロード・レヴィ゠ストロース『構造人類学』、九二頁。

13．同書、八二頁、九五頁。二つの言及箇所でほぼ同趣旨の指摘をしている（引用は八二頁）。ここでは詳しく検討できないが、同じ一九五二年にユネスコの求めで刊行された『人種と歴史』に披歴された「文化相対主義」が、サピア゠ウォーフの「言語相対主義」とはきわめて異質な思考から生まれていることには注意をひいておきたい。

14．クロード・レヴィ゠ストロース『構造人類学』、八四頁。『親族の基本構造』から神話研究への展開の契機として北アメリカ・インディアンの「クロウ゠オマハ型」親族関係の問題がおかれていることは、これがまた「基本構造」から「複合構造」の問題への展開の重要な媒介項として位置付けられていることと合わせて見ると一層興味深い。「親族研究の将来――一九六五年度ハクスリー記念講演」（渡辺公三・近藤宏訳、『思想』二〇〇八年第一二号所収）参照。

15．一九四三年、ニューヨークでフランス語の雑誌に公刊された「南アメリカのインディアンにおける戦争と交易」（邦訳「南アメリカのインディオにおける戦争と交易」、原毅彦訳、『GS』第四号、一九八六年）に確認できる。論文のポルトガル語ヴァージョンはその前年に公刊されている。

16．一九五五年の論文は初出英語版では「神話の構造的研究」だが、『構造人類学』収録時の表題でしめす。なお、高等研究院でのゼミの内容は一九七一年、リュシアン・セバーグを著者として『プエブロ・インディアンにおける世界の創出』という表題でレヴィ゠ストロースの序文を付して刊行された。すでに『構造主義とマルクス主義』という著作のあったこの若い俊才は、レヴィ゠ストロースの了解のもとでゼミの内容を整理し、さらに発展させて著作としてまとめていた。ところが、プレヤード版の年譜によれば一九六五年二月九日、レヴィ゠ストロースが一九五〇年に連続講義を担当したコレージュ・ド・フランス・ルバ基金講座で講義を開始する一週間前にセバーグは自死した。それにほぼ一年先立つ一九六四年一月、レヴィ＝ストロースはセバーグの精神分析をおこなっていたラカンとの関係を絶っていた、とある。

17. Claude Lévi-Strauss. *Paroles donnees*, Plon, 1984, p. 249.（［追補］この論文執筆後に邦訳が刊行された。『パロール・ドネ』中沢新一訳、講談社メチエ選書、二〇〇九年、三一七頁）

18. 詳細な議論は「神話の構造」論文を参照されたい。

19. ヤーコブソン『音と意味についての六章』、一六頁。

20. 同書、一六―一七頁。

21. *Paroles donnees* の講義要録によれば、レヴィ＝ストロースは一九五一年から五二年にかけて高等研究院で「魂の来訪」という講義を、五六年から五七年にかけて「魂の観念についての最近の研究」という講義をおこなっている。前者は、生者と死者の関係がおおよそふたつの類型に分かれ、ひとつは両者が平和な契約関係をとり結び、ある種の互恵関係を設立するという宗教観念の体系であり、もうひとつは両者が相手を統御しようと対抗関係を維持するという宗教観念の体系であるとする（その内容はほぼ『悲しき熱帯』の「生者と死者」の章に採録されていると思われる）。後者は、魂の観念がすべての事物をひとつの体系の内部で関連付けることを可能にするために、原初的な論理が事物の「写し」という観念を作り上げたものが「魂」の観念であるとする。関連付けはヤコブソンの議論を参照して「隠喩」と「換喩」によってなされるといわれる。他の研究と並行して一九五〇年代のレヴィ＝ストロースが死者の霊あるいは魂といった観念の言語学に依拠した再解釈をも試みていたことは興味深い。五二年の講義録は「…これらの社会が生者と死者の関係について作り出す表象は、宗教思想の映写幕に、生者間で意味をもつ現実の関係が投射されたものにほかならない」という言葉で締めくくられている。神話研究を含め、五〇年代のレヴィ＝ストロースが死の問題、あるいは死と生の媒介の問題にとりくみ、最終的に生の側に思考の立脚点をおくに至る過程は興味深い。

22. クロード・レヴィ＝ストロース『構造人類学』第五章、九九頁。こうした研究の方向こそウォーフへの批判で念頭におかれていたものであろう。

23. クロード・レヴィ＝ストロース『神話論理Ⅰ　生のものと火を通したもの』早水洋太郎訳、みすず書房、二〇〇六年、二三九頁。また、『レヴィ＝ストロース『神話論理』の森へ』二二五―二二六頁参照。

24. Lévi-Strauss. *Paroles donnees*, pp. 268-272、またクロード・レヴィ＝ストロース『野生の思考』大橋保夫訳、みすず書房、一九七六年、六〇―六四頁参照。

25. クズリをめぐって種の正確な同定が主題化されたことについてはプレヤード版著作集に付された評註も指摘している（Claude Lévi-Strauss, *Œuvrea*, Édition de Vincent Debaene, Frédéric Keck, Marie Mauzé et Martin Rueff, Bibliothèque de la Pléiade, Gallimard, 2008, p. 1787）。クズリが触媒となってレヴィ＝ストロースの種に関する思考が結晶化し、『今日のトーテミスム』と『野生の思考』の考察が可能となったのではないかと筆者は推測している。

7 冷戦期における「構造」の生成——レヴィ＝ストロースの探究

1. 冷戦期の模索

レヴィ＝ストロースの構造主義は、世界を真新しいものとして再発見し生き直しするための方法としての力を、今も持ち続けていると私は考えている。南北アメリカ先住民の神話そのものがその野生の方法の開示だった、と『神話論理』は主張しているのではないだろうか。この想定の上で、小論では野生の方法の力がいかなるものかということではなく、そうした構造主義の方法が、同時代の状況に対するレヴィ＝ストロース（以下L＝S）のどのような応答の中で鍛錬されたのかということに眼を向けてみたい。

L＝Sの修業時代は一九四九年に刊行された『親族の基本構造』という博士論文の大著によってしめくくられた。そして一九五八年には五〇歳を迎えた著者の『構造人類学』の刊行によって「構造」と「構造主義」は第二次世界大戦後の現代思想のなかに確固とした橋頭保を構築した。一九四九年生まれの筆者にとっては推測以上のものではないが、この一〇年は第二次世界大戦の廃墟からの復興への希望と、東西冷戦の始まりという現実が交錯し、植民地の独立への希求が高揚する混沌の時代でもあった。

それはL＝Sにとって決意を秘めながら雌伏する豊かな模索の時代だったと思われる。「雌伏」というのも、年譜によれば一九四九年と五〇年、フランスの研究機関の頂点であるコレージュ・ド・フランスの教授ポストの獲得に二度失敗した後、一〇年後の一九六〇年に、すでに教授職にあったメルロー＝ポンティの強い支援を得てポストを獲得することになるからである。この一〇年は大学院大学である高等実習研究院で若手研究者とゼミを開催しながら、ユネスコの研究部門長の職務をこなす二足の草鞋の時代であった。その間に『構造人類学』にまとめられる多数の論考、とりわけ神話研究の基本的な視点をしめした「神話の構造分析」（初出、一九五五年）と、今も瑞々しさを失わない旅と省察の書『悲しき熱帯』（一九五五年）が書かれた。その後の『野生の思考』から『神話論理』にいたる現代人類学の精華はこの時代に準備されたといえるだろう。

この一〇年間の多彩で豊かな模索の成果は、さまざまな方向から読み取ることができよう（詳細は拙著『闘うレヴィ＝ストロース』二〇〇九年、平凡社新書、第三章「野生の思考へ向かって―模索の時代―」をご参照いただければ幸甚である）がここではふたつの面に限って検討したい。ひとつは、『構造人類学』の主要な部分をなす「呪術と宗教」の主題のもとに集められた諸論文で、構造人類学の視点からフロイトの精神分析の有効性への、基本的には肯定的ながら微妙なニュアンスに富んだ評価の試みがなされていることである。小論の後半でその評価を検討してみたい。そしてもうひとつは、ユネスコの発行する一般読者向けの *Courrier de UNESCO*（ユネスコ便り）の紙面を借りた一連の啓蒙的な小評論の執筆である。そこで扱われている主題は狭義の人類学からいわば警世の文章まで幅広い。一般読者を対象として専門用語は巧みに避けながら、ただ啓蒙的であるにとどまらない、同時代の世間的な常識も、人類学という専門分野の先入観からも自由な、きわめて尖鋭な視点が提示されている点が共通の特徴ということもできる。

2. 同時代世界の構図

一九〇八年に誕生し一九二六年には一八歳で最初の刊行物を出版し、二〇〇九年の一〇一歳での死去の前年まで著述活動を続け、ほぼ一世紀を生き切ったこの条規を超えた明敏な知性の生涯をたどると、何度かいわゆる学問的著述の枠におさまらない辛辣で闊達な批評にかなりの活動と時間を割いた時期があるように思われる。二〇代に「社会主義学生」という社会党の青年党員の機関紙ともいえる刊行物での書評を中心として展開された数多くの評論、次いで今ふれている四〇代の「ユネスコ便り」への一連の寄稿、そして晩年近く公的な研究職を退いて後、八〇代から九〇代にかけてイタリアの新聞 *La Repubblica* を中心にかなりの頻度で掲載した論説である。牛の骨粉などを飼料として与えることで牛に「共食い」を強制したことが発端であると断じ、翻って人間自身の「共食い＝人喰い」的な行為に警鐘を鳴らし自省を促した「狂牛病の教え」など、八〇歳を超えた筆者L＝Sには二〇代の社会主義運動家時代の清新かつ辛辣な批判精神が生涯途切れることなく脈打っていたかにみえる。

ユネスコの社会科学部門の責任者の地位に就く以前、一九五一年に掲載された小論から一九六一年まで、この国際機関とのかかわりでL＝Sは以下のような論考を公刊している。ただし『構造人類学』に収録されている⑷とともに⑹は科学者コミュニティー向けの文書である。

⑴「パキスタン：精神的源泉、民族的現実」（一九五一年）
⑵「アジアはヨーロッパに対し物質的かつ精神的な債権を有する」（一九五二年）
⑶『人種と歴史』（一九五二年、ユネスコのために書かれたこの冊子は後に単行書となる）く
⑷「社会科学における人類学の位置、および人類学の教育が提起する諸問題」（一九五三年）
⑸「未開人とは何か」（一九五四年）
⑹「人間の数学」（一九五四年？）
⑺「贈り物はいかにして始まったか」（一九五五年）
⑻「呪術師と精神分析」（一九五六年）
⑼「この料理人たちはスープを台無しにはしない」（一九五七年）
⑽「現代人類学の危機」（一九六一年）

同時代に、いわば盟友ともなったメルロー＝ポンティが、ソ連と共産党系左翼への態度をめぐってかつての仲間で左翼知識人のチャンピオンと目されたサルトルと厳しい批判をやりとりしていたことを念頭に置くと、東西冷戦そしてスターリン批判とハンガリー動乱を経たソ連共産主

義の評価という、当時の西欧を引き裂いた冷戦の二分法的思考とは異なった地平でL＝Sが思考していたことを、とりわけほぼ一〇年を置いて書かれた(2)と(10)から読み取ることができる。パキスタンへの関心は当時、ユネスコの担当者としてパキスタンにおける社会科学研究の状況の調査に赴いたことに関係している。その調査旅行の経験は『悲しき熱帯』の終末にも印象的に描かれている。

「ヨーロッパはアジアにとってのアメリカである」という意表を突く命題を提示した(2)では、アジアの否定としてヨーロッパが生成し、ヨーロッパの否定としてアメリカが生成し、これら三極の構造として同時代世界が成立しているというヴィジョンが示されている。

東西対立と呼ばれ二項対立的に語られることの多かった時代に、L＝S自身はけっして二項対立的に世界を把握してはいなかった。混沌とした豊饒なアジアから明晰だが貧しい秩序を取りだして意識化したのがヨーロッパであり、そのヨーロッパから逸脱してより貧しくして自足したのがアメリカであるという主張がそこにはある。その代償としてヨーロッパはアジアのもっていた豊かな「身体技法」を失った、とL＝Sは主張している。

フランスにとってベトナムさらにアルジェリアでの民族独立運動が高揚し、アフリカの旧植民地がこぞって独立を達成した直後に公表された(10)では、同時代世界の変容（そこには人口爆発という地球規模の大きな危険が忍び寄っていることが予見されている）によって人類学を支えてきた「未開」と「文明」の二分法がもはや維持できないこと、したがって人類学は対象なき科学に堕す危険をはらみ、さらには独立を達成した諸社会（これまでは人類学的フィールド調査の特権的な場とみなされてきた）からは、人類学は伝統を称揚しこれらの社会の近代化を妨げる拒否すべきものとみなされることになる、と予測されている。こうした状況の中で人類学は果たして外部の異《い》なる存在ではなく、内部の異なる存在を対象とする科学という役割をも引き受けることができるか、が問われている。このL＝Sの視点を、ほぼ四半世紀後に人類学を風靡する「ポストコロニアル」な論調を予見したものと受け止めることは誤りではないだろう。同じ一九六一年、ユネスコが主催した「工業化の社会的前提に関する円卓会議」での「社会経済的発展と文化的不連続性」（一九六三年にユネスコの刊行物に掲載、***Anthropologie Structurale II*** に収録）という表題の報告にはこうした視点からのマルクス主義への根底的な批判がある（詳しくは前掲拙著、一七六頁以下参照）。そしてまた、この視点に同時代の人類学が明確な反響を返すことがなかったことも、今、振り返って歴然としている。この論調はL＝Sの最初の来日の際の講演「民族学者の責任」（一九七七年一〇月二四日、朝日講堂、『構造・神話・労働』大橋保夫編、みすず書房、一九七九年）にほぼ直接引き継がれているが、当時の日本の人類学者の世界がこうした問題提起に鋭敏に反応した記録もまた見当たらない。

　当時のL＝Sが何を考えていたか忖度することはできないが、二元論的冷戦思考とは位相を異にする、ヨーロッパ、アメリカ、アジア（これはL＝Sのライヴァルと自称したG・バランディエが「第三世界」と呼ぶことになる広義のアジア、アフリカ、ラテン・アメリカをさすと理解できる）の三極に加えて、すでに（ほとんど）消滅させられ民族誌という書物のなかと限られた土地にかろうじて命脈を保っていたアメリカ先住民など「第四世界」が構成する世界の構図を脳裏に描いていたのだと思われる。それは六〇年代にひとつのピークに達した「民族解放闘争」を担った「民族」つまり国民国家の主体たろうとした人々の世界の余白に生きていた人々であり、その意味で「部族」と呼べる人々であった。世界各地の生存を脅かされた少数先住民を支援するSurvival Internationalが一九六九年に創設された当初からL＝Sは創立メンバーとして名を連ねているが、この組織が支援する対象は明確に「部族民」（tribal people）と名指されてもいる。

3．「呪術師と精神分析」

この時期、L＝Sは「内部の異なる存在」を対象とする科学の役割の一端を担うことを精神分析に期待していたと思われる。『構造人類学』（生松敬三他訳、みすず書房、一九七二年）で「呪術と宗教」の表題にまとめられた三つの論文「呪術師とその呪術」（初出、一九四九年）、「象徴的効果」（一九四九年）、「神話の構造」（一九五五年）にはフロイトの論考が参照されている。四つ目のロマン・ヤコブソン献呈論文「構造と弁証法」（一九五六年）ではフロイトへの言及はなくヤコブソンとかかわって言語的無意識が前景に押し出されているが、民族誌に描かれた北米先住民の神話における、性の混同／性の区別、少年の受胎能力／老人の不毛（という突飛な主題）、息子から父への妻の授与などのモチーフが精神分析への言及なしに分析されているだけに、ある意味では精神分析的視点の故意の言い落としが暗示されているともいえる。たしかに一九五〇年代前半、フロイト的無意識と言語的無意識を量りにかけていたL＝Sは、後半以降理論的視座としては後者を選び、フロイトへの批判的スタンスが強調されてゆくことになる。

それでもなおこの時期の神話と儀礼の研究においてL＝Sが肯定的にフロイトの業績を参照していることは注目される（そのことは「社会主義学生」に掲載された二〇代の数多くの書評でフロイトの著書が踏み込んだ肯定的な批評の対象となっていることと併せて検討せねばならない、前掲拙著七四頁以下参照）。とりわけ「神話の構造」においては、本論文の要《かなめ》をなす命題として提示された「神話の基本定式」の正当化のためにフロイトが動員されていることは注目に値する。「上の式（基本定式のこと：引用者注）の意味は、フロイトの場合ノイローゼを構成する個人的神話が生まれるには二つのショックが……必要とされることを想起することによって完全に理解されるだろう。これらのショックの分析にこの式の適用を試みることによって……、たぶん神話の発生法則により精確で厳密な表現が首尾よくあたえられるであろう」と。ある意味ではL＝Sは、自ら創案した基本定式こそフロイトの命題を根拠づけると主張しているのではあるが。L＝S研究者のスキュブラの指摘（**Scubla, L.,** ***Lire Levi-Strauss,*** **p.28**）が正しいなら、ここでL＝Sが言及するのは当時、再発見されてまだ間もない『心理学草案』の考察である。『草案』の再発見後の公刊が一九五〇年代初めであることを考えれば、L＝Sはほぼ間髪をいれずそれを検討し、いわゆる「事後性」の主題を自らの考察に組み入れていることになる。この時期のL＝Sのフロイトへの並々ならぬ関心がうかがえる。

とはいえこの時期の三つの論考では、L＝Sがフロイトに対してきわめて自由な再解釈をほどこしていることもまた事実である。アメリカ人類学会の泰斗、ボアズが残した民族誌に依拠して、L＝Sは不本意ながら呪術師としての実力を社会から認知された懐疑主義的な男が、次第に自らは詐術と知っている治療術が人々に対して効力を発揮することを自ら納得してゆく過程を、詐術の現実の効果を初期フロイトの「除反応」（以下の引用では「消散」）の概念によって根拠づけつつ、呪術と精神分析的除反応を「構造的」対称性によって関連づけている。すなわち「シャーマンによる治療では、呪術師が語り、黙っている患者のために消散をおこなうのに、精神分析では、患者が語り、聴いている医師に向って消散をおこなう。しかし医師の消散は、患者のそれに伴いはしないが、それでもやはり必要である。なぜなら分析医になるためには、分析されたことがなくてはならないからだ。二つの技術が集団に帰する役割を定義することはもっと微妙な問題である。というのは、呪術は患者を介して、予め定義された問題に集団を再適応させるのに対し、精神分析は導入される解決を介して、患者を集団に再適応させるからである」（前掲訳書、二〇一頁）。「神話の構造」の論文で使われていた「個人的神話」という言葉を想起すれば、この時期のL＝Sは精神分析が焦点化する個人と、人類学が照準する神話の社会性の対称性を構造的に記述することに意を注いでいたともいえよう。「象徴的効果」ではパナマのクナ族の呪医が難産の解決のために苦しむ産婦にむかって唱え聞かせる神話が分析されている。産婦が社会と共有する神話のなかに、産婦の苦痛が統合され意味づけられることで、難産は現実に克服される。

われわれにとって注目すべきは一九五六年の「ユネスコ便り」に掲載された「呪術師と精神分析」で、これら学術論文で展開された論旨がきわめて平明に説かれていることである。クナ族の例が示され、呪医は現代の精神分析の先駆者と位置づけられる。さらに呪医と精神分析が、精神的疾患の場で有する構造的並行関係が、当時、人類学で一部に注目されていた最新の民族誌を根拠にして論述されている。一九五四年に刊行された『ピグミーと夢の巨人』(*Pygmies and Dream Giants*, Kilton Stewart)である。そこには精神分析と近似した方法を実践することを通じてフィリピンのルソン島内陸部のネグリート人の精神構造を理解するためにフィールドに赴いた著者の経験が「見事に語られている」。「集団の呪医は彼(スチュアート)に好きなようにさせるばかりでなく、すぐさま彼を自分たちの仲間と認めた。それどころか、彼らは彼の行う分析にその方法を熟知した有能な権威者として介入した」。そしてネグリートたちの夢への取り組み方を、著者の記述を踏まえて「精神分析というよりはその最近の展開」である「心理劇」に近いものとして提示している。さらに土着の夢の理論においては、障害は今は意識されない過去の経験に由来するとされるばかりでなく、そうした経験を回想する白昼夢にとらわれた患者は、過去の経験の中で敵対する者(父など)あるいは病をもたらす悪い霊から「太鼓の新しいリズム、踊りや歌」などを贈り物として受け取ってこない限り快癒しないと説得される。L=Sによれば著者の報告する「野生の精神分析」とも呼べるものは、精神的な障害を決定的にポジティヴなものに変換させることを要請するという点で、文明世界の精神分析以上に徹底した変換装置として構成されているのである。

一般読者を想定した「ユネスコ便り」でとりあげたこの著書を、L=Sは学術論文で議論することはなかった。この著者スチュアートの「マラヤの夢理論」という小論文が、ほぼ四半世紀後のポストコロニアル時代の対抗文化の文脈の中で、夢見の技法論として爆発的に受容されたこと、その過大な人気が好奇心を呼び、詮索の結果、その著者スチュアートの学問的出自に大きな疑問符が付され、「マラヤの夢理論」の民族誌的信憑性が疑われるようになったことは、一九八五年に刊行されたドムホフ著『夢の秘法』（奥出直人・富山太佳夫訳、一九九一年、岩波書店）に興味深く詳しく検討されている。

ただ、スチュアートに直接接したことのある人びとを丹念に洗い出してコンタクトしインタヴューを通じてその人となりを鮮明に描き出したドムホフが、民族誌としての『ピグミーと夢の巨人』についての評価を一切試みていないことは、少々奇妙なことであり俯に落ちない。「マレー半島の中央山脈地帯にある前人未到の熱帯雨林」に住み、独自の夢見の技法を開発したとされるセノイ族を対象とした「マラヤの夢理論」が一世を風靡したのだとしても、より詳細な民族誌的記述はフィリピンのネグリートを対象としており、セノイ族の技法の要点の一つとされ、対抗文化においても注目を惹いた、障害をもたらす夢を悪霊からの贈り物によってポジティヴなものに変換する技法は、すでにネグリートの民族誌に描写されているだけに、この民族誌を放置していることは不思議ではある（「すでに」と書いたが、ドムホフによれば、セノイ族の夢見を論じた論文の最初のものは一九五一年初出とされるので、『ピグミーと夢の巨人』に先行するとも考えられる）。いずれにせよ、「詐欺師」とさえ形容されたスチュアートが、蠱惑的な夢の異世界を創出したことは確かなようである。

一般読者に向けた論考で、著者L＝Sは鋭敏な嗅覚で興味深い問題を孕んだ著書に、ほぼ四半世紀先行して注意を喚起していた、といえばあまりに好意的に過ぎるだろうか。

8　『やきもち焼きの土器つくり』訳者あとがき

本書は、Claude Lévi-Strauss, *La potière jalouse*, 1985. の全訳である。原書は、著者レヴィ＝ストロースの神話研究の壮大な頂点をなす『神話論理』の最終巻『裸の人間』が一九七一年に刊行されて以来、一九七五年に刊行された『仮面の道』から数えても一〇年ぶりの新著であった。その間『構造人類学Ⅱ』（一九七三年）、『はるかなる視線』（一九八三年）、『発された言葉』（一九八四年）などの著作が刊行されたが、いずれもすでにさまざまな雑誌などに公表された論文の集成であり、著者の名を冠した『同一性』（一九七七年）も著者がコレージュ・ド・フランスで主宰したセミナーへの参加者による口頭発表と討論を文章化した論文集であった。浩瀚な四巻の『神話論理』が、私たちの慣わしによれば、「還暦」を迎え老いて完成し「枯れた」境地に達しようという年齢に、むしろ瑞々しく張りつめた感性をすみずみにまで行き渡らせ、しかも並はずれた集中力で書き終えられていることは、著書の学問的達成だけでなく、著者の精神の若々しさ、強烈な「生への意欲」といったものの迫力を感じさせるものだった。とはいえこのライフ・ワークに費やされた精力は、その後新しい著作を書きおろすだけの意欲と集中力の回復のために、数年の休息を著者に強いるものだったのだろう。いっぽう八二年には、一九六〇年以来担当してきたコレージュ・ド・フランスの社会人類学の講座を退いている。八五年に本書が刊行された時、フランスの書評誌、雑誌は著者の長い休息からの復帰を祝うように、一斉にレヴィ＝ストロースの特集を組み、また「自己を語ることを好まない」と言われる著者自身、さまざまなインタヴューに答え、著作の背景や『神話論理』とのつながりなどを語っている。そして八八年には、そうしたインタヴューを発展させ、幼少年時代の記憶から、言語学者ヤコブソンやバンヴェニスト、精神分析のラカン等著名な同時代人との交流を、時にはユーモアを交えて語る対話『遠近の回想』（ディディエ・エリボンとの対談）を公けにしている。

この訳書の読者の大多数にとっては、「構造主義」の構築者としての、そして現代人類学の泰斗としてのレヴィ＝ストロースのプロフィールについて、一般的な解説を加えるまでのこともないであろう。また神話の細部にゆきとどいた感覚と識別力を働かせ、同時に「野生の思考」の論理の骨格を再構築してゆく、いわば「繊細の精神」と「幾何学の精神」を総合した著者の神話分析の到達点については本訳書を読んでいただけば、訳者としての蛇足を付け加えるまでもない。したがってここでは、『神話論理』と本書の関係について、これらの作品が生み出された「場所」について著者自身がインタヴューなどで説き明かした言葉をできるだけ忠実に紹介すること、また翻訳をするなかで訳者にとってもっとも印象深く思われた本書の探究の焦点を明らかにしておくこと（それは、翻訳の重心ないしはバイアスがどこにあったかを明示しておくためでもある）で、訳者としてのあとがきにかえたい。

同じ南北アメリカのインディアンの神話の分析を主題としながら、それぞれが数百ページにもなる四巻の『神話論理』に比べれば、本書は三百ページ足らずのいわば「小品」ともいえる。そうした指摘に答えて著者レヴィ＝ストロースはこう述べている。

――そう、それは私の二つの異なった時期に、そして二つの異なった視点に対応しています。『神話論理』のときには、私は未知の処女林ともいえるものに取り組み、人を拒む藪や茂みに骨を折って道を切り拓こうとしていました。今では、私は森を脱し、この大陸を距離を置いて眺め、その全体の形と、好奇心をそそる細部とを同時に見ることができると感じています。……深い森の迷宮の傍らに、その入り口を示す小さな花園のように置かれたとも言えそうなこの小品を、著者自身はこう評してもいる。

――問題系は同じです。ただ経験的な――あるいはカント的な意味での感性的内容だけが異なっています。それにトーンも違っている。短いですし、リズムも早くなっています。『やきもち焼きの土器つくり』は、『神話論理』に対して、グランドオペラにおけるバレーに似た位置にあると言えるでしょう。……

いずれにせよ、本書を著者自身による、『神話論理』の最良の入門書として受け取ることができきよう。

じっさいには、本書は、序章にも記されているとおり、「アメリカ動物寓話集の素描」というタイトルで一九六四年のコレージュ・ド・フランスの講義において手を染めた研究を仕上げた作品であり、「好奇心をそそる細部」に、それに値する注意を注ぐために、二〇年ほどの時を置いて発酵させたものであった。そして著者としては「はじめて、楽しみながら書くことのできた」作品だったという。いっぽう、『神話論理』に結晶した神話研究に捧げられた年月は、時には修道士の生活に譬えられ次のように語られている。神話分析がそのまま新たな神話の創出にほかならない、という著者の「創造の秘密」に触れるところもあると思われるその回想を、少し長いが引いておこう。


——私が神話研究に力を注ぎ始めたのは一九五〇年で、『神話論理』を仕上げたのは一九七〇年でした。その二〇年間、毎日払暁のころ、神話に酔ったようにして目覚め、私は本当に別の世界に生きていました。

神話がすっかり私に浸透していました。素材として用いるよりはるかに多くの神話を吸収しなければならないのです。ある集団のある神話が、隣接する集団では違った形で見出されるとわかったときには、この変化と関係するファクターを環境、技術、歴史、社会組織のわくの中で見定めるために、この集団に関するあらゆる民族誌を検討しなければなりません。私は、おとぎ話の世界にいるように、こうした集団の人びととそして彼らの神話とともに生きていたのです。

——それは同時に、美学的な体験でもあるわけですね。

——こうした神話は、まず最初は判じ物、謎などのように見えるだけ、いっそう興奮させる美学的体験といえます。それは、頭も尻尾もなく、わけの分からない事件ばかりの物語を語るのです。何日も、何週間もときには何か月も神話を抱いて暖めなければなりません。そして突然の閃きによって、ある神話の説明のつかないある細部が、ある別の神話のやはり説明のつかぬ細部の変形だと分かり、それを手掛かりとして二つの神話を統一することができるようになるのです。切り離されたそれぞれの細部は、何か意味をもたなければならないということはありません。なぜなら神話の理解可能性は、その示差的な関係の中にあるからです。……


『神話論理』には、要約を紹介され分析されたものだけでも八〇〇を越え、異文を含めればゆうに千を越す南北アメリカの神話がとりあげられている。そして著者レヴィ＝ストロース自身は、それらの神話が互いに反響しあい、ときには共振しあい、ときには倍音を響かせ、対位法を構成する……そうした、神話をして相互に共鳴させる〈神話の受容器〉としてみずからを神話に貸し与えたとも言えるのかもしれない。

神話研究の方法と同時に、あるいはそれ以上に、こうした身の置き方は人類学者としての著者のエティックを告知しているようにも見える。それは「野生の思考」の所産としての神話に対する敬意と謙虚さの表明であり、また主体性として祭りあげられた自我への固執と、技術的な知とによって支えられた「飼い慣らされた思考」に対するアンチテーゼとしての一つの「生き方」を示しているとも思える。しかしこうしたいわば自己放棄ともいえる身振りは、著者において鮮烈な個性によって支えられていることも確かである。「おそらく私自身、自分の人格的〈同一性〉の感覚をほとんどもっていない」というレヴィ＝ストロースに、少々意地の悪い質問を返したインタヴュアーとの応答には次のように語られる。

——しかしあなたの書物にはまさしくこう署名されています。《クロード・レヴィ＝ストロース、アカデミー・フランセーズ会員》と。

——ええ。しかしこれは約束ごとにすぎません。私たちに〈同一性〉をもつよう押し付けるのは社会なのです。しかし私にとってそれは、ものごとが生起する匿名の場所にすぎません。ものごとこそ現実であって、場所は現実ではないのです。……

神話が、他の神話とこだましあい、細部の感性的な類似と差異によって連接しあるいは分離し、「自然」とかすかに隔たった精神の秩序の織物を織り出してゆく「匿名の場所」、レヴィ＝ストロースの神話の分析は、そのような精神のトポスを示しているように見える。その場所で、私たちは、「〈同一性〉という現代人のみすぼらしい宝物」を押し付けられることなく、自然から文化への移行の秘密、すなわち人間という生物種の、「人間」としての誕生というつねに真新しい秘密を、謎めいた神話に託して語り継いできた人びとに出会うのである。

神話の謎は、まず料理の火の起源の神話群の解明から解き始められる（『神話論理Ｉ・生のものと火にかけたもの』）。というのも自然から文化への移行とは、生のものを食べていた状態から、火にかけ調理した食物への移行にほかならないのだから。そして「蜜」（生で食べられる）と「煙草」（火を使い吸いこまれるものだが食物ではない）をモチーフとする神話群（『神話論理Ⅱ・蜜から灰へ』）、さらに『神話論理Ⅲ・食卓作法の起源』へと解き進められる。そして最終巻『裸の人間』について著者自身は、こうコメントしている。

——（それは）出発点に回帰します。なぜなら「裸（nu《ニュ》）」とは文化との関係で、自然に対する「生のもの（cru《クリュ》）」と等価だからです。南アメリカから始まった旅が、北アメリカの北部に至った後ふたたびその出発点に戻るように、第一巻のタイトル（le cru et le cuit）の最初の語が、最終巻のタイトル（l'homme nu）の終わりの語に答えるのです。……

南北アメリカの神話群を縦横にそして網目状に走査した、長大な『神話論理』の傍らに置かれた本書『やきもち焼きの土器つくり』も、慎ましい外観にもかかわらず、その目標は、野心的なものである。料理の火のいわば必然的な随伴物としての土器作りの火、そして焼成された土器の起源という謎が本書の主題となる。この主題が序章に示されるとおり三つの方向から探究される。すなわち第一に「カリフォルニア南部から赤道を越え、アンデス山脈の東斜面にいたる……

遥かに隔たった地の諸神話に見られる、構造的、内容的類同性を明らかにする」こと、第二に南北アメリカインディアン神話に現われる動物群（ナマケモノ、ヨタカ、ホエザル、バクなど）の神話的な意味を明らかにすること、第三に象徴的思考をめぐる神話の構造分析の視点とフロイトの精神分析の視点の違いを明らかにし、後者を批判すること、である。その目標がどう達成されているかの判断は読者にまかせ、訳者にとっての興味の焦点を示しておくことにしたい。それはこれら探究の三つの方向の交差する共通の場、すなわち土器の形象や動物たちの行動慣習によって、いわば間接的に浮かび上がらされた「裸の人間」の形象そのもの、〈野生の身体像〉とも呼べる形象である。

「間接的に」という言い方もじつは正確ではないのだろう。料理の火の起源の謎から始まる『神話論理』の冒頭から、食べ、排泄することによってみずからを維持する人間の身体像は、神話の主題そして神話分析の中心の位置に置かれていた。本書で、「動物素」、天体、吹き矢や土器など、自然物から物質文化にいたるまさに森羅万象に託して解読される「身体の開口」の諸状態のコード（第六章）あるいは分断される身体のコード（第一〇章）、中空の管あるいは器としての身体のコード（第一二章）は、すでに探究の端緒からひとつの主題として見え隠れに、そしてくり返し提示されていた。例えば『生のものと火にかけたもの』の最初に、分析の端緒となる重要な神話の一つとしてあげられたボロロ族の「病気の起源の神話」は、つぎのように要約されている。

まだ病気というものが知られず、人が苦しみを味わうということもなかったころ、ある若者が、「男たちの家」に出入りすることを頑なに拒み、家族の小屋に閉じ籠もっていた。

この振る舞いに苛立った祖母は、毎晩若者が寝ているあいだに、孫の顔の上にしゃがみ、おならを吹きかけて毒した。若者は音を聞き、悪臭を感じたがそれが何であるかは分からなかった。病いになり、痩せ細り疑い深くなった若者は、寝入ったふりをしてついに老婆のやり口を見破り、殺した。鋭くとがらせた矢を、老婆の尻の穴深く突き刺したため、内臓がそとに飛び出したほどであった。

アルマジロに助けられて……、若者は老婆が寝ていた場所にこっそりと穴を掘り、死体を埋め、掘り返された土にござをかけて隠した。

その日は、夕食のための魚を取るためにインディアンたちが「毒による漁」にでかける日だった。祖母殺しのあった翌日は女たちが、死んで浮いた魚を漁場に取りに行く最後の日だった。でかける前にビリモッド（若者の名）の妹は幼い子供を預けようと、祖母を呼んだが、もちろん答えはなかった。娘は子供に待っているように言って、木の枝の上に置いた。見捨てられた子供は、白蟻塚に変わってしまった。

川は死んだ魚で一杯だった。仲間の女たちのように魚を運んで往復を繰り返すかわりに、娘はがつがつと魚を食った。腹は膨れ上がり、激しく痛み始めた。

娘はうめき、痛みを訴えるたびにその身体から〈病い〉が飛び出した。こうして娘は村をあらゆる病いで汚し、人びとに死をもたらした。これが病いの起源である。

娘の二人の兄弟ビリモッドとカボレウは、娘を槍で刺し殺すことにした。一人は頭を切り落とし東の湖に投げ捨て、一人は両足を切り西の湖に投げ捨てた。そして二人は槍を地中に突き刺して埋めた。(『生のものと火にかけたもの』p. 65-66 M_5)

この小さな神話の断章にも「判じ物、謎なぞのよう」な「わけのわからない事件ばかりの物語」の片鱗が充分にうかがえないだろうか。「あらゆる民族誌を検討して」このパズルの一片一片が解かれ、やがて四巻の『神話論理』を通じてしばしば参照される神話の一つとしての位置を与えられてゆく分析の過程は、やがて刊行されるであろう邦訳をまって確かめていただくしかない。しかし、一見唐突にしか見えないこの物語の前半と後半が、身体の上下の開口における節制の欠如(さらに末尾の「分断された身体」)というコードによって組み立てられている、という分析の展開は、本書を読んだ後なら充分に納得されるのではないだろうか。いっぽう、分断された身体が東西の湖に捨てられるという、一見脈絡のない挿話も、「飢餓と病いをもたらし」人の命を縮める虹=蛇の神話群に関係づけられ、その意味に照明が当てられる。そしてまた私たちは、村人に死をもたらすこの不幸な娘が、自分自身不幸と災いの詰まった「壺と一体化したパンドラ」の姿をも、いわば先回りして予表していると考えることもできよう。

おそらく耳を傾けるインディアンたちの哄笑を誘っただろうと思われる、滑稽でしかもシリアスなスカトロジーに彩られた物語は、『神話論理』に数多くとりあげられている。それはここで仮に〈野生の身体像〉と呼んだ形象を物語の枠として生かしたものであることも多い。そのもうひとつの例として、『裸の人間』にとりあげられ、数千キロを隔ててボロロ族の「病気の起源の神話」とも結びつくものとして分析されている、アメリカ合衆国北西部チヌーク族の「放蕩祖母さん」の神話をやや長いが紹介しておこう。

――ミソサザイとその父方の祖母には、もう何も食べるものがなかった。老婆は孫を狩りに行かせた。ミソサザイは、呪文で小さな獣から次第に大きな獣へと呼び出していった。鹿が現われると彼は、鹿の肛門から口まで突き通して身体の中を幾度も往復して殺し、心臓のところを通るたびにその回りの脂肪をむしり取った。肉を運ぶ段になると、祖母は鹿の腰から下以外は運ぶのを断り、一人になるや否やそれと交わろうとしてその上に股がった。

ミソサザイは、その現場をおさえ、ことの途中であった祖母を引き離した。そして二人はいっしょに戻り、夕食を済ますと、炉の火を挟んで横になった。ミソサザイは、自分の夢想したことを声に出して叫んだ。「あーあ、クラマス族の女が来て俺と寝てくれたらなあ……」。すると祖母は「私の身体は半分はクラマス族なのさ」と断言し、孫に股がった。

やがて櫂を漕ぐ音が聞こえてきた。二人は不承不承身体を離し、ミソサザイは旅人からたよりを聞こうと出ていった。すると彼らはこう言った。「人の話では、ミソサザイと祖母が一緒に寝たそうな……」。見られてしまったことを知って、恥ずかしくまた怒り狂ったミソサザイは、祖母を鹿の皮に包んで川に捨ててしまった。

ずっと川下で死体は拾われ、それが誰であるか見分けられた。そして三人のシャーマンが祖母さんの蘇生を試み、三人めのシャーマンだけが成功した。さらにそのシャーマンは鹿の皮を剥ぎ、それと一体化してしまった祖母の皺だらけの皮膚を取り除いてしまったが、歯を元のようにもどすことはできなかった。祖母さんは口を閉じている限り、若くて美しい娘のように見えるのだった。この娘をミソサザイに嫁がせようということになり、一目見たミソサザイは、彼女を気に入り、妻とした。

人はミソサザイに、妻とでかける時にはかならず鹿の皮を持ってゆくよう勧めた。また娘自身はけして歯ぐきを見せないよう注意した。ところがある日、ミソサザイは娘に密着してくすぐったので、娘はとうとう我慢できずに口を開けて笑ってしまった。たちまち鹿の皮が彼女に飛びつき、皺だらけの皮膚のように包みこんでしまった。ミソサザイは、娘がじつは自分の祖母であったことを知り、「俺をからかいやがって」と言うと、最初のときのように祖母を川に放り投げてしまった。

また祖母を蘇生しようとしたが、今度はうまくいかなかった(『裸の人』原書 p. 149, M_{564})。

この神話もまた、親族関係における距離の不在(近親相姦)、分断され部分化された身体、結末として生ずる人の生命の短縮(蘇生と若返りの二度目の試みは失敗する)といった物語の糸によって北米の一群の神話に結びつき、さらには「病いの起源の神話」にも接合する。南北アメリカ神話群から著者の織り上げる壮大なタピスリーの経糸、緯糸の配置の細部を見るためには、原著に就くしかないが、いずれにせよこの断章にも私たちは、身体の開口、器としての身体内部と身体表面(ここでは皮膚、鹿の皮)の対比、(歯の不在を隠すための)口唇における節制と笑いの対比といった一連の身体像の変換が現われているのを見て取ることができないだろうか。
千あまりの神話とそのヴァリアントの全体に比べれば、わずか二つの神話はほとんど取るに足りない数にすぎない。それでも『神話論理』の始めと終わり近くから取り出されたこれらの断章に〈野生の身体像〉が、いわばウォターマークのように透けて見えることは確かめられると思う。そのことから、著者の神話分析の背景の基調音のひとつとして、身体像とその変換群があることを類推することは、おそらくまったくの的外れではないだろう。『やきもち焼きの土器つくり』の面白さは、『神話論理』のいくつかの神話群にいわば生の形で見え隠れするこの像を、むしろ天体や特徴的な動物群、人工物といった一見身体と直接の対応が見えない形象から浮き上がらせ、一貫した体系として（間接的であるだけ、体系の一貫性はいっそう印象的なものとなる）取り出すことにあるともいえよう。その人の意表をつく手際に、著者の神話分析の蓄積がいかんなく発揮され、細部から読者の裏をかく帰結をひきだすサスペンスが盛りこまれているともいえる（『遥かなる視線』に収録された「宇宙性と分裂症」、「双生児出産の解剖学的予示」などでは、どちらかというと直接的に身体像の問題が扱われている）。

本書の終章を閉じる喜劇と悲劇の突飛ともいえる対比は、著者自身楽しみながら手並みのほどを披露する余興といった趣がある。一九世紀のボードヴィル作家ラビッシュの名を、予想もしないところに見出すのは、かつてパリ遊学中に上演されたその作品を見てレヴィ＝ストロースの『親族の基本構造』を連想して、一人悦に入っていた訳者にとっては、思いもかけなかった贈り物のような打明け話とも思われた。しかしそれに先立つ終章における厳しいフロイト批判は、論旨そのものは充分理解できるとしても、どこか気にかかるところが残る。あるいは、それもまた「身体像」というレベルをどこに置くかという問題に係わっていないだろうか。本書の著者にとって、身体像は、第一二章、第一三章に見られるように抽象化されうる像として描かれている。抽象化されうるとは、具体的でないということではなく、むしろ土器や人の身体やさまざま管などの具体的で多様な形象にきわめて自由に棲みつくことができる、一般化された特性を備えたトポロジックな図式として想定されているという意味である。そこでは、人間の身体そのものも、特権的で中心化された存在ではなく、この図式がいわば受肉するさまざまな事物のうちのひとつにすぎず、この図式によって他の事物に通じ、開かれているともいえる。いっぽう、著者は身体像そのものよりはそこに循環し運動する欲動、とりわけ性的欲動を前面におしだすかぎりでのフロイトを厳しく批判する。しかし口唇性、肛門性、「体内化」、「取り込み」といった観念によって身体像に注目したフロイトも忘れてはならないのではないだろうか。一般化されたトポロジックな図式に、欲動の運動の場としてのトポロジカルな身体像を対比してみるとき、両者の隔りは思いのほか小さく、両者の差異を、共通の領域での探求のヴェクトルの方向の違いとして見直すこともできるように思える。それでもなお南北アメリカインディアンの神話的思考がフロイトの精神分析に大いに先行していた、という著者の指摘は有効であり続ける。とはいえ、問題のニュアンスは変化することになる。フロイトの「誤り」が問われるよりは、むしろ神話的思考が語っていたことが、どのようにして忘却され、そしてどのようにしてフロイトを通じて想起されなければならなかったのか、が問われることにならないだろうか。こうした感想によって、訳者は著者への批判を試みているわけではない。翻訳を進める上で訳者自身の方向づけ、あるいは著者の意図の理解が十分でないことからくる歪曲がありえることに注意を喚起しておくために記したのである。

*

この興味深い著書の翻訳を勧め、書肆にご紹介下さったのは、東京外国語大学アジア・アフリカ言語文化研究所教授川田順造先生であった。当初は先生と私との共訳の予定で始めたが、先生のご多忙と私の作業の遅さから、私自身が翻訳の責任を負うことになった。素訳の一部に眼を通し難点を指摘していただき、また疑問点については、滞仏の折りに著者に直接質問の労をとっていただいた。また陶芸に関する用語、参考書については陶芸家であられる小川待子さんにご教示いただいた。そうしたお骨折りに応える訳書となったか心もとない限りである。みすず書房編集部の栗山雅子さんには、たいへんな忍耐力と、私の粗骨さをカヴァーする細心さを発揮していただくことになってしまった。感謝致します。

訳書、七一頁、七八頁、一五三頁の行文の一部には、著者からの指示による小さな変更があることをお断りしておく。訳文は読みやすさ（原文も著者のかつての文章に比べれば遥かに平明になっている）と正確さを期したつもりだが、誤解や意訳のし過ぎなどもあるかも知れない。大方のご叱正を待ちたい。

比較的小さな翻訳書に五年ほどかかってしまった。著者レヴィ＝ストロース教授、川田先生、そして読者の方々へのお詫びの言葉を添えておきたい。

付記

「あとがき」に引用したレヴィ＝ストロースの対話は、Claude Lévi-Straus, Eribon, "*De près et de loin*", Odile Jacob, 1988（邦訳『遠近の回想』竹内信夫訳、みすず書房、一九九一年）および、同じエリボンによるインタヴュー "Freud chez les Jivaros; Le Nouvel Observateur/Livres" 27, Sept.-3 oct., 11-17 oct., 1985（邦訳、『みすず』一九八五年一二月号）による。

9 『神話論理Ⅲ　食卓作法の起源』訳者あとがき

蛇足ながら訳者を代表してあとがきをつづる前に、テクニカルな点をいくつかお断りしておきたい。

一、本書の翻訳は四人で分担した。序および第七部を渡辺公三、第一部、第二部を榎本譲、第三部および第四部を福田素子、第五部および第六部を小林真紀子が担当し、訳稿を交換して互いに検討したうえで、全体の用語と文体の統一は渡辺がその作業にあたった。また動植物名等については、編集委員の木村秀雄氏に最終チェックをお願いした。

一、神話論理第Ⅰ巻の邦訳表題は『生のものと火を通したもの』となっているが、第Ⅲ巻第七部Ⅱの「料理民族学小論」にあるとおり、中まで火の通っていない生焼けのもの等、「火にかけたもの」の多様なニュアンスがとりあげられており、この邦訳表題は、とりわけ第三巻にとって必ずしも適切ではない。したがって本書で第Ⅰ巻に言及する場合には『生のものと火にかけたもの』とし、参照箇所は邦訳頁でしめした。

一、叙述の主語について第Ⅳ巻「終曲」（邦訳二分冊Ⅳ―2）で原著者自身が意図的に一貫して「われわれ」（フランス語の nous）という一人称複数形をもちいた理由をのべている。本訳書の詰めにさしかかったころにそのことに気づかされた。したがって本訳書では叙述の主語はすべて「われわれ」で通した。第一巻、第二巻の邦訳では基本的に叙述の主語に「わたし」を当てていて、齟齬を生じたがお許しいただきたい。

一、原著者の指示にしたがって本訳書四四四ページの図表は訂正してあり、原著（p. 318）の表記とはことなっている。

＊

『生のものと火にかけたもの』『蜜から灰へ』と神話論理の展開を追ってきた読者なら、著者の神話研究の明快なグランドデザインと、時には息を詰めて細心の注意をこめて読み進めなければ方向を見失いかねない緻密な細部の分析の絶妙な配合に、少しは慣れはじめているかもしれない。それでもなお、南アメリカの神話群を手がかりとした第Ⅰ巻で神話というものの存在を音楽になぞらえた大胆な主題の提示と、第Ⅱ巻の「タピスリーの絵柄を裏側の模様から推測する試み」と著者自身がたとえる精緻で手の込んだ分析の後に、この第Ⅲ巻がさらに巧みな構成によって、分析対象を北アメリカの神話群に拡張する手さばきの新鮮さには深く印象づけられるのではないだろうか。

ましてやこの第Ⅲ巻『食卓作法の起源』で初めてレヴィ＝ストロースの息長い探求の跡をたどり始めた読者ならいっそう、研究の当初から南北アメリカの膨大な神話群を明確に念頭においていたその視野の広さと、神話群の細部を分析する解像度の高さが緊密に結びついていることに驚かされるのではないだろうか。訳者自身、次第に著者の執筆意図に親しみながら和訳を試み、校正作業のなかで客観的に再読しつつ、そうした印象は強められこそすれ薄まることはなかった。やや断片的ながらそうした訳者の印象と、そこから派生する観察をいくつかしめすことで、読者へこの広々とした神話の森のひとつの道案内を提供したい。いくつものルートが可能な森の探訪に向けて、訳者が翻訳というひとつの地図製作の作業をするにあたってどのような角度からこの森に接近し、どのようなランドマークを選んだのか、できるだけしめしておきたいと思う。

＊

第Ⅰ巻ではボロロの「鳥の巣あさり」をする男が、主人公の役割と同時にⅠ巻をとおしていわば神話探求の狂言回しの役割を演じている。この男の登場する神話はたびたび参照される起点として「基準神話」と呼ばれている。第Ⅲ巻の導きの糸となる「基準神話」は先立つ第Ⅰ巻、第Ⅱ巻でもしばしば神話がとりあげられたアマゾン川源流に近いアンデス山脈の東斜面のふもとに住むトゥクナ族の、狩人モンマネキを主人公とする神話である。モンマネキは、立ち小便で尿をかけるといったささいなきっかけから、カエルや小さな鳥やミミズやインコと次々に結婚しては別れる。インコ妻を追ったカヌーの旅からもどると、最後には同郷の女と結婚するが、女は自分の体を上下に二分し、上半身だけで大量の魚を獲るという奇妙な漁の名人だった。物語の始まりの時には存在しなかった魚そのものは、インコ妻の教えによってモンマネキがカヌーを作った時の木の削り屑から発生したものだった。モンマネキの母のせいで下半身と合体できなくなった上半身だけの女はモンマネキの背にとりついて離れなくなり、食べ物をすべて横取りし、排泄物でモンマネキを汚らしくよごす。モンマネキは策略を用いてようやくこの女から解放され、女はオウムとなって精霊たちの棲み家である川の下流の山地に飛び去った。

主人公が次から次へと新しいパートナーと結婚し際限なく続くかともみえるこの一見荒唐無稽な物語には、しかし人間以外の四人の伴侶を経て五人目の同郷の女と結ばれまた別れるという展開に、神話の論理が働いているとレヴィ＝ストロースは主張する。尿をかけられて妊娠するカエルと、やし酒を提供するアラパソ鳥と、排便の光景を見て妊娠するミミズと、トウモロコシのビールを提供するコンゴウインコとは、地表あるいは地中の生物と空の鳥との対比、そして排泄（その光景を見た生き物が妊娠して子を産むという排泄と性行為の混同）と摂食（食べ物を提供した鳥と結婚するが子はできないという摂食と性行為の類比）の対比とがかくされている。そして人間ですらない、きわめて遠い異族ともいえるこれら動物のパートナーとの経験を経た主人公は、カヌーによる旅から帰って、質的にも空間的にも近い同郷の女と結びつく。その間に人間世界での生業には狩猟にくわえて漁撈という新たな活動がもたらされている。

この物語は形式的には次々に挿話が付加される現代の通俗連載小説に似ていながら、なお明確な感覚的な特性の対比によって組み立てられる神話の構造を保持している、とレヴィ＝ストロースは言う。そこに著者が「基準神話」として選んだ理由がある。「神話から小説へ」と題された第二部では、同じトゥクナ族で語られた旅する女性を主人公とする「シミデュエの不運」という神話が、構造が解体し「系列」の付加という小説的形式に変容する途上のものとして分析されている。神話の構造がどのように「劣化」し、系列の継起する「歴史」に変容するのかという副主題をこの第Ⅲ巻はふくんでいる。神話ではなくなろうとしている物語との比較のためにも、神話に踏みとどまっているモンマネキの物語が「基準神話」として選ばれたのである。

どのようにして川には魚が満ちることになったのか、魚と漁撈の起源が、遠いあるは近い異性との婚姻の物語と縒り合わされて語られる。しがみついてモンマネキを悩まし、やがてオウムに変身する女の上半身は、トゥクナ族の近隣に住む集団で語られたかみのけ座の起源神話を参照することで天体とも結びつくことがしめされる。魚群が五月から六月ごろ川を遡行する季節の到来を告知するプレヤデス星団（多くの神話群でこれは人の分断された下半身あるいは内臓が天に昇って生成したとされる）と対置されるかみのけ座は、それが一〇月ごろ夜空に見え始める時期、川から魚の姿がまばらになるために、豊かな漁の終わりを告知するとされているという。

こうしてこの物語からは「みかけ上は線状に進むように見えても、じつは複数の平面上で同時的に繰り広げられていて、しかもそれらの平面相互間にはかなり多くの複雑な連接があり、これが全体をひとつの閉じた体系にしている」（本訳書二七頁）という神話に共通な特性がひきだされることになる。異性のパートナーを探す狩人の主人公が魚を生成させ、間接的ながら漁撈という生業の発生をもたらす。人間の社会的活動の形成過程について語りつつ、この神話は、天体の運動、それと密接に結びつく季節の変化、人間の身体、性と食と排泄という生理過程、生業、婚姻という社会関係、主人公と関わるさまざまな生物種、といった多様な「平面」が同時に折りたたむようにして語り込まれ、多様な次元をふくむ豊かな物語世界をつくっているのである。

神話が重層的に内包するこうした「平面」は言語学からヒントをえて「コード」と呼ばれる。

レヴィ＝ストロースが神話分析に手を染めた一九五〇年代の研究では、言語学の方法を神話分析に拡張することを目指して、神話が内包するさまざまなコードをコードとして抽出することに注意が向けられていた。[1] しかし『神話論理』においては神話におけるコードの存在はすでに確定された前提として、多層的なコードの複合した錯綜体そのものとして神話をとらえること自体が主要な目標となっている。いいかえれば、狭い意味での言語学には収まらない神話固有の次元があらわにされてゆく。ひとつの語りとしての神話に複数のコードが織り込まれているばかりでなく、さまざまな神話が群をなし、変形（あるいは変換）という関係によって、より高い次元で錯綜した網の目を形成しているのである。その網の目が南北両アメリカ大陸にまたがってひろがっているのを論証することが第Ⅲ巻のもうひとつの主題となる。だから変換群として「ひとつの閉じた体系をなす」という表現は人を欺く部分がないともいえない。それは個別の集団をこえた開かれたネットワークをつくり、ふたつの大陸という広大な空間の広がりの中で「閉じている」のであり、逆にそれほどの広がりのなかで無数の人間集団が語り継承してきた神話群が、著者の主張するように「閉じて」いるとすれば、そのこと自体が驚きであり、解明すべき主題となるというべきなのだ。

神話のモチーフにはとりわけ豊かな変形を生み出す神話的思考のマトリックスともいうべきものが見分けられる。それを検出する試行錯誤の作業は、おそらく五〇年代にレヴィ＝ストロースが南北アメリカの神話群に没頭するなかでおこなわれていった。著者の人類学研究の原風景を用意したともいえそうなブラジルのボロロ族とその近隣の人びと、北アメリカのプエブロ族を中心とした人々、アラパホ族などロッキー山脈東山麓から大平原にかけて生きていた中西部の人々、トリンギット族やハイダ族など北アメリカ北西海岸の人びと、それぞれの地域の神話群からひきだされた眼を惹くモチーフを対比しぶつけあって、そこにどのような関係の火花がほとばしるかを知るために、これらの神話群が類似性と差異性によってたがいに照明しあうような思考実験の場として自分の思考を作り上げてゆくこと、レヴィ＝ストロースの神話研究はそうした試みだったと思われる。[◉2]

神話的思考のマトリックスは個別の神話の線状の展開（レヴィ＝ストロースの用語ではサンタグム）を追うだけではつかめない。それは集団をこえて広がる神話の網の目の結節点（レヴィ＝ストロースの用語ではパラダイム）として、他の神話を参照して解明される。すでにふれた上半身だけの女とかみのけ座の関連はそのひとつの例である。モンマネキの物語における主人公とその義弟がおこなうカヌーの旅、しがみつく女の上半身、さらにいえば物語の展開のなかに組み込まれるさまざまな生物たちそのものが、神話的思考を誘発するマトリックスとして機能している。こうしてカヌーの旅はトゥクナ族から遠くないギニアに住むいくつかの集団で語られる神話における太陽と月のペアによるカヌーの旅に結びつき、その周辺に磁場をひろげながら、古代マヤの骨に施された彫刻に描かれたカヌーの旅の光景によって検証され、北アメリカの諸集団が語るカヌーの旅に共鳴の波動を広げてゆく。カヌーの旅とともに『神話論理』の舞台は北アメリカに移動するという心憎い構成が仕組まれているのだ。また同時にカヌーの旅では舳先と艫にすわった旅のパートナーの位置に神話がこだわっていることが、いったん旅をはじめれば、カヌーの転覆のおそれなしに位置ををかえることができないというブラジル調査での自分自身の経験に照らして指摘されていることも興味深い。

カヌーの旅は川を下るか上るかによってかかる時間においても旅の経験としても大きな不均衡をふくんでいる。この不均衡が太陽と月というペアをなす天体の間に見いだされる不均衡と運動のリズムの違い、さらにはそこから生じる時間周期（年周期、季節の周期、月周期、日周期）の差異についての考察を誘い、インディアンの人々が、そのようにして成立している自分たちの生きる「この世界」を理解するための思考の枠組みとしての神話を生成させるのである。モンマネキの物語は、しがみつく女のモチーフやカヌーの旅という形象によって、天体のコードが一見不可視な形で潜在的にふくまれた神話として把握されることになる。

北アメリカ中西部のアラパホ族とその周囲で語られる太陽と月の嫁探しの旅の神話は、パートナーを求める旅という主題をモンマネキの物語と共有している。そしてレヴィ＝ストロースによれば、何千キロをへだてたアラパホとトゥクナの物語には偶然では説明できない明瞭な符合が見いだされる。太陽と月は川に沿って上流と下流の反対方向の徒歩の旅に赴く。したがって時間の不均衡は生じない。これはふたりが位置を固定され動くことができないカヌーの旅の逆転した変形にほかならない。そして太陽はカエルを、月は美しいインディアンの伴侶をともなって帰ってくる。月からさんざん蔑まれた不細工なカエルは、金輪際追い払われまいと、月に貼り付き離れなくなる。カエルとしがみつく女がいわば合体しているのだ。また同時にこの神話ではインディアンの女性による出産が語られ、懐胎と出産を軸とした人間の生活のリズムの形成が、太陽と月というこの世界の周期性をになう存在を触媒として語られてもいるのである。ふたつの物語に共通の登場人物であるカエルが、いっぽうでは「黒い甲虫」を食べるという食性によってモンマネキの母の顰蹙を買って夫と別れることになるのに対して、アラパホの物語では、人間とどちらが健康な噛み音を立てるか競わされ、歯がないのに肉を噛む音を立てようとして炭を口に含み、黒いよだれを流して月に愚弄され仕返しに月に飛びつく。こうした共鳴しあう細部が、南北アメリカの神話の、変形をともなった符合が偶然の産物ではないことをしめしている。そしてこの食べ方の作法のモチーフは、第Ⅰ巻の主人公「鳥の巣あさり」がジャガーのもとで課された、焼いて硬くなった肉を音を立てずに噛むという試練に直接に呼応しているのである。

＊

『神話論理』の大きな主題と細部への視線のあり方を例示するために、蛇足と知りつつ著者の思考の一端の要約を試みた。それにしても全体で一〇〇〇近くの神話群を集中して読み込みそこに働いている思考のメカニズムをとりだそうという著者レヴィ＝ストロースの熱意はどこからくるのだろうか。何を証明しようとして著者はこれだけの知的な努力をかたむけたのだろうか。

『神話論理』に先立つふたつの主著の巻頭におかれたエピグラフによって、著者レヴィ＝ストロース自身がすでにこの問いに答えていると言えるのかも知れない。『親族の基本構造』の巻頭に引かれた、人類学の先駆者ともいわれる一九世紀後半のE・B・タイラーの文章は、次の言葉でしめくくられている。「任意の場所に法則があるなら、その法則はいたるところにあるにちがいない、とする結論へ現代の科学はいよいよ傾いている[◉3]」。そして五〇年代の模索で神話研究の課題がほぼ完全に把握され、それを着任三年度めのコレージュ・ド・フランスにおける講義で発展させるのに先立って、神話論理の方法論序説として著されたともいえそうな『野生の思考』巻頭には、バルザック『骨董室』からの引用が置かれている。「自分のやる事をあらゆる角度から徹底的に研究するのは、野蛮人と農民と田舎者だけである。それゆえ、彼らが思考から事実に到るとき、その仕事は完全無欠である」[4]。

いたるところに存在する思考の法則を徹底的に研究すること。しかし「野蛮人と農民と田舎者」に、「そしてレヴィ＝ストロース自身も」と付け加えたいということだけでは必ずしもない。これら三者によって代表された「他者の思考」をできる限り完全無欠に了解可能なものとすることがレヴィ＝ストロースの探求の目的であり、またその熱意あふれる集中力の源泉だったにちがいない。ここでいう「他者の思考」をさらにいいかえれば、西欧にとっての他者の思考、すなわち、「哲学」でも「科学」でも「宗教」でも「歴史」でもない思考としての「野生の思考」である。この思考の活動が物語として結実したものが「神話」であり、神話分析とはある厚みをもったディスコースとしての「他者の物語」に徹底して耳を傾ける試みだったのだ。

構造主義は新しいタイプの「哲学」ではないかという人々のコメントを、レヴィ＝ストロースが常に断固として拒否していること、高校の哲学教師の職を捨てて民族学者になるために二〇代の著者がブラジルに出発したことだけを確認して、「野生の思考」が哲学とはことなった思考の場を切り開こうとしたことをとりあえず受け入れよう。いっぽう「科学」と「野生の思考」の関係がニュアンスに富んだ微妙なものであることは『野生の思考』の一節にも巧みな表現で示唆されている。「呪術的思考や儀礼が……因果性を認識しそれを尊重するより前に、包括的にそれに感づき、かつそれを演技しているのではないだろうか？　そうなれば、呪術の儀礼や信仰はそのまま、やがて生まれ来たるべき科学に対する信頼の表現ということになるであろう」[5]。

いずれにせよ「野生の思考」には量子化と質的なカテゴリーを重視する現代の先端科学のそれに対比できそうな独特の「秩序づけの要求」が存在し、それが「未開」と呼ばれる人々における、あくなき自然観察への意欲をささえている。なぜならこの地球上に「野生の思考」の担い手が登場するのをまちうけ、多産な思考力を触発するのは、人間に先立って誕生した自然の動植物の多様な生命の形態と、それをふくみこんだ宇宙と環境に内包された秩序にほかならないからである。こうした自然との豊かな対話をつうじて自らを開花させる「野生の思考」の、ごく限られた一面を歪めてとりだし、その上に「宗教」と「哲学」が共謀して合理性の対極にある思考という幻想を打ち立てたのが、一九世紀以来「他者の思考」の端的な表現とみなされてきた「トーテミズム」にほかならない[6]。トーテミズム的思考は、人間が動植物の祖先から派生したとする、人間と動植物を混同する名状しがたい錯誤の上に築かれているとされるのである。『神話論理』の叙述の全体が、多様な生物をふくむ自然への微細な観察力と、トーテミズムなるものに切り縮めることのできない大胆な構想力が神話を支えていることを証明しているといっても著者の意図を曲げることにはならないだろう。

「宗教」についてレヴィ＝ストロースが直接語っている文章はあまり多くはない。『悲しき熱帯』で、ボロロ族の宗教生活の中心である「男の家」の光景を生き生きと描写しながら、その宗教の核心を「生者と死者」（これが章の表題となっている）の関係における、生者から死者への仮想的なコミュニケーションと働きかけの装置の創造として描いている箇所に、レヴィ＝ストロースの宗教のとらえかたのエッセンスが凝縮されているといえるかも知れない。[◉7] しかしそれは聖と俗を神経質に分離しさまざまな典礼規則を課す成立宗教とはかなり異質なものである。「……男の家では、祭祀上の行為は、他のすべての振舞いと同じように無造作に行なわれた。それは恰《あたか》も、結果を目的として行なわれる実利的な行為のようであり、聖所に入り込んだ以上、信仰をもたない者にも課せられる、あの敬虔な態度を要求してもいないのである。その日の午後、男の家では、夜に入ってから行なわれる公けの儀式の準備として人は歌をうたっていた。一隅には、若者たちが鼾《いびき》をかいたりお喋《しゃべ》りをしたりしていて、二、三人の男がガラガラを振りながら小声で歌っていた。けれども、そのうちの一人がタバコに火をつけたいと思ったり、玉蜀黍《とうもろこし》の粥を掬《すく》って飲む番が回ってきたりすると、その男は楽器を隣の男に渡し、こちらはそれをうまく引き取って続け、あるいは、片手で体を掻きながらもういっぽうの手で続けたりさえもする。踊り手の一人が彼の最新作を披露しようとして気取って歩き出すと、みな自分のしていることを止め、あれこれと論評する。お勤めは忘れられたようになり、やがて思い出したように他の一隅で、呪《まじな》いの声が、中断されたところからまた始まるのである」。それでもなお村の中心に置かれた「男の家」は、ボロロの宗教の軸をなす「生者と死者」の緊張をはらんだ相互交渉である祭礼の中心的な場としての機能を果たしている。しかしこうした宗教が、過敏な緊張を強いる成立宗教とはおよそ異質なものであることは確かだろう。

神話という物語の装置を駆動する「野生の思考」がもっとも強く対比されているのは「歴史」である。『野生の思考』の最終章では、同時代の「歴史哲学」の旗手としてのサルトルの『弁証法的理性批判』が厳しく批判されている。[8]後者の用語を換骨奪胎して、強くいえばパロディ化して使いながら、歴史に賭ける以外にも豊かな生がありうることを論証することもまた、『神話論理』の重要な狙いのひとつだったと思われる。それは第二次世界大戦後、西欧社会がようやく復興の軌道にのり、冷戦から雪解けを経て、植民地の民族解放闘争への対応に苦慮しながらも、消費社会と呼ばれる成熟した資本主義の時代を迎えようとする六〇年代の西欧の歴史意識を根底から吟味しなおし、国民国家の復興からも民族解放からも「自由な」、歴史の余白に追いやられた人々の存在の意味を主張する試みだった。

　人間性の完成へと向かう「歴史」であれ（歴史における偶然の重要性を重視するレヴィ＝ストロースを批判してこうした歴史観を主張したカイヨワと、五〇年代半ばにレヴィ＝ストロースは激しい言葉の応酬をした）[9]、希少な富をめぐって集団が階級闘争を展開する「歴史」であれ（そうした歴史の主体であることを人間の条件と主張するサルトルにレヴィ＝ストロースは論争を挑んだ）、歴史と神話がともに世界を理解し、世界のなかでの人間の位置と生き方を考えるための思考の枠組みである点では同等である。サルトルが「歴史に参加する」ことで人間は主体となり、集団としての歴史的実践のなかで生きる意味を「全体化」される、と主張するのに対して、レヴィ＝ストロースは「野生の思考」が自然の種を思考の道具として活用することで「普遍化と特殊化」という「全体化」の思考を歴史とは違った仕方で実現し、人間に生きる意味をあたえていると主張する。歴史的理性がいわば人間を自然から切り離し、そのことで自然を遮断し制御しようとするのに対して「野生の思考」は、自然から文化への移行によって初めて成立する人間の経験を自然にふたたび組み込むことを可能にする。神話は何よりも、「人間のまえにまず生命を、生命のまえには世界を優先し、自己を愛する以前にまず他の存在に敬意を払う」ことを教えている。[10] 歴史の余白におきざりにされた人びとは、神話をつうじてそのことをわたしたちに教えている。

一九六〇年一月におこなわれた「人類学の課題」と題されたコレージュ・ド・フランス開講講義が、「かれらの弟子であり証人であることによって、わたくしがいかにかれらに親愛の情と感謝の念を抱いているかを表明する」ために、インディアンの人びとへの呼びかけで締められていることも、単なる儀礼的な修辞ではない。[11] それ以前の一〇年と、その後のほぼ二〇年間の講義を南北アメリカ・インディアンの神話を中心とした人類学の研究に捧げたことは「野生の思考」から学ぼうとする弟子として「払いきれぬ負債をわたくしが負っている人々」への知的な応答だったともいえるだろう。

*

「残念なことに、かれらはすべて遠からずして病気、および——彼らにとってはさらに恐ろしい——われわれがもたらした生活様式に堪えられず消滅すべき運命の人びと……」と同じ呼びかけでレヴィ＝ストロースはのべる。本書でレヴィ＝ストロースが開示してみせた北アメリカのインディアンたちの豊かな神話世界を考える時、今日世界に冠たるアメリカが何を代償として成立してきたのか、という問いかけをそこに聞くこともできるはずである。本書を締めくくる「神話のモラル」のペシミスティックなトーンはこの失われたものの豊かさへの愛惜の念を抜きにしては理解することはむずかしい。

「われわれがもたらした生活様式」の脅威にさらされる度合いが北アメリカに比べれば小さかった南アメリカの先住民世界もまた例外であり続けることができないことを象徴するような事件が本書が刊行された一九六八年に起こった。三月二一日付けのニューヨークタイムズが一面の記事で、前年に解散されたブラジルのインディアン保護局（ＳＰＩ）が、その名に反してインディアンの土地や森林資源さらには人そのものを搾取する、汚職と収奪の巣窟だったと判明したことを報じたのである。ブラジル政府が設置した調査委員会は、ダイナマイトによる先住民の端的な殺戮から、人身売買まであらゆる手段でＳＰＩがインディアンに損害をあたえることに従事していたことを明るみに出した。ところがこの報告書に依拠して国立インディアン基金（ＦＵＮＡＩ）が設立され、インディアン「保護」が軍事政権のアマゾン開発の路線にそっておこなわれることが明確になると、なぜかこの報告書自体が行方不明になってしまう。レヴィ＝ストロースは、同僚の人類学者とともにブラジル大統領への公開書簡をルモンド紙に掲載して、明らかになった事実への懸念を表明し真相解明を求めたが、やがてこの年に世界を揺り動かした五月革命、世界的な学生反乱、中国の文化大革命、チェコ事件によって第三世界の一隅で起こったこの事件も人びとに忘れ去られてしまう。[12] それからほぼ一〇年の後、一九七七年の来日講演でレヴィ＝ストロースが提起した「民族学者の責任」という問いかけも、少なくとも日本では大きな反響を呼ぶにはいったらなかったように思われる。[13]

失われたものの大きさを復元する神話研究が、『神話論理』への補巻としての『仮面の道』(一九七五年刊)、『やきもち焼きの土器作り』(一九八五年)、『大山猫の物語』(一九九一年)によって完結した一九九一年以後、南アメリカにおける先住民の境遇はさらに大きな変化を経験し、それまでにない厳しい状況にさらされてゆくことになった。一九九〇年代以降の南アメリカ諸国における変化を総括した論文によって、今、先住民がどのような状況におかれているかを大づかみにみておきたい。

この論文によれば一九九〇年代にさしかかるころから、多くの南アメリカ諸国で憲法が改正されていった。ブラジルでは一九八八年、コロンビアでは一九九一年、ボリビアでは一九九四年に「多民族主義・多文化主義」を国是とする憲法が採択された。他の国々とは少しことなる独自の経緯をたどったペルーにおいても、一九九三年に改正された憲法によって国家の多民族的構成が明言されたが、同時に土地および地下資源に関する国家主権が憲法に明記されたという。その共通するポイントは、それまで国家から「市民」の枠外の存在として保護の対象となり、ある種の特権的地位を保証されていた「先住民」たちが(ただその内実は先に触れたブラジルのSPIの例が象徴している)、国家に統合された「市民」すなわち土地所有をふくむ権利の主体として認知されたことにある。この地位変化にともなって先住民が「所有」する土地とそれ以外の土地の「線引き」がおこなわれるようになり、各国で先住民を主体とする土地登記が義務づけられた。それまでは半ば国民外の存在とされていた「先住民」は、多くの場合そのチーフを通じて土地の所有者となることを認められ、あるいは求められ、逆に言えばいつでもその土地を手放し、長年生活の場としてきた地域から追われる可能性がひらかれた。こうした動向は、国家財政の膨大な赤字に悩まされる南アメリカ諸国政府に課された「構造調整政策」およびそれにともなう国家の役割の縮小、そして「新自由主義」政策と表裏一体をなすものだった。

線引きの政策はいずれの国においても圧倒的に少数の「先住民」が法外にひろい地域を生活のための土地として割り当てられているという印象を作り出すことになった。ブラジルでは総人口の〇・二パーセントが一二・五パーセントの国土を、コロンビアでは約二パーセントが二七パーセントの国土について権利を主張しうるというように。ペルーにおいては同様の議論が、とりわけアマゾン流域の低地地方に適用され僅か〇・八パーセントの人口が東部低地の一五パーセントを占有するとされる。しかしこうした「占有」された領域がそのまま彼らの生活空間として認知されるわけではない。さまざまな煩瑣な手続きを定める法のしばりのもとで、正規の登記が完了する前に、森林伐採を狙う開発業者、外国資本、鉱山企業、石油資本等々があの手この手を使って土地を蚕食し、先住民による登記に異議を申し立て、妨害し、さらには登記無効の判決を引き出すという現状がある。「新自由主義」の諸国政府は先住民保護政策のための国家予算を縮減し、それにかわってそれぞれ活動目的と思惑を異にする多様なNGO団体がさまざまな形で先住民当事者との連携をさぐりながら活動を展開している。

『神話論理』の内容からやや逸れてしまったとも思われるかもしれないが、レヴィ＝ストロースが「弟子であり証人であ」ろうとした人びとが、一九九〇年代以降どのような状況におかれているかを知ることは、『神話論理』のもつ歴史的な意味を考える上でもけっして無駄ではないだろう。とりわけ国際連合の主導のもとで一九九五年から二〇〇四年まで「国際先住民年」のキャンペーンがおこなわれた一〇年間が、皮肉なことに「先住民」が「われわれがもたらした生活様式」の苛酷な脅威にいっそう直接にさらされ、これまで以上に徹底した生活基盤の破壊と収奪が進んだ時代かもしれないということを、彼らの「弟子であり証人であ」ろうとした著者の読者として記憶にとどめておくことは無意味ではないはずである。

*

最後に訳者としての個人的な読後感のようなものをいくつか蛇足ついでに記させていただきたい。

次々にパートナーをかえてゆくモンマネキの物語に始まり、北アメリカのアラパホの太陽と月の嫁探しの旅や、旅する姉妹とヤマアラシ（これは月がインディアンの若い娘を誘惑するためにとる姿でもある。なぜヤマアラシなのかという問いには「お手本のような少女たち」と題された第四部のII「ヤマアラシの教え」が詳細に答えていることは読者のご覧のとおりだ）の出会いの物語がとりあげられる本書では、最後に、広い意味での「食卓作法」として若い娘たちの「躾《しつけ》」という主題にふれられている。ある意味では人生の伴侶としての女性が内包する謎をどのようにして制御すればよいのか、手をかえ品をかえて、神話が答えを模索する過程が全巻にわたって分析されていると言えばあまりに個人的な感想かもしれない。しかし最初の主著『親族の基本構造』が「女性の交換」から人間にとっての基本的な社会関係としての親族関係の構造を導出していたことを考え合わせれば、こうした主題がレヴィ＝ストロースにとって人類学的研究の基底にかかわっていることは確かではないだろうか[◉16]。

そこでとりあげられる神話群は、モンマネキの物語の発端によく表れているように、時にはあからさまにスカトロジックな話題にふれてもいる。フランス最高の研究機関とも称され講義は完全な一般公開でおこなわれるコレージュ・ド・フランスの謹厳な雰囲気に満ちた教室で、紳士淑女を相手にこうした神話が真剣な口調でとりあげられ、精緻な分析を加えられ、西欧世界とはかぎりなく遠く離れた世界の「秘儀」が解明されてゆく。こうした「悦ばしい知」の場を主宰するレヴィ＝ストロース自身、きわめて峻厳な印象を与える人物でもある。しかし、その根底には深く埋め込まれたユーモアが躍動し、それが荘重な「構造主義の知」のスタイルに何重にもカモフラージュされながら、南北アメリカのインディアンの人びとが自然との生き生きとした交流のなかで織り出した神話に脈打つ生きる喜びのようなものを微妙なニュアンスとともに聞き取ることを可能にしたのではないだろうか。これもまた、きわめて個人的な感想にすぎないが、ただ、アラパホの神話を「恐ろしく保守的な『O嬢の物語』を含んだ風変わりで異国的な『創世記』」という卓抜な言葉で形容して、神話にふくまれたほとんど不可能な猥雑さと真摯さの両極の結合がおこなわれていることを指摘するのはレヴィ＝ストロース自身なのである。◉17

『O嬢の物語』と『創世記』という意表をつく組み合わせには、異国の神話を読み解くために、著者が自らの属する世界の文芸作品を参照しつつ、神話の内包するユーモアの振幅を測るためにおこなった思考実験のありようがはしなくも表われているように訳者には思われる。そうした視点からこの『神話論理』第Ⅲ巻の各章、節に付されたエピグラフのひろがりと組み合わせの意味合いを解読してみることは、本書が読者にさりげなく贈ってくれている密かな謎解きの仕掛けのようにも思えてくる。いわば著者レヴィ=ストロースにおけるエピグラフの美学をそこに読み取ることができるのではないだろうか。『野生の思考』において感性の論理を解明するための模範とされたように見える絵画、『神話論理』の主導的なモデルとして冒頭に提示された音楽に対して、この第Ⅲ巻のエピグラフ群は、もうひとつのアートとしての文芸の世界のひろがりを暗示してはいないだろうか。[18] しかもそれらの多くは神話の解体から発生したとされる「小説」とは微妙にずれた分野から拾いだされているようにも見える（トルストイの『クロイツェル・ソナタ』がほぼ唯一の例外だろう）。

本文の一読後にエピグラフを拾い読みしてそこにこめられた著者の意図を忖度する密かな楽しみは読者にゆだねておくことにしたい。

末筆ながら、訳者を代表して翻訳の作業に辛抱強くお付き合い下さった編集者の石神純子さん、適切なアドヴァイスをいただいた編集長の守田省吾氏にお礼申し上げる。著者レヴ=ストロースは来年の誕生日には百歳を迎える。今年、九九歳の著者にこの訳書を捧げられる訳者の幸運を感謝したい。

◉註

1．とりわけレヴィ=ストロースの神話研究の出発点をしめすとみなされる「神話の構造」（初出は一九九五年、『構造人類学』荒川幾男他訳、みすず書房、一九七二年、第十一章）を参照。

2．その過程は高等研究院およびコレージュ・ド・フランスでの講義要録をまとめた *Paroles données* （Plon, 1984［追補］邦訳『パロール・ドネ』中沢新一訳、講談社メチエ選書、二〇〇九年）によって跡付けることができる。
3.『親族の基本構造』福井和美訳、青弓社、二〇〇〇年、一四頁。
4.『野生の思考』大橋保夫訳、みすず書房、一九七六年、viii頁。
5.同上、一五—一六頁、また「秩序づけへの要求」については同上、一三頁以下。
6.レヴィ＝ストロースのトーテミズム批判は『今日のトーテミスム』（仲澤紀雄訳、みすず書房、一九七〇年、みすずライブラリー版、二〇〇〇年）。
7.『悲しき熱帯』Ⅱ、川田順造訳、中公クラシックス、二〇〇一年、六三頁以下。以下の引用文は、六五—六六頁。
8.『野生の思考』第九章。
9.カイヨワがレヴィ＝ストロースの『人種と歴史』（荒川幾男訳、みすず書房、一九七〇年）を皮肉をこめて批判したことから応酬となった。その経緯は拙著にも簡単にふれた（『レヴィ＝ストロース—構造』講談社、現代思想の冒険者たちSelect、二〇〇三年、一四三—一四八頁）。
10.本書（『神話論理Ⅲ　食卓作法の起源』）、末尾、「神話のモラル」、五八八頁。
11.「人類学の課題」（コレージュ・ド・フランス開講講義）、『今日のトーテミスム』所収、二二六—二二七頁。
12.前掲、拙著、二五—二九頁。そこでも挙げたS・デイヴィス『奇跡の犠牲者たち』（関西ラテンアメリカ研究会訳、現代企画室、一九八五年）を是非参照されたい。
13.「民族学者の責任」（クロード・レヴィ＝ストロース日本講演集『構造・神話・労働』大橋保夫訳、みすず書房、一九七九年、所収）。
14.『仮面の道』（渡辺守章・山口昌男訳、新潮社、一九七七年）、『やきもち焼きの土器つくり』（渡辺公三訳、みすず書房、新装版、一九九七年）、『大山猫の物語』（渡辺公三監訳、福田素子・泉克典訳、みすず書房、二〇一六年）。

15. Stocks, A., «Too Much for Too Few: Problems of Indigenous Land Rights in Latin America», *Annual Review of Anthropology*, 2005, pp. 85-104.

16. 『親族の基本構造』でいわば女性の「交換」の形式的条件から社会関係の生成を演繹する可能性を試みたとすれば、本書『神話論理』第Ⅲ巻では交換される女性が、実は探求される謎として神話内に出現することを明らかにしたといえないだろうか。第Ⅲ巻は『親族の基本構造』の締めくくりの文章への回答と読めると訳者は考えている。また、一九九五年の小論文「女性のセクシュアリティと社会の起源」（泉克典訳、『みすず』二〇〇三年九月号）でも、女性の交換と分節言語と社会の発生を論理的に同時のものと見る見方を堅持している。

17. 本書（『神話論理Ⅲ　食卓作法の起源』）、二五七頁。

18. 『野生の思考』ではアートにおけるモデルとしてルネッサンス絵画が主要に参照され、『神話論理』では音楽が主たる参照項の座を獲得するまで、レヴィ＝ストロースが主たる参照項として多様なアートの形態に言及しているという指摘は、フランスの若手人類学者 Keck, F. の *Claude Levi-Strauss, une introduction*（Pocket, La decouverte, 2005）で指摘されている（p. 163 以下）。絵画と音楽と文芸という三種のアートの享受の仕方は『みる きく よむ』（竹内信夫訳、みすず書房、二〇〇五年）で披瀝されている。

10 『神話論理Ⅳ　裸の人』訳者あとがき

全四巻（訳書は五分冊）、原書で二〇〇〇ページを超える『神話論理』の翻訳は本巻をもって終わる。多くの人々の協力のたまものとして、著者レヴィ＝ストロースのライフワークをようやく日本語読者に提供できることになってほっとしている。とはいえ、すでに本第五分冊の最終校正もほぼ終わり、あとは訳者としてのいくばくかの感懐もふくめた「あとがき」をどのように書けばよいのか、考えあぐね始めていた矢先の一一月四日、思いがけない著者の訃報に接することになった。完結した訳書をお送りして見ていただくことを、訳者のひとりとして楽しみにしていただけに、衝撃は大きく、この行文を書いている今も、さまざまな理由で作業を遅らせてしまったことへの悔いに心が痛む。おそらくレヴィ＝ストロース氏は、いつものように間髪をいれぬ迅速さで、特徴ある筆跡で訳者たちの労をねぎらう感謝の言葉を送ってきたのではないだろうか。わたしが勝手に「活の入った律儀さ」と呼んでいた、その誠実で真摯な応対は故人を知る多くの人から、驚きをこめて聞かされたことでもあった。おそらく、現役時代の講義を聞いたことのない、まだ若いフランスのある人類学者は、かつてレヴィ＝ストロースを論じた文章をお送りしたら、面識もない若造の自分に、何頁にものぼる批評と感想を手書きで返信してくれたのには驚いた、その真摯さには畏敬の念をもったと語ってくれた。訃報に接する一か月ほど前、渡仏前日の川田順造先生と電話でお話ししながら、レヴィ＝ストロース先生の近況をお聞きすると、「『もうわたしは人のためには役に立たなくなった』と言ってリニュロルの田舎の家にひきこもって人には会わないことにされたようだ」とうかがい、この短い一言にも、その他者との接しかたが表れていることを感じさせられたのだった。

他者と接する時の誠実さと真摯さは、実は、レヴィ＝ストロースが南北アメリカ・インディアンの神話に取り組む時にも貫かれていると、わたしは思う。神話研究の内容と水準を考える時、そうした他者との接し方を、研究対象に取り組む態度に、直接につなげて論じるべきものではないかもしれない。ただ、レヴィ＝ストロースが南北アメリカ・インディアンの神話のなかに「神話論理」を聞きとろうとする態度には、ある尋常ではない「真剣さ」があると思う。それがどこから来ているのか、その著作を読むことを通じて探究に立ち会うわたしたちにある種、謎の感覚を残すように、わたしには思える。その「真剣さ」には、それとは対照的なある闊達さ、神話の語るあけすけな下《しも》がかった物語も、永遠の時に触れる宇宙論も、同じトーンでフラットに語ることのできる自由さと表裏一体になっていることも、謎めいた感覚をいっそう強めることを付け加えておこう。

『神話論理』の読者たちとこうした謎の感覚をどこまで共有できるかこころもとないところはある。ただ、この謎めいた感覚がどこから来るのかをわたしなりに探求し、四巻の浩瀚な書物への、訳者としての接し方をしめすことであとがきにかえたいと思う。そのために、神話の論理の探求にいたるレヴィ＝ストロースの道筋を、かなりの近道をとって、わたしなりに駆け足でたどりなおすことから始めたい。レヴィ＝ストロースの思考をたどるために、哲学など人類学以外の異分野に不用意な言及をするとしても、必要に免じてご容赦いただきたい。

＊

拙著『闘うレヴィ＝ストロース』（平凡社新書）にもふれたように一八歳のレヴィ＝ストロースが一九二六年に刊行した処女作は、フランス革命末期の「社会主義の先駆者」グラックス・バブーフへの共感にみちたオマージュだった（論文全体の邦訳は『現代思想』二〇一〇年一月号所収「グラックス・バブーフと共産主義」参照）。そこにしめされているのは、ルソーから霊感を得た平等主義的正義を、社会的実践として実現しようとした、行動する「社会主義者」としてのバブーフへの、若きレヴィ＝ストロースの留保なしの傾倒だった。後に、精緻な構造分析で知られることになる人の相貌は、そこにはほとんど予感することはできない。

数年後、二〇歳そこそこで『社会主義学生』という社会党（正確には「労働者インターナショナル・フランス支部」ＳＦＩＯ）の学生部門の機関誌発行の中心メンバーとして、同時代の雑誌、著作への明察にみちた書評で健筆をふるうことになったレヴィ＝ストロースは、一九三一年五月、ポール・ニザンの『アデン・アラビア』の評に次のような言葉を記している（『みすず』五七三号参照）。アデンの植民地的現実を目の当たりにして「人間主義に目覚め」革命を欲してフランスに帰国したことを語るニザンへの、ある共感を帯びた批判は厳しい。「……革命のための闘争だけでは不十分なのだ。そこに完全な救済を見出すことは、単なる態度のあり方に要求を限定することであり、革命の具体的な実現への見通しを空っぽなものにしてしまうことなのだ。なぜなら、救われるためには革命を欲するだけで十分であり、革命を成就することなど必要ではなくなるのだから。しかし救済が新しい社会を樹立することにあるのであれば、われわれの危機を解決するのに理解することだけでは不十分なのだ。実践理性は思弁的理性からの贈り物だけで満足することはできない。……」。そして書評は印象的な言葉で結ばれる。「ポール・ニザンの経験の価値は、アデンから帰還したことではなく、そこに行ったことにある」。「欲する」ことと「理解する」ことに強く対置された革命を「成就する」こと。この時期のレヴィ＝ストロースは、行動による新たな社会の実現に賭けていたとも受け止められる。

やがて、当時、アメリカの人類学のリーダーであったロバート・ローウィの『原始社会』を読んで、フィールドワークと理論的探求が混然一体となった人類学に魅了され、指導教官だった社会学者セレスタン・ブーグレの仲立ちで、新設間もないブラジルの首都サンパウロ大学のポストを得て、ほぼ三年後の一九三五年二月、ニザンを評した自らの言葉に忠実であろうとするかのように、レヴィ＝ストロースはブラジルへ向かうことになる。はじめからインディアンのもとでのフィールドワークを考えていたのだろう。

おそらくニザンの本にも導かれて西欧の外へと関心が向かってゆき、『社会主義学生』の書評欄の担当から外れる前の最後の書評となった、一九三三年四月の、あるシュールレアリストの旅行記への評を、西欧の外への道ゆきのもうひとつの里程標と見ることができるだろう（『みすず』

五七四号参照)。とりあげられたジャック・ヴィオの『白人の降架』という旅行記は、まだほとんど知られていなかったニューギニアにおけるオランダ植民地体制への苛烈な批判を中心にした西欧植民地主義への告発だったという。西欧の植民者と宣教師と兵士への「死刑執行」とも形容されたこの本で、著者は西欧を批判しつつ「未開人」の「魔術的思考」を称揚する。しかし評者レヴィ＝ストロースは、いかにもシュールレアリスト的な著者の立場に対して微妙な批判的スタンスをとっている。「だが、社会的な革命を飾るのに魔術に訴えることは、ほんとうに必要な望ましいことなのだろうか」と。そして、魔術的思考に身をゆだねるのとは異なった方向は、レヴィ＝ストロースによって次のように表現されている。「われわれ革命派は、現在のところモラルの体系を欠いている。われわれは現行の諸価値を退ける。われわれが設立しようと主張している諸価値はいまだに現実の存在ではなく、社会主義社会になってはじめて具体的なものとなる。したがってわれわれの『当座のモラル』つまり、われわれに実践的な生の原理を与えるモラルについては、われわれは唯一正当な、唯一現実化された、それ自体で人間の価値を定義する『根本的な活動』に向かう以外にはない。それはすなわち、自然との支配的な接触である。……」

ニザンへの書評にある、解決するには理解するだけでは不十分な「われわれの危機」に直面しながら、革命派のモラルの不在を確認し、「当座のモラル」(これがデカルトに由来する表現であることは小泉義之氏がご教示くださった)の根拠を「自然との支配的な接触」という「根本的な活動」(この言葉はマルクス・エンゲルスからの引用なのだろうか、確認できていない)に求めるというブラジルへの出発直前のレヴィ＝ストロースの思考の運動をこうしてたしかめることができる。

ブラジルでのレヴィ＝ストロースが、この未知の世界の、生成途上の大都市サンパウロと「奥地」の森とサバンナとそこに住む人々にみずみずしい視線を向けて何を見ていたかは、ほぼ六〇年の時をへだてて、相次いで刊行された二冊の写真集『ブラジルへの郷愁』と『サンパウロへのサウダージ』（ともに、みすず書房刊）に鮮明に写し取られている。その視線のこちらがわでは、革命の成就を目指す行動からあえて距離をとることへの意志が、ある独特の精神の張りとして堅持されていたと思われる。第二次世界大戦の予感が、現実のものになろうとしていた一九三九年二月一一日、調査を終えてブラジルを離れフランスに向かう船に乗るために、サンパウロ近郊の港町サントスに赴いたレヴィ＝ストロースに初めて出会った民族学者アルフレッド・メトローの日記には、ブラジルの状況を語る熱い言葉が記されている。

……現在のところ、ブラジルはアメリカ合衆国の政策に忠実にしたがっている。新聞論調は明確に民主主義的だが、大衆はまったく無関心だ。バルガス大統領の方向ははっきりと組合主義と労働者の路線をとっている。ブラジルの労働法制は地上でももっとも完璧なものだが、実施されてはいない。レヴィ＝ストロースは南アメリカに一切の希望をもっていない。彼はこの失敗にほとんど宇宙論的な呪詛を見ようとしているかのようだ。彼は、いかなる仕事も不可能に見えるブラジルからは立ち去ることを決めた。彼の学生のなかには優秀でよく勉強する者もいる。しかし、彼らには将来はない。社会状況が彼らの成長を許さないのだ。……。

ふたりが束の間を過ごしたサントスを点描するメトローの言葉を添えておこう。

サントスの街をあてどなくさ迷う。虫歯だらけの痩せっぽちの娼婦たちのたむろするカフェ。ジャズバンドのいる二階のダンスホール。みすぼらしいカフェでは、ラジオが早いリズムのカーニバルの音楽を流している。敷居の上で腰かけた人々が空っぽで暗い通りを眺めている。

(Alfred Métraux, *Itinéraire*, 1978, Payot, p. 43)

＊

ブラジルに向かった一九三五年二月以降、レヴィ＝ストロースが狭い意味での政治の世界にもどることはなかった。フランスへの帰国後まもなく勃発した第二次世界大戦からニューヨークに亡命した一九四一年半ばまで、動員、所属部隊の敗走、動員解除、南フランスでの無為の日々のあいだ、政治活動にかかわりようもなかったこともたしかだろう。その間に、配属された前線、マジノ線での静かな日に、花を見ながら「構造」の直観を得、無為のなかで、刊行されたばかりのマルセル・グラネの『古代中国における結婚のカテゴリーと近親関係』に熱中して親族関係研究に惹きつけられたことは何度か語られている。このブラジル渡航以来の、「活動」から解除された日々、レヴィ＝ストロースが構造の直観にたどりつくために、ニザンへの書評に使われた言葉にしたがえば、実践理性に距離をおいて、思弁的理性への問いに沈潜していたのではないだろうか。ニザンとヴィオの本から読み取られた、植民地を抱え込んだこの世界のありようと、そして「自然との関係」という主題を「魔術」とは別の方向で探求するために、理性を再審に付すこと。確たる根拠をしめすことはできないながら、この時期、レヴィ＝ストロースはたとえば、「純粋悟性概念の図式論について」と題された次のようなカントの『純粋理性批判』の一節から、構造の探求へと向かう自らの思考の方向をたぐりだそうとしていたのではないか、と思いたくなるのである。

一方ではカテゴリーと、また他方では現象とそれぞれ同種的であって、しかもカテゴリーを現象に適用することを可能にするような第三のものがなければならぬということが明らかになる。このような媒介的な役目をする表象は、（経験的なものをいっさい含まない）純粋な表象であって、しかも一方では知性的であり、また他方では感性的なものでなければならない。このような表象が即ち先験的図式なのである。

（『純粋理性批判』（上）、篠田英雄訳、岩波文庫、二一五頁、強調原文）

知的なものと感性的なものを媒介する先験的図式の探求。一九四九年に刊行された『親族の基本構造』から四巻の『神話論理』にいたるレヴィ＝ストロースの探求の方向をもっとも包括的に表現するのに、この言葉はきわめて適切であるように思える。ただし、「先験的図式」が西欧の、思考する自意識の基礎づけのためではなく、レヴィ＝ストロースが理解の目標とした「他者の思考」の解明の手段になるためには、図式そのものが、万華鏡にたとえられる柔軟な変換の可能性と、感性を虜にする世界の豊かさに呼応する限りない多様性とをもちうるものにならなければならない。仮にカントから発想をえたのだとしても、レヴィ＝ストロースにとってもっとも大事なことは、西欧の師への忠誠ではなく、問いかけるべき他者の思考にあくまでも真摯に向き合い、そこにしめされた、感性を通じた自然との関係を聞きとること、そのためにあらゆる思考の可能性を試みることだったと考えられる。

レヴィ＝ストロースのそうした知の旅が、『社会主義学生』から距離を置きはじめた一九三三年にはじまったのだとすれば、ちょうどその年からアレクサンドル・コジェーヴのヘーゲル哲学読解の講義がパリの高等研究院ではじまったことは偶然とはいえ見過ごすことのできない意味を帯びてくるのかもしれない。第二次世界大戦後『親族の基本構造』という大著をたずさえてフランスに帰還したレヴィ＝ストロースと、コジェーヴに導かれてヘーゲルの歴史哲学をくぐり抜けた戦後思想のリーダーたちのあいだのずれに、「構造」概念の受容の消長と、レヴィ＝ストロースの独自の位置が関わっているとも考えられる。

『親族の基本構造』が解明しようとした、自然から文化への移行をしるす親族関係の基礎にある婚姻形態の変換群を、「媒介としての先験的図式」という発想と照合する作業はべつの機会にゆずり、この最初のライフワークが刊行された一九四九年に公刊され、構造主義のマニフェストとも目された『構造人類学』の巻頭におかれた「歴史学と民族学」に使われている「図式」という語を手がかりに、レヴィ＝ストロースの模索のあとをたどってみよう。人類学（すなわち民族学）の歴史学からの自律性と両者の相互補完性を主張したこの論文では、人類学的考察の豊かな刺激剤であり続けていた「双分組織」（社会が対称的なふたつの単位の間の多様な関係を軸として成り立つとされるあり方）をとりあげてつぎのように述べられている。

……もしわれわれが双分組織に社会の発展の普遍的な一段階を見ようとするのでも、また唯一の場所、唯一の時に発明された制度を見ようとするのでもないならば、……残された道は双分的な社会のそれぞれを分析して、諸規則、諸慣習の混沌の背後に一つの図式――さまざまな場所的・時代的文脈の中に現存し働いている図式――を見出そうと努めるほかはない。この図式は制度の個別的なモデルにも、多様な形態に共通の諸特性の恣意的な寄せ集めにも合致することはないであろう。それは明らかに双分組織をもっている人々にさえ無意識な、ある相関と対立の関係に帰着する。しかもこの関係は、無意識的なものであるゆえに、そうした制度を知らない人々にもひとしく現前するものでなければならない。

（『構造人類学』生松敬三訳、みすず書房、一二七頁）

引用の前半の進化論、伝播論の批判に続けて、後半は、「図式」の機能する、歴史的次元とは独立な次元が、相関と対立と無意識という特徴を帯びた「構造」の概念に引き寄せられて提示されている。

その後、一九六二年の、第二の主著『野生の思考』に結実する一九五〇年代の多面にわたる数多くの論文における探求は、「先験的図式」を、フィールドからの民族誌にえがかれた人間の社会と文化の、豊饒な現実に照応した、多様で柔軟な「構造」の概念に展開するための、豊かな模索の時代だったといえるだろう。そこでは一九五六年の「双分組織は存在するか」における居住空間の幾何学的構成と社会の単位としての婚姻クラスの関係のあいだに見いだされる写像関係、そして双分観の外観の下に隠された不均衡で序列化された三分組織の存在の推定や、同じ年の「構造と弁証法」における隣接する社会の神話と儀礼の対応、一九六〇年（ただし明らかにその数年前に書かれた）の死の主題をめぐる「ウィンネバゴの四つの神話」など、人類学的問いのパノラマの観がある。そして一貫して、人類学的探求をある抽象性の水準に設定して、しかも人類学的記述の具体性を見失わない、知的なものと感性的なものを媒介する表象体系（それをレヴィ＝ストロースは一九五〇年に書かれた「モースの業績への序論」で「象徴体系」と呼んでいる）のさまざまな様態を探りだし検証することが試みられている。また「相関と対立」の端的なモデルとみなされたヤコブソンの解明した音韻の「構造」を、人間が聞きわける言語音だけではなく、人間の五感すべての「感性」の構造化をあきらかにするための手段として鍛えなおすことが試みられている。そしてこれらの多面的な探求の基軸として、一九五五年の「神話の構造」に提示された神話研究における神話のディスコースを統御する先験的図式の探求が試みられた。神話研究を中心に放射状に広がる一九五〇年代の多面的な研究は、一九六〇年代後半から七〇年代にいたる壮大な『神話論理』の冒険のためのリハーサルだったということもできよう。フランス語ではリハーサルはレペティションつまり反復と呼ばれることからすれば、前後関係を逆転して『神話論理』は、舞台装置や衣装などを準備万端整えたうえでの、壮大で緻密な反復だったといえるのかもしれない。「神話の構造」については後に手短かにふれたい。

＊

レヴィ＝ストロースはどこかで『野生の思考』を、これから分け入ろうとする深い森を眼前にして、それまで獲得した装備を再点検するためにとった旅の小休止にたとえている。それは、人類学、ひいては人間をめぐる省察としての人文学を主導してきたさまざまな思想の潮流に対して、自らの人類学的思考を批判的に対置するものだった。同じ年に踝を接して刊行された『今日のトーテミスム』と合わせて、「両方とも否定的テクストとでも言ってよいのでしょうか」というインタヴューアーの問いに、レヴィ＝ストロースはカントの名を引いて応えている。「否定的、というのは当たりません。むしろカント的意味で、批判的、と言いたいですね」。そしてそれらが「民族学からある種の幻想、つまり無文字社会における宗教事象の研究を不透明なものにしている幻想を取り除」き、「考える問題が何であるかをはっきり取り出しておく」ための作業だった、という（『遠近の回想』増補新版、竹内信夫訳、一三六頁）。

一九五〇年代の豊かで精緻な思考実験のなかで、人間の感性を知的なものへと媒介する先験的図式は、分析の焦点の深度をどのように設定し、どのような対象に照準するかによって多様な様相をしめす柔軟な構造の概念に深められた。『野生の思考』は、『親族の基本構造』で、いわば手探りで探り当てられた社会の基本構造の「構造」を、五〇年代に獲得された多彩で柔軟な構造概念のネットワークに組み入れなおす作業という一面をもっていた。そして、すでに達成された成果にさかのぼってそれを再統合するベクトルとともに、より拡張された構造概念を、人間が交渉をもつ自然と、その交渉の回路としての感性とのインターフェイスにおいて精緻に検討する試みだった。親族研究において、親族の構造が近親相姦の禁止を課し、人をして婚姻交換を発生させ、親族関係を生成することで（これら二つの事態は同一のことを見る二つの異なった視角にほかならない）、自然から文化への移行を実現するモメントとして位置づけられていたのに対して、「野生の思考」はいわば文化が自然のなかに受肉するとき、構造はどのようにふるまうのかが観察され報告されている。そこでは、自然は、地上に生きる多様な生命形態、すなわち動物、植物の無限ともいえる多様な種の相のもとでとらえられ、生物種のありようが世界のさなかに生を享けた人間のなかに「野生の思考」をどのように触発し目覚めさせるのかが問われている。そしてその回答が、ひとりの人類学者が統御しうる限界ともいえそうなほど広範な地域と多彩な領域にわたる民族誌資料を広く参照して導き出されている。

自然を支配する人間の認識能力が、自然にどのような秩序をおしつけるか、という問いではなく、むしろ逆に、多様で豊かな自然の種のありようが、人間にどのような思考の可能性を開くのかが問われている。ある意味では『野生の思考』は豊かな自然が触発するものを受けいれ、自然に身を委ねることのレッスンであるともいえる。それはもう一度虚心に自然から学びなおすための導きの書という一面をも備えている。たしかに動植物の「分類」がこのうえなく重要なトピックとなっているとはいえ、多様な自然種のさまざまな側面を、人間の認識や言語の能力が「切り取り」「言分《ことわ》け」するということが主題なのではない。裁断や抽出や構成が問題なのではなく、偶然によって集積された素材に霊感を与えられ、その素材を自由に組み合わせ、思いもかけない構築物が生まれることを享受する器用仕事《ブリコラージュ》を知ることが肝心なのだ。聴覚的な比喩でいえば、それは自然と、人間の感受性に内在する構造とが、どのような条件のもとで、どのように「共振」しうるのかを確かめる作業だったともいえるだろう。そしてレヴィ＝ストロースの志向には、自然世界の多様な構造と、それに向き合う人間の頭脳の構造が響きあうことが論理的に前提とされているという意味で、ある自然主義が底に流れているとも考えられる。そうした主知主義的自然主義とも呼べそうなものばかりでなく、この本には「チューリッヒの動物園の園長がはじめてイルカと差し向い――もしそう言ってよければ――になったときの……自分の感動を記している」魅力的な一節も引用されているのである（『野生の思考』大橋保夫訳、四六頁）。

「経験的なものをいっさいふくまない」ながら知的であると同時に感性的でもある先験的図式がどのように発現するのかという問いは、『野生の思考』では、自然種に触発される限りでの発現という、ある意味では強い制約のもとで検討されている。それはこの検討にひき続いておこなわれることになる『神話論理』の探求の全面的な展開に先立って、厳密に限定された場で集中的な思考実験をおこなったという趣でもある。とりわけ知的であると同時に感性的でもある図式として「分類図式」の特性に注意を集中する第五章では、「図式」という言葉はひとつのキーワードのように使われている。それはたとえばつぎのような文章である。

……トーテミズムという名のもとにでたらめに一まとまりにされたさまざまな信仰や慣習は、一つもしくはいくつかの社会集団と一つもしくはいくつかの自然領域の間に実体的関係があるという考え方に基づいて成り立っているのではない。それらは自然界や社会を一つの組織された全体として把握することを可能にするような分類図式に直接もしくは間接に結びついた他の信仰や慣習に類縁のものである。これらさまざまな図式のすべてについて導入しうる区別は、分類のどのレベルを重要視するのか、という違いだけであり、しかもどのレベルに重点を置こうとも、それはけっして他のレベルを排除するものではない。

（『野生の思考』、一六〇頁）

動植物の分類図式が「経験的なものをいっさいふくまない」先験的な図式というカントの表現に背馳するものではないことは、つぎのような特徴によって裏書きされるだろう。すなわち、「……この分類法の構造は、二分法を重ねたものであるゆえに、完全に同質的で、それが統一性を保証している。この性質から結果するものとして、まず第一にあげられるのは、『種』から『範疇』への移行がつねに可能なことである」。さらにかなり抽象度の高い次のような特性が導入される。「それから『体系』……と『語彙』……の間に、いかなる矛盾もあらわれないことである。『連続』と『不連続』の関係の問題に、こうして独自の解決が与えられることになる。なぜなら、世界は、対立を何段にも重ねてつくられた連続体の形で表わされているのであるから。（改行）この連続性は、ポーニー・インディアンにおいて、季節儀礼の祭式を支配する図式にすでにあらわれている。」（同上、一六六―一六七頁）。

民族誌に記述された具体的なレベルでは図式は「スー族の分類図式」（同上、一六七頁）や「モヒカン族の図式」（同上、一六八頁）やオセージ族の社会・宇宙論的図式」（同上、一六九頁）として発現する。「オセージ族の考え方では、主要で、かつ最も単純で、また最も強い論理的潜勢力をもつ対立は、ツィ＝ジュー（天）とホン＝ガ（地）の二半族の対立である。……これをもとにして複雑な文法が作り上げられる。それに使われるのはより具体的な諸分野やより抽象的な諸分野との対応の体系である。またこれらの諸分野において、はじめの図式は触媒として作用し、あらたな二分図式、三分図式、四分図式、さらに高次の図式の結晶作用のひきがねとなる。……」（同上、一七〇頁）。

こうしたレヴィ＝ストロースの考察が、民族集団ごとの個別性を浮き彫りにすることではなく、それぞれの個性的な選択の底に「論理図式」（同上、一七一頁）が見いだされることを主張するためにおこなわれていることに注意すべきだろう。そして、「範疇、元素、種、数」という表題で概念と図式の関係を議論した第五章に続く、第六章「普遍化と特殊化」、第七章「種としての個体」のふたつの章で、社会のなかの「個体」が、固有名詞などの論理的手段によって、分類図式の下限として位置づけられることが検討されている。

『今日のトーテミスム』で使われ何度となく引かれることになった、「自然種は『食べるに適している』からではなく『考えるのに適している』から選出される」（同書、中澤紀雄訳、一四五頁）という視点は、こうして『野生の思考』では、自然としての世界と、世界の限られた一部としての社会と、その社会の構成員である個体の、三つの次元を媒介する図式として提示された。社会と個体の媒介という制約をふたたび解除して、感性的世界を知的な対象としての世界へと媒介する、多彩な論理図式を神話群の細部に検出する作業は、いよいよ『神話論理』で徹底して掘り下げられることになる。

＊

近道を駆け足で駆け抜けるつもりでも、レヴィ＝ストロースの探求のあとをたどるにはそれなりの道のりは必要になる。神話論理にいたる神話研究のプログラムの提示ともいえそうな一九五五年に公刊された「神話の構造」の論点も、テーゼ群のかたちで手短かに確認しておこう（『構造人類学』田島節夫訳、二二八―二五六頁）。

＊神話はディスクールとしての言語行為だがラングとしての非時間的構造をもつ
＊神話は詩とは異なり翻訳可能である
＊神話の構成単位は関係の束であり、音楽の総譜と同様に「読まれる」
＊神話はすべてのヴァリアントの総体であり、オリジナルを決めることは無意味である
＊神話は対立し相関する関係の「へだたり」（天と地、生と死等）についての論理操作である
＊神話が提示する「へだたり」は一連の媒介項を操作して縮減される
＊神話のヴァリアントの系列の両端は相互に対称的で逆転した関係をしめす
＊神話に見られる媒介項はトリックスターのような両義性を帯びている
＊神話は $F_x(a) : F_y(b) \simeq F_x(b) : F_{a-1}(y)$ という「基本定式」で表現しうる「置換群」である

＊神話における反復は構造を明瞭にするという機能をもつ

これらのテーゼは神話論理の探求において一貫して保持されたとみなすことができよう。とりわけ神話が「へだたり」による世界の秩序の生成（地上世界の誕生、死すべき人間の発生、労働の起源等）を語るいっぽう、さまざまな媒介項を組み込むことで「へだたり」媒介するというモチーフは、知性にとっての「へだたり＝不連続性」の意味の理解と直結してレヴィ＝ストロースの神話論理にとって根本的な位置を占めてゆく。

いっぽう「基本定式」については、レヴィ＝ストロース自身が四巻の『神話論理』の論述ではごくまれにふれたにとどまるためにさまざまな論議を呼び、「大量のインクが費やされた」ことはふれておくべきかもしれない。レヴィ＝ストロースの神話分析における「基本定式」の意味をめぐって一冊のモノグラフィーが書かれ、論文集も編まれている（Scubra, L., *Lire Lévi-Strauss*, 1998; Maranda, P.(ed), *The Double twist*, 2001）。また、「基本定式」の根拠のひとつとして出典を明示せずに言及されたフロイトの論考（『構造人類学』二五二―二五三頁、Scubra, p.295, n. 2）が、フロイト自身によって破棄されたのち約半世紀後の一九五〇年に初めて日の目を見た『科学的心理学草稿』であることは興味をそそる（したがって一九四九年に公刊された「呪術師とその呪術」「象徴的効果」のフロイトに対してどちらかといえば肯定的なふたつの論文が「草稿」を踏まえているかは確定できない）。

ここではレヴィ＝ストロースの神話研究のもっとも重要な知見が、「基本定式」に集約されており、それがルネ・トムのカタストロフィーの理論に依拠して理解できるという上記の論考の検討の適否について検討する用意はない。というのも、たとえそれらの論考が、レヴィ＝ストロースにおける構造のダイナミズムをどう理解するかについて興味深い論点を提起しえているとしても、レヴィ＝ストロースの神話論理の探求をひとつの定式化に還元するという試み自体が、この「あとがき」で試みたい読み方とは呼応しないからである。すなわち、レヴィ＝ストロースが神話のいかなる細部もゆるがせにせず、「真剣」に受け止め、それぞれの細部に照応する多様な論理図式を抽出し、それらの間の変換関係を徹底して追求する作業から始めようとした、その「真剣さ」に注目する読み方とは必ずしも両立しないものだからである。

「神話の構造」でしめされたプログラムには、「野生の思考」の種の分類図式のダイナミズムという、自然に親密な他者の思考をミメーシスする方法を装備された。そして、一九六一年からコレージュ・ド・フランスでの講義として着手され、著作としては一九六四年の『生のものと火にかけたもの』、六六年の『蜜から灰へ』、六八年の『食卓作法の起源』、七一年の『裸の人』の壮大な四部作として完成された。その大伽藍のような威容は読者の見られてきたとおりである。

一九八八年に刊行された（その二年後に増補版が出た）『遠近の回想』には、簡潔な自著解説がしめされている。それにしたがって全体の構想を確認しよう。ブラジルのボロロ神話から着手された神話研究が、やがて北アメリカにまで対象をひろげ、分析が複雑化してゆくというインタヴュアーの指摘を受けて、とりわけ分析のプロセスについてレヴィ＝ストロースは次のように答えている。

……二つ目の運動というのは、論理に関わる問題です……第一巻で扱われた神話は感覚的な事象同士の対立に基づいています。「生のもの」と「火にかけたもの」、「新鮮なもの」と「腐敗したもの」、「乾いたもの」と「湿ったもの」などなどです。第二巻では、これらの対立は……もはや感覚の論理ではなくて形態の論理に基づく対立に移行していきます。「空のもの」と「満ちたもの」、「包み込むもの」と「包み込まれるもの」、「内のもの」と「外のもの」、という具合です。第三巻の『食卓作法の起源』で、決定的な一歩が踏み出されます。それが扱っている神話群は、辞項同士を対立させるのではなく、それらの辞項同士が対立するようになる根拠としての、異なった態度(マナー)を対立させるものです。辞項は結び付けられることもあるし、切り離されることもある。これらの神話が問題にしているのは、いかにしてある状態から別の状態への移行が行われるか、ということなのです。(『遠近の回想』二四三頁)

いわば感覚の論理から、様相の論理への道行きが説明されている。第Ⅲ巻の冒頭におかれた神話の中心をなす、カヌーに乗ったふたりの男の物語は、神話に時間の次元を導入し、出発点と到達点との状態の対比の弁証法を導入すると同時に、対象を北アメリカ神話に拡張するいっぽう、時間のなかで展開する小説的な物語への神話の変容という主題を導きいれることになる。

作品を完成するにいたらなかった言語学者ソシュールの神話研究の膨大なノートをマイクロフィルムをとりよせて研究し、自分としては是が非でも『神話論理』を完成させようと決意したことを語り、第Ⅳ巻『裸の人』には二、三冊分の素材が詰め込まれた複雑なものとなっていることを説いたうえで、つぎのように語っている。少し長いが引用してみよう。

（最終巻の『裸の人』は……）……最初の出発点にもどっているのですよ。「裸のもの」（le nu）は、文化との関係で言えば、自然に対する「生のもの」（le cru）と同等のものですからね。最初の巻（Le cru et le cuit）の最初の語と最後の巻（L'Homme nu）の最後の語はつながっているのです。ちょうど船に乗って、南アメリカから出発して、北アメリカの北極圏まで上って行き、ぐるっと回って前進を続けると元の位置に戻ってくるのと同じことです。……自分の辿る道筋がどうなるのか、大体のところは判っていました。食物を火を使って調理するということの発明ないし発見が自然から文化への移行であることを物語る神話が出発点です。そこから出発して、神話の内包する論理に押されながら、次から次へと神話を辿っていくわけですから、いつかは必ず、自然と文化の境界線がもはや生のものと火にかけたものとの間を通るのではなく、経済的交換の受容あるいは拒否、つまり集団の境界を越えた社会生活の受容と拒否を分ける線上を通るような神話に達するに決まっていたのです。祭とか市というのは、敵対する部族ですら、食物交換のため、また労働生産物交換のために定期的にやって来ては出会う場所だったのです。……ちょうど北アメリカの北西部、オレゴン州からブリティッシュ・コロンビア……あたりで部族間の物品交換が異常な発展を見せるからなのです。そういうわけで、出発点の南アメリカ神話に、その地点で、ほとんど同じ形で出会うことになるのですが、そのことは特別に意味深いと言えるでしょう。二つの半球がそこで一つに合わさると同

時に、神話の環が閉じるというわけです。（同上、二四〇―二四一頁、訳語は一部変更）

四巻、原書で二〇〇〇ページ余り、ヴァリアントまで数えれば優に一五〇〇篇を超える長短の神話を詳細に検討し、そこにはたらく論理を探求した『神話論理』にもりこまれた思考の軌跡を簡潔に提示したこれらの著者自身の言葉にしたがって、『親族の基本構造』で始められた探求がふたたび「交換」の主題によって閉じられることを確認して、訳者あとがきを締めくくり、贅言をさらに書き加えることなど必要ないかもしれない。しかし、神話の細部へのレヴィ＝ストロースの真剣な向かい方に、強い印象をあたえられたいくつかのパッセージをあげておく誘惑に打ち勝つのはむずかしい。こうしたいくつかの例を通じて神話の論理を探求するグランドデザインと細部へのこだわりにあらわれた思考の特徴を見定めてみたい。

＊

『神話論理』第I巻『生のものと火にかけたもの』はブラジルのボロロ族のもとで採録された「コンゴウインコとその巣」という表題のM_1の「基準神話」からはじまる。すでに物語にふれた読者のためにも、ごく大づかみな要約にとどめよう。そこでは森の中で母とインセストを犯した息子に父が復讐をしようと、死者の国から楽器を奪うという試練を課し、それがうまくゆかないとコンゴウインコの巣をあさるように命じ、高みにある巣に置き去りにする。ほとんど餓死しかけながらもコンドルに助けられ帰還した息子は、嵐をひきおこし、祖母のもの以外の村の火すべてを消してしまい、狩りに誘い出して父に復讐して殺し、母も殺す。

この神話が嵐すなわち天の水の起源を語るのに対して、同じボロロから採録された「水と、装身具と、葬式の起源」と題されたM_2の神話では、妻が森で同族の男に犯されるのを目撃した息子からことの顛末を知らされた男が妻を殺し、母を失って悲しんだ息子は鳥になり、男の肩に糞を落とす。そこから大木が成長しその重みで男が休むたびに地面がくぼみ、水が湧いて湖や川ができる。装身具の起源を語る結末は略すが、M_2は地上の水の起源を語って、M_1とは対称をなしている。

ところがボロロの北東数百キロに居住するシェレンテ族では、M_1と同じようにコンゴウインコの巣をあさり、高みに置き去りにされた男が、ジャガーに助けられ、最後はジャガーから料理の火を手に入れるというM_{12}という番号を付された物語がある。こうしてボロロの天の水の起源神話は「鳥の巣あさり」を主人公とする一群の神話のひとつとして、同じボロロの天地の水の起源神話と関連し、さらに水の逆（水$^{-1}$、M_1では嵐の雨が主人公の祖母以外の火を消してしまうことにも見られるように）である火の獲得の神話と結び付くことになる。だとすれば、シェレンテ族にも地上の水の起源を語る神話がなければならない、そして、それは確かに存在する、とレヴィ＝ストロースは言う。「アサレの物語」と題されたM_{124}がそれである。そこではアサレという一番下の弟に母を呼びに行かせ息子たちが「男たちの家」で母を犯す。息子たちを厳しく罰した父に復讐するために息子たちは家に火を放ち、父と母はハイタカに変身して逃げる。アサレと息子たちは遠くへ旅立ち、途中、のどの渇きを癒すのに地面から水を湧き出させそれが一面の大洋になり、最後に子供たちは天に昇ってプレヤデス星団（すばる）になる。

他のいくつかの神話とともにM_1、M_2、M_{12}、M_{124}は網目状に関連し相互に変換形となる神話群をつくっている。そのなかでM_1とM_{124}は天の水と地の水の起源を語る対称性の軸をなすという。事件の犯される場（森／男たちの家）、復讐する者（父／息子たち）、その手段（霊の住む水界／家に放たれた火）、分離の方向（鳥の巣へ＝垂直／遠くへの旅＝水平）等。こうした対称性は、一見些細なディテールとも見える主人公の助け手として登場する動物たちにおいても一貫しているはずだとレヴィ＝ストロースは主張する。一定の満足できる解決を見いだすまでのレヴィ＝ストロースの手探りが素直にしめされていると思われる思考の過程をたどってみよう。そこには、神話の言葉が表わす感覚的な属性から、一定の抽象性をもった対立関係を抽出するためのレヴィ＝ストロースの手続きを明瞭に見てとることができる。

M_1では父が復讐のために息子に、霊の住む水の世界から三種の楽器を盗んでくるように命じる。祖母に教えられ主人公はハチドリとハトとバッタに助けられ、それぞれ、大きながらがら、小さながらがら、足につける鈴を取ってくる。いっぽうM_{124}ではワニに追われたアサレを三種の動物が助ける。最初はキツツキ、次いでアカバネシギダチョウ、最後にサルが、それぞれ、木の皮、藁、ジャトバという豆のさやの下に隠して助ける。これらの助け手の登場がM_1では神話の始めに、つまり巣あさりという上方への移動の前、M_{124}では神話の後半つまり旅に出て水平方向への移動の後に置かれているという点で、ふたつの神話の対称性はすでにたしかめられる。

三種類の助け手の動物にはどのような関係があるのか。それぞれの生息する空間的位置からはハチドリ＝上、ハト＝中、バッタ＝下、キツツキ＝中、アカバネシギダチョウ＝下、サル＝

上という関係が導かれる。順序は不同ながら三つの位置がセットとなっている。さらにハチドリは水を失った元水の主であり、ハトが大量の水を飲むというシェレンテの神話があり、バッタは生と死の両義性を帯び、破壊的な火をもたらすキツツキ、発火法の発明者すなわち創造的な火の主サル、生と死の媒介者アカバネシギダチョウのセットと、水と火の相のもとで対称性をしめす。そして楽器を盗む三種の動物が音を立てて聞かれてはならないのに対して、M124の動物たちは食べることのできない植物の部分を利用してアサレを隠すという点で、いっぽうの耳での摂取の禁止ともういっぽうの口で食べることの不可という対称性があるとレヴィ＝ストロースは主張する。以上の論証には結論の当否以上に、神話群の全体的な対比と相関を、細部における対比と相関にまで貫徹する論理を追求するレヴィ＝ストロースの思考のスタイルが明瞭にしめされている。そこに、神話の語り手たち自身も無意識な、動植物の特性を対立させる「野生の思考」の運用が確認されているのである。

＊

神話群のそれぞれのヴァージョンの間に変換が認められ、その変換の特性は物語の細部における特徴づけにまである一貫性をもって作用しているという今見た視点は、レヴィ＝ストロースの「神話論理」の基本的な論理のひとつと受け止められる。そして細部にいたるまでその論理を検証しようというレヴィ＝ストロースの、神話の語ることへのある真剣な接し方が感じられると思う。それは一般的な原理をいったん立てた後は可能な限りそれをあてはめて、表面上は隠された原理をその神話をして露呈させるといった手続きとは異質なものである。神話のテクストに可能な限り内在しようという意思とでもいえばよいだろうか。

そうしたレヴィ＝ストロースの態度はたとえば、第Ⅱ巻の『蜜から灰へ』の第二部「カエルの祝宴」にもよく表れているとわたしは思う。もともとはふんだんに入手できた蜜（かつては好きなだけ栽培できた、と語る神話もあるという）が何か禁じられたことを犯したために、自生するにもかかわらず苦労して手に入れなければならないものに変容したという蜜の希少性の起源を語る神話に徴されるように、この第Ⅱ巻の神話群には、かつて豊かにあったものを喪失し、文化から自然へ回帰するという基本的なトーンが流れているとレヴィ＝ストロースは強調する。いっとき得たものを失うという物語は、日本の民話に似たものをわれわれに感じさせる。

そうした蜜を主題とする神話群のなかに、蜜の主である主人公のミツバチの女性が、物語の骨格を保持しながら狩りの名手であるミツバチの男性の主人公へと性別を変え、さらに性別を保持しながらミツバチからカエルへ、カエルからジャガーへと変容してゆく一群の神話が「カエルの祝宴」で扱われる。そこにはレヴィ＝ストロースが探求する、すでに触れたものとは異なる「神話論理」が見いだされている。そうした一連の神話のひとつ「折れた矢」という表題を付されたM238では、偶然ジャガーに遭遇した男が追われて木の周りを回り始め、ぐるぐる回るうち立場が逆転してうまくジャガーを仕留めてしまう。一躍英雄となった男は本物の狩りの名手になりたくなって、狩りの主である雌のカエルに懇願し、不思議な矢をあたえられ、さらに狩りの幸運をさまたげていた、身に付着したカビをとりのぞかれて名手となったが、狩りの主である雌カエルの名を人に教えてはならないという禁止を破ったために、またもとのただの男にもどってしまう

（『蜜から灰へ』一九一―一九三頁）。

狩りでどのような動物もすきなだけ狩れる能力は、すべての動物たちがカエルの指図で、男の足をなめることによってもたらされる。神話は動物たちを穏やかな動物から攻撃的な動物へ、種類ごとに小さい順に順序立てて登場させる。この明確な順序の構造は、与えられた魔法の矢で男が狩るときに目標を狙うこともなくあてずっぽうに矢を放つと必ず何かの動物に当たるという偶然にまかされた狩りの方法と対照をなしている。こうした神話の展開にレヴィ＝ストロースは独自の神話論理の展開を見いだすのである。

ジャガーと男の対は木をめぐる円運動に入ることで、循環的な序列のない二者関係に入り、ジャガーが殺されることで関係は廃棄される。次いで神話は偶発的な秩序（狩りの方法）と、動物がしめす順序の構造の対比によって展開される。二者間の循環的で非推移的関係は多項間の推移的な構造にとって代わられる。

ここでは、基底に見出される神話の論理は、対称性のある二者関係（ただしそれは男がジャガーを殺すという否定的結合すなわち「へだたり」の消去によって自ら消失する）と偶発的な関係と、推移的な多項関係という三種類の関係の構造が構成する群なのである。レヴィ＝ストロースがきわめて基本的なレベルではあれ数理論理学的な関係の構造を手がかりに検証していることは、順序の構造、推移性、循環性といったそうした分野での用語を意識的に利用していることからも理解できよう。また同時に、対をなす二項関係から順序づけられた三項以上の関係への移行は、すでにふれた「歴史学と民族学」における双分組織への関心から「双分組織は実在するか」へと展開された議論と同等の論理構造を対象としていることが理解されよう。もうひとつの偶発的な関係を、もし、あてずっぽうに放った矢がそれにもかかわらず何か動物に当たるといういわば統計的な現象と見なすことができるなら、二者間の交換と三者以上のあいだの一般交換からなる「基本構造」と、偶発的な選択のおこなわれる「複合構造」とを対比する『親族の基本構造』ですでにとりあげられたものと同型の論理がまったくべつの領域で、べつの形のもとで検証されているということができる。

こうした分析では動植物は『野生の思考』の構想に忠実に、対比と相関をしめす特性の担い手として、広い意味での思考のための「種操作媒体」として機能していたり、親族関係の研究で試みられたものに対比される数理論的な構造の宿る媒体と見なされている。ところが『神話論理』においては、動物たちは単なる特性の担い手を越えて、人間にとってほとんど同格あるいはそれ以上の「意味ある他者」としても登場する。

*

ふたたび『遠近の回想』から。神話とは何かという「単純な質問」に、レヴィ＝ストロースはこう答えている。

> 単純な質問などというものではないですよ、それは。……もしあなたがアメリカ・インディアンの誰かにお訊ねになったとしましょう。そうすると彼はきっとこう答えるでしょう。それは、人間と動物がまだ区別されていなかった頃の物語である、とね。この神話の定義は、

私には、なかなか意味深いものに思えます。……この地上で他の動物と一緒に生きながら、地上で暮らす喜びを彼らとともに享受している人類が、その動物たちとコミュニケーションを持てないという状況ほど、悲劇的なものはなく、また心情にも精神にも反するものはないと私は思うからです。これらの神話は、この原初の欠陥を原罪などとは考えないで、自分たち人間の出現が、人間の条件とその欠陥を産みだした事件であると考えている、というのはよく理解できますね……。(同上、二四八頁)

たしかに『神話論理』の全巻を通じて、多種多様な動物たちが、敵として、あるいは助け手として、そして多くの場合両義的な姻族として、人間のパートナーとして登場する。人間が登場せず、動物たちだけが活躍する神話も少なくない。全巻からランダムに拾って標語風に列挙すれば次のようなリストをすぐに作ることもできる。

火の主としてのジャガー/愛人としてのバク/魚の主、愛人としてのカワウソ/栽培植物と死の主、オポッサム/腐敗の主、コンドル/臆病な夫としてのキツツキ/ドジな間男、キツネ/カエルの祝宴/不敗のリクガメ/ヤマアラシの教え/淫蕩なアビ女/秀でた兄ピューマと愚かな弟オオヤマネコ、などなど。

こうした「他者としての動物」は神話の論理とどのようにかかわるのだろうか。そうした視点から見て、レヴィ＝ストロースの神話読解の特徴がくっきりとしめされている例が『裸の人』第四部「地方生活情景」にある。第Ⅳ巻『裸の人』の主題が「経済的交換の受容あるいは拒否、つまり集団の境界を越えた社会生活の受容と拒否」であり、「交換」による「自然から文化への移行」を神話がいかに語っているか、であることはすでに引用した自著解説でふれられていた。交換の自然的基礎とも言える自然条件の違いからくる食料源となる動物分布の地域的な差異、とりわけ北アメリカ北西海岸の川の滝の有無によるサケの遡上する地域としない地域の違いはトリックスター・コヨーテの事績として語られる。そのコヨーテ自身は、北アメリカ北西海岸の「鳥の巣あさり」の主人公の義理の父として登場し、息子の嫁に邪な欲望を抱いて横取りしようと息子を高い場所に置き去りにし、あらかじめ脱がせておいた服を着て息子になりすます。南アメリカの神話で子供が犯した近親相姦を父が罰するのとは逆転していることになる。後に生還した息子に復讐され、逃げ出したコヨーテが、北西海岸北部の地域を経めぐり土地の女たちが交わることを許せばサケの遡上を可能にし、女たちが拒否すればサケが遡上する障害をつくり出す。性的な交通と食糧獲得が組み合わさって神話の主題となっているのである。

いっぽうさまざまな動物の対が、「分かち合い」から分配と交換の拒否そして食料源の明確な分化（「棲み分け」という言葉を使いたくなるところである）にいたる種間関係のスペクトルのありようの起源を語る神話の主人公たちを務めている。たとえばM$_{644ab}$「オオヤマネコとピューマ」と題されたクリキタットと呼ばれるコロンビア川中流域に居住する人々の神話（『裸の人』1、三六四―三六六頁）では、いかにしてピューマが食べ残した死骸にオオヤマネコがありつくことになったかが語られる。「交換に自然から文化への移行を認識するための一種の試金石を見る哲学にとって、背丈の異なるネコ科が取り結ぶ経済的な関係は、扱いにくい問題を提供する」ことになる（『裸の人』1、三六三頁）。文化としてのある種の分配が動物においてもおこなわれ、しかもそれはつねに、一方的な非＝互酬的な関係として成立しているのである。これら二種類の肉食獣の関係を主題とする神話群を分析しながらしめされたレヴィ＝ストロースのつぎのような見解は、おそらく神話論全体の構想を表していると受け止めることができる。

……神話は、……自然の両立性のひとつのケースを、狩猟、漁撈、料理を同一の側に置き、しばしば乾燥させたあるいは保存用にした、それゆえすでにある調理が加わっている食料品にかかわる商取引にもうひとつの側を割り当てることで、土着の思想が獲得できたと見なす、も、われわれが、そう要請されているように、それらをヴァージョン間の示差的な偏差の形で理解することができなければ、浮き上がらせることはさらに難しいだろう。各ヴァージョンはM644の筋を尊重しながらも、ある部分やエピソードを反転させたり、二重化したりするが、そのやり方は、われわれがこれから見るように、けっして恣意的なものではなく、ある主題が構成されるとただちに、その論理的構造を使ってすべての変換群を構築するという神話の思考に固有の必然性に起因する。（同上、三六七頁）

こうして、自らを文化的存在として自覚しながらも、身近な他者としての動物たちの「社会関係」を発見することで、あらためて自他（自＝人間、他＝動物）の関係を問いなおし、その設問への解答の論理的に可能な解を、できるかぎり思考実験によって演繹しようという神話のひとつの存立構造が引き出される。それはおそらく自然と身近な他者としての生物たちによってつくられた世界に、はじめて直面した人類が自らに問うた問いを、南北アメリカ・インディアンたちが反復するときのひとつの作法だったのではないだろうか。そしてレヴィ＝ストロース自身が、そのインディアンたちの位置に自らを置いて反復しようと試みた問いかけではなかったか。人間が自然のさなかに生を享けたことを自覚した時、人間はすでに文化の存在として、火を獲得して料理をし、何かを身につけて裸ではなくなっていたとすれば、そのことはいかにして起こったのか。こうした主題が構成されるとただちに、その論理構造を使ってすべての変換群を構築するという神話に固有の必然性が、もしあるとするなら、神話はどのように聞かれるべきなのか、『神話論理』は、そうした問いに応えようとした。

おそらくそこには人類が世界に直面して、ある意味では手当たりしだいにやってみるしかないという状況におかれた人間のやったことの再現という側面もあるのではないだろうか。知的な遺産、蓄積された哲学の遺産もない。宗教もない。それから科学もない。世界に直面してとりあえず何かをやってみなくてはならなかった人間――新石器時代の人間――だけがいて、そのなかで人間がなしえたこととは一体何だったのかという問いに、インディアンたちの語る神話に真剣に耳を傾けることで、レヴィ＝ストロースは向き合ったのではないだろうか。そうした問いかけへの答えを模索する時、『裸の人』の終曲に表されているように、レヴィ＝ストロースがもっとも注意深く知的な道具を探し求めたのは、現代のさまざまな自然科学の成果、とりわけ感性的なものへ細心の注意を払ってその特性を知的に理解可能なものとしようとする、生命科学を中心とした諸分野の成果だったように思われる。神話が語る細部へも一貫して作動する神話論理を可能な限り理解するというその企図のために、レヴィ＝ストロースは、最新の多彩な研究分野の成果を、自らの知的ブリコラージュの道具箱に常にいつでも使えるように補給していた。四巻にのぼるこの浩瀚な書物は、徹頭徹尾、レヴィ＝ストロースという稀有な知性の、人が真新しい世界に直面したときの謎を解こうとしたブリコラージュの作業の現場報告のように思われるのである。

その作業の秘密のごく限られた部分の一端を、著者の肩越しに盗み見たきわめて不十分なレポートによって訳者あとがきに代えることを読者諸氏にお許しいただきたい。また筆者の怠慢から、この『裸の人』2の刊行を大幅に遅らせてしまったことを、今は亡き著者レヴィ＝ストロース氏、読者のみなさん、訳者の皆さんにお詫びしたい。

11 『大山猫の物語』訳者あとがき

本書は一九九一年に刊行されたクロード・レヴィ゠ストロースの *Histoire de Lynx*, Plon の全訳である。

二〇世紀後半の人類学的知をリードした著者レヴィ゠ストロースは、一九六四年から七一年まで、七年をかけライフワークである四巻の大著『神話論理』（みすず書房、二〇〇六―二〇一〇年）を完成した。そのあとに書かれた、七五年の『仮面の道』、八五年の『やきもち焼きの土器つくり』、そして本書『大山猫の物語』を、四巻の「大神話論理」に対比して、「小神話論理」と戯れに呼んでいる。ヨーロッパ近代の自己意識のドラマの脚本を書いたと言えそうなヘーゲルの「大論理学」と「小論理学」の対を念頭に置いているのだろうか。

いずれにせよ一九〇八年に生まれた著者が、一九三〇年代後半にブラジルに赴いて先住民たちに接し、一九四一年ニューヨークに亡命してアメリカ人類学の泰斗、晩年のフランツ・ボアズの謦咳に接して（四二年一二月二一日のボアズの突然の死に立ち会ったことはエリボンとの対談『遠近の回想』（増補新版、竹内信夫訳、みすず書房、二〇一八）にも印象的に語られている）、とりわけその弟子たちの収集した新大陸先住民の膨大な神話テクストのアーカイヴを知り、そこに繰り広げられるもう一つの未知の新しい豊饒な世界を直観して神話研究を構想してから、ほぼ半世紀にわたる作業がこの『大山猫の物語』によって大団円を迎えたといえるだろう。それは三〇代から八〇代までの著者の半生を賭けた仕事であった。この最後の「小神話論理」が、着想から完成までひときわ作業が難航し試行錯誤を繰り返したことは「序言」の末尾で、草稿を、重ね書きされた「錯綜した羊皮紙」に例えていることに端的にしめされている。そして本文においても何か所かで探求の軌跡をしめす講義要録や論考に言及して試行錯誤の行程を振り返っていることは、読者も確かめられたとおりである。

かつては似た者同士だった大山猫とコヨーテは諍いを起こして、コヨーテは相手の鼻面と尻尾を押し縮め、大山猫は相手の鼻面と脚を引き延ばし今の姿になったという印象的な挿話が引かれている（本書七三頁）。この対の形象を軸として「双子であることの不可能性」を主題としてこの小著は展開される。その探究の困難の一端はおそらく、第二部で興味深く探求される、ヨーロッパ出身の毛皮獣の猟師を通じた、ヨーロッパとりわけフランス民話の先住民神話への浸透とも呼べそうな現象そのものの複雑さにあった。それはこの現象に象徴される、先住民の思考に映し出されたヨーロッパの分身の姿をどう捕らえるかという主題からくるものだったのだろう。相互に代替可能な、限りなく同一者に近い双子の形象にこだわる古典古代の神話的思考に対して、瓜二つではありえない不可能な双子の形象にこだわる南北アメリカ先住民神話の対比に密接に関係している。この主題は第二部の後半では、新大陸とその住民の「発見」をほぼ同時代の出来事として生きたモンテーニュを証人に呼び出すことでさらに深められている。思いもかけない未知との遭遇であった大陸先住民をめぐる考察を繰りひろげつつ、キリスト教の弁神論から根底的な懐疑主義の方向へと踏み込み、危ういバランスを回復することで中庸の処世術とするというモンテーニュ理解は、想像以上に、著者レヴィ＝ストロースの日常に対処するときの思考の身振りを問わず語りにしめしているように思われる。ただ、本書をどう読み解くかは、いずれにせよ読者の手にゆだねられており、読者の自由におまかせしたい。

以下には、監訳に当たって筆者の脳裏から離れなかった補助線を二、三提示することで、本書の読解のバイアスがどのようなものでありえたかを、やや手前味噌なとりとめない連想と感想に堕すことを恐れつつも書き記しておきたい。

＊

一本目の補助線は、同時代の歴史的文脈とも呼ぶべきものである。

原著が一九九一年に刊行されていることは冒頭にふれた。その翌年がコロンブスによる新大陸「発見」五〇〇周年で、さまざまな記念行事が各地で予定されていたことを記憶している読者はすでに少ないかもしれない。それにふれてレヴィ＝ストロースは刊行後のインタヴューで以下のように述べている。

この本を書き始めたころたまたまコロンブスによる「発見」の五〇〇周年が近づいてきました。……その意味を考えることになったのです。……（神話論理の）研究を終えるにあたって、アメリカ・インディアンの人々の哲学と倫理の思想から私たちが何を学んだかを問うたのです。……そのような問いは、昨年（一九九一年）、カナダで起こったモホーク族の蜂起に刺激されて考えさせられたということを言うべきでしょう。モホーク族の人々はあらためて、侵略者と土着の人々の関係という、この問いを提起したのです。

カナダ東部のケベック州、アメリカ合衆国との国境オカの街でモホーク族の墓地がゴルフ場として開発されるという計画が公表されたのをきっかけにして、「戦士」である若者が中心となって蜂起した経緯にふれる余裕はない（拙著『闘うレヴィ＝ストロース』、平凡社新書、二〇〇九年参照）が、レヴィ＝ストロースの人類学的思考の背景にこうした「侵略者と土着の人々の関係という」同時代の現実への視線があることを見逃してはならない。こうした視線は、一九九三年が国連の定めた「国際先住民年」であり、それに先立って九二年には、ブラジルのリオ・デ・ジャネイロでサミットが開催されたこととも関連し、「地球サミットは先住民族の集団の声に耳を傾けた。先住民族は彼らの土地、領土、環境が悪化していることに懸念を表明した」（国連広報センターホームページ）という、二〇世紀末に高揚した「先住民」の「承認」の動きとも関連している。この地球市民社会の構成員としての「承認」が、たとえばブラジル社会の文脈においていかに両義的なものであったかについては、後にも触れるブラジルの人類学者ヴィヴェイロス・デ・カストロの『インディオの気まぐれな魂』（近藤宏・里見龍樹訳、水声社、二〇一五年）に付された訳者解説に簡潔に提示されているのを読んでいただければと思う。

この、コロンブスによる「発見」という「一四九二年問題」と称すべきものは、分野を越えて同時代の世界をどう考えるかという課題でもあり、人類学のみならずさまざまな分野でも提起されていた。たとえば経済史と政治地理学にまたがる*POLITICAL GEOGRAPHY*誌のVol.11, No.4で歴史地理学のJ・M・ブロートは「一四九二年の意味」という表題の特集の主論文「一四九二年」を寄せ、それに経済史のA・G・フランク、S・アミン、R・A・ドジソン、R・パランが答え、それぞれに対して再度ブロートがコメントするというかなり大掛かりな特集が組まれている。それぞれ「一四九二年再び」（フランク）、「ジム・ブロートの一四九二年について」（アミン）、「初期近代世界システムにおけるヨーロッパの役割：寄生か創生か」（ドジソン）、「資本蓄積のヨーロッパの奇跡」（パラン）という表題、とりわけ最後の二つには、経済史研究のどのような文脈で「一四九二年問題」が提起されていたかをうかがうことができる。問題提起の役を担ったブロートが、翌年に刊行した『植民者の世界モデル』（*The Colonizer's model of the World*, The Guilford Press, 1993）という著作で再度論じているように、七〇年代から八〇年代にかけてマルクス主義と非マルクス主義との違いを越えてなされていた「資本主義の発展における西欧の先進性・中心性」の主張を再審に付すこと、マルクス主義の二人の先鋒ともいえる「産業化以前のヨーロッパにおける農村の階級構造と経済発展」（一九七六年）のR・ブレナー（『所有と進歩』長原豊監訳、日本経済評論社、二〇〇三年）と『近代世界システムI』（一九七四年）のI・ウォーラーステイン（川北稔訳、名古屋大学出版会、二〇一三年）、非マルクス主義の先鋒と思しい『西欧世界の勃興』（一九七三年）のD・C・ノース（速水融他訳、ミネルヴァ書房、一九八〇年）や『ヨーロッパの奇跡』（一九八一年）のE・ジョーンズ（安元稔他訳、名古屋大学出版会、二〇〇〇年）等をいかに論破するか、がブロート等の主要な動機だったと理解される。

論理の共有ではないにせよ、こうした動機をブロートと共有していたフランクは、数年後の一九九八年に大著『リオリエント』を刊行した（山下範久訳、藤原書店、二〇〇〇年）。冷静な評者でもある訳者はその主題を簡潔に要約している。すなわち「一四〇〇〜一八〇〇年の世界において銀が地域問交易の決済通貨［……］の機能をもったということ、その銀の地域間フローの連鎖によって近世にひとつのグローバル・エコノミーの次元が存在したということ、そしてその［……］バランスは、ヨーロッパに対して西アジアの、西アジアに対して南アジアの、南アジアに対して東アジアの入超を基調としていたということ、言い換えれば、中国は近世のグローバル・エコノミーの巨大な経済的中心であったということ」をしめすことになる（「ポスト・リオリエント」『at』、インスクリプト、二〇〇八年一一号）。決済通貨となった大量の銀は、南米のとりわけポトシ銀山の発見の後、新世界からヨーロッパに供給されたことはよく知られている。

こうした経済史の領域における西欧中心主義と脱西欧中心主義の対峙の場に、レヴィ＝ストロースの人類学の探求はおよそ無縁のようにも思える。しかし果たしてそうだろうか。

第二次世界大戦後、亡命したニューヨークから博士論文『親族の基本構造』をひっさげてフランスに帰還したレヴィ＝ストロースは、おそらく帰還者として生活の資を確保するという必要もあって高等実習研究院の教授職と同時に、ユネスコの人文社会科学分野の事務局長の職を得る。ナチスの崩壊からまだ間もないヨーロッパで科学分野におけるユネスコのその最初の仕事は、反人種主義の世論形成の基礎を作る作業であり、その文脈で書かれたのが一九五二年刊の『人種と歴史』という小冊子だった（荒川幾男訳、みすず書房、一九七〇年）。そこではヨーロッパにおける人種主義の基礎を、世界に冠たる歴史の主導者と自認するヨーロッパの歴史意識にまで遡って解体するという徹底した思考がしめされている。その思考を、今風にいえば「自虐史観」として論難したのが、鋭敏な批評家ロジェ・カイヨワだった。レヴィ＝ストロースはカイヨワを、当時アメリカを席巻していたマッカーシーになぞらえて辛辣に切り返した（拙著『レヴィ＝ストロース──構造』、現代思想の冒険者たちSelect、講談社、二〇〇三年参照）。

西欧に対して歴史の主導者としての権利要求を禁ずるために、レヴィ＝ストロースは「累積的歴史」と「停滞的歴史」を区別したうえで、西欧もその一例である前者の累積性（進歩）を偶然性の連鎖に還元する。たとえば「産業革命」は人類史で二度だけ偶然に生起した連鎖的な技術革新の一例（最初のそれは「新石器革命」である）にすぎない。世界に冠たる西欧資本主義は偶然の産物である。いずれにせよ、『人種と歴史』の主題は一九七一年のユネスコでの講演「人種と文化」に引き継がれるいっぽう、レヴィ＝ストロースの人類学の基礎におかれた脱西欧中心主義は一般向けの「ユネスコ通信」に掲載された多数の小文や、ユネスコの内部討議資料として書かれた論文に表明されてゆく。なかでも一九六一年の「社会経済的発展と文化的不連続性」（*Anthropologie structurale deux*, Plon, 1973所収）にはいくつかの重要な論点がしめされている、すなわち、人間社会はもともと労働による余剰が発生する土地に居住することによって可能となったのであってみれば「人間による人間の搾取はその後にくるものであり［……］植民者による被植民者の搾取のかたちで、いいかえれば、原始人がまったき処分権をもっていた剰余価値の過剰部分を前者が奪取するというかたちで出現した」のであり「[……]結果として、植民地支配は論理的・歴史的に資本主義に先行すること、そして資本主義体制は、それに先立って西欧の人間が土着の人間を扱ったやり方で西欧の人間を扱うことにある、と結論される」。そしてさらに「マルクスにとって資本家と労働者の関係は植民者と被植民者の関係の一特殊例にほかならない。この視点からすれば、マルクス主義の思想においては経済学と社会学は、民族誌学の一部として誕生したとほとんど言えそうである」とつづく。西欧の内部に屈折し退縮した植民地支配体制としての資本主義……。むしろ古代から中世にいたる資本主義に先行する農業社会がすでに、しばしば異民族支配になぞらえられた植民地的搾取の体制ではなかったのだろうか。

その後のレヴィ＝ストロースの仕事をたどると、植民者と被植民者の社会経済的関係「にもかかわらず」搾取の構造に組み入れられる以前、あるいはその内部で、そこから独立した後者の思考と世界観はどのように再構築しうるか、という問いが探求されているように思える。先に言及したブロートは「一四九二年問題」を論じつつ、やや性急に「先住民の敗北を彼らの非合理性や迷信……（メキシコ人がコルテスを神だと見なしたといった神話）に帰す必要はもはやないのだ」と結論する。この主題はM・サーリンズの一九八五年の『歴史の島々』（山本真鳥訳、法政大学出版局、一九九三年）に対して、もう一つの西欧の「神話」をとりあげ、まさに一九九二年に論争をしかけたG・オベーセーカラの『キャプテン・クックの列聖』（中村忠男訳、みすず書房、二〇一五年）にも共有されている。この論争は、交わされた言葉の厳しさの割に微妙ながらも大きなすれ違いというか、むしろ批判されたサーリンズによる韜晦という印象を筆者には残した。『大山猫の物語』は、こうした同時代の論争に、ある独自の距離をおいて、応えていはしないだろうか。

＊

ヨーロッパと南北アメリカ先住民における「自己と他者」をめぐる『大山猫の物語』へのさらに二本の補助線を手短かに引いてみたい。

何気なく読めば見過ごしそうなことだが、レヴィ＝ストロースは自と他の対関係の多岐にわたる顕現のありようを考察したこの著作のしめくくりで、自らのもっとも初期の文章に立ち戻って原点を確認している。それは一九四四年に *American Anthropologist* 誌に掲載された **Reciprocity and Hierarchy** というわずか二頁ほどの短い論文である（本書三二一―三二三頁）。記憶は少しあやふやになっているとはいえ、レヴィ＝ストロースに関心をもって業績を遡って読み進めていったとき、いわば構造主義以前のこの論文に、当時（一九八〇―九〇年代）英国社会人類学のフィルターを通して日本で受け止められていたレヴィ＝ストロース的「二項対立」（それはたとえば「右と左」といった対称性をもった平板な二項関係に要約される）とはきわめて異質で動的な対関係の形象が提示されていることは、筆者にとって驚きであるとともに戸惑わせるものがあった。今振り返れば、ここには言語学の音韻論における弁別特性の二項対立の概念によって整理される前の、混沌とした豊かさを内包したレヴィ＝ストロース固有のアメリカ先住民の「二分性イデオロギー」の直観的な把握があったのだろう。対関係の相互性と位階秩序はセットとなっていて、しかも反転不可能で不均衡な対関係は、土着の観念と社会関係においては、矛盾をはらむ形で重層化されている。この小論文でレヴィ＝ストロースは、人類学的探求の起点となったブラジルのボロロ族の民族誌の細部に即してそのことを確認していた。「大神話論理」の第Ⅰ巻『生のものと火にかけたもの』がボロロの神話から出発していたのに対して、「小神話論理」の末尾にはふたたび、目立たない形ではあれ起点としてのボロロの民族誌への目配せが想起されていた。

ここで議論する余裕はないが、レヴィ＝ストロースがその後展開することになった構造主義人類学において正面から取り上げることのなかった社会関係における「従属」と「位階秩序」の問題は、インドのカースト制を主題として取り組んだルイ・デュモンによって独自に探求された。一九六六年に初版が刊行されたデュモンの主著『ホモ・ヒエラルキクス』（田中雅一・渡辺公三訳、みすず書房、二〇〇一年）における主題と、この小論のモチーフを相関させたうえで、二〇世紀後半のフランス人類学の展開を見直すことは、果たして可能だろうか。

＊

もう一本の補助線は、すでにふれたブラジルの人類学者ヴィヴェイロス・デ・カストロの『インディオの気まぐれな魂』である。著者は、レヴィ＝ストロースが差し出した問いを受け止めて、ドゥルーズなどポスト構造主義から学び人類学を刷新しようとする、次世代のリーダーとして認められつつある研究者である（最初の主著『食人の形而上学』はすでに訳されている〔檜垣立哉・山崎吾郎訳、洛北出版、二〇一五年〕）。『インディオの気まぐれな魂』に付された詳細な訳者解説によれば、この興味深い本の最初のヴァージョンは一九九二年、『大山猫の物語』の刊行に踝を接して、それへの応答として書かれたという。ただこのきわめて濃度の高い小著に描かれたブラジルにおける先住民とヨーロッパ人の自と他の関係の「場」の感触は、獣を追う日々のなかで自然観察者としての先住民からおそらく多くを学び、夜の焚き火を囲んで幼い日におぼえた伝承を語り聞かせるヨーロッパ系の狩人と、それに耳を傾け、お返しに自分たちの物語を語る「土着の人々」とが分かち合った場とはおよそ異なっている。それは、地団駄を踏む宣教師とわれ関せずの先住民の緊迫したすれ違いとでも言えばよいのだろうか……。

合わせ鏡のように二章からなるこの本で著者は、最初の「一六世紀ブラジルにおける不信仰の問題」には、イエズス会宣教師たちの眼に映った、改宗してキリスト教に熱心に帰依したかと思わせながら、ふとしたことでやすやすと信仰以前の悪習に復帰してしまう「気まぐれな」インディオたちに苛立ち、恨みごとを並べ、罵倒する宣教録の摘要を簡潔で的確な評言を加えながら次々に並べてゆく。そして「トゥピナンバはいかにして戦争に負けた／戦争を失ったか」と題された第二章では、「気まぐれな」インディオにおいて、精神（精神衛生とも言いたくなる）の常数をなしていたインディオにとっての「戦争」の意味を、宣教師たちの罵倒のディスコースから裏返しの解読によって読み解いてゆく。そこに示された「他者」としての宣教師の冷静さを失った、時にはヒステリーすれすれの言葉を、表と裏から重層的に読み解く著者の解読は冴えているとしか言いようがない。

インディオにとっての「戦争」の「内面的な」意味を他者の記した宣教録から読み取るという作業は、故意なのか引用されていないピエール・クラストル（夫人のエレーヌ・クリストルの著作は批判的に参照されている）のインディオ社会＝戦争機械論との対比においても興味深い（たとえば『国家に抗する社会』渡辺公三訳、水声社、一九八七年、原著は一九七四年）。他者の神話から読み取られた北アメリカ太平洋岸の「霧と風」の森におけるヨーロッパと他者の出会いと、南アメリカのブラジルの森でヨーロッパ出身宣教師の記録から読み取られた他者の世界。この対比には「他者へ開かれ」た世界の意味をめぐるさまざまな形象が幾重にも重ね合わされている。

*

最後にもう一点老婆心として付記したい。

この神話論理をめぐる最後の著作でレヴィ＝ストロースは、一九五〇年代の神話研究の出発点としてその方針を提示した「神話の構造」（初出は一九五五年、『構造人類学』荒川幾男他訳、みすず書房、一九七二年所収）に提起した神話の基本定式の有効性を何度か（本書一四〇、一四四、一八三頁）検証している。

$$F_x(a) : F_y(b) \simeq F_x(b) : F_{a-1}(y)$$

この基本定式を説明した本文には「上の式の意味は、フロイトの場合ノイローゼを構成する個人的神話が生まれるためには、二つのショック（非常にしばしば信ぜられがちなように一つだけではない）が必要とされることを想起することによって、完全に理解されるだろう」（訳書、二五二頁）と注釈なしで説明されている。一九八九年に刊行された『レヴィ＝ストロースを読む』（*Lire Levi-Straus*, Odile Jacob）で著者スキュブラは、この一節がフロイトの『科学的心理学草稿』におけるいわゆる「事後性」の問題の提起への言及であると指摘している。この草稿の再発見が一九五〇年ごろであることを考え合わせると、興味深い事実ではある（拙論「冷戦期における「構造」の生成―レヴィ＝ストロースの探究」『精神医学史研究』19―1、二〇一五年［本書三八五頁―三九六頁］参照）。

本書での基本定式の表記とその日本語版での組版の技術的な制約から定式の逆数の表記がたいへん分かりにくくなっていることをお詫びしたい。神話の複数のヴァージョン間での二重の捩じれを指摘するこの表記は重要である。最初に提示されたときの定式を参照して、この点を確認いただければ幸甚である。

どのような経緯でこのレヴィ＝ストロースの神話研究のしめくくりの著作の翻訳にかかわることになったか、無責任の誹りを免れないが記憶が定かでなくなってしまった。当初は前半の9章までを福田素子氏、後半を私の二人で分担して訳すことになっていたが、私に翻訳作業に当たる余裕がなくなり、後半は泉克典氏に翻訳をお願いして、全体の統一を私が行なうという行程になった。その作業も大幅に遅れ、原著刊行からすでに四半世紀を経てしまった。故レヴィ＝ストロース教授はもとより読者各位、訳者のお二人、そして、みすず書房にお詫びしたい。

コラム◎構造主義

構造主義とは何かを定義するのはおそらく無駄である。ここではクロード・レヴィ＝ストロース（以下L＝Sと表記）の『今日のトーテミスム』『野生の思考』（一九六二年）と『神話論理』（一九六四—七一年）を、理論的に実践された構造主義と受けとめた上で、これらの主著にいたる一九五〇年代のL＝Sの神話研究の深化の過程、すなわち構造主義の生成の過程が、宗教（研究）批判にほかならなかったという主張を根拠づけてみたい。

●構造と宗教表象

『親族の基本構造』（一九四九、以下『構造』）は、親族関係研究のテーマ群を、交換としての婚姻という社会的実践の基底にある「構造」の発現として捉えなおそうとした。そこにはこうした構造が、アプリオリなカテゴリー間のある種の演算の構造としてモデル化できるという主題もあった。L＝Sによれば、こうしたアプリオリな定式の地位は、R・ヤコブソンが解明した構造言語学の無意識の音韻体系が果たす認識論的地位に相当する。

インセストの禁止が交換の定式から演繹されるのなら、S・フロイトのエディプス解釈は根拠を失う。『構造』の終章においてすでに、フロイトの理論はアンダマン諸島の神話等と同列の神話という位置にいわば格下げされていた。こうした視点をさらに敷衍すれば、インセストの禁止の源泉を血の「恐れ」に求める、『構造』の序論で誤った歴史的推論として否定されたÉ・デュルケムの視点も、あらためて否定されることになり、しばしば宗教的と形容されるような「感情」を制度の説明原理とすることは否定される。こうして初期L＝Sにすでに宗教（研究）批判の起点をみることもできる。

一九五〇年代、L＝Sは高等研究院にポストを得て、「無文字民族における宗教の比較研究」という講座を担当する。L＝Sは主題の選択にあたってこの講座名に配慮したようにみえる。一九五一年度に始まり一九五九年度に終わる九年間の講義の表題は、「霊の訪問」「アメリカ神話の研究」「同（続き）」「神話学と儀礼の関係」「婚姻の禁止」「『霊魂』の観念についての最新の研究」「社会組織と宗教表象における双分制」「同（続き）」「儀礼的鷲狩り」である（『パロール・ドネ』）。

一九五五年度の「婚姻の禁止」以外は、神話と儀礼を軸として、霊魂や死の問題を中心に「宗教表象」も取り上げられている。初年度の「霊の訪問」では「生者が死者に対して示す二つの態度」を検討し、「これらの社会での生者と死者の関係として見出すことのできた表象は、生者の現実の関係を、宗教的思考の平面に投影したものにほかならない」と結論している。死の問題はあくまで生の側に根拠をおくことで解決されている。一九五〇年に刊行されたM・モースの論集への「序」で、モースの交換論が「ハウ」というローカルな霊の観念に依拠して立論されたことを批判していることも考え合わせれば、この時期、L＝Sが二〇世紀半ばの同時代的な宗教研究の主題群を批判的に検討しているという理解は的はずれではない。

●構造・霊魂・神

一九五六年度の「『霊魂』の観念……」はこうした志向を端的に表している。そこではまずE・B・タイラーの霊魂観を肯定的に再検討し、「霊魂の概念は、他のあらゆる知的な操作を条件づけているのと同じ原初的な論理操作の直接的な結果として生じる」とされる。「霊魂」はあらゆる事物を観念の上で二重化し、複製化した事物を相互に関連づける思考操作の対象とする。関連づけは、事物がしたがう現実の拘束を離脱して、後にL＝Sが『野生の思考』で引用するモースの『呪術の一般理論の素描』のいう「因果律の主題による巨大な変奏曲」を可能とする。

霊魂の二重化によって事物の現実の条件から離脱した思考は単に無制約になるのか。神話研究および『野生の思考』の作業は、関連づけが、事物の知覚される質の多様性のどのような側面に焦点化し、それによってどのように制約されるか、どのような論理に従うのかを主題とする。この世界に見出される人間以外の種という多様な生命形態は、種概念の特性を思考に課す。その一方で質の論理にしたがう思考は臨機応変のブリコラージュの自由を留保する。神話のディスコースに展開されるとき、この思考は多様な質的対比の操作と、対称的逆転の操作によって運用される。こうした思考は、言語の構造がそうであるように人間という種の脳神経系によって可能となった、とL＝Sは仮定していると思われる。

一九三〇年代、ブラジルのL＝Sと呼応するようにスーダン南部の牧牛民のもとで調査を行ったE・E・エヴァンズ＝プリチャード（以下E＝P）は十数年書き継いだ論文を集成して一九五六年『ヌエル族の宗教』を刊行した。L＝Sより六歳年長で英国国教会の牧師の息子として生まれ、すでに二〇代から有能なフィールドワーカーの資質をしめしたE＝Pは、一九四四年頃、カトリックに改宗したという。ヌエルの宗教のシンボリズムを巨細に記述したE＝Pは「双子は鳥である」という彼らの言明を粘り強く解釈し、「双子は鳥であるという慣用句は、双子と鳥とのあいだの二者関係……ではなく、双子と鳥と神とのあいだの三者関係を表している」と結論する。

『今日のトーテミスム』におけるトーテミズムの解体作業の中でL＝SはこのE＝Pの文章にふれて「このような関係が設定されるために、至高の神性に対する信仰は必要ではない」と断定する。「この関係（双子と鳥の同一視）はプリティッシュ・コロンビアのクワキウトル族が双子とさけとの間に考える関係とあまりにも類似しているので…どちらの場合も、論理の運びがもっと一般的な原理に基づいていると考えさせる」のである。

神性への信仰を必要としない質的対比の論理の運用としての「野生の思考」は、五〇年代のL＝Sの宗教表象研究の脱構築の帰結だったといえよう。

参考文献

［1］レヴィ＝ストロース、C『野性の思考』大橋保夫訳、みすず書房、一九七六年。
［2］レヴィ＝ストロース、C『パロール・ドネ』中沢新一訳、講談社選書メチエ、二〇〇九年。

古典紹介◎『野生の思考』

レヴィ＝ストロース、C『野生の思考』大橋保夫訳、みすず書房、一九七六（一九六二年）。
レヴィ＝ストロース、C『今日のトーテミスム』仲沢紀雄訳、みすず書房、一九七〇（一九六二年）。

「文明人」の独占する「科学的思考」や「歴史的思考」とも、その対極として文明人が幻想した「呪術的思考」や「トーテム的思考」とも異なる思考のあり方を、レヴィ＝ストロース（C. Lévi-Strauss）は一九六二年に刊行された『野生の思考』で描いてみせた。それは、季節の推移や天体の動きが織り成す自然の変化のなかで、動植物すなわち多様な種がくりひろげる生命活動に注意を凝らして観察し、自然のなかでのみずからの位置づけとそのなかで生きる意味を、自然種の多様性そのものを手段として把握しようとする思考のあり方、と呼べるだろう。「野生の思考」は自然の色彩や形等の感性的対比、隠喩、「種操作媒体」を駆使して展開されるという。

●「実践」から思考へ

こうした思考が世界について、何を、いかに語るのかは、一九六四年から一九七一年にかけて刊行された『神話論理』で、膨大な南北アメリカ・インディアンの神話資料にもとづいて詳細に分析された。「野生の思考」はそうした神話を産出する思考のシステムであり、同名の著作は『神話論理』の序説に当たるといえる。ただ、そこでは、北アメリカのプエブロの神話群等に断片的にふれられることはあっても、後の浩瀚《こうかん》な神話分析は予告されていない。その理由はおそらく、研究全体の見通しが立っていなかったという以上に、『野生の思考』が一九四九年刊の『親族の基本構造』で解明された「女性の交換」という「実践」のレベルを位置づけ直し、いわば社会の下部構造である親族関係の構造をいったん解体して、自然種の多様性によって触発される「思考」のレベルで再構造化し、自然との関係で社会を定位し直すことに主眼をおいていたことにあるのだろう。

個人あるいは集団と自然種とを関連づけ、その関係を軸に食物禁忌や婚姻の禁止、あるいは動植物をもちいた供犠の儀礼などの実践が相互にどのような関係をもっているのかが、一九世紀後半から「トーテミズム」の研究としてさまざまに議論された。こうしたトーテミズムが「未開社会」の現実ではなく文明人の幻想であることを、『野生の思考』への導入部ともいえる『今日のトーテミズム』は論証した。ただ、トーテミズムの否定は、自然種とかかわる婚姻の禁止や食物禁忌を、自然種が許すほとんど無限ともいえる関係づけ、すなわち「野生の思考」の動的ネットワークの総体のなかで位置づけ直すことを求めるのである。

●自然のなかの社会と歴史のなかの社会

「野生の思考」は、自然種の多様性に内在する秩序を基礎とした分類のシステムを、社会集団の構造化に有効に適用することができる。また、この分類システムは、認識のさまざまな分野への柔軟な適用が可能であり、社会をそれが生きている自然すなわち環境の諸相へと媒介し、構造とそれにかかわる実践を自然種を用いて思考することを可能にする。「トーテミズム」

はこの可能性のごく限定的な一面を歪めて取り出したにすぎない。さらに種操作媒体はカテゴリーと個体を媒介する、種から派生した固有名という手段の体系を提供して個体を集団に組み込むのである。

こうした「野生の思考」は、とりわけ集団の人口規模の変動という歴史的条件の影響をまぬがれないという点で歴史のなかにある。しかしだからといってその歴史は、文明人の生み出した自己中心的な「歴史的思考」と同じではないし、また、それに併呑されるべきものではない。

再び「歴史」に回帰しているとも見える今日の人類学の潮流のなかで「野生の思考」は、プラトン、アリストテレスからスコラ哲学を経てダーウィンに至る西欧の「種の思考」の根本的読み換えを促す可能性を今も孕んでいる。

渡辺公三略年譜（わたなべ　こうぞう）

一九四九（昭和二四）年五月　当　歳　一五日、出生（東京都）。

一九六二（昭和三七）年三月　一三歳　渋谷区立上原小学校卒業。

一九六五（昭和四〇）年三月　一六歳　東京教育大学付属駒場中学校卒業。

一九六八（昭和四三）年三月　一九歳　東京教育大学付属駒場高等学校卒業。

一九六八（昭和四三）年四月　東京大学教養学部文科Ⅰ類入学。

一九七〇（昭和四五）年四月　二一歳　東京大学教養学部教養学科フランス分科進学。

一九七一（昭和四六）年九月　二二歳　サンケイ・スカラシップを得て、パリ第三大学留学（―七二年九月）。

一九七四（昭和四九）年三月　二五歳　東京大学教養学部教養学科フランス分科卒業。卒業論文「西アフリカの憑依宗教」（仏文）。

一九七四（昭和四九）年四月　東京大学大学院社会学研究科修士課程文化人類学専攻入学。

一九七六（昭和五一）年三月　二七歳　東京大学大学院社会学研究科修士課程文化人類学専攻修了。修士論文「顕わなものと蔽われたもの―アフリカ諸社会における宗教体系と社会構造の関係についての一考察」。

一九七六（昭和五一）年四月　東京大学大学院社会学研究科博士課程文化人類学専攻進学。

一九七六（昭和五一）年一〇月　パリ第Ⅶ大学第3サイクル留学（―七九年一二月）。

一九七七（昭和五二）年五月　二八歳　ルイ・デュモン『社会人類学の二つの理論』（弘文堂）翻訳。

一九八〇（昭和五五）年四月　三一歳　国立民族学博物館共同研究員。

一九八〇（昭和五五）年九月　人間博物館リトルワールド開設準備室嘱託。カメルーンで物質文化収集（―八一年三月）。

一九八一（昭和五六）年三月　三二歳　東京大学大学院社会学研究科博士課程文化人類学専攻 単位取得退学。

一九八一（昭和五六）年四月　国立音楽大学専任講師（―八六年三月）。

一九八二（昭和五七）年一一月　三三歳　ジョルジュ・バランディエ『舞台の上の権力—政治のドラマトゥルギー』（平凡社）翻訳。

一九八二（昭和五七）年七月　井出ひろみと結婚。

一九八三（昭和五八）年四月　三四歳　東京外国語大学アジア・アフリカ言語文化研究所共同研究員。

一九八四（昭和五九）年四月　三五歳　長女・舞生まれる。

一九八四（昭和五九）年六月　アフリカ（ザイール、クバ王国）調査（—八五年三月。九〇年まで断続的に）。

一九八六（昭和六一）年四月　三七歳　国立音楽大学助教授（—九四年三月）。

一九八七（昭和六二）年五月　三八歳　ピエール・クラストル『国家に抗する社会—政治人類学研究』（書肆風の薔薇・水声社）翻訳。

一九八八（昭和六三）年三月　三九歳　クロード・レヴィ＝ストロース『現代世界と人類学—第三のユマニスムを求めて』（川田順造との共訳、サイマル出版会）翻訳。

一九九〇（平成二）年一〇月　四一歳　クロード・レヴィ＝ストロース『やきもち焼きの土器つくり』（みすず書房）翻訳。

一九九三（平成五）年一一月　四四歳　ルイ・デュモン『個人主義論考—近代イデオロギーについての人類学的展望』（浅野房一との共訳、言叢社）翻訳。

一九九四（平成六）年四月　四五歳　立命館大学文学部教授（—〇二年三月）。

一九九六（平成八）年四月　四七歳　立命館大学インスティテュート開設、初代学科長（—九九年三月）。

一九九六（平成八）年五月　『レヴィ＝ストロース—構造』（現代思想の冒険者たち20）（講談社）刊行。

一九九七（平成九）年四月　四八歳　日本民族学会評議員（—九九年三月）。

一九九七（平成九）年一〇月　『多文化主義・多言語主義の現在—カナダ・オーストラリア・そして日本』（西川長夫・ガバン・マコーマックとの共編著、人文書院）刊行。

一九九八（平成一〇）年一〇月　四九歳　『アジアの多文化社会と国民国家』（西川長夫・山口幸二との共編著、人文書院）刊行。

一九九九（平成一一）年二月　五〇歳　『世紀転換期の国際秩序と国民文化の形成』（西川長夫との共編著、柏書房）刊行。

一九九九（平成一一）年四月　立命館大学文学部副学部長（—〇〇年三月）。
日本民族学会理事（—〇二年三月）。

二〇〇〇（平成一二）年四月　五一歳　『アフリカンデザイン—クバ王国のアップリケと草ビロード』（福田明男との共著、里文出版）刊行。精神医学史学会評議員。

立命館大学大学院部副部長（—〇三年三月）。

二〇〇一（平成一三）年六月　五二歳　ルイ・デュモン『ホモ・ヒエラルキクス—カースト体系とその意味』（田中雅一との共訳、みすず書房）翻訳。

二〇〇二（平成一四）年二月　五三歳　『レヴィ＝ストロース—構造』の中国語版刊行。

二〇〇三（平成一五）年二月　五四歳　『司法的同一性の誕生—市民社会における個体識別と登録』（言叢社）刊行。

二〇〇三（平成一五）年四月　立命館大学大学院先端総合学術研究科開設、同教授、初代研究科長（—〇六年三月）。

二〇〇三（平成一五）年九月　『司法的同一性の誕生—市民社会における個体識別と登録』（言叢社）で博士号取得、博士（文学、立命館大学）。

二〇〇四（平成一六）年一二月　五五歳　『文化人類学文献事典』（谷泰・小松和彦・田中雅一・原毅彦との共編著、弘文堂）刊行。

二〇〇五（平成一七）年一〇月　五六歳　一四日、パリにてレヴィ＝ストロース教授にインタビュー。

二〇〇六（平成一八）年四月　五七歳　『レヴィ＝ストロース『神話論理』の森へ』（木村秀雄との共編著、みすず書房）刊行。この年、エコール・ノルマルに在籍（—二〇〇七年四月）。

二〇〇七（平成一九）年四月　五八歳　立命館大学衣笠総合研究機構長（—一一年三月）。

二〇〇七（平成一九）年九月　クロード・レヴィ＝ストロース『神話論理Ⅲ　食卓作法の起源』（榎

本譲・福田素子・小林真紀子との共訳、みすず書房）翻訳及び解説。

二〇〇八（平成二〇）年四月　五九歳　立命館大学研究部長（―二〇〇九年三月）。立命館国際機構副機構長（―二〇〇九年三月）。

二〇〇九（平成二一）年七月　六〇歳　『身体・歴史・人類学Ⅰ　アフリカのからだ』（言叢社）刊行。『身体・歴史・人類学Ⅱ　西欧の眼』（言叢社）刊行。

二〇〇九（平成二一）年一一月　『闘うレヴィ＝ストロース』（平凡社新書）刊行。

二〇一〇（平成二二）年二月　六一歳　クロード・レヴィ＝ストロース『神話論理Ⅳ－2　裸の人2』（吉田禎吾・福田素子・鈴木裕之・真島一郎との共訳、みすず書房）翻訳及び解説。

二〇一〇（平成二二）年一二月　『日本における翻訳学の行方＝Translation Studies in the Japanese Context』（佐藤＝ロスベアグ・ナナとの共編、立命館大学グローバルCOEプログラム「生存学」創成拠点、生活書院）。

二〇一一（平成二三）年五月　六二歳　『マルセル・モースの世界』（モース研究会著・共編著、平凡社新書）刊行。

二〇一二（平成二四）年四月　六三歳　立命館大学副学長・立命館副総長

二〇一三（平成二五）年四月　六四歳　立命館大学環太平洋文明研究センターの設立を主導。副センター長となる。一〇月、科学研究費補助金「環境考古学を基軸とした人類学的『環太平洋文明学』の構築」（基礎研究(A)、研究代表者）採択（―一七年六月）。

二〇一四（平成二六）年一〇月　六五歳　私家版『事典項目集 1984～2012』を制作、身辺の人に配布。

二〇一六（平成二八）年三月　六七歳　クロード・レヴィ＝ストロース『大山猫の物語』（監訳、福田素子・泉克典との共訳、みすず書房）翻訳及び解説。

二〇一六（平成二八）年四月　立命館西園寺塾塾長。六月、パリ・国立ギメ美術館にて講演。

二〇一七（平成二九）年五月　六八歳　『異貌の同時代―人類・学・の外へ』（退職記念論文集、石田智恵・冨田敬大との共編著、以文社）刊行。

二〇一七（平成二九）年一二月　一六日、京都の自宅にて逝去。享年六八歳。

あとがき（編集部）

その多岐にわたる諸活動のうち、書き溜めた核心の論考をまとめて書籍として刊行することは、研究者にとってみずからの思考の全体像を伝え残す大切な仕事と思います。『身体・歴史・人類学Ⅲ』の論文集刊行は、四年前の二〇一四年に著者から提示され、刊行を約束したものでした。この刊行計画はさまざまな都合で大きく後れ、その間に立命館大学の教え子さんたちが企画した退職記念論文集『異貌の同時代―人類・学・の外へ』が二〇一七年五月に先行して刊行された。そこで、ようやく本書の刊行が課題となったのですが、まずいことに担当する編集者自身が脳梗塞をおこしてしまい、すこしゆっくりと編集にかかわらせてもらうという約束で、二〇一八年の春に刊行する準備をはじめた。

ところが秋も深まった頃、一〇歳も齢の若い著者（以後、「公三さん」と呼ばせてもらいます）のほうが、病状のかなり進んだ「食道癌」であるらしいと知らされた。進んでいるとは言っても、適切な切除などがおこなわれれば、まだまだ生命に余地があるように思え、身近だった人の食道癌の手術の経験などを知らせたりした。一一月二七日、『身体・歴史・人類学Ⅲ』の「計画修正案」（二〇一七年一一月一二日付）とデータがメールで送られてきた。一一月二八日、生研で「食道癌」が確定したとの知らせがあった。二九日、手元にはなかった論文のコピーが郵送されてきた。論文集の構想をまとめるくらいしか「することがないので」といった書面が添えられていた。

その時になってもまだ、公三さんの癌が転移して肉体を深く蝕んでいるとは、思いもよらなかった。肉体は段階ごとに画然と衰弱することがあっても、おのれには「まだ余地があると思いたい」のと同じようにしか、他者の病いを想像できない。他者を想像できるかできないかは、人類学の臨床知の初歩なのだといえば、すでにして失格である。しかしなおいえば、死こそが全ての他者了解を拒絶するものだ。それゆえに、彼の肉体の急激な死への傾斜は、わたしたちには受け入れがたい。今もなお、その死を「認められない」という思いを超えられない。

公三さんは、それからわずか半月ほどしか経たない二〇一七年一二月一六日、京都の自宅で、ひろみ夫人と娘さん（舞さん）に見守られながら逝った。享年六八歳。立命館大学副学長・学校法人立命館副総長をはじめ数多くの役職を兼務し、これらの仕事に誠実であろうとし続けた、その多忙な日々が公三さんの身心を痛めつけたのだろうか。それだけが確からしい了解だというのも悲しい。二〇一八年三月三日、学校法人立命館による「渡辺公三先生を偲ぶ会」（於：京都・ホテルグランヴィア「古今の間」）が催され、合わせて『渡辺公三先生　人・学問・教育』（立命館大学大学院先端総合学術研究科編）と題する年譜・業績をまとめた小冊子も刊行された。

この業績集をみると、『身体・歴史・人類学Ⅲ—批判的人類学のために』を合わせた全三巻の論文集の規模は決して十分ではないことに気づく。けれども、ここでは著者の生前の修正案に忠実に論文集の最後の一冊を編集することに腐心した。まとめるにあたって、いくつもの疑問が生じ、元気であれば即座に回答がえられたのにとまた悲しむことがあった。作業を重ねながら著者の思考を読み解いてみると、「身体」を基軸に据え、「野生の人類社会」から「近代国民国家」までを射程とする概念のトリアーデを論文集のタイトルとした構想の大きさに改めて気づかされる。（島亭　記）

●文化人類学・アフリカ・個体

本体各三二〇〇円＋税

身体・歴史・人類学 I★II

I アフリカのからだ
II 西欧の眼

渡辺公三 著

四六判上製各四六二頁

❶個体を駆動させる力と多層の文化システムとの相関を問う試み◎コンゴ、クバ王国の人びとの生きる場所から——王・首長や、文化システムへの支配権・霊威の「委託」は、同時にこれに拮抗する「個体」の文化の豊かさを失うものではなかった。●I＝母の生成◎1クバにおけるシャーン（転生）／2話すこと・食べること・黙すること／3穴と蟻塚◎4布の始源—草ビロード（クバ）の空間とリズム／5布の造形と社会空間／6王の隠された身体◎7多産の王と不能の王／8クバ王権とショワ首長権◎9病いを宿すからだ／10妖術告発裁判における「語り」の論理／11森と器—治療者はどのようにして治療者となるか

❷人類学の再検討から「現代世界」の人類学へ◎人類学は人間存在の〈今〉を照らし出す力を獲得しうるか●II＝マルセル・モースの世界◎1ナショナリズム・マルチナショナル・マルチカルチュラリズム／2ザイールの崩壊からコンゴ民主共和国へ／3ルムンバ—ひとりの「開化民」の生成と消失◎4神判の解体／5ヒストリアとアナール派のあいだに／6サーリンズの歴史は構造を超えたか◎7両義的西欧と「近代」への問い／8一九世紀のフランス市民社会と人類学の展開／9個体の倒錯図法へのノート—A・ベルティヨンと人類学の世紀末／10アメリカ人類学の発生現場を検証する—モーガンとインディアン◎11古代文学と人類学／12アンジュー紹介—『皮膚-自我』解説／13フロイトからレヴィ＝ストロースへ／14．マルセル・モースにおける現実と超現実

●哲学・言語文化学

本体三八〇〇円＋税

言語記号系と主体

一般文化学のための註釈的止観

前野佳彦著

A五判上製・五二八頁

「言語記号学」の生成・拡張への徹底した批判・註釈を通して、「東洋」と「西洋」の表象文化、主体の形態と様相を対自化し、「一般文化学」の覚醒・構築をめざす画期的試み。

序・一般文化学の理念と〈現代〉の先験的構造／一章 基礎概念の査定——言語的記号系／二章〈記号〉理念の誕生（ソシュール）／三章〈記号〉理念の展開——意味論の捨象（チョムスキー）／四章〈記号〉理念の展開（ヤーコブソン／バンヴェニスト／ロシア・フォルマリズム）／五章〈記号〉理念の一元化（バフチン）／六章 エクリチュールと言語形而上学（デリダ／ベンヤミン）／七章 図像学（ワールブルク／パノフスキイ／ヴィント）／八章 言語記号系の拡張——身体／服飾（賢治／ホイジンガ／九鬼）／九章〈記号〉と〈主体〉／《結び》言語記号系における主体の隠蔽と顕現

渡辺公三　わたなべ　こうぞう
1949年、東京生まれ。東京大学大学院博士課程修了。国立音楽大学助教授、立命館大学文学部教授を経て、立命館大学大学院先端総合学術研究科教授、立命館大学副学長、学校法人立命館副総長を歴任。博士（文学）。2017年12月16日逝去。
専攻：文化人類学、人類学史、アフリカ研究。
著書：『司法的同一性の誕生』（言叢社、2003）、『レヴィ＝ストロース―構造』（講談社、1996; 2003）、『アフリカンデザイン』（共著、里文出版、2000）、『世紀転換期の国際秩序と国民文化の形成』（共編著、柏書房、1999）、論文集『身体・歴史・人類学Ⅰ・Ⅱ』（言叢社、2009年）、『闘うレヴィ＝ストロース』（平凡社新書、2009年）、『マルセル・モースの世界』（モース研究会著・共編著、平凡社新書、2009年）、『異貌の同時代―人類・学・の外へ』（退職記念論文集、以文社、2017年）。
訳書：レヴィ＝ストロース『やきもち焼きの土器つくり』（みすず書房、1990）、同『神話論理Ⅲ・Ⅳ－2』（共訳、みすず書房、2007・2010）、同『大山猫の物語』（共訳、みすず書房、2016）、デュモン『ホモ・ヒエラルキクス』（共訳、みすず書房、2001）、同『個人主義論考』（共訳、言叢社、1993）他。

身体・歴史・人類学Ⅲ
批判的人類学のために
渡辺公三著

◊◊

2018年9月4日　第一刷発行

発行者　言叢社同人
発行所　有限会社　**言 叢 社**
〒101-0065　東京都千代田区西神田2-4-1　東方学会本館
Tel.03-3262-4827 ／ Fax.03-3288-3640
郵便振替・00160-0-51824

印刷・製本　中央精版印刷株式会社

©2018 Printed in Japan
ISBN978-4-86209-070-6 C3039

装丁　小林しおり

『身体・歴史・人類学Ⅲ』初出一覧

序にかえて　不肖の隠し子からの手記――族的範疇の可能性

『一筆啓上 原口武彦 様』真島一郎、酒井啓子、津田みわ、佐藤章共編、私家本（未刊）、1994年執筆。

Ⅰ　身体・歴史

Ⅰ―1　指紋の社会思想史――ライプニッツからキパンデへ

『本』19巻1号／通算210号、講談社、1994年。

Ⅰ―2　犯罪者の顔写真と指紋――西欧における司法的同一性の形成

「犯罪者の顔写真と指紋―西欧の場合」『「監獄」の誕生』

（朝日百科・日本の 歴史／別冊 歴史を読みなおす22号）、朝日新聞社、1995年。

コラム◎所属・規律・身体

『文化人類学事典』文化人類学会編、丸善、2009年。

Ⅰ―3　人類学の知と植民地支配の技術――一九世紀西欧から「満洲国」へ

East Asian Anthropology and Japanese Colonialism (Forum), 3rd Conference at Seoul National University, 2004, pp. 23-32.（フォーラム、2004年11月12日～14日）

Ⅰ―4　国民国家批判としての文明論

『Rice, Life & Civilisation』報告書、「Rice, Life & Civilisation」センター、韓国、全北大学校、2009年。

Ⅰ―5　バントゥー・アフリカ

『世界各国史第10巻　アフリカ史』、山川出版社、2009年。

Ⅱ　歴史・人類学

Ⅱ―1　パリ人類学会――帝政から共和制への変動の時代に問われた「人間」とは

『アソシアシオンで読み解くフランス史』（結社の世界史３）、山川出版社、2006年。

Ⅱ―2　マルセル・モース――快活な社会主義人類学者の肖像

「知の魔法使いとその弟子」『マルセル・モースの世界』モース研究会編、平凡社、2011年。

Ⅱ—3　モース人類学あるいは幸福への意志

「モース人類学あるいは幸福への意志」『マルセル・モースの世界』モース研究会編、平凡社、2011 年。

Ⅱ—4　レヴィ＝ストロースからマルセル・モースへ——自然・都市・協同組合

「レヴィ＝ストロースからさかのぼる—自然・都市・協同組合」『マルセル・モースの世界』モース研究会編、平凡社、2011 年。

Ⅱ—5　モースにおけるマナそしてあるいは循環する無意識

——「モースの呪術論」への素描

特集「マナ＝循環と散逸の経済人類学」『DOLMEN』5 号、ヴィジュアル・フォークロア／言叢社、1991 年。

古典紹介◎モーガン、M『古代社会』

『文化人類学文献事典』谷泰、小松和彦、田中雅一、原毅彦、渡辺公三編、弘文堂、2004 年。

書評◎異貌のユートピア—オナイダ・コミュニティーの複合婚実験

倉塚平著『異貌のユートピア—オナイダ·コミュニティーの複合婚実験』『図書新聞』1990 年 9 月 29 日号。

古典紹介◎マルセル・モース『贈与論』

『文化人類学の名著 50』綾部恒雄編、平凡社、1994 年。

コラム◎マルセル・モース

『フランス哲学・思想事典』小林道夫、小林康夫、坂部恵、松永澄夫編、弘文堂、1999 年。

Ⅲ　レヴィ＝ストロースの方へ

Ⅲ—1　世界はリズムに満ちている

『レヴィ＝ストロース『神話論理』の森へ』渡辺公三·木村秀雄編、みすず書房、2006 年。

Ⅲ—2　もうひとつの豊かさの思考

——レヴィ＝ストロース生誕一〇〇年シンポジウムに向けて

『みすず』50 巻 10 号／通巻 566 号、みすず書房、2008 年。

Ⅲ—3　エピグラフの楽しみ——『食卓作法の起源』を読みながら

『みすず』49 巻 10 号／通巻 555 号、みすず書房、2007 年。

Ⅲ—4　書評『ブラジルへの郷愁』

『思想』1996 年第 10 号／通巻 868 号、岩波書店。

Ⅲ―5　知の巨星、レヴィ＝ストロース

『哲学の歴史第12巻　実存・構造・他者』（責任編集・鷲田清一）Ⅴ 構造主義 、2 レヴィ＝ストロース、中央公論新社、2008年。

Ⅲ―6　『神話論理』の反言語論的転回
――一九五〇年代のレヴィ＝ストロースの人類学的探究

「特集　クロード・レヴィ＝ストロース―生誕１００年を祝して」『思想』2008年第12号／通巻1016号、岩波書店。

Ⅲ―7　冷戦期における構造の生成――レヴィ＝ストロースの探究

『精神医学史研究』19巻1号、2015年。

Ⅲ―8　『やきもち焼きの土器つくり』訳者あとがき

クロード・レヴィ＝ストロース『やきもち焼きの土器つくり』渡辺公三訳、みすず書房、1990年。

Ⅲ―9　『神話論理Ⅲ　食卓作法の起源』訳者あとがき

クロード・レヴィ＝ストロース『神話論理Ⅲ　食卓作法の起源』渡辺公三、榎本譲、福田素子、小林真紀子訳、みすず書房、2007年。

Ⅲ―10　『神話論理Ⅳ　裸の人』訳者あとがき

クロード・レヴィ＝ストロース『神話論理Ⅳ－２　裸の人』渡辺公三、吉田禎吾、福田素子、鈴木裕之、真島一郎訳、みすず書房、2010年。

Ⅲ―11　『大山猫の物語』訳者あとがき

クロード・レヴィ＝ストロース『大山猫の物語』渡辺公三、福田素子、泉克典訳、みすず書房、2016年。

コラム◎構造主義

『宗教学事典』星野英紀、池上良正、気多雅子、島薗進、鶴岡賀雄編、丸善、2010年。

古典紹介◎『野生の思考』

『文化人類学最新術語100』綾部恒雄編、弘文堂、2002年。

事項索引

れ

ろ

わ

人名・書名・民族名・国(王国)名・地名索引

み

む

め

も

や

ゆ